K 6. KARTE: Der Weg des Aeneas

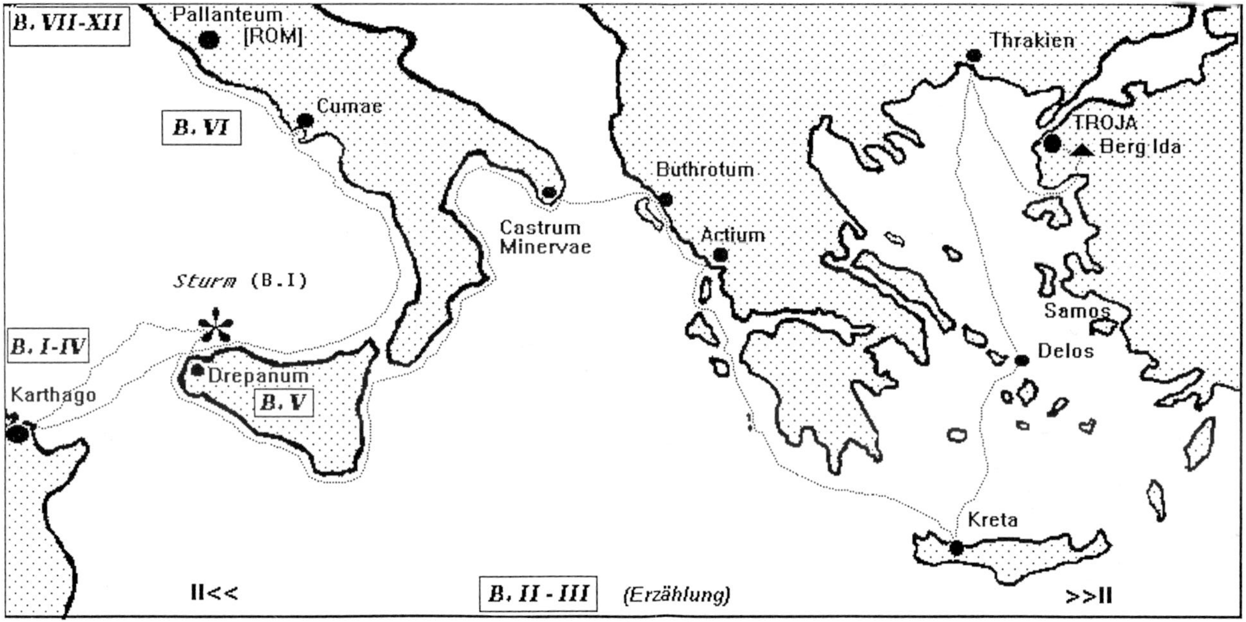

DER KLEINE

FLEURUS

FLEURUS
VERLAG

Titel der französischen Ausgabe: Le petit Fleurus
Konzept: Hubert Deveaux und Co
Text: Claude Kannas, Marie Garagnoux, Nathalie Beau (Mitarbeit)
Illustrationen: Paul Beaupère, Karine Georgel, Yves Lequesne,
Frantz Rey, Isabelle Rognoni, Harvey Stevenson
Übersetzung und deutsche Bearbeitung: Stefanie Becker, Petra Sparrer, Köln
Layout und Satz dieser Ausgabe: Nazire Ergün, Köln
Projektmanagement: Petra Sparrer, Köln
Lektorat: Michael Konze, Petra Sparrer, Köln
Korrektorat: Tobias Büscher, Köln

ISBN 3-89717-238-0
Printed in France

10 9 8 7 6 5 4 3 2 1

In der frühen Kindheit wecken Märchen die Fantasie und die Freude an der Sprache. Um den Nachwuchs spielerisch mit der Sprache vertraut zu machen, haben wir für dieses Wörterbuch fünfzehn bekannte Märchen und Geschichten ausgewählt. In den Illustrationen unserer Zeichner erkennen die Kinder die Figuren und Szenen aus den ihnen vertrauten Geschichten und erweitern so ihren Wortschatz schon, bevor sie anfangen, die ersten Buchstaben selbst zu entziffern.

Doch auch Kinder, die schon richtig lesen können, werden viel Spaß an diesem Buch haben, verbindet es doch den alltäglichen Sprachgebrauch fantasievoll mit der Welt der Märchen. Wenn Pinocchio „buchstabiert" oder Aladin in der Wüste „schwitzt", bleiben die Begriffe viel leichter in Erinnerung. Das Symbol des Zauberstabs verdeutlicht zudem an Beispielen, dass ein Wort mehrere Bedeutungen haben kann.

Ausführliche Themenseiten, wie zum Beispiel zu den Uhrzeiten, dem menschlichen Körper und den Maßangaben, vermitteln Wissen in Zusammenhängen. Seitenverweise und Ratespiele wecken die Neugier und machen auf Bezüge und Ähnlichkeiten aufmerksam. So lernt das Kind, Worte in ganz unterschiedlichen Situationen richtig anzuwenden. Aus dem anfänglichen Bilderbuch wird mit der Zeit ein richtiges Nachschlagewerk: ein Wörterbuch für das begleitende Lesen mit Kindern ab fünf Jahren.

Der Verlag, die Autoren und die Illustratoren wünschen dabei viel Spaß!

Kleine Anleitung zu

Um das Nachschlagen zu lernen, findest du hier die ersten drei Buchstaben des ersten Wortes auf der Seite.

Verweise auf Themenseiten sind unterstrichen. Hier gibt es weitere Begriffe zu entdecken.

Der Pfeil verweist auf den Eintrag, der das Wort erklärt.

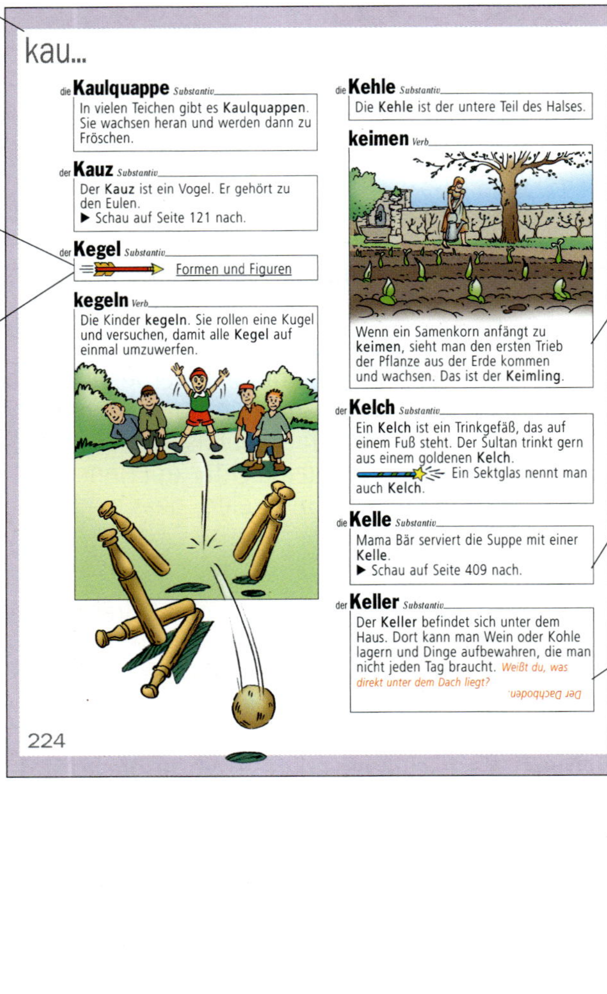

kau...

die **Kaulquappe** *Substantiv*
In vielen Teichen gibt es **Kaulquappen**. Sie wachsen heran und werden dann zu Fröschen.

der **Kauz** *Substantiv*
Der **Kauz** ist ein Vogel. Er gehört zu den Eulen.
▶ Schau auf Seite 121 nach.

der **Kegel** *Substantiv*
Formen und Figuren

kegeln *Verb*
Die Kinder **kegeln**. Sie rollen eine Kugel und versuchen, damit alle **Kegel** auf einmal umzuwerfen.

die **Kehle** *Substantiv*
Die **Kehle** ist der untere Teil des Halses.

keimen *Verb*
Wenn ein Samenkorn anfängt zu **keimen**, sieht man den ersten Trieb der Pflanze aus der Erde kommen und wachsen. Das ist der **Keimling**.

der **Kelch** *Substantiv*
Ein **Kelch** ist ein Trinkgefäß, das auf einem Fuß steht. Der Sultan trinkt gern aus einem goldenen **Kelch**. Ein Sektglas nennt man auch **Kelch**.

die **Kelle** *Substantiv*
Mama Bär serviert die Suppe mit einer **Kelle**.
▶ Schau auf Seite 409 nach.

der **Keller** *Substantiv*
Der **Keller** befindet sich unter dem Haus. Dort kann man Wein oder Kohle lagern und Dinge aufbewahren, die man nicht jeden Tag braucht. *Weißt du, was direkt unter dem Dach liegt?*
Der Dachboden.

224

Die Wörter, um die es geht, sind im Text immer hervorgehoben.

Das schwarze Dreieck verweist auf ein Bild oder einen anderen Begriff.

Ratespiele, Fragen und Verweise zu anderen Seiten regen dazu an, im Wörterbuch zu blättern, nachzuschlagen und neue Wörter zu entdecken.

diesem Wörterbuch

Hier stehen die drei ersten Buchstaben des letzten Wortes der Seite. Das erleichtert das Nachschlagen.

Der Text in den Sprechblasen zeigt, in welchen Situationen das Wort gebraucht wird.

Der Zauberstab verweist auf eine andere Bedeutung des Wortes oder auf einen verwandten Begriff.

Mit dem Wort wird der Artikel und die Wortart angegeben.

Der Text erklärt die Bedeutung des jeweiligen Wortes.

Die verschiedenen Farben am Rand und die hervorgehobenen Buchstaben erleichtern das Nachschlagen.

Das Bild stellt die Wortbedeutung dar.

kes...

der **Kellner** *Substantiv*

So nennt man die Bedienung in Cafés oder Restaurants.

kennen lernen *Verb*

Ich möchte den Mann **kennen lernen**, der mir so viele Schätze bieten kann. Ich möchte wissen, wer er ist.

Der Sultan trifft Aladin, weil er ihn **kennen lernen** möchte. Wenn du jemanden **kennen lernst**, machst du seine **Bekanntschaft**.

kentern *Verb*

Geppettos Boot ist **gekentert**. Es ist umgekippt.

▶ Schau auf Seite 478 nach.

die **Keramik** *Substantiv*

Rotkäppchens Mutter hat Töpfe, Teller, Vasen und andere Gefäße aus **Keramik** in ihrer Küche. Sie bestehen alle aus gebranntem Ton.

▶ Schau auch unter **Töpfer** nach.

der **Kern** *Substantiv*

So nennt man die harte Kugel im Inneren vieler Früchte. Kirschen, Pfirsiche, Aprikosen und Avocados haben mehr oder weniger große **Kerne**. Besonders groß ist der **Kern** der Avocado.

die **Kerze** *Substantiv*

Kerzen sind aus Wachs. Sie haben in der Mitte einen Docht und man steckt sie mit dem unteren Ende in einen **Kerzenhalter**.

der **Kessel** *Substantiv*

Der Wolf fällt in den **Kessel** mit der kochend heißen Suppe.

k

225

Die Figuren

Wir stellen dir hier kurz die Personen und Figuren vor, die dich in diesem Buch an ihren Abenteuern teilhaben lassen. Mit ihnen wirst du viele neue Wörter entdecken. Wir haben sie aus fünfzehn Märchen und Erzählungen ausgesucht, die du bestimmt kennst. Wenn du sie vergessen hast, rufen diese Seiten sie dir noch einmal in Erinnerung.

Hänsel und Gretel

Hänsel und Gretel, die von ihren Eltern im Wald zurückgelassen werden, suchen Zuflucht in einem seltsamen Haus. Aber sie sind noch längst nicht in Sicherheit!

Hänsel und Gretel

die Hexe

der Vater und die Mutter

Die drei kleinen Schweinchen

die drei kleinen Schweinchen

der Wolf

Die drei kleinen Schweinchen wollen nicht mehr auf dem Bauernhof leben. Jedes möchte ein eigenes Haus haben. Aber der Wolf ist ihnen auf den Fersen …

Dornröschen

Dornröschen

der Prinz

Es waren nicht nur gute Feen um die Wiege des kleinen Dornröschens versammelt. Eine beleidigte Fee verfluchte die Königstochter und den ganzen Hof. Alle fallen in einen tiefen Schlaf. Nach hundert Jahren wird Dornröschen von einem Prinzen wachgeküsst.

Dornröschens Eltern

Die kleine Meerjungfrau

Es ist nicht leicht für eine kleine Meerjungfrau, wenn sie aus Liebe zu einem Prinzen tanzen möchte, aber das Reich des Meerkönigs nicht verlassen kann.

die kleine Meerjungfrau

der Prinz

der Meerkönig

die Meerhexe

die Großmutter der kleinen Meerjungfrau

Paul Beaupère hat diese vier Märchen illustriert.

Aschenputtel

Aschenputtel hat zwei gemeine Stiefschwestern, aber glücklicherweise ist ihre Patin eine Fee.

Goldlöckchen

Goldlöckchen hat nicht auf ihre Mutter gehört. Sie geht allein in den Wald und verläuft sich. Wer wohl in dem Haus auf der Lichtung wohnt?

Karine Georgel hat diese beiden Erzählungen illustriert.

Das Dschungelbuch

Das Leben im Dschungel ist für einen Menschenjungen nicht einfach – selbst dann nicht, wenn er von Wölfen aufgezogen wird und einen Bären und einen Panter als Lehrer hat.

Schneewittchen und die sieben Zwerge

Schneewittchen sucht Zuflucht bei den sieben Zwergen, um der Eifersucht der bösen Königin zu entgehen. Die Königin ist eine Hexe, die Schneewittchen schaden will.

Alice im Wunderland

Alice schläft ein und erwacht in einer kuriosen Welt, in der sich ihre Größe ständig verändert, die Tiere sprechen können, Spielkarten miteinander kämpfen und Katzen grinsen.

Yves Lequesne hat diese drei Geschichten illustriert.

Die Bremer Stadtmusikanten

Vier Tiere, auf die ein trauriges Schicksal wartet, beschließen davonzulaufen. Sie haben den Traum, Musikanten zu werden. Was wird ihnen auf dem Weg passieren?

Pinocchio

Von Räubern beinahe aufgehängt, in einen Esel verwandelt, von einem schrecklichen Haifisch verschlungen: Pinocchio erlebt atemberaubende Abenteuer, bevor er endlich ein richtiger Junge wird.

Harry Stevenson hat diese beiden Geschichten illustriert.

Robin Hood

Im Wald von Sherwood kämpft Robin Hood mit seinen Freunden Little John und Will gegen den Sheriff von Nottingham. Sie verteidigen die Armen und Unterdrückten und retten Marianne und Maude.

Die Schöne und das Biest

Um ihren Vater zu retten, geht die Schöne zum Biest. Aber wer verbirgt sich wirklich hinter seinem abscheulichen Äußeren?

Frantz Rey hat diese beiden Geschichten illustiert.

Aladin

Wird es Aladin gelingen, die Wunderlampe zu behalten oder wird der Zauberer sie ihm abluchsen?

Rotkäppchen

Rotkäppchen geht durch den Wald, um seiner Großmutter einen Kuchen zu bringen, aber der Wolf lauert ihm auf.

Isabelle Rognoni hat diese beiden Geschichten illustriert.

Und nun entdecke mit uns den Zauber der Sprache!

b

bal...

Jeder Buchstabe hat eine eigene Farbe. So ist das Nachschlagen leichter.

Auch die drei Buchstaben oben auf jeder Seite helfen dir, Wörter, die du nachschlagen möchtest, schneller zu finden.

Der Pfeil verweist auf ein anderes Wort, unter dem du nachschlagen kannst.

Der Zauberstab steht vor Wörtern, die in anderen Zusammenhängen eine andere Bedeutung haben. Er weist auch auf ähnliche Worte hin, die das Gleiche bedeuten.

Wenn du die Fragen beantwortest, die wir dir stellen, und auf den angegebenen Seiten nachschlägst, entdeckst du noch mehr Wörter und Wortbedeutungen. Manchmal erfährst du auch, wie eine Geschichte weitergeht.

Themenseiten

Aa

der **Aal** *Substantiv*

Ein **Aal** ist ein Fisch mit einem langen, dünnen Körper, der wie eine Schlange aussieht.

das **Aas** *Substantiv*

So nennt man die Körper toter Tiere. Es gibt Tiere, die sich von Tierleichen ernähren, zum Beispiel **Aasgeier** und Hyänen. Sie heißen **Aasfresser**.

der **Abend** *Substantiv*

Das ist der letzte Teil des Tages vor der Nacht. Am **Abend** geht die Sonne unter. Wer von morgens bis **abends** gespielt hat, kann **abends** gut einschlafen.

das **Abendessen** *Substantiv*

Das ist die letzte Mahlzeit am Tag, bevor du ins Bett gehst.

das **Abenteuer** *Substantiv*

Am Abend erzählen Robin und seine Freunde am Lagerfeuer von ihren **Abenteuern**. Sie berichten über ihre Erlebnisse.

abergläubisch *Adjektiv*

Wer **abergläubisch** ist, glaubt an Hexen, Zauberei und alte Sprichworte.

die **Abfahrt** *Substantiv*

Der Wagen **fährt** den Hügel **hinunter**. Die **Abfahrt** ins Tal macht den Kindern viel Spaß.

Wie nennt man es, wenn der Wagen den Berg hinauffährt? Schau auf Seite 191 nach.

der **Abfall** *Substantiv*

Das ist alles, was man in den Müll wirft. Es ist nicht mehr verwendbar oder man will es nicht mehr haben.

abfragen *Verb*

Alice lernt Französisch und ihre Schwester **fragt** die Vokabeln **ab**. In der Schule **fragt** die Lehrerin die Hausaufgaben **ab**.

abgemagert *Adjektiv*

Hänsel und Gretel sind **abgemagert**. Sie haben lange nichts mehr gegessen. Sie sind nur noch Haut und Knochen.

abgeschieden *Adjektiv*

Rotkäppchens Großmutter lebt in einem **abgeschiedenen** Haus. Es steht nicht im Dorf, sondern mutterseelenallein mitten im Wald.

abgetragen *Adjektiv*

Aschenputtels Kleider sind **abgetragen**. Sie hat sie sehr oft angezogen und jetzt sind sie alt, armselig und zerrissen.

abhalten *Verb*

Wer jemanden von etwas **abhält**, verhindert, dass er es tut. Er hindert ihn daran.

der **Abhang** *Substantiv*

Das ist ein Gelände, das steil nach unten abfällt, zum Beispiel eine Wiese. Es ist nicht eben, sondern abschüssig.

abhängig *Adjektiv*

Mowgli ist davon **abhängig**, dass die Wölfe für ihn sorgen. Er ist auf sie angewiesen.

abhärten *Verb*

Geppetto duscht jeden Morgen kalt. Er möchte sich **abhärten**, damit er gegen Kälte nicht so empfindlich ist.

abheben *Verb*

Ein Flugzeug **hebt** von der Startbahn **ab**. Beim Start verlässt es den Boden und erhebt sich in die Luft. Das nennt man **abheben**.
Bei der Bank kann man Geld von seinem Konto **abheben**.

abkühlen *Verb*

Die Suppe ist zu heiß. Familie Bär muss warten, bis sie **abkühlt**, damit sich keiner die Zunge verbrennt.
Was machen die Bären in der Zwischenzeit? *Schau auf Seite 385 nach.*

die **Abkürzung** *Substantiv*

Der Wolf nimmt eine **Abkürzung**, um schneller bei Rotkäppchens Großmutter anzukommen. Das ist ein kürzerer Weg.

ablecken *Verb*

Mutter Wolf **leckt** ihr Junges **ab**. So streichelt sie es und macht es sauber.

ablegen *Verb*

Die Schöne nimmt ein Buch aus dem Regal. Es ist so schwer, dass sie es auf einem Tisch **ablegen** muss.
Um den Führerschein zu machen, muss man eine Prüfung **ablegen**.

ablehnen *Verb*

Die Schöne **lehnt** den Heiratsantrag **ab**.

abmelden *Verb*

Pinocchio hat sich die Füße verbrannt und kann nicht turnen. Er sagt seinem Sportlehrer, dass er nicht am Unterricht teilnehmen kann. Er **meldet** sich **ab**.

abmontieren *Verb*

Wenn man an einem Auto die Reifen wechseln möchte, muss man zuerst die alten Räder **abmontieren**.

abonnieren *Verb*

Wer eine Tageszeitung **abonniert**, bezahlt sie jeden Monat im Voraus und bekommt sie jeden Tag nach Hause geliefert. Es gibt auch **Abonnements** für Zeitschriften.

das **Abrakadabra** *Substantiv*

Feen, Hexen und Zauberer sagen „**Abrakadabra**", wenn sie zaubern oder jemanden verwandeln. Es ist eine Zauberformel. Sie hat eine magische Bedeutung.

abraten *Verb*

Die sieben Zwerge empfehlen Schneewittchen, niemandem die Tür aufzumachen. Sie **raten** ihr davon **ab**, Fremde ins Haus zu lassen.

abräumen *Verb*

Wer nach dem Essen den Tisch **abräumt**, der nimmt die Töpfe, die Teller, die Gläser und das Besteck herunter und bringt alles in die Küche.

abrupt *Adjektiv*

Wenn etwas **abrupt** geschieht, passiert es plötzlich und unerwartet.

absagen *Verb*

Alle Schauspieler sind krank. Die Theatervorstellung wird **abgesagt**. Sie fällt aus.

▶ Schau auch unter **ausfallen** nach.

abscheren *Verb*

Die Zwerge mögen ihre Bärte. Sie möchten sie sich nicht **abscheren**.

abscheulich *Adjektiv*

Das Biest ist **abscheulich**. Es ist so hässlich, dass man Angst vor ihm bekommt. **Abscheuliches** Wetter ist sehr schlechtes Wetter. Man möchte keinen Fuß vor die Tür setzen.

abschicken *Verb*

Einen Brief **abschicken** heißt, ihn zur Post zu bringen und mit einer Briefmarke beklebt in den Briefkasten zu werfen.

der **Abschied** *Substantiv*

Alle weinen beim **Abschied** der Schönen. Sie geht zum Biest und muss sich von allen **verabschieden**, die im Haus ihres Vaters leben.

abschreiben *Verb*

Man **schreibt** etwas noch einmal, das bereits **geschrieben** ist. Du **schreibst** etwas aus einem Buch oder aus einem Schulheft **ab**.

absetzen *Verb*

Der Falke **setzt** Pinocchio auf der Wiese **ab**. Er legt ihn vorsichtig ins Gras, damit er sich nicht verletzt.

die Absicht *Substantiv*

Die böse Königin hat eine schreckliche **Absicht**: Sie will Schneewittchen töten.

Weißt du, wie sie Schneewittchen umbringen will? Schau auf Seite 174 nach.

absichtlich *Adverb*

Wer etwas **absichtlich** tut, will es tun. Er macht es nicht aus Versehen.

der Absolvent *Substantiv*

Ein **Absolvent** hat etwas abgeschlossen: eine Schule, eine Ausbildung oder ein Studium. Wenn du alle Schuljahre hinter dir hast, bist du ein **Absolvent** deiner Schule. Du hast die Schule **absolviert**.

der Abstand *Substantiv*

Das kleine Schweinchen misst den **Abstand** zwischen den beiden Türpfosten. Es möchte wissen, wie weit sie auseinander sind.

abstimmen *Verb*

Bei einer **Abstimmung** sagt jeder, was er meint, indem er eine Stimme abgibt – zum Beispiel durch Heben der Hand. Eine Wahl gewinnt derjenige, der die meisten **Stimmen** erhält.

abstreiten *Verb*

absurd *Adjektiv*

Wenn etwas **absurd** ist, kann es nicht sein. Es ist unsinnig und abwegig. Das Weiße Kaninchen mit seinen Glacéhandschuhen kommt Alice **absurd** vor: So ein Tier gibt es in ihrer Welt nicht.

abtasten *Verb*

Pinocchio **tastet** seine Wangen **ab**. Er berührt sie mit seinen Fingern, um zu spüren, wie sie sich anfühlen.

abwesend *Adjektiv*

Das Haus ist leer. Die Bären sind **abwesend**. Es ist keiner von ihnen zu Hause. Goldlöckchen betritt das Haus in ihrer **Abwesenheit**.

das Abzeichen *Substantiv*

Das ist eine Marke oder ein Anstecker. Wer ein **Abzeichen** trägt, gibt damit häufig zu erkennen, dass er zu einer Gruppe gehört. Polizisten tragen eine Polizeimarke.

Wenn du eine sportliche Prüfung bestehst, bekommst du ein **Sportabzeichen**.

in Acht nehmen *Verbverbindung*

Bagheera warnt Mowgli davor, Shir Khan zu vertrauen. Mowgli soll wachsam bleiben, weil Shir Khan Böses im Schilde führt.

achten *Verb*

Die Schöne ist gutherzig und großzügig. Das Biest **achtet** sie wegen ihres edlen Charakters. Es behandelt die Schöne sehr gut. Sie weiß das zu schätzen und empfindet ebenfalls **Achtung** für das Biest. Sie respektiert es.

die **Addition** *Substantiv*

Diese **Addition** ist einfach. Pinocchio rechnet nicht gern, aber diese Aufgabe kann er lösen. Beim **Addieren** werden Zahlen zusammengezählt. Zwischen den Zahlen steht dann ein Pluszeichen.

der **Adel** *Substantiv*

Könige und Königinnen, Prinzen und Prinzessinnen, Fürsten und Fürstinnen, Grafen und Gräfinnen, Herzöge und Herzoginnen, Barone und Baroninnen sind **adelig**. Sie alle gehören zum **Adel** eines Landes. Sie sind nicht bürgerlich.

die **Ader** *Substantiv*

Das Blut zirkuliert in unserem Körper. Es fließt durch unsere **Adern**.

der **Adler** *Substantiv*

Der **Adler** ist ein Greifvogel mit einem Hakenschnabel und mächtigen Krallen, der sein Nest in den Bergen baut. Er hat scharfe Augen und ist sehr wachsam. Deshalb spricht man von **Adleraugen**, wenn jemand gut sieht.

adoptieren *Verb*

Vater und Mutter Wolf haben schon vier Junge, aber sie beschließen, Mowgli zu **adoptieren**. Sie behandeln und erziehen ihn wie ihre eigenen Kinder. Vater und Mutter Wolf sind Mowglis **Adoptiveltern**.

die **Adresse** *Substantiv*

Wenn du an Robin Hood schreiben möchtest, musst du seine **Adresse** kennen. Das ist der Ort, wo er lebt.

Ein anderes Wort für **Adresse** ist Anschrift. Einen Brief nennt man auch Anschreiben.

der **Affe** *Substantiv*

Im Dschungel gibt es viele verschiedene **Affen**. Das **Affenvolk** aus Mowglis Geschichte, dem *Dschungelbuch*, heißt Bandar-log. Unten siehst du einen Gorilla und einen Schimpansen.

aggressiv *Adjektiv*

Der Tiger Shir Khan ist ein **aggressives** Tier. Er ist jederzeit zum Angriff bereit.

ähnlich *Adjektiv*

Der Prinz sieht der Mamorstatue sehr **ähnlich**. Er sieht fast genauso aus wie die Statue.

die **Ahnung** *Substantiv*

Der Prinz weiß es nicht ganz genau, aber er ist sich ziemlich sicher. Und er hat Recht. Dornröschen atmet. Der Prinz **ahnt**, dass er sie wieder zum Leben erwecken kann.

die **Ähre** *Substantiv*

Eine **Ähre** besteht aus dem Getreidehalm und den Körnern. Getreide wie Hafer, Roggen, Gerste und Weizen hat **Ähren**.

das **Akkordeon** *Substantiv*

Wer spielt hier das **Akkordeon**, ein Instrument mit Tasten? Der Esel. Man nennt das Instrument auch Schifferklavier oder Ziehharmonika.
Der Akkordeonspieler heißt **Akkordeonist**. *Wie nennt man jemanden, der Klavier spielt? Schau auf Seite 229 nach.*

die **Akrobatik** *Substantiv*

Akrobaten führen im Zirkus Kunststücke vor. Es sind **akrobatische** Turnübungen, bei denen es besonders auf Gleichgewicht, Geschicklichkeit und auf Gelenkigkeit ankommt.
▶ Schau auf Seite 84 nach.

aktiv *Adjektiv*

Aschenputtel arbeitet den ganzen Tag im Haushalt. Sie hat immer viel zu tun und ruht sich selten aus. Sie ist sehr **aktiv**.

aktuell *Adjektiv*

Was gerade in der Welt passiert, ist **aktuell**. Die Zeitungen, das Radio und das Fernsehen informieren über **aktuelle** Ereignisse.

der **Akzent** *Substantiv*

Bayern haben einen anderen **Akzent** als Norddeutsche. Der **Akzent** ist die Art und Weise, wie man die Worte ausspricht.
Mit **Akzent** ist auch die Betonung eines Worts gemeint. Bei Spielzeug liegt die Betonung auf der ersten Silbe.

alarmieren *Verb*

Der Feind naht. Robin muss **alarmiert** werden. Jemand muss ihm Bescheid sagen und ihn vor den Angreifern warnen.
Alarm schlagen heißt, auf eine Gefahr aufmerksam machen.

der **Albtraum** *Substantiv*

Das ist ein schlechter Traum.

das **Album** *Substantiv*

Ein **Album** ist ein großes Buch mit Bildern. Die Mehrzahl heißt Alben.
In ein **Album** kann man zum Beispiel Fotos oder Briefmarken kleben.

die **Alge** *Substantiv*

Die kleine Meerjungfrau schwimmt zwischen **Algen** umher. Diese Pflanzen wachsen auf dem Meeresgrund.

der **Alkohol** *Substantiv*

Alkohol ist eine beißende Flüssigkeit. Man kann damit Wunden auswaschen und desinfizieren.
Alkoholische Getränke können betrunken machen.

allein *Adverb*

Goldlöckchen geht **allein** in den Wald. Es ist niemand bei ihr.

allgemein *Adjektiv*

Auf **allgemeine** Bitte hin erzählt die Maus ihre Geschichte. Alle Tiere wollen hören, was sie zu erzählen hat.
Im **Allgemeinen** greifen die Tiere des Urwalds keine Menschen an. Sie sind scheu. In der Regel meiden sie Menschen.

die **Alm** *Substantiv*

In den Bergen weiden die Tiere auf einer **Alm**. So nennt man die Wiesen im Gebirge.

das **Alphabet** *Substantiv*

Mit den 26 Buchstaben des **Alphabets** kann man alle Wörter bilden.
In deinem Lexikon sind die Wörter in **alphabetischer** Reihenfolge geordnet: a, b, c, d, e ...

alt *Adjektiv*

Hänsel ist sechs Jahre **alt**. Er ist früher geboren als seine Schwester. Er ist **älter** als Gretel.
In der Bibliothek des Schlosses stehen viele **alte** Bücher. Sie sind seit langer Zeit dort.

das **Alter** *Substantiv*

Ab welchem **Alter** dürfen die kleinen Meerjungfrauen nachts im Mondschein sitzen? *Die Antwort findest du auf Seite 286.*
Der Vater der Schönen ist nicht mehr jung. Er hat schon weißes Haar. Das **Alter** ist der letzte Abschnitt des Lebens.

a

altmodisch *Adjektiv*

Ein **altmodisches** Kleid ist unmodern. Es entspricht nicht der neuen Mode.

der **Amateur** *Substantiv*

Ein **Amateur** macht etwas aus Spaß, aber nicht beruflich. Ein **Amateursportler** zum Beispiel treibt in seiner Freizeit Sport.

die **Ambulanz** *Substantiv*

So nennt man die Abteilung in einem Krankenhaus, in der man behandelt wird und dann wieder nach Hause geht.

die **Ameise** *Substantiv*

Das ist ein kleines Insekt. **Ameisen** leben in großen **Ameisenhaufen**. Es sind sehr emsige Tiere.

die **Amsel** *Substantiv*

Das ist ein schwarzer Vogel mit einem gelben Schnabel, der sehr schön singen kann.

die **Ananas** *Substantiv*

Der Diener serviert Aladin eine **Ananas** auf einem Silberteller. Die große gelbe Frucht schmeckt sehr süß. Sie wächst in heißen Ländern. Ihre Schale ist stachelig und ihre Blätter ähneln einer kleinen Palme.

anbeißen *Verb*

Schneewittchen **beißt** den Apfel **an**. Mit ihren Schneidezähnen beißt sie ein großes Stück ab.

anbringen *Verb*

Das kleine Schweinchen **bringt** in seinem Haus ein Regal **an**. Es befestigt es an der Wand. Was für ein schönes Regal! *Aber was wird damit passieren? Schau auf Seite 323 nach.*

die **Anemone** *Substantiv*

Eines Morgens findet die Schöne auf ihrem Spaziergang **Anemonen**. Das sind kleine Blumen mit bunten Blüten.

anfangen *Verb*

Die meisten Märchen **fangen** mit dem Satz „Es war einmal ...“ **an**. Das Alphabet **fängt** mit dem Buchstaben A **an** und hört mit Z auf. Das Gegenteil von **Anfang** heißt Ende.

anflehen *Verb*

Aladin bittet seine Mutter so sehr darum, dass sie sein **Flehen** erhört. Sie besucht den Sultan.

anfühlen *Verb*

Das Fell des kleinen Bären **fühlt** sich ganz weich **an**.

der **Anführer** *Substantiv*

Akela ist der **Anführer** der Wölfe. Er hat das Sagen über die anderen Wölfe des Rudels.

angeben *Verb*

der **Angestellte** *Substantiv*

Angestellte arbeiten für ein Unternehmen. Sie bekommen dafür jeden Monat ein Gehalt.

▶ Schau auch unter **arbeiten** nach.

der **Angler** *Substantiv*

An Flüssen sitzen oft **Angler**. In der Hand halten sie eine **Angelrute** mit einer langen Leine, mit der sie Fische fangen. Am Ende der Leine befindet sich ein **Angelhaken**. Daran hängt ein Köder, zum Beispiel ein Wurm. Die Fische werden damit angelockt.

der **Angriff** *Substantiv*

die **Angst** *Substantiv*

Schneewittchen hat **Angst**. Sie ist nachts ganz allein im Wald. Aus allen Richtungen hört sie Geräusche. Sie fürchtet sich.

Ein **ängstlicher** Mensch fürchtet sich sehr oft.

der **Anhänger** *Substantiv*

Pinocchio sieht einen Lastwagen, der einen **Anhänger** zieht.

anheben *Verb*

Schneewittchen lebt! Sie setzt sich auf und **hebt** den Sargdeckel **an**. Sie will ihn abnehmen und aufstehen.

der **Anker** *Substantiv*

Ein **Anker** ist ein Haken aus Eisen. Er wird an einer Kette auf den Meeresgrund heruntergelassen, um ein Schiff an einer Stelle zu halten. Man wirft den **Anker**, um anzuhalten und man holt ihn ein, um weiterzufahren.

anketten *Verb*

Kette

ankreuzen *Verb*

Wenn du etwas auswählen möchtest, zum Beispiel eine Antwort auf einem Fragebogen, kannst du es in einem Kästchen **ankreuzen**.
▶ Schau auch unter **Kreuz** nach.

anmelden *Verb*

Geppetto **meldet** Pinocchio in der Schule **an**. Der Direktor nimmt die **Anmeldung** entgegen. Jetzt ist Pinocchio Schüler seiner Schule.
Der Diener des Sultans **meldet** den Besuch des Zauberers **an**. Er sagt ihm, dass der Zauberer da ist.

anmutig *Adjektiv*

Aschenputtel ist sehr **anmutig**, wenn sie tanzt. Sie bewegt sich leicht und fließend. Das Gegenteil von **anmutig** ist plump.

anonym *Adjektiv*

Ein **anonymer** Brief trägt keinen Absender und ist nicht unterschrieben. Man weiß nicht, wer ihn geschrieben hat.

der **Anorak** *Substantiv*

Das ist eine warme Jacke mit Kapuze, die gegen Regen und Schnee schützt.

die **Anrichte** *Substantiv*

Schneewittchen räumt das Geschirr in die **Anrichte**. Das ist ein Schrank, in dem man Teller, Gläser und Besteck aufbewahrt und Speisen bereitstellt.

anrichten *Verb*

Wenn jemand einen Schaden **anrichtet**, macht er etwas kaputt.

anschließen *Verb*

Man **schließt** ein Elektrogerät **an**, damit es Strom bekommt und funktioniert. Dazu steckt man den Stecker in die Steckdose.

anschneiden *Verb*

Etwas **anschneiden** bedeutet, mit einem Messer das erste Stück davon abzuschneiden. Man **schneidet** Brot, Wurst, Käse oder Kuchen **an**.
Wenn man ein Gesprächsthema **anschneidet**, fängt man als Erster an, darüber zu sprechen.

ansehen *Verb*

die **Ansicht** *Substantiv*

Das bedeutet Meinung. Wenn du der **Ansicht** bist, dass die drei kleinen Schweinchen gut schmecken, dann teilst du die Meinung des Wolfs.

anspannen *Verb*

Robin und seine Freunde **spannen** ein Seil über den Weg. Sie ziehen daran, so fest sie können, um es **anzuspannen**.
Wenn du die Muskeln **anspannst**, siehst du, wie kräftig sie sind.

anspitzen *Verb*

Man **spitzt** Bleistifte mit einem **Anspitzer** **an**, wenn sie stumpf sind.

ansteckend *Adjektiv*

Eine **ansteckende** Krankheit überträgt sich leicht.

der **Anstieg** *Substantiv*

Die Zwerge steigen den Berg hinauf. Beim **Anstieg** geht es steil bergauf.

anstiften *Verb*

Pinocchio **stiftet** seinen Freund Romeo dazu **an**, die Schule zu schwänzen. Er überredet ihn, stattdessen mit ihm zu spielen.

anstrengen *Verb*

Wer **sich anstrengt**, gibt sich viel Mühe. Er bemüht sich, etwas zu schaffen.

Wie sehr **sich** Aschenputtels Stiefschwester auch **anstrengt**, sie bekommt ihren Fuß nicht in den Tanzschuh.

die **Antarktis** *Substantiv*

Die **Antarktis** ist der kälteste Erdteil. Es handelt sich um das Gebiet rund um den Südpol. Dort gibt es ewiges Eis und kaum Menschen, weil es so kalt ist. Die **Arktis** liegt um den Nordpol.

die **Antenne** *Substantiv*

Mit einer **Antenne** kann man Radio- und Fernsehprogramme empfangen. **Antennen** übertragen und empfangen elektrische Signale über elektromagnetische Wellen.

Feine Fühler dienen Insekten als **Antennen**, mit denen sie ihre Umwelt ertasten.

die **Antilope** *Substantiv*

Diese Tiere haben schöne dunkle Augen und sie sehen ein bisschen aus wie Rehe. Aber sie leben in Asien und Afrika. Sie haben Hörner und Hufe und sie können sehr schnell laufen.

das **Antlitz** *Substantiv*

Das ist ein anderes Wort für das menschliche Gesicht.

antreiben *Verb*

Ein Motor **treibt** eine Maschine **an**. Er sorgt zum Beispiel dafür, dass ein Auto fährt. Robin **treibt** sein Pferd **an**, damit es schneller läuft.

antworten *Verb*

Die Königin stellt dem Spiegel immer dieselbe Frage: „Spieglein, Spieglein an der Wand, wer ist die Schönste im ganzen Land?" Und der Spiegel **antwortet** ihr:

Diese **Antwort** macht die böse Königin sehr wütend.

anvertrauen *Verb*

Wenn du jemandem etwas **anvertraust**, erzählst du ihm ein Geheimnis. Er soll es niemandem weitererzählen.

der **Anwalt** *Substantiv*

Ein **Anwalt** verteidigt einen Angeklagten in einem Gerichtsverfahren.

anwärmen *Verb*

Kakao mit Milch wird auf dem Herd nur **angewärmt**. Er wird nicht gekocht. Wenn du von einem Stuhl aufstehst, ist er noch warm. Deine Körperwärme hat ihn **angewärmt**.

die **Anweisung** *Substantiv*

Der Zauberer sagt Aladin, wohin er gehen muss, um die Lampe zu finden. Aladin folgt seinen **Anweisungen**.

anwerben *Verb*

Aladin **wirbt** einige Männer **an**, die im Palast arbeiten sollen. Er bietet ihnen an, gegen Bezahlung für ihn zu arbeiten.

Der Prinz **umwirbt** die Prinzessin. Er möchte sie heiraten und ist besonders nett zu ihr.

anwesend *Adjektiv*

Alle Feen sind bei Dornröschens Taufe **anwesend**. Der König hat sie eingeladen und sie sind alle gekommen. Sie feiern ein großes Fest. *Sind wirklich alle Feen anwesend? Schau auf Seite 283 nach.*

anzeigen *Verb*

Pinocchio **zeigt** die Männer **an**, die ihn entführt haben. Er geht zur Polizei und sagt den Polizisten, wie sie heißen.

anziehen *Verb*

Der kleine Bär **zieht** nicht gern eine Mütze **an**. Sie kratzt an seinen Ohren.

Ein Jahrmarkt **zieht** viele Menschen **an**. Von nah und fern kommen die Leute herbei, um sich zu amüsieren.

Aschenputtel ist sehr hübsch. Sie gefällt dem Prinzen. Er findet sie **anziehend**.

anzünden *Verb*

Wer ein Feuer **anzündet**, bringt Holz oder Kohle zum Brennen.

das **Apartment** *Substantiv*

Ein **Apartment** ist eine Wohnung. In einem **Apartmenthaus** gibt es viele solcher Wohnungen.

apathisch *Adjektiv*

Pinocchio ist krank und hat Fieber. Deshalb blickt er teilnahmslos vor sich hin und bewegt sich kaum: Er ist **apathisch**. Die Fee kommt und bringt ihm Medizin.

der **Apfel** *Substantiv*

Äpfel wachsen auf **Apfelbäumen**. Sie reifen im Spätsommer.

Die böse Hexe hat einen **Apfel** vergiftet, um Schneewittchen zu töten.

die **Apfelsine** *Substantiv*

Die Affen essen **Apfelsinen**. Das sind die saftigen Früchte des Orangenbaums. Sie haben eine orangefarbene Schale.

die **Apotheke** *Substantiv*

In der **Apotheke** kauft man bei einem **Apotheker** oder einer **Apothekerin** Medikamente.

der **Apparat** *Substantiv*

Ein **Apparat** ist ein Gerät, mit dem man etwas Bestimmtes tun kann. Mit einem **Fotoapparat** macht man Fotos, mit einem **Rasierapparat** können sich Männer rasieren.

der **Appetit** *Substantiv*

Der Wolf hat großen **Appetit**. Er ist immer hungrig. Die drei Schweinchen findet er sehr **appetitlich**. Er würde sie nur zu gern fressen.

applaudieren *Verb*

Robin hat den Wettbewerb im Bogenschießen gewonnen. Die Menge **applaudiert**. Alle klatschen in die Hände.

die **Aprikose** *Substantiv*

der **April** *Substantiv*

Monat

das **Aquarium** *Substantiv*

In einem **Aquarium** hält man Fische. Durch seine Glaswände sieht man gut, wie sie darin herumschwimmen.

arbeiten *Verb*

Die sieben Zwerge **arbeiten** in einer Mine. Damit verdienen sie ihr Geld. Aschenputtel **arbeitet** im Haushalt. Sie ist fleißig. Sie erledigt die gesamte **Hausarbeit**.

der **Arbeitgeber** *Substantiv*

Ein **Arbeiter arbeitet** für Geld im Auftrag eines **Arbeitgebers**. So nennt man entweder seinen Chef oder das Unternehmen, bei dem der **Arbeitnehmer** beschäftigt ist.

Wenn ein **Arbeiter** oder ein Angestellter seine **Arbeit** verliert, wird er **arbeitslos**.

der **Architekt** *Substantiv*

Architekten planen und zeichnen Wohnhäuser, öffentliche Gebäude und Denkmäler. Sie leiten auch die Bauarbeiten.

der **Ärger** *Substantiv*

Geppetto hat viel **Ärger** mit seiner Holzpuppe. Er hat Schwierigkeiten mit Pinocchio, weil er ihm nicht gehorcht.

Hänsel nimmt nicht zu. Das **ärgert** die böse Hexe. Sie regt sich darüber auf, dass er so mager ist, und bekommt schlechte Laune.

der **Arm** *Substantiv*

Wir Menschen haben zwei **Arme**. Damit können wir uns **umarmen** und nach etwas greifen. *Womit können wir gehen? Schau auf Seite 58 nach.*

Der **Arm** eines Flusses ist ein kleiner Nebenfluss. Er zweigt von dem großen Hauptfluss ab.

arm *Adjektiv*

Die Eltern von Hänsel und Gretel sind **arm**. Sie haben nicht genug Geld zum Leben. Sie können sich noch nicht einmal mehr etwas zu essen leisten.

das **Armband** *Substantiv*

Dieses Schmuckstück trägt man um das Handgelenk. Wie viele **Armbänder** trägt Badrulbudur? *Schau auf Seite 363 nach.*

die **Armbinde** *Substantiv*

Blinde Menschen tragen auf der Straße oft eine gelbe **Armbinde** mit einem schwarzen Punkt und ertasten ihren Weg mit einem Blindenstock. An der **Armbinde** können andere Menschen Blinde erkennen und ihnen dann in schwierigen Situationen behilflich sein.

die **Armee** *Substantiv*

Der König zieht mit seiner **Armee** in den Krieg. Er bricht mit seinen Soldaten in den Kampf auf, um das Königreich zu verteidigen.

der **Ärmel** *Substantiv*

Das ist der Teil eines Kleidungsstücks, der den Arm bedeckt.

die **Art** *Substantiv*

Pflanzen und Tiere gibt es in der Natur in vielen **Arten** und **Unterarten**. Es gibt eine große Vielfalt verschiedener Lebewesen.

Alice findet das Weiße Kaninchen sonderbar. Sie hat noch nie im Leben eine so merkwürdige **Art** von Kaninchen gesehen.

artig *Adjektiv*

artikulieren *Verb*

Wer **artikuliert**, spricht die einzelnen Silben der Wörter sehr deutlich aus.

die **Artischocke** *Substantiv*

Die **Artischocke** ist ein grünes Gemüse mit vielen dichten Blättern. Ihr zartes Herz schmeckt sehr gut.

der **Arzt** *Substantiv*

Ein **Arzt** behandelt Kranke. Ein anderes Wort für **Arzt** ist Doktor. Um **Arzt** zu werden, muss man Medizin studieren.

der **Arztkoffer** *Substantiv*

Besucht ein Arzt einen Patienten zu Hause, hat er einen **Arztkoffer** dabei. Dieser enthält die nötigen medizinischen Instrumente.

die **Asche** *Substantiv*

Asche ist der graue Staub, der übrig bleibt, wenn etwas verbrennt.

Die Stiefschwestern nennen Aschenputtel so, weil sie oft mit **Asche** in Berührung kommt und deshalb schmutzig und staubig ist.

Einen **Aschenbecher** füllt man mit Zigarettenasche und ausgedrückten Zigaretten.

aschfahl *Adjektiv*

Das bedeutet sehr blass im Gesicht. Rotkäppchen wird vor Angst **aschfahl**. Sie wird bleich vor Schreck, als sie merkt, dass der Wolf in Großmutters Bett liegt.

der **Asphalt** *Substantiv*

Das ist ein glattes und hartes Baumaterial für die Oberflächen von Straßen. Heutzutage sind die meisten Straßen **asphaltiert**. Früher baute man Straßen mit Kopfsteinpflaster.

▶ Schau auf Seite 237 nach.

das **Ass** *Substantiv*

Das **Ass** ist in vielen Kartenspielen die wertvollste Spielkarte.

Jemand, der etwas sehr gut kann, ist ein **Ass**.

der **Atem** *Substantiv*

Die Luft, die aus dem Mund kommt, nennt man **Atem**.

Durch die **Atmung** nimmt der Körper Luft auf.

atemlos *Adjektiv*

Aschenputtel ist schnell gelaufen. Sie ist ganz aus der Puste. **Atemlos** lehnt sie sich an das Gartentor und holt tief Luft.

der **Athlet** *Substantiv*

Ein **Athlet** ist ein Sportler, jemand, der sich viel bewegt.

der **Atlas** *Substantiv*

Das ist ein großes Buch mit geografischen Karten, auf denen Länder, Städte, Berge und Flüsse zu sehen sind.

die **Atmosphäre** *Substantiv*

So nennt man die Luft, das Gasgemisch, das uns auf der Erde umgibt.

Die **Atmosphäre** ist auch die Stimmung, die an einem Ort herrscht. Bei den Zwergen herrscht immer eine gute Stimmung. Alle fühlen sich dort wohl.

die **Attraktion** *Substantiv*

Der Auftritt des Esels Pinocchio ist die größte **Attraktion** der Zirkusvorstellung. Das Publikum bewundert seine Kunststücke am meisten.

die **Aubergine** *Substantiv*

Das ist ein violettfarbenes längliches Gemüse.

aufblasen *Verb*

Wenn man Luft in einen Ballon hinein pustet, **bläst** man ihn **auf**. Lässt man die Luft entweichen, schrumpft der Ballon und man muss ihn wieder **aufblasen**.

aufbleiben *Verb*

Wer lange **aufbleibt**, ist lange wach. Er geht spät ins Bett.

aufbrechen *Verb*

Um wie viel Uhr **brechen** die Zwerge morgens zur Arbeit **auf**? Wann gehen sie aus dem Haus? Schau auf Seite 434 nach.

auffangen *Verb*

Robin ist nicht vom Baum gefallen. Er kann sich gerade noch an einem Ast **auffangen**.

auffordern *Verb*

Die Schwestern der Schönen **fordern** ihren Vater immer wieder dazu **auf**, ihnen neue Kleider zu kaufen.

auffressen *Verb*

Die Tiere haben großen Hunger. Sie **fressen** ihr Futter ganz auf. Sie lassen nichts übrig.

aufgebracht *Adjektiv*

Die böse Königin ist **aufgebracht**. Sie tobt vor Wut.

aufgehen *Verb*

Wenn die Sonne **aufgeht**, wird es langsam hell. Die Sonne erscheint am Horizont und steigt allmählich höher.

aufgeregt *Adjektiv*

Pinocchio ist sehr **aufgeregt**, weil er ins Spielzeugland fahren darf. Er möchte unbedingt dorthin. Er freut sich und ist nervös, weil er es kaum mehr abwarten kann, dort anzukommen.

Der Besuch im Spielzeugland ist ein **aufregendes** Abenteuer für Pinocchio.

aufgeweckt *Adjektiv*

Pinocchio ist ein **aufgewecktes** Kind. Er versteht sehr schnell und ist sehr lebhaft.

aufhalten *Substantiv*

Alice **hält sich** nicht lange im Wunderland **auf**. Sie verbringt dort nicht viel Zeit. Es ist nur ein kurzer **Aufenthalt**.

Wenn man jemanden nicht **aufhalten** kann, ist er nicht zu bremsen.

aufhängen *Verb*

Das kleine Schweinchen **hängt** Bilder **auf**. Es befestigt sie mit Haken an der Wand.

▶ Schau auf Seite 471 nach.

aufhäufen *Verb*

Das kleine Schweinchen sammelt Herbstlaub und **häuft** es **auf**. Es kippt die Blätter aus der Schubkarre auf einen **Haufen**.

aufheben *Verb*

Man **hebt** etwas **auf**, wenn es auf dem Boden liegt oder heruntergefallen ist.

Wenn du etwas behältst, statt es wegzuwerfen, verwahrst du es. Du **hebst** es **auf**.

Dornröschen erwacht aus dem hundertjährigen Schlaf. Der Fluch der dreizehnten Fee ist **aufgehoben**. Er gilt nicht mehr. Alle Menschen im Schloss werden wieder wach.

aufhellen *Verb*

Das bedeutet, etwas zu beleuchten oder heller zu färben.

aufhören *Verb*

„**Hör auf** zu weinen, sei nicht mehr traurig“, sagt Hänsel zu Gretel.

der **Aufkleber** *Substantiv*

Pinocchio hat einen **Aufkleber** auf sein Heft geklebt. Darauf steht sein Name und der Name seiner Klasse.

aufknüpfen *Verb*

Die Räuber **knüpfen** Pinocchio **auf**. Sie hängen ihn mit einem Seil am Baum auf. Sie wollen Pinocchio umbringen.

aufkratzen *Verb*

Goldlöckchen läuft durch dichtes Gestrüpp und **kratzt** sich die Beine **auf**. Die Dornen der Büsche ritzen ihre Haut ein.

auflauern *Verb*

Der Wolf **lauert** Rotkäppchen auf. Er versteckt sich und beobachtet es.

▶ Schau auf Seite 300 nach.

die **Auflaufform** *Substantiv*

Das ist eine feuerfeste Backform, in der man **Auflauf** überbackt. Man füllt sie zum Beispiel mit Kartoffeln, Champignons und Käse und stellt sie für eine Stunde in den Backofen.

die **Aufmerksamkeit** *Substantiv*

Aladin hört dem Zauberer sehr **aufmerksam** zu. Er denkt dabei an nichts anderes. Er schenkt dem Zauberer seine ganze **Aufmerksamkeit**.

aufnehmen *Verb*

Mit einem Videorekorder nimmt man Fernsehsendungen auf, um sich die **Aufnahmen** später anzusehen.

Vater und Mutter Wolf **nehmen** Mowgli **auf**. Er darf bei ihnen leben, weil er kein Zuhause hat.

aufopfern *Verb*

Aladins Mutter **opfert sich** für ihren Sohn auf. Sie tut alles für ihn. Sie stellt eigene Wünsche zurück, damit es ihrem Sohn gut geht.

aufpassen *Verb*

Mutter Wolf **passt** auf Mowgli und die jungen Wölfe **auf**. Sie sieht ihnen beim Spielen zu und achtet darauf, dass ihnen nichts passiert.

aufrecht *Adverb*

→ die Haltungen

aufrichtig *Adjektiv*

Alice ist ein **aufrichtiges** Mädchen. Sie sagt offen, was sie denkt und sie lügt nicht. Der Zauberer hingegen lügt, wenn er den Mund aufmacht. Er ist ein **unaufrichtiger** Mensch und überlistet seine Mitmenschen.

aufsagen *Verb*

Wer ein Gedicht **aufsagt**, trägt es mit lauter Stimme auswendig vor.

aufschrauben *Verb*

→ festschrauben

aufstehen *Verb*

Abends gehst du ins Bett, morgens **stehst** du **auf**.

aufsteigen *Verb*

Wenn man **auf** ein Pferd, ein Fahrrad oder einen Hexenbesen **steigt**, schwingt man ein Bein auf die andere Seite und setzt sich rittlings darauf.
▶ Schau auf Seite 339 nach.

auftauen *Verb*

→ einfrieren

aufteilen *Verb*

Wenn du einen Apfel **aufteilst**, schneidest du ihn in mehrere Stücke.

der **Auftrag** *Substantiv*

Robin hat einen **Auftrag** für Little John. Er bittet seinen Freund, etwas für ihn zu tun. *Womit beauftragt er ihn? Schau auf Seite 33 nach.*

auftragen *Verb*

Das kleine Schweinchen **trägt** eine Schicht Farbe auf sein Haus **auf**. Es streicht sein Haus von außen weiß an.

das **Auftreten** *Substantiv*

Die böse Königin hat ein überhebliches und autoritäres **Auftreten**. Sie ist herrschsüchtig und stolz. Das **Auftreten** ist das Verhalten gegenüber anderen Menschen.

aufwickeln *Verb*

Die Königin **wickelt** das Garn auf einer Spule **auf**. Sie hält dabei den Faden in der einen Hand und dreht mit der anderen Hand die Spule. Wenn sie zum Nähen einen Faden braucht, **wickelt** sie ein Stück Garn **ab**.

aufzählen *Verb*

Die Schwestern der Schönen **zählen auf**, was sie alles haben möchten.
Kannst du **aufzählen**, was Schneewittchen alles gewaschen hat? *Schau auf Seite 473 nach.*

aufziehen *Verb*

Einen Spielzeugbären kannst du mit einer Schraube **aufziehen**. Dann läuft er.
Mutter Wolf hat Mowgli **aufgezogen**. Sie hat sich um ihn gekümmert, als er noch ein Baby war.

das **Auge** *Substantiv*

Wessen **Augen** leuchten dort durch die Nacht? Wer sieht Mowgli so intensiv an?

der **Augenblick** *Substantiv*

Das ist ein Moment.

die **Augenbraue** *Substantiv*

So nennt man beim Menschen die Haare direkt über den Augen.

▶ Schau auf Seite 344 nach.

das **Augenlicht** *Substantiv*

Der Herzkönig ist nicht mehr jung. Sein **Augenlicht** hat sich verschlechtert. Er kann nicht mehr gut sehen. *Was trägt er?* *Schau auch auf Seite 76 nach.*

der **August** *Substantiv*

→ Monat

die **Ausbildung** *Substantiv*

Der Vater der Schönen stellt einen Hauslehrer ein. Er möchte, dass seine Töchter eine gute **Ausbildung** bekommen. Sie sollen viel lernen. Der Lehrer unterrichtet die Mädchen in Englisch, Französisch, Mathematik und Erdkunde.

ausbreiten *Verb*

Das Biest liegt auf der Wiese und entspannt sich. Es hat die Arme **ausgebreitet**.

Wenn man eine Decke **ausbreitet**, dann legt man sie flach auf die Erde.

Vögel **breiten** ihre Flügel **aus**, wenn sie durch die Luft schweben. Sie öffnen beide Flügel und strecken sie so weit aus, wie sie können.

▶ Schau auch unter **absetzen** nach.

ausdenken *Verb*

Wenn Alice nicht weiß, was sie antworten soll, **denkt** sie sich etwas **aus**. Im letzten Moment erfindet sie eine Antwort.

ausdrücken *Verb*

Seine Gefühle **ausdrücken** heißt, sie zu zeigen. Man sagt, was man denkt oder fühlt. Manche Menschen können ihre Gefühle besser zum **Ausdruck** bringen als andere.
Sich ausdrücken bedeutet auch sprechen. Der Prinz **drückt** sich sehr vornehm **aus**.

ausfallen *Verb*

Die Schauspieler sind krank. Alle Leute müssen wieder nach Hause gehen. Sie sind enttäuscht.

der **Ausflug** *Substantiv*

Pinocchio und sein Freund Romeo machen einen **Ausflug** ins Spielzeugland. Sie verbringen dort einen Tag. Viele Kinder machen sonntags mit ihren Eltern einen **Ausflug** ins Grüne.

ausführen *Verb*

Der Akrobat **führt** einen atemberaubenden Sprung **aus**. Er zeigt ihn dem Publikum.
Der Jäger geht jeden Tag mehrere Male mit seinem Hund spazieren. Er **führt** ihn **aus**.

der **Ausgang** *Substantiv*

Aladin sucht einen **Ausgang** aus dem Verlies, in das ihn der Zauberer gesperrt hat. Er sucht eine Tür, um ins Freie zu kommen.
Der **Ausgang** einer Geschichte ist ihr Ende.

ausgeben *Verb*

Der Zauberer hat viel Geld **ausgegeben**, um Aladin schöne neue Kleider zu kaufen. Warum er wohl so große **Ausgaben** gemacht hat?

ausgedehnt *Adjektiv*

Mowgli und Baloo unternehmen **ausgedehnte** Streifzüge durch den Dschungel. Sie dauern sehr lange.

ausgewogen *Adjektiv*

Wer sich abwechslungsreich ernährt, isst gesund. Baloo hat Mowgli beigebracht, wie man sich im Dschungel **ausgewogen** ernährt.

ausgezeichnet *Adjektiv*

Das bedeutet sehr gut, hervorragend.

ausgraben *Verb*

vergraben

ausklopfen *Verb*

Gretel **klopft** ihre Schürze mit den Händen **aus**, damit die Perlen herunterfallen. ▶ Schau auf Seite 370 nach.
Aus einem Teppich **klopft** man den Staub mit einem **Teppichklopfer**.

auskommen *Verb*

Hänsel und Gretel müssen ohne Abendessen **auskommen**. Die Familie hat nichts mehr zu essen und so gehen die Kinder mit hungrigem Magen ins Bett.
Wenn du dich mit jemandem gut verstehst, **kommt** ihr gut miteinander **aus**.

auslachen *Verb*

Alice nimmt die Raupe nicht ernst. Sie **lacht** sie **aus**. Die Raupe ärgert sich darüber.

die Auslage *Substantiv*

Aladin schaut sich die **Auslagen** der Geschäfte an. Es betrachtet die Waren, die in den Schaufenstern **ausliegen**.

der Ausländer *Substantiv*

Ein **Ausländer** ist jemand, der aus einem anderen Land kommt.

auslassen *Verb*

Die Herzkönigin sagt immer dasselbe. Welche Worte fehlen hier? Welche haben wir **ausgelassen**?

Antwort: Kopf ab

die **Ausnahme** *Substantiv*

Mutter Wolf bittet die Wölfe, Mowgli in ihrem Rudel aufzunehmen. Sie möchte, dass sie eine **Ausnahme** machen: Normalerweise leben Menschen nicht unter Wölfen.

auspacken *Verb*

⇒ einpacken

ausplaudern *Verb*

Wenn jemand ein Geheimnis weitererzählt, das man ihm anvertraut hat, **plaudert** er es **aus**.

ausprobieren *Verb*

Schneewittchen testet die Betten aller sieben Zwerge, bevor sie schließlich das siebte auswählt. Sie legt sich in jedes Bett, um **auszuprobieren**, wie sie darin liegt.

Pinocchio **probiert**, ein braver Junge zu sein. Er versucht es, aber es gelingt ihm nicht immer.

ausradieren *Verb*

Mit einem Radiergummi kann man **ausradieren**, was man mit einem Bleistift geschrieben hat. Es verschwindet und man kann etwas Neues schreiben.

ausreichen *Verb*

Die böse Königin füllt den Apfel nur mit einem winzigkleinen Giftkorn. Es **reicht aus**, um Schneewittchen zu vergiften. Mehr ist nicht nötig.

ausrollen *Verb*

Im Palast des Sultans wird ein roter Teppich für Aladin **ausgerollt**.

Auch Teig kann man **ausrollen**.

▶ Schau auch unter **ausstechen** nach.

ausrufen *Verb*

„Es ist jemand im Haus", **ruft** der kleine Bär **aus**. Er sagt es laut, weil es ihn überrascht. Und er hat Recht.

Willst du wissen, wer im Haus ist? Schau auf Seite 119 nach.

ausruhen *Verb*

Der Esel von den Bremer Stadtmusikanten ist müde. Er muss sich **ausruhen**.

Weißt du, wo er sich hinsetzt, um eine Pause zu machen? Schau auf Seite 53 nach.

ausrüsten *Verb*

Robin **rüstet** seine Männer **aus**. Er gibt ihnen Waffen, die sie für den Kampf gegen die Soldaten des Sheriffs von Nottingham brauchen. Der Kampf wird gefährlich: Die Soldaten des Sheriffs haben eine bessere **Ausrüstung**.

ausscheiden *Verb*

Wer bei einem Spiel nicht mehr mitspielen darf, **scheidet aus**.
▶ Schau auf Seite 316 nach.

ausschneiden *Verb*

Im Bastelunterricht in der Schule **schneiden** die Kinder Figuren **aus**. Sie folgen mit der Schere genau der Form der Figuren.

aussehen *Verb*

Hänsel und Gretel **sehen** schlecht **aus**. Ihre Gesichter sind blass und müde. Aber wenn sie gegessen und geschlafen haben, **sehen** sie wieder besser **aus**.
Die böse Königin nimmt das **Aussehen** einer alten Frau an. Zuerst sieht man das Äußere eines Menschen, das **Aussehen**.

außergewöhnlich *Adjektiv*

Im Reich des Meerkönigs wachsen **außergewöhnliche** Blumen. Solche Blumen gibt es sonst nirgendwo.

aussetzen *Verb*

ausstechen *Verb*

Rotkäppchens Mutter rollt den Teig auf dem Tisch zu einer glatten Fläche aus. Dann nimmt sie die Formen und beginnt, die Plätzchen **auszustechen**.

ausstellen *Verb*

Der Händler **stellt** seine Waren **aus**. Er baut sie auf seinem Stand auf, damit sie jeder begutachten kann.

Wer eine **Ausstellung** besucht, sieht sich Kunstwerke an.

die **Auster** *Substantiv*

Das ist eine Meeresmuschel. Manchmal findet man eine Perle in einer **Auster**.

auswandern *Verb*

Wer sein Land verlässt, um in einem anderen Land zu leben, **wandert aus**.

Weißt du was das Gegenteil ist? Schau auf Seite 105 nach.

ausziehen *Verb*

Rotkäppchen **zieht** sich **aus**, um sich ins Bett zu legen. Sie legt zuerst ihren Umhang ab und dann ihr Kleid.

das **Auto** *Substantiv*

Zu Robins Zeiten gab es Kutschen und Fuhrwerke, die von Pferden und Ochsen gezogen wurden. Heute fährt man **Auto**. Es sind Fahrzeuge mit Motoren, die auch **Automobile** genannt werden. **Autofahrer** müssen einen Führerschein besitzen.

die **Autobahn** *Substantiv*

Das ist eine Straße, auf der **Autos** besonders schnell fahren dürfen. Sie hat mehrere Spuren und einen Seitenstreifen. Es gibt keinen Gegenverkehr. Fußgänger dürfen eine **Autobahn** nicht betreten. Zum Anhalten fährt man auf einen Parkplatz oder Rastplatz.

die **Autofähre** *Substantiv*

Dieses Schiff transportiert **Autos**.

automatisch *Adjektiv*

In der U-Bahn öffnen und schließen die Türen meist **automatisch**, also ohne dass man einen Knopf drücken muss.

der **Autor** *Substantiv*

Hans Christian Andersen ist der **Autor** der *Kleinen Meerjungfrau*. Er hat das Märchen geschrieben.

die **Autoschlange** *Substantiv*

In einer **Autoschlange** stehen viele Autos Stoßstange an Stoßstange hintereinander.

die **Avocado** *Substantiv*

Die **Avocado** ist eine grüne Frucht mit einem großen Kern. Sie wächst auf **Avocadobäumen**.

die **Axt** *Substantiv*

Meister Kirsche spaltet Holz mit einer **Axt**. Das ist ein Werkzeug mit einer großen flachen Klinge und einem Stiel.

Bb

der **Bach** *Substantiv*

Das ist ein viel kleinerer Wasserlauf als ein Fluss.

backen *Verb*

Schneewittchen **backt** Pfannkuchen für die sieben Zwerge. Kuchen und Brot **backt** man im **Backofen**.

▶ Schau auch unter **Bäcker** nach.

der **Backenzahn** *Substantiv*

→ Zahn

der **Bäcker** *Substantiv*

Ein **Bäcker backt** und verkauft Brot, Brötchen und **Gebäck** in seiner **Bäckerei**.

baden *Verb*

Mowgli und die anderen Kinder **baden** gern im Fluss. Sie können nicht schnell genug ins Wasser kommen.

der **Bahnhof** *Substantiv*

Ein **Bahnhof** ist ein Ort, wo Züge ankommen und abfahren.

der **Bahnsteig** *Substantiv*

An Bahnhöfen gibt es an jedem Gleis einen **Bahnsteig**. Dort steigen die Fahrgäste ein und aus.

balancieren *Verb*

Mowgli **balanciert** auf Baloos Schultern. Er versucht, das Gleichgewicht zu halten und nicht herunterzufallen.

bald *Adverb*

Es wird **bald** dunkel. Die Sonne geht in kurzer Zeit unter.

baldmöglichst *Adverb*

Das bedeutet, so schnell es geht.

der **Balken** *Substantiv*

Das ist ein langes, dickes und stabiles Holz, das Mauern oder Decken abstützt. Das kleine Schweinchen verschließt seine Tür mit einem **Balken**.

Ein **Schwebebalken** ist ein Turngerät. Es besteht aus zwei Stützen und einem langen **Holzbalken**, auf dem man Turnübungen macht.

der **Balkon** *Substantiv*

Der Prinz steht auf dem **Balkon** und schaut auf das Meer hinaus. Ein **Balkon** ist kleiner als eine Terrasse.

der **Ball** *Substantiv*

Ein **Ball** ist ein Fest, auf dem getanzt wird. Die Frauen tragen **Ballkleider**.

der **Ball** *Substantiv*

Pinocchio spielt mit seinem Freund **Ball**. **Bälle** können aus Leder und aus Plastik sein.

der **Ballon** *Substantiv*

Ein **Ballon** ist ein Luftfahrzeug. Seine große Kugel wird mit Gas oder heißer Luft gefüllt. Daran hängt eine Gondel für die Passagiere.

Luftballons kann man mit Luft aufblasen oder mit Gas füllen und in die Luft steigen lassen.

banal *Adjektiv*

Eine **banale** Geschichte ist uninteressant und überhaupt nicht spannend.

die **Banane** *Substantiv*

Affen essen gern **Bananen**, längliche Früchte mit einer dicken gelben Schale.

b

das **Band** *Substantiv*

Wer Blinde Kuh spielt, bindet einem Mitspieler mit einem **Band** die Augen zu. Tennisspieler schwitzen oft beim Spielen. Sie tragen deshalb **Schweißbänder** an den Handgelenken und um die Stirn.

der **Band** *Substantiv*

Ein **Band** ist ein Buch. Ein Lexikon und ein Fortsetzungsroman bestehen aus mehreren **Bänden**.

die **Bank** *Substantiv*

Der Esel ist erschöpft und setzt sich auf eine **Bank**, um sich auszuruhen. Eine **Bank** ist so lang, dass mehrere darauf sitzen können. Manche **Bänke** sind gepolstert und mit Stoff bezogen.

Man kann sein Geld zur **Bank** bringen und auf einem Sparbuch aufbewahren.

der **Bär** *Substantiv*

Bären sind wilde Tiere. Wenn sie böse werden, brummen sie. Die Frau des **Bären** heißt **Bärin**. Es gibt **Braunbären**. Es gibt aber auch weiße **Bären**. Sie heißen **Eisbären** und leben in der Arktis im ewigen Eis.

das **Barometer** *Substantiv*

Ein **Barometer** zeigt das Wetter der nächsten Tage an. ▶ Schau auch unter das Wetter auf Seite 482 nach.

die **Barrikade** *Substantiv*

Das ist eine Sperre. Man baut sie bei Kämpfen auf, um den Weg zu versperren und sich dahinter zu verstecken. Das kleine Schweinchen **verbarrikadiert** sein Haus, damit der Wolf nicht hereinkommt. Es stellt schwere Möbel vor die Tür.

der **Barsch** *Substantiv*

Das ist ein Flussfisch.

der **Bart** *Substantiv*

Die Zwerge haben alle lange **Bärte**. Es wachsen ihnen Haare am Kinn und auf den Wangen. Sie sind **bärtig**.

der **Basketball** *Substantiv*

Basketball ist ein Sport mit zwei Mannschaften. Die Spieler müssen den Ball in einen Korb werfen. Er hängt an beiden Seiten am Rand des Spielfelds.

basteln *Verb*

Wenn du **bastelst**, baust du etwas zusammen.

der **Bau** *Substantiv*

Das ist eine Art Höhle, in der Tiere leben, zum Beispiel Dachse und Füchse.

bauen *Verb*

Jedes der drei kleinen Schweinchen **baut** ein Haus. Sie stellen die Mauern auf, **bauen** das Dach und setzen zum Schluss Türen und Fenster ein.

der **Bauernhof** *Substantiv*

Der **Bauer** und die **Bäuerin** leben auf einem **Bauernhof**. Sie züchten Tiere, um Milch, Eier und Fleisch zu verkaufen. Sie bewirtschaften die Gärten und Felder, um Gemüse und Getreide zu ernten. Ein **Bauernhof** ist ein landwirtschaftlicher Betrieb.

baufällig *Adjektiv*

Das Haus, in dem Hänsel und Gretel mit ihren Eltern leben, ist alt und **baufällig**. Es ist in einem schlechten Zustand. Der Regen läuft durch das Dach, weil es Löcher hat.

der **Baum** *Substantiv*

Im Wald gibt es viele verschiedene **Bäume**, zum Beispiel Eichen, Tannen und Kastanien. **Bäume** sind große Pflanzen. Sie haben Wurzeln, einen Stamm, Äste, Zweige und Blätter.
Apfel-, **Birnen**, **Kirsch-** und **Pflaumenbäume** sind **Obstbäume**.

der **Baumstumpf** *Substantiv*

Das ist das Stück eines Baumstamms, das nach dem Fällen stehen geblieben ist.

die **Baumwolle** *Substantiv*

Baumwollpflanzen wachsen in heißen Ländern. Wenn ihre Früchte reif sind und aufplatzen, quellen feine weiße Haare heraus, die **Baumwolle**.

bebildert *Adjektiv*

In einem **bebilderten** Buch gibt es Texte und **Bilder**. Die **Bilder** nennt man auch **Abbildungen** oder Illustrationen.

der **Becher** *Substantiv*

Ein **Becher** ist ein Trinkgefäß aus Metall, Kunststoff oder Pappe.

bedanken *Verb*

Der Zauberer hat Aladin prachtvolle Gewänder geschenkt und Aladin **bedankt** sich dafür bei ihm.
▶ Schau auf Seite 172 nach.

bedauern *Verb*

Die Schwestern der Schönen **bedauern** ihre Gemeinheiten. Es tut ihnen Leid, wie böse sie zu der Schönen waren. Sie entschuldigen sich.

bedecken *Verb*

Im Winter **bedeckt** Schnee die Wiesen und Felder wie eine **Decke**.
Wenn der Himmel voller Wolken ist, nennt man ihn **bedeckt**. **Sich bedecken** heißt, einen Hut aufzusetzen.

bedeuten *Verb*

Wenn du eine Sprache verstehst, dann weißt du, was ihre Wörter und Sätze **bedeuten**.

die **Bedingung** *Substantiv*

Schneewittchen darf bei den sieben Zwergen wohnen, weil sie sich um den Haushalt kümmert. Das ist die **Bedingung**, die ihr die Zwerge stellen. Sie ist damit einverstanden.

beeilen *Verb*

Das Weiße Kaninchen **beeilt sich**. Es rennt, denn es ist verabredet und möchte nicht zu spät kommen.

beeindrucken *Verb*

Der Sultan **beeindruckt** Aladins Mutter. Sie fühlt sich in seiner Gegenwart befangen. Sein Auftreten und sein Hofstaat machen einen starken **Eindruck** auf sie.

beenden *Verb*

Etwas zu **beenden** heißt, damit aufzuhören.

befallen *Verb*

Der Garten ist von Ungeziefer **befallen**. Auf den Blättern, Zweigen und Halmen sitzen Heuschrecken, Käfer und Raupen. Sie fressen alles auf.

befehlen *Verb*

Die Prinzessin **befiehlt** ihren Untertanen, was sie zu tun haben. Sie gibt ihnen **Befehle**. Das sind strenge Anweisungen.

Generäle geben ihren Soldaten **Befehle**. Sie müssen unbedingt gehorchen.

befestigen *Verb*

Etwas **befestigen** heißt, es zu anzukleben, festzuschrauben oder festzunageln, damit es hält. Die Bänke im Park sind am Boden **befestigt**, man kann sie nicht einfach an eine andere Stelle rücken oder tragen.

befinden *Verb*

Das Elternhaus des kleinen Bären liegt in einer hübschen Lichtung mitten im Wald. Es **befindet sich** dort.

Wie ist dein **Befinden**? Das bedeutet: Wie geht es dir?

befragen *Verb*

Der Fuchs und der Kater **befragen** Pinocchio. Sie stellen ihm **Fragen**.

befreien *Verb*

Gretel **befreit** ihren Bruder. Sie sperrt die Tür auf. Hänsel kommt heraus. Er ist **frei**.

die **Begabung** *Substantiv*

Die Schöne hat eine besondere **Begabung**. Sie kann gut malen. Sie ist eine **begabte** Malerin.

die **Begeisterung** *Substantiv*

Die kleinen Schweinchen bauen mit **Begeisterung** an ihren Häusern. Die Bauarbeiten machen ihnen sehr viel Spaß. Sie stecken ihre ganze Energie hinein.

der **Beginn** *Substantiv*

Zu **Beginn** der Geschichte ist Aladin ein dickköpfiger, fauler Junge. Er ist gar nicht nett. Am Anfang macht er seiner Mutter viel Kummer.

begleiten *Verb*

Aladin **begleitet** den Zauberer zur Wunderlampe. Er geht mit ihm zusammen dorthin. Wenn du eine Freundin nach Hause bringst, **begleitest** du sie bis zu ihrer Haustür.

begnügen *Verb*

die **Behaarung** *Substantiv*

Kopfhaar, Barthaare, Wimpern, Augenbrauen und Brusthaare gehören zur **Behaarung** des menschlichen Körpers.

behalten *Verb*

Wenn du etwas **behältst**, gibst du es nicht zurück.

Wenn du etwas gut **behalten** kannst, dann merkst du es dir leicht.

behandeln *Verb*

Puppenspieler Feuerfresser ist streng, aber er **behandelt** die Marionetten gut. Er geht gut mit ihnen um.

Wenn dein Lehrer in der Schule ein Thema **behandelt**, dann beschäftigen sich alle Schüler deiner Klasse damit.

beharren *Verb*

Die Zwerge **beharren** darauf, dass Schneewittchen niemanden ins Haus lässt. Sie wiederholen es mehrfach.

beherbergen *Verb*

Die Zwerge **beherbergen** Schneewittchen. Sie nehmen sie in ihrem Haus auf, geben ihr ein Bett und zu essen.

behindern *Verb*

Der geschwollene Knöchel **behindert** den Esel Pinocchio beim Gehen. Er hinkt und er kann nicht mehr laufen.

beibringen *Verb*

Bagheera zeigt Mowgli, wie man im Dschungel zurechtkommt. Er **bringt** ihm viele Dinge **bei**. Mowgli lernt sehr schnell und kommt bald ohne Hilfe aus.

beige *Adjektiv*

Beige ist ein Farbton zwischen helbraun und weiß. Milchkaffee ist **beige**.

das **Bein** *Substantiv*

Die kleine Meerjungfrau möchte **Beine** haben. Sie träumt davon, wie die Menschen laufen und tanzen zu können.

beißen *Verb*

Der Hund **beißt** dem Räuber ins Bein. Er bohrt seine Zähne in die Wade des Räubers. Der **Biss** ist tief und schmerzhaft.

beklagen *Verb*

Aber die Schöne ist tapfer. Sie leidet, aber sie **beklagt** sich nicht. Sie jammert nicht über ihr Schicksal.

bekleckern *Verb*

Kleine Kinder bekommen ein Lätzchen. Sie **bekleckern** sich beim Essen und Trinken.

bekochen *Verb*

Mutter Bär **bekocht** die ganze Familie Bär. Sie **kocht** für alle die Mahlzeiten. Sie bestimmt, was es jeden Tag zu essen gibt.

bekommen *Verb*

Aladin **bekommt**, was er sich wünscht, nämlich einen prächtigen Palast. Wird es ihm auch gelingen die Prinzessin zu heiraten?

belästigen *Verb*

Der Affe soll aufhören, Mowgli an den Haaren zu ziehen. Mowgli beschwert sich darüber. Der Affe geht zu weit. Er ist ihm **lästig**.

beleibt *Adjektiv*

Dornröschens Vater ist **beleibt**. Er hat am ganzen Körper viel Speck und einen dicken Bauch.

beleidigen *Verb*

Die Affen **beleidigen** den Python Kaa. Sie sagen gemeine Sachen zu ihm, die ihn verletzen.

bellen *Verb*

→ Hund

belohnen *Verb*

Pinocchio war sehr brav. Die Fee freut sich darüber und **belohnt** ihn mit einer kleinen Feier. Das Fest ist seine **Belohnung**.

bemerken *Verb*

Die Bären **bemerken**, dass jemand ihr Haus betreten hat. Es fällt ihnen sofort auf.

bemühen *Verb*

Sich **bemühen** heißt, sich anstrengen. Aschenputtel **bemüht** sich, die Kleider ihrer Stiefschwestern möglichst glatt zu bügeln.

benachrichtigen *Verb*

Das bedeutet, jemandem etwas zu sagen, ihm eine **Nachricht** zu geben.

das **Benehmen** *Substantiv*

Was für ein seltsames **Benehmen**! Die Köchin **benimmt** sich wirklich merkwürdig. Das tut sie sonst nie.

beneiden *Verb*

Aschenputtel heiratet den Prinzen. Ihre Stiefschwestern **beneiden** sie darum. Sie sind **neidisch**, denn sie wären gern an Aschenputtels Stelle.

das **Benzin** *Substantiv*

Kutschen werden von Pferden gezogen. Autos haben einen Motor, der **Benzin** braucht, um zu laufen. **Benzin** ist ein Kraftstoff, den man aus Erdöl gewinnt. Diesel ist ebenfalls ein Kraftstoff.

beobachten *Verb*

Beobachten bedeutet, etwas sehr aufmerksam zu betrachten. Mutter Wolf **beobachtet** Mowgli. Sie folgt ihm mit ihren Blicken und sieht alles, was er tut. Wer gut **beobachten** kann, bekommt mit, was in der Umgebung passiert.

bequem *Adjektiv*

Das Bett des kleinen Bären ist sehr **bequem**. Die Matratze ist weich und die Decke ist kuschelig. Goldlöckchen fühlt sich darin sehr wohl.

beratschlagen *Verb*

Die Tiere **beratschlagen** sich. Sie diskutieren, was zu tun ist.

Was beschließen sie? Schau auf Seite 140 nach.

bereit *Adverb*

Das Essen steht **bereit**. Mama Bär ist mit dem Kochen fertig. Die Suppe steht auf dem Tisch.

der **Berg** *Substantiv*

Aladin und die Prinzessin Badrulbudur fliegen mit dem Teppich über die **Berge**.

Ein **Gebirge** besteht aus vielen **Bergen**.

der **Beruf** *Substantiv*

Aladins Mutter weiß nicht, welchen **Beruf** ihr Sohn später ausüben wird. Vielleicht wird er Kaufmann von **Beruf**, aber vielleicht wird er sich auch für eine andere Arbeit entscheiden. Der Zauberer will ihm helfen.

berühmt *Adjektiv*

Berühmte Menschen sind Schauspieler, Sänger, Politiker oder Sportler, die fast jeder kennt.

berühren *Verb*

Die Fee **berührt** Pinocchios Stirn mit der Hand. Sie möchte fühlen, ob er Fieber hat.

Wenn sich zwei Häuser **berühren**, dann stehen sie sehr dicht nebeneinander.

Wenn dich etwas **berührt**, nimmst du Anteil daran. Du empfindest Mitleid, Trauer oder Freude.

die **Besatzung** *Substantiv*

Die **Besatzung** eines Schiffs oder eines Flugzeugs sind die Männer und Frauen, die an Bord arbeiten.

beschäftigen *Verb*

Wer sich mit etwas **beschäftigt,** tut etwas. Er spielt, räumt auf oder macht Hausaufgaben.

Eine **Beschäftigung** kann auch eine Arbeit sein. Aladins Vater ist Schneider. Er **beschäftigt** mehrere Schneiderlehrlinge, die bei ihm Nähen lernen.

beschlagen *Verb*

Wenn es draußen kalt und drinnen warm ist, **beschlagen** die Fenster. Dann kannst du mit dem Finger auf der Scheibe malen.

beschließen *Verb*

Die kleine Meerjungfrau möchte unbedingt Beine haben. Deshalb **beschließt** sie, etwas zu tun. Sie nimmt sich vor, die Hexe um Hilfe zu bitten.

beschreiben *Verb*

Die kleine Meerjungfrau bittet ihre Großmutter oft, ihr die Welt der Menschen zu **beschreiben**. Die Großmutter erzählt ihr dann von den Städten, Wäldern, Menschen und Tieren.

beschuldigen *Verb*

Der Herzbube wird **beschuldigt**, Kuchen gestohlen zu haben. Man hält ihn für einen Dieb. Ist diese **Beschuldigung** gerechtfertigt? *Schau auf Seite 246 nach.*

beschützen *Verb*

Baloo und Bagheera **beschützen** Mowgli. Sie verteidigen ihn gegen Gefahren, die ihm im Dschungel drohen.

die Beschwerde *Substantiv*

Robins Freund Will hat **Beschwerden** beim Gehen. Ihm tut jeder Schritt weh. *Warum hat er Schmerzen? Schau auf Seite 446 nach.*

Der Gefangene fühlt sich schlecht behandelt. Er legt **Beschwerde** ein.

der Besen *Substantiv*

Mit einem **Besen** kann man den Boden kehren, damit er sauber wird. Hexen jedoch gebrauchen den **Besen** für etwas ganz anderes.

besitzen *Verb*

Dornröschens Vater **besitzt** ein schönes Schloss. Es gehört ihm.

bespritzen *Verb*

Es ist heiß und die kleinen Meerjungfrauen **bespritzen** sich gegenseitig mit Wasser, um sich abzukühlen.

besser *Adjektiv*

Ein **besseres** Frühstück kann sich Rotkäppchen gar nicht vorstellen.

bestellen *Verb*

Wer im Restaurant etwas **bestellt**, sagt dem Kellner, was er essen möchte. Ein Händler **bestellt** am Telefon Ware, die er später in seinen Laden geliefert bekommt.

Du kannst deiner Mutter von einer Freundin **Grüße bestellen**. Du sagst ihr, dass sie ihr einen schönen Tag wünscht.

Bauern **bestellen** ihr Land, um Gemüse oder Getreide zu ernten. Sie pflügen das Feld, pflanzen Kartoffeln oder säen Getreide.

die **Bestie** *Substantiv*

Das ist ein wildes Tier oder ein grausamer Mensch. Das Biest aus dem Märchen ist keine **Bestie**. Es sieht grausam aus, aber es ist nicht gefährlich.

die **Bestleistung** *Substantiv*

Robin gibt beim Bogenschießen sein Bestes. Er erreicht immer **Bestleistungen**. Kein anderer kann ihn in diesem Sport übertreffen.

bestrafen *Verb*

Zur **Strafe** versohlt Baloo Mowgli den Hintern.

besuchen *Verb*

Der Sultan **besucht** Aladin in seinem Palast. Aladin führt seinen **Besuch** durch alle Zimmer. Der Sultan ist sehr beeindruckt.

beten *Verb*

Beten bedeutet, zu Gott zu sprechen. Man kann dabei **Gebete** aufsagen wie das *Vaterunser* oder man kann Gott um etwas bitten.

betrachten *Verb*

Wer etwas **betrachtet**, der schaut es lange aufmerksam an. Der Prinz **betrachtet** vom Schiff aus das Meer.

der **Betreuer** *Substantiv*

In einem Ferienlager kümmern sich **Betreuer** den ganzen Tag um die Kinder.

betrübt *Adjektiv*

Die Schwestern der Schönen sind gemein. Ihr Vater ist deshalb sehr **betrübt**. Er ist traurig. Man ist **betrübt**, wenn einem etwas Leid tut.

der **Betrüger** *Substantiv*

Der Zauberer ist ein **Betrüger**. Er gibt sich für jemanden aus, der er nicht ist. **Betrüger** sind unehrliche Menschen.

betrunken *Adjektiv*

Die Soldaten des Sheriffs haben zu viel Bier getrunken. Sie sind **betrunken**.

betteln *Verb*

Tabaqui, der Schakal, **bettelt** bei Vater Wolf um ein paar Knochen.

Auf den Straßen bitten **Bettler** Passanten um Geld. Sie **betteln**.

die **Beule** *Substantiv*

Little John hat den Soldaten so fest am Kopf getroffen, dass er eine große **Beule** bekommt.

die **Beute** *Substantiv*

Robin Hood teilt seine **Beute** mit den Armen. Alles was er **erbeutet**, wird gerecht geteilt.

Akela fängt seine **Beute** jedes Mal. Es ist ihm noch nie ein Tier entkommen, das er gejagt hat.

die **Bevölkerung** *Substantiv*

Zur **Bevölkerung** einer Stadt, eines Landes oder der Erde gehören alle Menschen, die dort leben.

bewegen *Verb*

Geppettos Holzpuppe ist fertig. Sie fängt plötzlich an, sich zu **bewegen**. Sie **bewegt** ihre Arme und Beine, dreht ihren Kopf und läuft durch die Werkstatt.

die **Bewegung** *Substantiv*

Mowgli möchte in **Bewegung** bleiben. Deshalb macht er Übungen.

▶ Schau auf Seite 184 nach.

der **Beweis** *Substantiv*

Aschenputtel zieht den zweiten Tanzschuh aus ihrer Tasche. Damit kann sie **beweisen**, dass sie diejenige ist, die der Prinz sucht.

bewundern *Verb*

Die böse Königin **bewundert** sich stundenlang im Spiegel. Sie betrachtet ihr Spiegelbild und findet sich wunderschön.

bewusstlos *Adjektiv*

Die kleine Meerjungfrau hat den Prinzen nach dem Schiffbruch gerettet. Aber er ist **bewusstlos**. Er lebt, aber er nimmt nichts wahr und bewegt sich nicht.

bezahlen *Verb*

Der Zauberer **bezahlt** Aladins Kleider. Er kauft sie einem Schneider ab, gibt ihm also Geld dafür.

der **Biber** *Substantiv*

Ein **Biber** lebt im Wasser. Er hat ein schönes Fell und einen langen flachen Schwanz. Seine Zähne sind so gut, dass er Baumstämme durchbeißen kann. Damit baut er Staudämme.

die **Bibliothek** *Substantiv*

Die Schöne ist in der **Bibliothek** des Schlosses. In diesem Raum werden alle Bücher in Regalen oder Schränken aufbewahrt.

der **Bibliothekar** *Substantiv*

Das ist ein Beruf. So nennt man die Angestellten einer **Bibliothek**. Sie sortieren und verwalten die Bücher.

biegen *Verb*

Wenn du mit Draht bastelst, kannst du ihn solange **zurechtbiegen**, bis er die richtige Form hat. Draht ist **biegsam**.

Wenn du in eine Straße **einbiegst**, gehst du nicht geradeaus weiter, sondern nach links oder rechts.

die **Biene** *Substantiv*

Ein Imker züchtet **Bienen**, um Honig und Wachs zu verkaufen.

der **Bienenstock** *Substantiv*

Die Bienen verlassen den **Bienenstock**.

das **Bild** *Substantiv*

Fotos und Gemälde sind **Bilder**. Das kleine Schweinchen hat **Bilder** in Rahmen an die Wand gehängt.
▶ Schau auf Seite 471 nach.

bilden *Verb*

Mit Buchstaben kann man Wörter **bilden**, mit Wörtern **bildet** man Sätze. Auf der Meeresoberfläche **bildet** sich Schaum, wenn die Wellen hoch sind.

das **Bilderbuch** *Substantiv*

Alice mag **Bilderbücher**. Darin schaut sie sich **Bilder** an. In ihrer Fantasie reist sie durch die Welt der **Bilder**.

das **Bilderrätsel** *Substantiv*

Das ist ein **Rätsel**, das aus **Bildern** besteht.

der **Bildhauer** *Substantiv*

Der **Bildhauer** bearbeitet den Marmorblock so lange mit seinem Werkzeug, bis die Statue des Prinzen fertig ist. Die Kunst, Skulpturen und Statuen zu schaffen, nennt man **Bildhauerei**.

der **Bildschirm** *Substantiv*

Auf einem **Fernsehbildschirm** sieht man Bilder. Auch Computer haben einen **Bildschirm**.

die **Birke** *Substantiv*

Eine **Birke** ist ein Baum mit einer silbrigen Rinde, der schnell wächst.

die **Birne** *Substantiv*

Diese Frucht wächst auf **Birnbäumen**. Sie ist im Herbst reif.

der **Bissen** *Substantiv*

Einen **Bissen** nennt man das Essen, das man auf einmal in den Mund nimmt und zerkaut, bevor man es herunterschluckt.

bitten *Verb*

bitter *Adjektiv*

Ein **bitteres** Getränk hat einen unangenehmen Geschmack. Mancher Hustensaft schmeckt **bitter**.

die **Blähung** *Substantiv*

Die Tiere haben zu viel gegessen. Sie leiden unter **Blähungen**. Ihre Bäuche sind aufgeblasen und schmerzen, weil sie nicht alles auf einmal verdauen können. Das Essen liegt ihnen schwer im Magen.

die **Blase** *Substantiv*

Wenn du Seifenwasser durch einen Ring bläst, entstehen **Seifenblasen**. Eine **Blase** ist eine kleine, mit Luft gefüllte Kugel.

In einem Comic steht alles, was die Comicfiguren sagen, in **Sprechblasen**.

blass *Adjektiv*

Eine **blasse** Farbe ist nicht kräftig, sondern hell.

Wenn jemand **blass** ist, hat er eine ungewöhnlich helle Hautfarbe. Er ist fast weiß im Gesicht.

das **Blatt** *Substantiv*

Blätter wachsen auf Bäumen und an Sträuchern.

Ein **Blatt** ist auch ein Stück Papier.

der **Blätterteig** *Substantiv*

Das ist ein Teig, der ausgerollt und wieder zusammengelegt wird. Nach dem Backen ist er luftig und **blättrig**.

blau *Adjektiv*

Am Fenster erscheint eine Fee mit **blauen** Haaren. Sie sind **blau** wie ein wolkenloser Himmel und wie das Meer.

die **Blaubeere** *Substantiv*

Das ist eine kleine schwarz-blaue Frucht, die an Sträuchern wächst.

das **Blei** *Substantiv*

Das ist ein schweres Metall. Man stellt daraus Rohre oder Gewichte her.
Wenn etwas **schwer wie Blei** ist, dann wiegt es sehr viel.

bleiben *Verb*

Mowgli muss den Dschungel verlassen, um bei den Menschen zu leben. Er kann nicht bei den Tieren **bleiben**.
Tabaqui, der Schakal, ist ein Resteesser. Er frisst alles, was von den Mahlzeiten der anderen Tiere **übrig bleibt**.

blenden *Verb*

Aladin ist vom grellen Licht der Sonne **geblendet**. Er kann fast nichts mehr sehen.

blind *Adjektiv*

Ein **Blinder** kann gar nichts oder fast nichts sehen. Man nennt **blinde** Menschen auch Sehbehinderte.
Ein **blinder** Passagier hat sich heimlich an Bord eines Schiffs geschlichen. Er besitzt keine Fahrkarte.

Blinde Kuh *Substantiv*

Bei dem Spiel **Blinde Kuh** hat ein Spieler verbundene Augen. Er sieht nichts und muss versuchen, einen anderen zu fangen.

der Blitz *Substantiv*

Ein **Blitz** ist ein kurzer, greller Lichtstrahl. Bei einem Gewitter folgen **Blitz** und Donner aufeinander. Fast alle Häuser haben heute einen **Blitzableiter** auf dem Dach. Das ist ein Metall oder eine andere Verbindung zur Erde. Sie verhindert, dass der **Blitz** einschlägt.
Wenn es für die Kamera zu dunkel ist, fotografiert man mit einem **Blitzgerät**.
▶ Schau auch auf Seite 173 nach.

der Blitzschlag *Substantiv*

Die kleine Meerjungfrau sieht den **Blitzschlag**. Der **Blitz schlägt** während des Gewitters in den Schiffsmast **ein**.

der Block *Substantiv*

Ein **Block** ist ein großes Stück aus einem bestimmten Material. Für die Statue des Prinzen hat der Bildhauer einen großen **Marmorblock** bestellt.

blödsinnig *Adjektiv*

Die Herzkönigin redet **Blödsinn**, dummes Zeug. Alice regt sich darüber auf.

blühen *Verb*

Wenn Blumen **blühen**, öffnen sie ihre Blüten und sehen prachtvoll aus.

Pinocchio hat eine **blühende** Fantasie. Er erzählt gern Lügen.

die **Blume** *Substantiv*

Im Frühling beginnen alle Pflanzen auf den Wiesen und Feldern und in den Gärten zu blühen. Die Bäume tragen Blüten und überall blühen viele verschiedene **Blumen**.

bluten *Verb*

das **Blütenblatt** *Substantiv*

Die linke Blume hat rote **Blütenblätter**, die rechte hat gelbe.

der **Bock** *Substantiv*

Schaf und Ziege

der **Boden** *Substantiv*

Aschenputtel wischt den **Boden**, damit er sauber wird und glänzt.

Der **Boden** ist auch die Erdoberfläche. Wenn ein Flugzeug landet, setzen zuerst die Räder des Fahrwerks auf dem **Boden** auf.

die **Böe** *Substantiv*

Eine **Böe** ist ein heftiger Windstoß. Sie kann gefährlich sein.

der **Bogen** *Substantiv*

Robin schießt mit dem **Bogen**. Er spannt die Sehne und zielt, um den Pfeil genau in die Mitte der Zielscheibe zu schießen.

das **Bogenschießen** *Substantiv*

Robin ist der Beste im **Bogenschießen**. Er kann sehr geschickt mit Pfeil und **Bogen** umgehen.

▶ Schau auf Seite 371 nach.

die **Bohne** *Substantiv*

Aschenputtel hat **Grüne Bohnen** gepflückt, ein längliches Gemüse mit einer grünen Schale. Es gibt auch **Weiße**, **Rote** und **Dicke Bohnen**.

bohren *Verb*

Mit einer **Bohrmaschine** kann man Löcher in Holz, Stein oder Metall **bohren**.

In der Nase **bohren**, ist bei Tisch nicht erlaubt.

Wenn du jemanden mit Blicken **durchbohrst**, starrst du ihn an.

Wenn du jemanden mit Fragen löcherst, **bohrst** du nach. Du fragst immer weiter.

die **Bombe** *Substantiv*

Bomben sind schreckliche Waffen, die Menschen verletzen oder töten und Häuser zerstören, wenn sie explodieren. Die Flugzeuge, von denen sie abgeworfen werden, nennt man **Bomber**. Im Krieg **bombardieren** sie ganze Dörfer und Städte.

das **Bonbon** *Substantiv*

Alice glaubt, dass **Bonbons** Kinder glücklich machen. Aber ihre Eltern sagen, dass **Bonbons** und andere Süßigkeiten schlecht für die Zähne sind.

das **Bongo** *Substantiv*

Das ist eine Trommel, die man mit der Hand schlägt.

das **Boot** *Substantiv*

Ein **Boot** ist ein kleines Schiff mit flachem Boden, das man mit zwei Rudern von der Stelle bewegt.

der **Bord** *Substantiv*

Wer an **Bord** eines Schiffes ist, der befindet sich auf dem Schiff.

borgen *Verb*

die **Börse** *Substantiv*

Früher bewahrten die Leute ihr Geld in einer **Börse** auf. Das ist ein kleiner Sack aus Leder oder Stoff, den man oben zusammenbindet. Heute benutzt man dafür ein **Portmonee**.

bösartig *Adjektiv*

Die Königin ist **bösartig**, sie möchte Schneewittchen wehtun. Sie ist ein gemeiner Mensch.

böse *Adjektiv*

Wenn Pinocchio nicht auf ihn hört, wird Geppetto **böse**. Er regt sich auf und schimpft ihn aus. Er ist **böse** auf Pinocchio.

Die **böse** Hexe mischt Gift, um damit zu töten. Sie hat **Böses** im Sinn.

der **Bösewicht** *Substantiv*

Räuber und Diebe sind **Bösewichte**. Sie bestehlen andere Menschen. Sie tun **Böses**, um anderen zu schaden.

die **Bouillon** *Substantiv*

Eine **Bouillon** ist eine klare Suppe mit Fleisch oder Gemüse.

das **Boxen** *Substantiv*

Boxen ist eine Sportart, bei dem zwei Gegner in einem **Boxring** mit den Fäusten gegeneinander kämpfen. **Boxer** tragen **Boxhandschuhe** aus Leder und verpassen sich gegenseitig kräftige **Boxhiebe**. Wenn einer mehrere Sekunden am Boden liegen bleibt, hat er verloren.

der **Brand** *Substantiv*

Die Soldaten des Sheriffs haben das Dorf in **Brand** gesteckt. Alle Häuser brennen. Das Feuer muss so schnell wie möglich gelöscht werden!

braten *Verb*

Mowgli **brät** ein Stück Fleisch über dem Feuer. Er mag kein rohes Fleisch. Deshalb isst er es erst, wenn es richtig gar und schön braun ist.

der **Brauch** *Substantiv*

Mit fünfzehn Jahren dürfen die Meerjungfrauen zum ersten Mal an die Wasseroberfläche schwimmen. Das ist ein alter **Brauch** im Land des Meerkönigs. Es ist schon immer so gewesen.

braun *Adjektiv*

Dornröschens Haare sind **braun** wie Kastanien. Papa Bär ist ein **Braunbär**. Im Gegensatz zu den weißen Eisbären hat er dunkles Fell.

bräunen *Verb*

Wenn wir uns in der Sonne **bräunen**, wird unsere Haut dunkler.

das **Bravo** *Substantiv*

→ applaudieren

bremsen *Verb*

Wer **bremst**, hält ein Fahrzeug an, indem er auf die **Bremse** tritt. **Bremsen** heißt auch langsamer werden.

brennen *Verb*

Wenn man sich **verbrennt**, tut man sich an einer Flamme oder an einem heißen Gegenstand weh, zum Beispiel am Bügeleisen.

die **Brennnessel** *Substantiv*

Diese Pflanze hat behaarte Blätter. Wenn man damit in Berührung kommt, **brennt** die Haut.

das **Brett** *Substantiv*

Das ist ein langes, flaches Stück Holz. Das kleine Schweinchen hat **Bretter** zugeschnitten, um ein Regal zu bauen.

der **Briefträger** *Substantiv*

Das ist jemand, der **Briefe** austrägt. Er bringt sie den Leuten nach Hause und steckt sie in ihre **Briefkästen**.

die **Brille** *Substantiv*

Der Herzkönig setzt seine **Brille** auf, damit er beim Lesen besser sieht.

bringen *Verb*

Rotkäppchen geht einmal in der Woche zu seiner Großmutter, um ihr einen Korb mit Kuchen zu **bringen**.

die **Brise** *Substantiv*

Wenn die Meerjungfrauen am Abend an die Wasseroberfläche kommen, spüren sie, wie eine zarte **Brise** in ihren Haaren spielt. Das ist ein leichter Wind.

die **Brombeere** *Substantiv*

Das ist eine kleine schwarze Frucht, die an einem Strauch wächst.

die **Bronze** *Substantiv*

Bronze ist ein Metall, das aus Kupfer und Zinn besteht.
Bei den Olympischen Spielen bekommt der Drittbeste eines Wettkampfs eine **Bronzemedaille**.

die **Brosche** *Substantiv*

Das ist ein Schmuckstück, das man mit einer Nadel an der Kleidung feststeckt. Wie viele **Broschen** trägt die Prinzessin Badrulbudur? Schau auf Seite 363 nach.

das **Brot** *Substantiv*

Hänsel, Gretel und ihre Eltern haben nur noch einen einzigen trockenen Laib **Brot** zu essen. Die Kruste ist schon ganz hart und die Krume ist ausgetrocknet.

bruchsicher *Adjektiv*

Bruchsicheres Glas ist stabil. Es zerbricht nicht in Scherben.

die **Brücke** *Substantiv*

Robin geht über die **Brücke**, um den Fluss zu überqueren.

der **Bruder** *Substantiv*

Hänsel ist Gretels **Bruder**. Gretel ist seine Schwester. Die beiden haben dieselben Eltern.

brummig *Adjektiv*

Heute morgen hat Papa Bär ganz üble Laune. Er ist **brummig**. Er hat in der Nacht zu wenig geschlafen und jetzt tut auch noch sein Kopf weh. Er ärgert sich über seinen **Brummschädel** und **brummt** laut herum.

brünett *Adjektiv*

Brünette Haare sind braun. Man nennt auch Frauen mit braunen Haaren **Brünette**.

der **Brunnen** *Substantiv*

Schneewittchen holt Wasser aus dem **Brunnen**.

die **Brust** *Substantiv*

→ der Körper

brutal *Adjektiv*

Aladin weiß, dass der Zauberer **brutal** sein kann. Wenn er wütend ist, wird er gewalttätig und schlägt andere.

brüten *Verb*

Die Henne **brütet** Eier aus. Sie setzt sich vorsichtig darauf und hält die Eier mit ihrem Körper warm, bis die Küken ausschlüpfen.

der **Buchladen** *Substantiv*

In einem **Buchladen** verkaufen **Buchhändler** viele verschiedene **Bücher**: **Schulbücher**, **Kinderbücher**, **Kochbücher**, Kriminalgeschichten, Romane und Reiseführer.

der **Buchstabe** *Substantiv*

Die Zwerge schreiben Schneewittchens Namen in goldenen **Buchstaben** auf ihren Sarg. Mit **Buchstaben** bildet man Wörter.

Alle 26 **Buchstaben** zusammen ergeben das Alphabet.

buchstabieren *Verb*

Pinocchio **buchstabiert** seinen Namen. Er sagt jeden Buchstaben seines Namens einzeln.

bücken *Verb*

Hänsel **bückt** sich, um Steine aufzuheben. Er beugt sich dabei nach vorne.

der **Büffel** *Substantiv*

Das ist eine frei lebende Rinderart in Afrika und Asien. Es gibt auch **Wasserbüffel**. Sie müssen sich von Zeit zu Zeit ins Wasser legen, damit ihre Haut atmen kann.

der **Bug** *Substantiv*

So nennt man das Vorderteil eines Schiffs.

der **Bügel** *Substantiv*

Daran hängt man Kleidung auf, damit sie im Schrank nicht verknittert.

bügeln *Verb*

Schneewittchen **bügelt** die Wäsche mit einem **Bügeleisen**.

die **Bugwelle** *Substantiv*

So nennt man die Wellen, die ein Schiff verursacht, wenn es durch das Wasser fährt. Sie verlaufen vom **Bug** des Schiffs vorne bis weit hinter das Schiff. Manchmal begleiten Delfine Schiffe im Meer. Sie schwimmen in der **Bugwelle**.

die **Bühne** *Substantiv*

Pinocchio steigt zu dem Clown auf die **Bühne**. Dort führen Schauspieler dem Publikum ein Stück vor. Eine **Bühne** liegt meist etwas erhöht, damit das Publikum gut sehen kann. Auch Musiker und Tänzer geben ihre Vorstellungen auf einer **Bühne**.

der **Buhruf** *Substantiv*

Die Zuhörer einer Rede drücken mit lauten **Buhrufen** aus, dass sie nicht einverstanden sind.

das **Bullauge** *Substantiv*

Bullaugen sind die runden Fenster in Schiffskabinen.

der **Bulle** *Substantiv*

Männliche Rinder heißen **Bullen**.

bummeln *Verb*

Bummeln heißt gemütlich spazieren gehen. Man geht zum Vergnügen herum, schaut sich dabei alles an und muss sich nicht beeilen.

der **Bund** *Substantiv*

Ein **Bund** Radieschen sind mehrere zusammengebundene Radieschen. Schneewittchen kauft ein **Bund** Petersilie für die Suppe und ein **Bund** Stroh für die Ziege der Zwerge.

das **Bündel** *Substantiv*

Hänsel und Gretel sammeln im Wald Holz für ein Feuer. Sie schnüren es zu **Bündeln**, damit sie es besser tragen können. Sie binden die trockenen Zweige zusammen.

bunt *Adjektiv*

Ein **bunter** Stoff hat viele verschiedene Farben.

die **Burg** *Substantiv*

Mauern und Wassergräben schützten **Burgen** im Mittelalter vor Angreifern. Die Burgherren konnten die **Zugbrücke** und das **Fallgatter** hochziehen. So kam niemand herein. Vom **Wachturm** aus sahen sie Feinde von weitem herankommen. Dann schossen Ritter durch die **Schießscharten** und von den **Mauerzinnen** aus Pfeile ab.

der **Bürgersteig** *Substantiv*

Fußgänger gehen auf der Straße nicht dort, wo die Autos fahren, sondern am Straßenrand auf dem **Bürgersteig**.

der **Burggraben** *Substantiv*

Der **Burggraben** umgibt eine Burg. Er ist sehr breit und mit Wasser gefüllt. Er schützt die Burgbewohner vor Eindringlingen.

das **Büro** *Substantiv*

Ein **Büro** ist ein Raum, wo zum Beispiel Sekretärinnen arbeiten.

bürsten *Verb*

Aschenputtel **bürstet** ihren Stiefschwestern jeden Tag die Haare.

der **Bus** *Substantiv*

Die Tiere sind müde. Am liebsten würden sie den Bus nach Bremen nehmen. **Busse** fahren in Städten und auf dem Land. Viele Kinder fahren mit dem **Bus** zur Schule. Man sagt zu **Bussen** auch **Autobus** oder **Omnibus**.

der **Busch** *Substantiv*

Im afrikanischen **Busch** gibt es nur Sträucher und **Büsche**. Der Boden ist so trocken, dass nichts anderes wächst.

▶ Schau auch unter **Savanne** nach.

Ein **Busch** ist dasselbe wie ein Strauch.

das **Büschel** *Substantiv*

Ein **Büschel** Haare sind einige Strähnen. Rechts sehen wir Romeo: Ihm steht ein **Büschel** Haare vom Kopf ab.

der **Busen** *Substantiv*

Frauen können an ihrer Brust Babys stillen. Sie haben **Busen**.

die **Butter** *Substantiv*

Rotkäppchen bringt seiner Großmutter einen Topf **Butter**. Das ist Fett, das aus Kuhmilch gewonnen wird.

Ein **Butterbrot** ist eine Scheibe Brot, die man mit **Butter** bestreicht und zum Beispiel mit Wurst oder Käse belegt.

die **Butterblume** *Substantiv*

Auf den Wiesen wachsen im Sommer **Butterblumen**. Die Blüten dieser kleinen gelben **Blumen** sehen wie goldfarbene Sonnen aus.

Cc

die **CD** *Substantiv*

Von einer **CD** kann man Musik oder Geschichten hören. Dazu steckt man die runde, flache Scheibe in einen **CD-Spieler** oder einen Computer. **CD** ist die Abkürzung für das englische Wort *Compact Disc*.

das **Chamäleon** *Substantiv*

Ein **Chamäleon** ist eine Echse. Die Farbe dieses kleinen Tiers passt sich immer an die Umgebung an. So fällt es nicht auf und wird von anderen Tieren nicht entdeckt. *Kannst du es auf dem Bild sehen?*

der **Champignon** *Substantiv*

Champignons sind essbare Pilze. Sie wachsen auf Wiesen und in Wäldern. Unter dem Hut haben **Champignons** Lamellen.

Alice ist so sehr geschrumpft, dass sie kleiner als der **Champignon** ist.

die **Chance** *Substantiv*

Das ist ein anderes Wort für Möglichkeit. Die Stiefschwestern haben keine **Chance** den Prinzen zu heiraten, weil ihnen Aschenputtels Schuh zu klein ist.

das **Chaos** *Substantiv*

Das ist ein großes Durcheinander.

chaotisch *Adjektiv*

Die Köchin aus der Geschichte von Alice ist **chaotisch**. Sie wirft in der Küche alles durcheinander, bis alles ganz unordentlich ist.

der **Charakter** *Substantiv*

Aschenputtels Stiefschwestern haben einen schlechten **Charakter**. Sie sind gemein und bösartig. Aschenputtel hat einen guten **Charakter**. Sie ist fleißig, hilfsbereit und großzügig.

der **Chauffeur** *Substantiv*

Die Kutsche des Prinzen wird nicht von einem **Chauffeur**, sondern von einem Kutscher gelenkt. Ein **Chauffeur** fährt eine Limousine.

der **Chef** *Substantiv*

Ein **Chef** einer Abteilung sagt seinen Mitarbeitern, was sie tun sollen. Ein **Firmenchef** leitet eine Firma.

die **Chemie** *Substantiv*

Im Labor führen **Chemiker** Versuche durch. Sie untersuchen, wie verschiedene Stoffe aufeinander wirken. Alle Stoffe bestehen aus **chemischen Elementen**. Wer sich mit **Chemie** beschäftigt, beobachtet **chemische Reaktionen**. Es kann dampfen oder zu einer Explosion kommen.

der **Chinese** *Substantiv*

Chinesen leben in **China**. Das ist ein riesiges Land in Asien mit einer sehr großen Bevölkerung.

der **Chor** *Substantiv*

Ein **Chor** besteht aus mehreren Menschen, die zusammen singen.

das **Christentum** *Substantiv*

Das **Christentum** ist eine Religion. **Christen** glauben an Jesus Christus, den Sohn Gottes. Es gibt katholische, evangelische und orthodoxe Christen. Aber nur in der katholischen Religion ist der Papst das Oberhaupt der Kirche.

der **Clown** *Substantiv*

Das ist ein Künstler, der Kinder und Erwachsene zum Lachen bringt. **Clowns** treten oft im Zirkus auf. Ihre Späße nennt man **Clownerien**. Siehst du die **Clowns** in der Manege?

der **Code** *Substantiv*

Ein **Code** ist eine Kombination aus Zahlen oder Buchstaben. Wer sie kennt, kann ein Schloss öffnen. Die Tür des Tresors ist mit einem **Code** gesichert. Nur der Vater der Schönen kennt ihn. Ein **Code** kann auch eine Geheimschrift sein, mit der man sich verschlüsselte Botschaften schickt.

der **Comic** *Substantiv*

Ein **Comic** ist eine Geschichte, die in Bildern erzählt wird. In Sprechblasen steht das, was die **Comicfiguren** sagen.

der **Computer** *Substantiv*

Das ist ein Gerät, das schnell rechnen kann. Er funktioniert wie ein riesiges Gedächtnis. Man kann mit einem **Computer** Texte schreiben, rechnen, **Computerspiele** spielen und im Internet surfen. Über das Internet kann man auch mit Menschen in aller Welt Nachrichten austauschen. Diese Nachrichten nennt man E-Mails.

der **Cousin** *Substantiv*

Deine **Cousins** und **Cousinen** sind die Kinder deines Onkels oder deiner Tante.

Dd

dabei sein *Verbverbindung*

Alle möchten bei der Hochzeit von Aschenputtel und dem Prinzen **dabei sein**. Alle wollen das Brautpaar sehen.

das **Dach** *Substantiv*

Das Hexenhäuschen ist aus Lebkuchen. Hänsel und Gretel brechen ein Stück vom **Dach** ab und essen es auf. Normalerweise sind **Dächer** nicht aus Lebkuchen, sondern aus Ziegeln, Schiefer, Beton, Holz oder Schilf.

der **Dachstuhl** *Substantiv*

Der **Dachstuhl** eines Hauses besteht aus Metall und Holzbalken. Er trägt das ganze **Dach**.

die **Dame** *Substantiv*

Das ist eine vornehme Frau.
Dame ist auch ein Spiel. Man spielt es mit schwarzen und weißen Spielsteinen auf einem Brett mit schwarzen und weißen Feldern.

dämpfen *Verb*

Zum Glück ist die Grube voller Blätter. Sie haben Mowglis Sturz **gedämpft**. Er ist nicht so hart gefallen.

der **Dampfer** *Substantiv*

Das ist ein großes Schiff, mit dem viele Passagiere fahren können.

danken *Verb*

Bekommst du etwas geschenkt, sagst du „**danke**". Du **bedankst** dich.

dann *Adverb*

Wenn du wissen möchtest, wie die Geschichte weitergeht, schau auf Seite 101 nach.

der **Darm** *Substantiv*

Während der Verdauung wandern die Nahrungsmittel, die wir gegessen haben, aus dem Magen in den **Darm**. Der **Darm** sieht aus wie ein langer Schlauch.

darstellen *Verb*

Pinocchio hat ein Bild gemalt. Weißt du, was es **darstellt**? Weißt du, was darauf zu sehen ist?

das **Datum** *Substantiv*

Wer einen Tag, einen Monat und eine Jahreszahl nennt, gibt ein **Datum** an. Wenn du einem Freund zum Geburtstag gratulieren möchtest, musst du sein **Geburtsdatum** kennen. Du musst wissen, an welchem Tag und in welchem Monat er geboren ist.

dauern *Verb*

Die Reise der Tiere nach Bremen hat viele Tage **gedauert**. Sie sind schon lange unterwegs. Es ist viel Zeit vergangen.

der **Daumen** *Substantiv*

⇒ Finger

die **Daune** *Substantiv*

Daunen sind die zarten Flaumfedern von Vögeln. Mit Gänse- und Entendaunen füllt man Bettdecken und Kopfkissen. So sind sie weich und halten schön warm.

davonfliegen *Verb*

Im Herbst **fliegen** die Zugvögel **davon**. Sie **fliegen** weg, um in wärmeren Ländern zu überwintern.

dazutun *Verb*

Das bedeutet hinzufügen.

die **Decke** *Substantiv*

Der Wolf versteckt sich unter der **Decke**.

Von der **Decke** eines Zimmers hängen Lampen.

der **Deckel** *Substantiv*

Ein **Deckel** verschließt einen Kochtopf, eine Schachtel, eine Flasche oder ein Einmachglas.

der **Degen** *Substantiv*

Als Kind schon hat der Prinz Fechten gelernt. Das ist ein Sport, bei man mit dem **Degen**, dem Säbel oder dem Florett gegeneinander kämpft.

der **Deich** *Substantiv*

Deiche baut man an Flüssen und an der Küste, um das Land dahinter vor Überschwemmungen zu schützen. Man schüttet dazu hohe Erdwälle auf, die das Wasser nicht überfluten kann, es sei denn der **Deich** bricht. Oben über den **Deich** führen Wege, auf denen man Fahrrad fahren oder spazieren gehen kann.

der **Delfin** *Substantiv*

Die kleine Meerjungfrau schwimmt mit dem **Delfin** um die Wette. **Delfine** sind Säugetiere, die im Meer leben. Sie spielen gern und mögen die Gesellschaft der Menschen.

denken *Verb*

„Ich verlasse den Hof und werde Musiker“, **denkt** der Esel. Es ist eine Idee, die ihm durch den Kopf geht. Er macht sich **Gedanken** darüber, was er tun will.

An etwas **denken** kann auch heißen, es nicht zu vergessen. „**Denkt** an eure Hausaufgaben!“, ruft der Lehrer hinter den Schülern her, wenn sie die Klasse nach dem Unterricht eilig verlassen.

der **Detektiv** *Substantiv*

Ein **Detektiv** beobachtet Menschen. Er findet heraus, was sie tun oder getan haben. Es ist seine Aufgabe, einem Geheimnis auf die Spur zu kommen oder ein Verbrechen aufzuklären.

der **Dezember** *Substantiv*

Monat

der **Diabetiker** *Substantiv*

Manche Menschen leiden an der Zuckerkrankheit. Ihnen fehlt **Insulin**, ein Stoff, der Zucker im Körper natürlich verarbeitet. Deshalb bekommen sie es gespritzt. **Diabetiker** sollten Zucker meiden und möglichst wenig Süßes essen.

das **Diadem** *Substantiv*

Die Prinzessin trägt ein wunderschönes **Diadem**. Die beiden Enden dieses Schmuckstücks schiebt man ins Haar.

die **Diagonale** *Substandiv*

Die Paare bilden eine **Diagonale** im Ballsaal. Sie tanzen in einer Reihe von einer Ecke zur schräg gegenüberliegenden anderen Ecke des Saals.

der **Dialog** *Substantiv*

Die **Dialoge** in einem Film oder einer Geschichte sind die Gespräche zwischen zwei Personen.

der **Diamant** *Substantiv*

Ein **Diamant** ist ein durchsichtiger, glänzender Edelstein, aus dem man Schmuck machen kann.

die **Diät** *Substantiv*

Wenn jemand **Diät** hält, isst er weniger, damit er nicht zu dick wird oder er meidet bestimmte Lebensmittel, weil sie seiner Gesundheit schaden.

dick *Adjektiv*

Papa Bär ist **dicker** als Mama Bär. Er braucht mehr Platz. Deshalb ist sein Stuhl breiter als der von Mama Bär.

das **Dickicht** *Substantiv*

Das ist dichtes Gebüsch.

der **Dickkopf** *Substantiv*

Aladin hat einen **Dickkopf**. Wenn er sich einmal etwas in den Kopf gesetzt hat, will er es unbedingt durchsetzen. Er ist **dickköpfig**.

dienen *Verb*

Das neugierige Schweinchen aus der Nachbarschaft möchte wissen, wozu man den Rasenmäher benutzt. Er **dient** dazu, das Gras zu schneiden.

der **Diener** *Substantiv*

Im Schloss, wo Dornröschen lebt, gibt es zahlreiche **Diener**. Sie stellen der königlichen Familie ihre **Dienste** zur Verfügung. Sie erledigen alle Arbeiten für sie: Sie **dienen** ihr.

der **Dienstag** *Substantiv*

→ die Wochentage

diktieren *Verb*

Robin **diktiert** Little John einen Brief. Er spricht ihm den Text laut vor und Little John schreibt ihn auf.
In der Schule müssen die Schüler bei einem **Diktat** einen Text, den der Lehrer ihnen laut vorliest, möglichst ohne Fehler aufschreiben.

das **Dilemma** *Substantiv*

Der Jäger steckt in einem **Dilemma**. Er ist in einer Zwangslage: Soll er der bösen Königin gehorchen oder Schneewittchen laufen lassen und eine Strafe riskieren? Schau auf Seite 101 nach.

dinieren *Verb*

Das heißt zu Abend essen.

der **Dinosaurier** *Substantiv*

Pinocchio liest ein Buch über **Dinosaurier**. Die **Dinosaurier** waren große Tiere, die vor den Menschen auf der Erde gelebt haben. Sie sind schon seit langer Zeit ausgestorben.

direkt *Adjektiv*

Der Wolf geht den **direkten** Weg durch den Wald. Rotkäppchen bleibt auf dem Fußweg und kommt später bei ihrer Großmutter an.
Wer **direkt** ist, sagt offen seine Meinung.

der **Direktor** *Substantiv*

Puppenspieler Feuerfresser ist der **Direktor** des Puppentheaters. Er leitet es. Der **Zirkusdirektor** leitet den Zirkus.
▶ Schau auch unter **Dompteur** nach.

der **Dirigent** *Substantiv*

Ein **Dirigent** leitet ein Orchester. Er gibt den Musikern und dem Chor Zeichen, wann sie anfangen sollen zu singen und zu spielen. Er sorgt dafür, dass alle Musiker gut zusammenspielen, damit die Musik schön klingt.

diskutieren *Verb*

Wer soll zum Biest gehen? Die ganze Familie **diskutiert** darüber. Jeder hat eine andere Meinung. Die **Diskussion** ist sehr hitzig.

die **Disziplin** *Substantiv*

Im Reich des Meerkönigs herrscht **Disziplin** und Ordnung. Die kleine Meerjungfrau darf erst ab fünfzehn Jahren nach oben schwimmen.

der **Diwan** *Substantiv*

Das ist ein Sofa ohne Rückenlehne.

der **Doktor** *Substantiv*

Ein **Doktor** ist dasselbe wie ein Arzt.
Ein **Doktor** kann auch jemand sein, der an der Universität einen **Doktortitel** erworben hat. Um Professor zu werden, braucht man einen **Doktortitel**.

der **Dokumentarfilm** *Substantiv*

Im Gegensatz zu einem Spielfilm kommen in einem **Dokumentarfilm** keine erfundenen Personen oder Szenen vor. Die Zuschauer lernen viel über bestimmte Themen.

der **Dolch** *Substantiv*

Das ist eine langes Messer. Der Jäger trägt einen **Dolch** unter seinem Umhang. Er will Schneewittchen damit töten.

▶Schau auf Seite 433 nach.

das **Domino** *Substantiv*

Im Spielzeugland kann man **Domino** spielen.

der **Dompteur** *Substantiv*

Ein **Dompteur** zähmt wilde Tiere und dressiert sie. Er bringt ihnen Kunststücke bei und tritt mit ihnen im Zirkus auf. Der Zirkusdirektor selbst bringt dem Esel Pinocchio Kunststücke bei. Er übernimmt die Arbeit eines **Dompteurs** und dressiert ihn.

donnern *Verb*

Nach dem Blitz folgt bei einem Gewitter ein lauter **Donnerschlag**. Man hört es **donnern**.

der **Donnerstag** *Substantiv*

→ die Wochentage

die **Doppelgängerin** *Substantiv*

Pinocchio trifft eine Frau, die der Fee sehr ähnlich sieht. Sie ist eine **Doppelgängerin**.

doppelt *Adjektiv*

Etwas, das **doppelt** ist, ist zweimal vorhanden. Viele Lastwagen haben hinten **doppelte** Räder.

der **Dorn** *Substantiv*

Rosen haben **Dornen**. Das sind kleine Spitzen an ihren Zweigen. Man kann sich an einem **Dorn** stechen.

der **Drache** *Substantiv*

Die Fee lenkt einen Feuerwagen, der von zwei **Drachen** gezogen wird. In Wirklichkeit gibt es keine **Drachen**. Es sind Fabelwesen.

drängen *Verb*

An Markttagen **drängen** sich die Menschen durch die engen Gassen der Stadt. Es sind viele Menschen unterwegs. Sie schieben sich ungeduldig gegenseitig vorwärts.

der **Drachen** *Substantiv*

Wenn der Wind kräftig bläst, lassen die Kinder **Drachen** steigen.

draußen *Adverb*

Der Wolf ist **draußen**. Das Schweinchen ist im Haus. Es ist drinnen.

das **Dreieck** *Substantiv*

Formen und Figuren

dreimal *Adverb*

Little John hat drei Pfeile. Er kann **dreimal** schießen.

dressieren *Verb*

Pinocchio wurde in einen Esel verwandelt. Der Zirkusdirektor **dressiert** ihn. Er bringt ihm bei, zu gehorchen und Kunststücke zu machen.

▶ Schau auf Seite 91 nach.

drinnen *Adverb*

draußen

drohen *Verb*

Die Stiefschwestern **drohen** Aschenputtel, aber von dieser **Drohung** lässt sie sich nicht einschüchtern.

das **Dromedar** *Substantiv*

Kamel

drucken *Verb*

Zeitungen, Zeitschriften und Bücher werden **gedruckt**. Sie werden in **Druckereien** vervielfältigt.

drücken *Verb*

Wenn man das Licht einschalten möchte, **drückt** man auf den Lichtschalter.

der **Dschungel** *Substantiv*

Mowgli lebt im **Dschungel**. Das ist ein tropischer Wald, in dem es sehr heiß und feucht ist.

das **Duell** *Substantiv*

Ein **Duell** ist ein sportlicher Zweikampf. In früheren Zeiten haben Menschen sich mit Schwertern oder Pistolen **duelliert**, das heißt, sie haben versucht, sich gegenseitig umzubringen.

der **Duft** *Substantiv*

Die Schöne mag den **Duft** der Blumen. Sie mag ihren angenehmen Geruch. Blumen **duften** wie Parfüm.

Ein Parfüm ist ein **Duftwasser**: Es riecht sehr gut. Man kann es sich auf die Haut tupfen.

dumm *Adjektiv*

Die Hexe ist der Meinung, dass die kleine Meerjungfrau eine **Dummheit** begeht, wenn sie ihr Leben im Wasser aufgibt.

die **Düne** *Substantiv*

Dünen sind große Hügel aus Sand am Meer oder in der Wüste.

der **Dünger** *Substantiv*

Der Bauer streut **Dünger** auf seine Felder. Er **düngt** sie, damit die Pflanzen besser wachsen.

dunkel *Adjektiv*

Wenn die Sonne untergeht, wird es draußen **dunkel**. In den Häusern gehen die Lichter an.

Eine **dunkle** Farbe ist näher an Schwarz als an Weiß. Blau, Grau und Braun sind **dunkle** Farben.

der **Dunst** *Substantiv*

Das Schiff des Prinzen verschwindet im **Dunst**. Man kann es vom Ufer aus nicht mehr sehen. **Dunst** ist leichter Nebel.

durcheinander *Adverb*

Aschenputtels Stiefschwestern können keine Ordnung halten. Ihre Sachen fliegen **durcheinander**. Sie liegen überall im Haus herum.

▶ Schau auf Seite 345 nach.

durchführen *Verb*

Das bedeutet, etwas zu verwirklichen.

der **Durchgang** *Substantiv*

Ein **Durchgang** ist eine schmale Gasse oder eine Tür, durch die man auf die andere Seite eines Hauses oder einer Straße gelangen kann.

durchlassen *Verb*

Die Leute müssen zur Seite gehen, um den Sultan **durchzulassen**.

durchlöchert *Partizip*

Gretels Schürze ist **durchlöchert**. Sie hat **Löcher**.

durchnässt *Adjektiv*

Mowgli kommt völlig **durchnässt** aus dem Fluss. Er ist ganz nass.

durchnehmen *Verb*

Pinocchio **nimmt** in der Schule die Uhrzeiten **durch**. Der Lehrer erklärt der Klasse, wie man die Uhrzeit von der Uhr abliest. *Schau auf Seite 434 nach, wenn du es noch nicht weißt.*

durchqueren *Verb*

Rotkäppchen muss ein Waldstück **durchqueren**, um zu seiner Großmutter zu kommen. Die Großmutter wohnt mitten im Wald.

Eine Brücke **überquert** man, um auf die andere Seite eines Flusses zu gelangen.

durchsichtig *Adjektiv*

Wenn das Wasser eines Flusses sauber und klar ist, kann man bis auf den Grund schauen. Das Wasser ist **durchsichtig**. Schneewittchens Sarg ist aus Glas. Er ist auch **durchsichtig**.
▶ Schau auf Seite 30 nach.

durchstreichen *Verb*

Wenn man einen Strich durch ein Wort zieht, **streicht** man es **durch**.

durchsuchen *Verb*

der **Durst** *Substantiv*

Aladin hat in der Wüste großen **Durst**. Er braucht unbedingt etwas zu trinken.

die **Dusche** *Substantiv*

Mowgli bekommt eine **Dusche**. Das Wasser prasselt auf ihn herunter. **Duschen** bedeutet, sich unter der **Dusche** zu waschen.

düster *Adjektiv*

Nachts ist die Festung des Sheriffs **düster** und verlassen. Es brennt kein Licht, man sieht keine Menschenseele und es ist gruselig.

duzen *Verb*

Im Wunderland sagen alle „**du**" zu Alice. Jeder **duzt** sie. Aber Alice sagt „Sie" zu der Königin. Sie siezt sie.

dynamisch *Adjektiv*

Robin ist sehr **dynamisch**. Er ist jederzeit bereit, zu handeln.

das **Dynamit** *Substantiv*

Dynamit ist ein Sprengstoff. Damit kann man Häuser oder Brücken in die Luft sprengen.

Ee

die **Ebene** *Substantiv*

Das ist ein flaches Gelände ohne Berge und Hügel. Auf dem Weg nach Bremen müssen die Tiere die norddeutsche **Tiefebene** durchqueren.

das **Echo** *Substantiv*

Im Burgkeller hallen Mariannes Rufe wider. Sie hört sich selbst mehrmals rufen, weil die Wände ihre Rufe in den Raum zurückwerfen. Sie hört ihr **Echo**.

die **Ecke** *Substantiv*

Ein Zimmer hat meistens vier Wände und vier **Ecken**.

Schau auf Seite 305 nach, wer in der Ecke ist.

der **Eckzahn** *Substantiv*

→ Zahn

das **Efeu** *Substantiv*

Das ist eine Pflanze, die an Hauswänden und Mauern hochklettert.

die **Ehre** *Substantiv*

Am Ende der Geschichte macht Pinocchio seinem Vater **Ehre**. Er ist ein braver Junge geworden. Sein Vater kann stolz auf ihn sein.

ehrlich *Adjektiv*

Ein **ehrlicher** Mensch stiehlt, lügt und betrügt nicht. Er ist immer aufrichtig. Er versucht nicht, sich durch Lügen Vorteile zu verschaffen.

das **Ei** *Substantiv*

Pinocchio ist höchst erstaunt. Aus dem **Ei** schlüpft ein Küken. Für sein **Spiegelei** muss er sich jetzt ein frisches **Ei** holen.

die **Eiche** *Substantiv*

Die **Eiche** ist ein Baum, der sehr alt werden kann. Schweine fressen sehr gerne **Eicheln**. Das sind die Früchte dieses Baums.

das **Eichhörnchen** *Substantiv*

Dieses kleine Tier mit braunem Fell hat einen buschigen Schwanz, der fast genauso lang ist wie sein ganzer Körper. Es ist ein Nagetier und frisst gern Nüsse. Im Herbst legt es Vorräte an für den Winter.

die **Eidechse** *Substantiv*

Das ist ein kleines grünes Reptil mit einem langen Schwanz.

In was verwandelt die Fee die drei Eidechsen?
Schau auf Seite 251 nach.

eifersüchtig *Adjektiv*

Die böse Königin ist auf Schneewittchen **eifersüchtig**. Sie kann es nicht ertragen, dass Schneewittchen schöner ist als sie. Sie ist rasend vor **Eifersucht**.

eigen *Adjektiv*

Die sieben Zwerge haben ein gemeinsames Schlafzimmer. Sie teilen ihr Schlafzimmer miteinander. Es hat nicht jeder ein **eigenes** Zimmer.

der **Eigenbrötler** *Substantiv*

So nennt man jemanden, der sich nur schwer in eine Gemeinschaft einfügt.

die **Eigenschaft** *Substantiv*

Die Feen geben Dornröschen an der Wiege ihre guten Wünsche mit auf den Weg. Sie soll viele gute **Eigenschaften** und Fähigkeiten haben.

der **Eigentümer** *Substantiv*

eilen *Verb*

Aschenputtel **eilt** die Treppe hinunter. Sie rafft ihre Röcke und nimmt zwei Stufen auf einmal.

der **Eimer** *Substantiv*

Gretel bringt der Hexe zwei **Eimer** Wasser. Sie muss ihr bei der Hausarbeit helfen.

einatmen *Verb*

Der Wolf hat sehr tief **eingeatmet**, damit er kräftig gegen das Strohhaus des kleinen Schweinchens pusten kann.
▶ Schau auf Seite 324 nach.

einbeinig *Adjektiv*

Einbeinig hüpfen bedeutet, auf einem Bein auf und ab zu springen.

einbrechen *Verb*

Ein Dieb, der in ein Haus **einbricht**, um dort zu stehlen, ist ein **Einbrecher**. Er bricht die Tür auf, um hereinzukommen.

der **Eindringling** *Substantiv*

Ein **Eindringling** hat sich ins Haus der Zwerge geschlichen. Es sitzt jemand am Tisch, der nicht dorthin gehört.

der **Eindruck** *Substantiv*

Ein **Eindruck** ist ein Gefühl oder ein Gedanke. Man macht sich eine Vorstellung davon, wie etwas ist.

einfach *Adjektiv*

– Eins und eins ist eine **einfache** Rechenaufgabe. Jeder kennt die Lösung, denn sie ist nicht schwierig.
– Das Haus der Familie Bär ist **einfach**. Es ist weder besonders groß, noch aufwändig eingerichtet.
– Aschenputtel ist **einfach** im Umgang. Sie ist nicht kompliziert und sie ist nicht eingebildet. Sie lebt **einfach** und trägt **einfache** Kleidung. Sie hat keine Ansprüche wie ihre Stiefschwestern.

einfädeln *Verb*

Wenn man etwas nähen möchte, **fädelt** man zuerst den **Faden** oben an der Nadel durch das kleine Nadelöhr **ein**. Der Schneider kann mit Nadel und **Faden** sehr geschickt umgehen.

einfarbig *Adjektiv*

Aschenputtels Stiefschwester trägt ein **einfarbiges** Kleid. Außer rot hat es keine anderen Farben.

einfetten *Verb*

Wenn du Schuhe putzt, **fettest** du sie mit Schuhkreme **ein**. Leder **fettet** man **ein**, damit es geschmeidig bleibt.

der **Einfluss** *Substantiv*

Pinocchios Freunde üben einen schlechten **Einfluss** auf ihn aus. Sie stiften ihn zu Dummheiten an. Die Fee hingegen hat einen guten **Einfluss** auf Pinocchio.
Der Sultan regiert ein ganzes Land. Er hat viel Macht. Er ist **einflussreich**. Nichts geschieht ohne seine Erlaubnis.

einfrieren *Verb*

Lebensmittel kann man in einer Tiefkühltruhe **einfrieren**, damit sie länger haltbar bleiben.

einfühlsam *Adjektiv*

Der Jäger ist ein **einfühlsamer** Mensch. Er kann sich in Schneewittchens Lage versetzen.

einführen *Verb*

Einführen heißt hineinschieben. ✦ Aus dem Ausland werden viele Waren in ein Land **eingeführt**.

eingebildet *Adjektiv*

Die Schwestern der Schönen sind **eingebildet**. Sie halten sich für schöner und besser als alle anderen Mädchen der Stadt.

der Einheimische *Substantiv*

Ein **Einheimischer** ist jemand, der an dem Ort, wo er lebt, geboren wurde.

einheitlich *Adjektiv*

In vielen Ländern, zum Beispiel in England, tragen die Kinder Schuluniformen. Alle sind **einheitlich** angezogen. Sie tragen ähnliche Kleidung in denselben Farben.

einholen *Verb*

Das kleine Schweinchen läuft, um seinen Bruder **einzuholen**. Es möchte mitkommen. *Wohin laufen die beiden so schnell? Schau auf Seite 506 nach.*

das Einhorn *Substantiv*

Auf einem Wandteppich im Schloss ist ein **Einhorn** abgebildet. Dieses Tier hat den Körper eines Pferdes und ein langes Horn auf der Stirn. In Wirklichkeit gibt es keine **Einhörner**, sie existieren nur in der Fantasie und in Legenden.
▶ Schau auf Seite 123 nach.

einkaufen *Verb*

Aladin geht auf den Markt, um **einzukaufen**. Er **kauft** Brot und Gemüse für das Abendessen. Aladin handelt und ist besonders stolz auf seine günstigen **Einkäufe**.

einkleiden *Verb*

Der Zauberer geht mit Aladin zum Schneider, um ihn neu **einzukleiden**. Er lässt ihm neue Gewänder nähen.

einladen *Verb*

Die Herzkönigin **lädt** die Herzogin zum Krocketspiel **ein**. Der Fischlakai liest der Herzogin die **Einladung** vor.

das Einmachglas *Substantiv*

einmummeln *Verb*

Es ist kalt draußen. Marianne und ihre Freundin Maude sind dick **eingemummelt**, um sich gegen die Kälte zu schützen. Sie tragen warme Mäntel.

einordnen *Verb*

Aschenputtel **ordnet** die Sachen ihrer Stiefschwester in den Schrank **ein**. Sie räumt alles an seinen Platz.

Warum ist die böse Königin so eifersüchtig auf Schneewittchen? Wenn du den Grund kennst, kannst du ihr Verhalten **einordnen**.

einrahmen *Verb*

Man **rahmt** Bilder und Fotos **ein**, damit sie schön aussehen, wenn sie an der Wand hängen.
▶ Schau auch unter **Rahmen** nach.

einrollen *Verb*

Wenn du dich **einrollst**, machst du dich so klein du kannst, um dich zu verstecken.

einschenken *Verb*

Die Prinzessin Badrulbudur **schenkt** dem Zauberer ein Glas von dem vergifteten Wein **ein**.

einschicken *Verb*

Das Radio ist kaputt, aber Geppetto hat es gerade erst bestellt. Er schickt es dem Hersteller zurück, damit er ein anderes bekommt, das funktioniert. Er **schickt** das kaputte Gerät **ein**.

einschiffen *Verb*

Der Prinz und seine Frau **schiffen ein**. Sie gehen an Bord des Schiffs. Die Reise kann losgehen. Wenn sie ankommen, gehen sie an Land. Sie **schiffen aus**.

einschläfern *Verb*

einschlagen *Verb*

Der Wolf haut so fest gegen das Holzhaus des zweiten Schweinchens, dass er die Tür **einschlägt**. Er macht sie kaputt.

einschließen *Verb*

Die böse Königin **schließt** sich in ihrer geheimen Kammer **ein**, damit niemand hereinkommen kann.

einschüchtern *Verb*

Der Sultan **schüchtert** Aladins Mutter **ein**. Sie fühlt sich in seinem großen Palast überhaupt nicht wohl. Sie kommt sich klein vor.

einsperren *Verb*

Die Hexe **sperrt** Hänsel in einem kleinen Stall **ein**. Sie hat ihn hineingelockt und das Schloss hinter ihm verriegelt. Hänsel kann nicht mehr heraus.

einst *Adverb*

Einst gab es in Deutschland einen Kaiser. Das war vor langer Zeit.

einstehen *Verb*

Macht Pinocchio eine Dummheit, **steht** Geppetto für ihn **ein**. Er hält zu ihm.

einstellen *Verb*

Etwas **einstellen** heißt damit aufzuhören.

An einer Uhr **stellt** man die richtige Uhrzeit **ein**.

Wer jemanden **einstellt**, gibt ihm eine Arbeit und bezahlt ihn jeden Monat dafür.

einstimmig *Adjektiv*

Alle sind dafür, dass Alice Klassensprecherin wird. Sie wählen sie **einstimmig**.

Im Chor kann man **einstimmig** oder **mehrstimmig** singen. Sopran, Alt, Tenor und Bass sind verschiedene Stimmlagen.

einstürzen *Verb*

Der Wolf hat das Strohhaus des ersten Schweinchens zerstört. Er hat gepustet und an dem Haus geschoben und gewackelt, bis es **eingestürzt** ist.

▶ Schau auch auf Seite 502 nach.

der Eintopf *Substantiv*

Das ist ein Gericht, das nur in einem einzigen Topf gekocht wurde.

eintragen *Verb*

Wer in der Schule im Unterricht stört, wird in das Klassenbuch **eingetragen**.

eintreten *Verb*

Wer in einen Sportverein **eintritt**, wird Mitglied.

der **Eintritt** *Substantiv*

Wer in den Zirkus, ins Kino oder in ein Museum möchte, muss **Eintritt** bezahlen. Er muss sich eine **Eintrittskarte** kaufen.

einwandern *Verb*

Einwandern bedeutet, in ein fremdes Land zu kommen, um dort zu leben und zu arbeiten.

▶ Schau auch unter **auswandern** nach.

einwickeln *Verb*

Aladin **wickelt** den Silberteller in Papier **ein**. Er verpackt ihn.

die **Einzelheit** *Substantiv*

Wenn du eine Geschichte in allen **Einzelheiten** erzählst, lässt du nichts aus. Du vergisst auch Kleinigkeiten nicht und du erzählst jedes Detail.

das **Einzelkind** *Substantiv*

Der kleine Bär ist ein **Einzelkind**. Er hat keine Geschwister. Er ist das einzige Kind in der Familie.

einziehen *Verb*

Wer in ein Haus **einzieht**, bringt alle seine Sachen dorthin, um es in Zukunft zu bewohnen.

das **Eis** *Substantiv*

Wenn es sehr kalt wird, gefriert das Wasser zu **Eis**.

Wenn die Seen in der Heimat der kleinen Meerjungfrau im Winter zufrieren, laufen die Kinder auf dem **Eis** Schlittschuh.

Eis ist auch eine süße, gefrorene Kreme, die zum Beispiel nach Erdbeere, Schokolade oder Vanille schmeckt.

Wenn es draußen sehr kalt ist, herrschen **eisige** Temperaturen.

der **Eisberg** *Substantiv*

Im Winter setzt sich die kleine Meerjungfrau manchmal auf einen **Eisberg**. Das ist ein riesiger Block aus Eis. Solche Eisblöcke treiben nur in den kalten Polarmeeren am Nord- und Südpol.
▶ Schau unter **Antarktis** nach.

das **Eisen** *Substantiv*

Das ist ein Metall, aus dem man sehr vieles herstellen kann.

die **Eisenbahn** *Substantiv*

Die **Eisenbahn** transportiert Menschen und Waren auf Schienen. Die Wagons eines Zugs werden von Lokomotiven gezogen.

der **Eiswürfel** *Substantiv*

Das ist ein kleines Stückchen Eis aus dem Kühlschrank. Man kann damit im Sommer Getränke kühlen.

eitel *Adjektiv*

Aschenputtels Stiefschwestern sind sehr **eitel**. Sie tragen gern schöne Kleider und schönen Schmuck. Sie passen auf, dass ihre Haare immer gut gekämmt sind. Sie möchten bewundert werden.

das **Eiweiß** *Substantiv*

Ein Ei besteht aus Eigelb und **Eiweiß**. Das Eigelb nennt man auch Dotter.

ekelhaft *Adjektiv*

Eine **ekelhafte** Suppe ist ungenießbar. Sie schmeckt fürchterlich.

ekeln *Verb*

Wenn du dich vor etwas **ekelst**, findest du es abscheulich. Etwas **Ekliges** ist schmutzig, stinkt oder ist abstoßend. Man möchte es nicht anfassen. Viele Menschen **ekeln** sich vor Spinnen und Schlangen.

elastisch *Adjektiv*

Ein Gummi ist **elastisch**. Es ist flexibel und gibt nach, wenn man daran zieht. Lässt man los, dann schnellt es zurück.
▶ Schau auf Seite 183 nach.

der **Elch** *Substantiv*

Elche sind eine Hirschart mit langem rauem Fell und einem prächtigen Geweih. Sie leben in Nordamerika, Nord- und Osteuropa und Nordasien.

der **Elefant** *Substantiv*

Das ist ein riesiges Tier, das in Afrika und Asien lebt. Statt einer Nase haben **Elefanten** einen langen Rüssel. Rechts und links vom Rüssel wachsen Stoßzähne aus Elfenbein. Wenn ein Elefant trompetet, hört man es durch den ganzen Wald.

Mowgli reitet auf dem **Elefanten**.

elegant *Adjektiv*

Eine **elegante** Person ist sehr gut frisiert und geschmackvoll angezogen.

die **Elektrizität** *Substantiv*

Elektrizität ist eine Form von Energie. Sie treibt Motoren an und lässt Lampen brennen. Sie funktionieren mit Strom wie **Elektrogeräte**. Strom ist ein anderes Wort für **Elektrizität**. **Elektrische** Energie kommt in der Natur vor. Blitze, die bei einem Gewitter am Himmel zucken, entladen **Elektrizität**. Sie kann durch die Kraft von Wind und Wasser erzeugt werden.

Ein **Elektriker** repariert **elektrische** Geräte und schließt sie an.

das **Element** *Substantiv*

Ein **Element** ist ein Teil eines Ganzen wie zum Beispiel eine Karte Teil eines Kartenspiels ist.

Chemische Stoffe setzen sich aus einzelnen **Elementen** zusammen. Es sind ihre Bestandteile.

Wasser, Feuer, Luft und Erde bezeichnet man als die vier **Elemente**.

die **Elfe** *Substantiv*

In den nördlichen Ländern Europas erzählen sich die Menschen Geschichten über Fabelwesen in den Wäldern, die man **Elfen** nennt.

das **Elfenbein** *Substantiv*

Das ist das harte, weiße Material, aus dem die Stoßzähne der Elefantenbullen bestehen.

der **Ellbogen** *Substantiv*

Der **Ellbogen** ist das Gelenk in der Mitte der Arme. Mit den Ellbogen können wir unsere Arme knicken.

▶ Schau auch unter der Körper auf Seite 239 nach.

die **Elster** *Substantiv*

Die **Elster** ist ein Vogel mit einem schwarz-weißen Gefieder. Man sagt, dass **Elstern** glänzende Dinge stehlen. Deshalb spricht man auch von einer diebischen **Elster**.

die **Eltern** *Substantiv*

Papa Bär und Mama Bär sind die **Eltern** des kleinen Bären.
Oma und Opa nennt man auch die **Großeltern**. Sie sind die **Eltern** deiner **Eltern**.

empfangen *Verb*

Der Prinz **empfängt** Aschenputtel persönlich am Eingang zum Schloss. Er kommt ihr auf der Treppe entgegen, um sie zu begrüßen. Was für ein liebenswerter **Empfang**!

empfinden *Verb*

Wenn man sich fürchtet, **empfindet** man Furcht. Wenn man sich verliebt, **empfindet** man Liebe. Wenn man traurig ist, **empfindet** man Trauer.

empfindlich *Adjektiv*

Wenn jemand **empfindlich** ist, regt er sich schnell über Kritik auf.

enden *Verb*

Aschenputtel heiratet den Prinzen und so **endet** die Geschichte. Das Märchen geht gut aus. Am **Ende** ist Aschenputtel glücklich.

die **Endstation** *Substantiv*

Das ist die letzte Haltestelle von Bus, Zug oder Straßenbahn. Nach der **Endstation** geht es nicht weiter.

die **Energie** *Substantiv*

Die drei kleinen Schweinchen haben viel **Energie**. Sie sind voller Tatendrang und wollen endlich ihre Häuser bauen. **Energisch** machen sie sich ans Werk.
Wind, Wasser, Kohle und Erdöl sind **Energiequellen**. Man erzeugt damit Strom, der zum Beispiel Elektromotoren antreibt.

eng *Adjektiv*

Shir Khan schafft es nicht, in die Höhle zu gelangen. Der Eingang ist zu **eng**. Der Tiger passt nicht hindurch.

der **Enkel** *Substantiv*

Die Großmutter würde ihren **Enkeln** am liebsten ständig Süßigkeiten zustecken. Doch die beiden müssen ins Bett und haben sich schon die Zähne geputzt.

entdecken *Verb*

Vater Wolf hat einen kleinen Jungen in den Büschen **entdeckt**. Er ist sehr überrascht über seine **Entdeckung**.

die **Ente** *Substantiv*

Enten hört man laut quaken.

entfalten *Verb*

→ falten

entfernen *Verb*

Goldlöckchens Mutter hat ihr gesagt, sie solle sich nicht vom Haus **entfernen**. Aber Goldlöckchen gehorcht ihr nicht und läuft weit in den Wald hinein.

entfernt *Adjektiv*

Alice ist weit davon **entfernt** zu glauben, dass sie ihre Erlebnisse nur träumt.

die **Entfernung** *Substantiv*

Die Tiere haben noch einen weiten Weg vor sich. Die **Entfernung** bis nach Bremen beträgt noch zehn Kilometer und sie sind doch alle schon so müde.

entflammen *Verb*

Man reibt den Kopf des Streichholzes über die raue Seite der Streichholzschachtel. Er **entflammt** sich. Es entsteht eine **Flamme**.

Entflammbares Material wie zum Beispiel Stroh fängt sehr leicht Feuer. Man darf es nicht in der Nähe von heißen Gegenständen aufbewahren.

entfliehen *Verb*

Das bedeutet davonkommen.

der **Entführer** *Substantiv*

Wer hat die Prinzessin Badrulbudur **entführt**? Es war der Zauberer. Er ist der **Entführer**.

entgegengesetzt *Adjektiv*

▶ Schau auch unter die Gegensätze auf Seite 158 nach.

entgleisen *Verb*

Wenn ein Zug **entgleist**, springt er aus den Gleisen. Eine **Entgleisung** ist ein Unfall.

enthalten *Verb*

Der **Inhalt** einer Geschichte ist all das, was in ihr erzählt wird.

entkommen *Verb*

Goldlöckchen **entkommt** durch das Fenster. Sie läuft weg, so schnell sie kann.

entkorken *Verb*

→ verkorken

entkräftet *Adjektiv*

Hänsel und Gretel haben nichts zu essen. Umso mehr Zeit vergeht, desto schwächer werden sie. Sie sind völlig **entkräftet** und müde. Sie haben keine **Kraft** mehr.

entlassen *Verb*

entmutigen *Verb*

Hänsel verliert niemals den Mut. Was auch passiert, er gibt nicht auf. Er lässt sich nicht **entmutigen**.

die **Entschuldigung** *Substantiv*

Alice bittet um **Entschuldigung**. Es tut ihr Leid, was sie gesagt hat.

entsetzt *Adjektiv*

Pinocchio ist **entsetzt**. *Was hat ihn so erschreckt? Schau auf Seite 115 nach.*

entspannen *Verb*

Sich entspannen heißt, sich auszuruhen. Man kann sich hinlegen oder ein wenig spazieren gehen. Auch Spielen kann **entspannen**.

entsprechend *Adverb*

Pinocchio bekommt einen Eintrag ins Klassenbuch. **Entsprechendes** gilt für seinen Freund Romeo. Beide sind mehrmals zu spät gekommen. Der Lehrer bestraft sie **entsprechend** dafür.

entspringen *Verb*

Mowgli bestaunt die Quelle, die dem Felsen **entspringt**. Das Wasser kommt mit einem kräftigen Strahl aus dem Stein.

enttäuscht *Adjektiv*

Aladin ist **enttäuscht**. Der Sultan hat seine Mutter nicht empfangen. So konnte sie kein gutes Wort für Aladin einlegen. Das ist eine **Enttäuschung**.

entwenden *Verb*

Das ist das Gleiche wie stehlen.

entwickeln *Verb*

Mowgli streift oft durch den Dschungel und lernt viel von seinen Freunden, den Wolfskindern. Er ist stark geworden und hat kräftige Muskeln **entwickelt**.

entwirren *Verb*

→ verheddern

entwischen *Verb*

Es ist Robin gelungen, aus dem Gefängnis zu **entwischen**. Er hat es geschafft, zu fliehen.

entziffern *Verb*

Pinocchio kann mit viel Mühe drei Wörter auf dem Schild **entziffern**. Den Rest kann er nicht lesen.

entzückend *Adjektiv*

Goldlöckchen ist ein **entzückendes** Kind. Sie sieht reizend aus und ist lieb.

entzünden *Verb*

Wenn man eine Wunde nicht säubert, kann sie sich **entzünden**. Es gelangen Bakterien in die Wunde. Sie wird rot, eitert und tut noch mehr weh. **Entzünden** kann auch entflammen heißen.

die **Epidemie** *Substantiv*

Eine **Epidemie** ist eine ansteckende Krankheit, die sich schnell verbreitet. Viele Menschen werden auf einmal krank.

erbärmlich *Adjektiv*

Das Wetter ist **erbärmlich**. Es ist so schlecht, dass man keinen Fuß vor die Tür setzen möchte.

der **Erbe** *Substantiv*

Die Prinzessin Badrulbudur ist die alleinige **Erbin** des Sultans. Sie allein **erbt** sein gesamtes Vermögen, wenn der Sultan einmal stirbt. Da sie keine Brüder und Schwestern hat, bekommt Badrulbudur alles.

erbrechen *Verb*

Wenn du zu viel gegessen hast und es dir schlecht wird, musst du **erbrechen**.

die **Erbse** *Substantiv*

Das ist ein kleines kugelrundes Gemüse, das in Schoten wächst. **Erbsen** muss man erst aus der Schote schälen, bevor man sie kocht und isst.

die **Erdbeere** *Substantiv*

Aschenputtel pflückt **Erdbeeren**. Das sind süße, rote Früchte. Sie wachsen an niedrigen Pflanzen.

die **Erde** *Substantiv*

Die **Erde** ist der Planet, auf dem wir leben. Sie ist eine riesige Kugel. Sie besteht aus den Kontinenten, den Ozeanen und dem Erdinneren. Ein **Erdglobus** ist ein Modell der **Erde**.
▶ Schau auch auf Seite 177 nach.

Erde ist auch der Boden, in dem die Pflanzen wachsen. Ihre Wurzeln brauchen **Erde**.

Wenn du keinen Stuhl bekommst, sitzt du auf der **Erde**, also auf dem Boden.

das **Erdgeschoss** *Substantiv*

Der Ballsaal ist im **Erdgeschoss** des Schlosses. Der Raum liegt ebenerdig, nicht in einer Etage.

die **Erdhöhle** *Substantiv*

Das Weiße Kaninchen kommt aus einer **Erdhöhle**. Viele Tiere graben Löcher, Gänge und Höhlen in die Erde. Kaninchen wohnen in einem Kaninchenbau.

das **Erdöl** *Substantiv*

Das ist eine schwarze, zähe Flüssigkeit, die man in manchen Ländern unter der Erde oder unter dem Meer findet. Man macht daraus Kunststoffe, Heizöl und Benzin für die Autos.

erdrosseln *Verb*

Wer jemanden **erdrosselt**, drückt ihm den Hals zu, bis er nicht mehr atmen kann und tot ist.

das **Ereignis** *Substantiv*

Ein **Ereignis** ist etwas sehr Wichtiges, das passiert. Die Geburt eines Menschen ist ein **Ereignis**, das jedes Jahr an seinem Geburtstag gefeiert wird.

die **Erfahrung** *Substantiv*

Robin und seine Freunde sind **erfahrene** Reiter. Sie reiten ihre Pferde jeden Tag. Wer **Erfahrung** hat, kann etwas sehr gut, weil er es oft macht. Wer **Erfahrungen** macht, erlebt etwas und lernt daraus.

erfinden *Verb*

Wenn man etwas **erfindet**, schafft man etwas, das es noch nicht gibt. Johannes Gutenberg hat den Buchdruck **erfunden**. Das ist eine großartige **Erfindung**, weil bis dahin alle Bücher mit der Hand geschrieben werden mussten. Gutenberg war ein großer **Erfinder**.

der **Erfolg** *Substantiv*

Aschenputtel hat bei dem Ball viel **Erfolg**. Alle bewundern ihre Schönheit. Auch ein Sieg ist ein **Erfolg**. Das Gegenteil ist Misserfolg. Wird der Junge den Pfeil beim zweiten Versuch ins Ziel schießen?

erfunden *Adjektiv*

Erzählungen von Feen sind **erfundene** Geschichten. Im richtigen Leben gibt es keine Feen.

das **Ergebnis** *Substantiv*

Der Arzt untersucht Pinocchio und kommt zu dem **Ergebnis**: Er ist gesund.

ergrauen *Verb*

Wer alt wird, bekommt graue Haare. Er **ergraut**.

ergreifen *Verb*

Die beiden Polizisten **ergreifen** Pinocchio, um ihn ins Gefängnis zu werfen. Sie halten ihn an den Oberarmen fest, damit er nicht weglaufen kann.

erheitern *Verb*

Der Sultan hat Musiker und Tänzer kommen lassen, um seine Gäste zu **erheitern**. Sie sollen sich nicht langweilen, sondern amüsieren.

erinnern *Verb*

Alice erzählt ihrer Schwester ihren Traum. Sie hat alles genau in **Erinnerung**. Sie hat nichts vergessen.

die **Erkältung** *Substantiv*

Geppetto hat eine **Erkältung**. Er muss niesen, seine Nase läuft und seine Augen tränen.

erklären *Verb*

Das **erklärt** der Prinz. Er sagt es mit lauter Stimme vor allen Leuten, so dass es alle hören können.

Pinocchio versteht die Rechenaufgabe nicht. Der Lehrer **erklärt** sie ihm. Er sagt und zeigt ihm, wie die Aufgabe zu lösen ist.

erkundigen *Verb*

Der Prinz **erkundigt sich** sehr genau über das Schloss. Er möchte etwas über den Schlossherrn wissen und stellt Fragen, um sich zu informieren.

erlauben *Verb*

Die Schöne **erlaubt** dem Biest, bei ihrem Abendessen dabei zu sein. Sie gestattet es ihm, sie gibt ihm ihre **Erlaubnis**.

erläutern *Verb*

Wenn man ein Wort **erläutert**, erklärt man, was es bedeutet.

erleuchten *Verb*

Die Tiere kommen an ein hell **erleuchtetes** Haus. Aus allen Fenstern scheint Licht. Früher machte man mit Kerzen oder Gaslampen Licht. Heute gibt es elektrische Lampen.

Wenn du eine **Erleuchtung** hast, ist dir plötzlich klar, was du tun musst. Eine **Erleuchtung** ist so etwas wie ein Geistesblitz.

ermorden *Verb*

Die böse Königin bietet Schneewittchen einen vergifteten Apfel an. Sie will sie **ermorden**. Wenn es ihr gelänge, wäre sie eine **Mörderin**.

ermutigen *Verb*

Mowgli springt zum ersten Mal vom Baum. Bagheera **ermutigt** ihn. Der Panter redet ihm gut zu, um ihm Mut zu machen.

erneut *Adjektiv*

Das erste Mal schießt der Junge den Pfeil daneben. Er versucht es **erneut**. Er schießt noch einmal.

▶ Schau auch auf Seite 114 nach.

ernten *Verb*

Wenn Obst, Gemüse und Getreide reif sind, beginnt die **Ernte**. Der Bauer fährt mit dem Mähdrescher über das Feld. Die Arbeiter in der Plantage pflücken das Obst und **ernten** das Gemüse.

erreichen *Verb*

Alice ist so sehr geschrumpft, dass sie die Türklinke nicht mehr **erreichen** kann. Sie kommt einfach nicht mit der Hand an sie heran.

Wenn du etwas **erreichst**, schaffst du es. Es gelingt dir.

erscheinen *Verb*

Aladins Mutter reibt die Wunderlampe und plötzlich **erscheint** der Geist der Lampe. Als sie ihn sieht, erschreckt sie sich vor dieser **Erscheinung**.

erschöpft *Adjektiv*

Alle Vorräte sind **erschöpft**. Die Eltern von Hänsel und Gretel haben alle Lebensmittel aufgegessen. Sie haben kein Geld, um neue zu kaufen. Was sollen sie nur tun?

Erschöpft kann auch müde bedeuten. Nach einer langen Reise ist man **erschöpft**.

erschrecken *Verb*

Rotkäppchen **erschreckt** sich zunächst nicht, als es die seltsame Großmutter im Bett sieht. Es bekommt keinen Schrecken. *Wer versteckt sich unter der Bettdecke? Schau auf Seite 87 nach.*

die Erschütterung *Substantiv*

Die Zwerge sind **erschüttert**, weil Schneewittchen im Sarg liegt. Sie sind sehr traurig und fangen an zu weinen.

Glas ist zerbrechlich. Es kann bei der kleinsten **Erschütterung** kaputt gehen. Sobald es irgendwo anstößt, zerbricht es.

ersetzen *Verb*

Der Zauberer möchte den Zofen neue Lampen geben, damit er die alten bekommt.

erspähen *Verb*

Der Geier **erspäht** Mowgli bei den Affen. Er sieht ihn aus der Luft. Dank seiner scharfen Augen findet er ihn.

die Ersparnis *Substantiv*

So bezeichnet man das Geld, das man nicht sofort ausgibt, sondern spart.

erstarren *Verb*

Lava aus einem Vulkan ist zuerst heiß und flüssig. Später **erstarrt** sie. Das heißt, sie bewegt sich nicht mehr und wird hart wie Stein.

erstaunt *Adjektiv*

Der kleine Bär ist sehr **erstaunt**, als er Goldlöckchen in seinem Bett findet. Er hat sie dort nicht erwartet. Normalerweise ist sein Bett leer, wenn er nach Hause kommt.

erste *Zahlwort*

Das A ist der **erste** Buchstabe des Alphabets. Vor dem A kommt kein anderer Buchstabe. Wer als **Erster** am Ziel ankommt, hat das Wettrennen gewonnen. Der **Erste** des Monats ist der **erste** Tag eines Monats.
Wer immer die **erste Geige** spielen möchte, will immer der Wichtigste sein.

die **erste Hilfe** *Substantiv*

Wenn jemand bei einem Unfall verletzt wird, braucht er sofort **erste Hilfe**, bevor er ins Krankenhaus gebracht wird. Vielleicht muss man ihn aus dem Auto holen oder beatmen. Es gibt **Erste-Hilfe-Kurse**. Dort lernt man, wie man **erste Hilfe** leistet.

ersticken *Verb*

Wer keine Luft mehr bekommt, der **erstickt**.

erstrahlen *Verb*

Wenn die Sonne scheint, ist das Wetter schön. Alles **erstrahlt** in besonderem Glanz.

ertragen *Verb*

Die böse Königin **erträgt** nicht, dass Schneewittchen schöner ist als sie. Bei dem Gedanken daran wird sie wütend. Aladin hat Liebeskummer. Er kann es nicht **ertragen**, wenn er die Prinzessin nicht sieht.

ertrinken *Verb*

Ertrinken heißt, im Wasser unterzugehen. Man bekommt keine Luft mehr und stirbt.

der **Erwachsene** *Substantiv*

Die **Erwachsenen** sind die Großen, zum Beispiel deine Eltern und Lehrer.

erwarten *Verb*

Die Schöne kann es kaum **erwarten**, ihren Vater wiederzusehen. Sie zählt die Minuten, bis sie ihm wieder begegnet.

erwecken *Verb*

Der Prinz gibt Dornröschen einen Kuss. Damit **erweckt** er sie aus dem hundertjährigen Schlaf.

Dornröschen schlägt die Augen auf und sieht den Prinzen. Sie ist aus dem hundertjährigen Schlaf **erwacht**.

erweichen *Verb*

Aschenputtel versucht ihre Schwestern zu überreden, sie zum Ball mitzunehmen. Aber die beiden lassen sich nicht **erweichen**. Sie geben nicht nach und lassen Aschenputtel zu Hause.

erweitern *Verb*

Der Schriftsteller hat das Buch um ein Kapitel **erweitert**. Es hat jetzt noch mehr Seiten.

erwerben *Verb*

Aladin kauft auf dem Markt Zitronen. Er **erwirbt** sie. Aber er **erwirbt** auch die Gunst der Prinzessin, indem er ihr viele schöne Komplimente macht.

erzählen *Verb*

Aschenputtel **erzählt** der Fee von dem Ball. Sie berichtet ihr, was dort passiert ist.

der **Esel** *Substantiv*

Ein **Esel** ähnelt einem kleinen Pferd. Er hat jedoch sehr lange Ohren und meist graues Fell. Einen Esel kann man von weitem hören. Man sagt dann, der **Esel** iaht. Eine **Eselstute** bekommt **Eselfohlen**.

essen *Verb*

Der Wolf möchte Rotkäppchen fressen. Die Hexe möchte Hänsel und Gretel verspeisen. Normale Menschen **essen** Fleisch, Gemüse, Obst und Brot, um sich zu ernähren.

der **Essig** *Substantiv*

Mit **Essig** und Öl macht man Salatsoße. **Essig** schmeckt sauer, deshalb nimmt man für eine Soße weniger **Essig** als Öl.

die **Etappe** *Substantiv*

Wenn man eine Reise in zwei **Etappen** macht, unterbricht man sie auf halbem Weg und setzt sie später fort.

das **Etui** *Substantiv*

Die Großmutter bewahrt ihre Brille in einem **Etui** auf.

die **Eule** *Substantiv*

Eulen sind Nachtvögel. Es gibt verschiedene Eulenarten, wie zum Beispiel den Kauz. Links siehst du eine **Waldohreule**. Sie hat Federohren.

evangelisch *Adjektiv*

→ Christentum

ewig *Adjektiv*

Wenn etwas **ewig** dauert, dann hört es nie auf.
Aschenputtel und der Prinz lieben sich bis in alle **Ewigkeit**. Ihre Liebe geht nie zu Ende.

das **Exil** *Substantiv*

Wer im **Exil** lebt, wohnt in einem anderen Land, weit von seiner Heimat entfernt. Er kann vorerst nicht dahin zurückkehren, zum Beispiel weil in seinem Land Krieg herrscht. Er wurde vertrieben oder das Leben ist dort für ihn zu gefährlich.

die **Existenz** *Substantiv*

Die **Existenz** des Menschen ist sein Leben.

existieren *Verb*

Deine Freunde **existieren** wirklich. Es sind lebende Menschen. Aber gibt es wirklich Feen und Fabelwesen? **Existieren** sie?

exotisch *Adjektiv*

Ananas, Kiwis, Avocados und Bananen sind **exotische** Früchte. Sie wachsen nicht in Deutschland, sondern kommen aus fernen Ländern.

die **Expedition** *Substantiv*

Eine **Expedition** ist eine Forschungsreise oder eine Reise in schwer erreichbare Gebiete. Man macht zum Beispiel eine **Expedition** zum Nordpol oder auf die höchsten Berge der Erde.

explodieren *Verb*

Wenn etwas **explodiert**, gibt es einen lauten Knall und alles fliegt durch die Luft. Die **Explosion** einer Bombe zerstört alles um sie herum.

F f

die **Fabel** *Substantiv*

Das ist eine kurze, lehrreiche Geschichte, in der Tiere wie Menschen handeln. Eine **Fabel** endet meist mit dem Satz „Und die Moral von der Geschicht ...“

die **Fabrik** *Substantiv*

In einer **Autofabrik** werden Autos hergestellt. In einer **Textilfabrik** entstehen Kleidungsstücke. In einer **Fabrik** wird etwas produziert.

das **Fabelwesen** *Substantiv*

Drachen und Einhörner sind **Fabelwesen**. Sie existieren nur in der Fantasie, in Märchen und Geschichten, nicht im wirklichen Leben.

der **Fächer** *Substantiv*

Das Weiße Kaninchen hat einen großen **Fächer**. Es wedelt damit hin und her. Es **fächert** sich frische Luft **zu**, weil es so warm ist.

die **Fackel** *Substantiv*

In der Nacht zünden Robin und seine Männer **Fackeln** an, um sich den Weg zu leuchten.

die **Fähigkeit** *Substantiv*

Robin besitzt die **Fähigkeit**, mit seinen Pfeilen aus großer Entfernung eine kleine Zielscheibe zu treffen. Er ist ein besonders guter Schütze.

die **Fahne** *Substantiv*

Hier siehst du die Soldaten des Sheriffs. Man erkennt sie an ihrer **Fahne**.
Jedes Land hat eine eigene **Fahne**. Sie sehen alle anders aus und haben unterschiedliche Farben.

die **Fahrbahn** *Substantiv*

Auf der Straße fahren die Autos auf der **Fahrbahn** und die Fußgänger gehen auf dem Bürgersteig.

der **Fahrplan** *Substantiv*

Auf einem **Fahrplan** kann man nachlesen, wann ein Bus oder ein Zug abfährt oder ankommt.

das **Fahrrad** *Substantiv*

Es gibt viele verschiedene **Fahrräder,** zum Beispiel **Stadträder**, **Rennräder** und Mountainbikes.
Damit kommt man steile Berge hoch.
Dein erstes **Fahrrad** hat Stützräder, damit du das Gleichgewicht nicht verlierst und das **Fahrradfahren** lernst, ohne zu stürzen. **Fahrräder** für Jungen haben eine Stange.

der **Fahrstuhl** *Substantiv*

Mit einem **Fahrstuhl** kann man in einem Gebäude von einem Stockwerk in ein anderes fahren, statt Treppen zu steigen.
Der **Fahrstuhl** wird auch Aufzug und Lift genannt.

die **Fährte** *Substantiv*

Mowgli folgt den Fußspuren des Elefanten. Er geht denselben Weg, den der Elefant genommen hat.
Wer **auf der richtigen Fährte** ist, hat die Lösung zu einem Rätsel fast gefunden. Er ist kurz vor der Auflösung.

die **Falle** *Substantiv*

Jäger stellen **Fallen** auf, um Tiere darin zu fangen.
Der Sheriff stellt Robin eine **Falle**. Er lockt ihn mit einem Wettschießen ins Schloss, um ihn gefangen zu nehmen.

fallen *Verb*

Alice **fällt** in ein tiefes Loch. Sie stürzt in die Tiefe und kann ihren **Fall** nicht stoppen. Weißt du, wohin sie fällt? Schau auf Seite 418 nach.

fällen *Verb*

Rotkäppchen hört im Wald die Axtschläge der Holzfäller. Sie **fällen** Bäume. Sie schlagen ihre Stämme durch, damit sie umfallen.

die **Fallgrube** *Substantiv*

Mowgli wird gewarnt. Wenn er in die tiefe **Fallgrube** fällt, die ein Jäger gegraben hat, kommt er allein wahrscheinlich nicht wieder heraus. Er ist dann gefangen.

das **Fallobst** *Substantiv*

So nennt man **Obst** wie Äpfel und Birnen, das vom Baum **gefallen ist**. Wenn man **Obst** pflückt, hat es keine Druckstellen und hält länger.

der **Fallschirm** *Substantiv*

Fallschirmspringer springen mit **Fallschirmen** aus Flugzeugen. Ein **Fallschirm** besteht aus einem riesigen Stück Stoff. Wenn er sich öffnet, bremst er den Fall und der **Fallschirmspringer** schwebt langsam zur Erde.

falsch *Adjektiv*

Wenn etwas **falsch** ist, stimmt es nicht. Eine **falsche** Antwort ist nicht richtig. Wer eine **falsche** Entscheidung trifft, hat sich geirrt.

▶ Schau auch unter **richtig** nach.

die **Falte** *Substantiv*

Goldlöckchen hat auf ihrem Rock gelegen, als sie im Bettchen des kleinen Bären eingeschlafen ist. Jetzt ist er völlig zerknittert und hat ganz viele **Falten**.

Die Haut alter Menschen ist **faltig**. Sie haben zum Beispiel mehr **Falten** auf der Stirn und um die Augen als junge Menschen.

die **Familie** *Substantiv*

Das ist die **Familie** Bär: Papa Bär, Mama Bär und ihr Kind, der kleine Bär.

Bei einer **Familienfeier** kommen die Mitglieder einer **Familie** zusammen.

Großeltern, Onkel und Tanten, Cousins und Cousinen gehören zur Verwandschaft.

fangen *Verb*

Der Wolf möchte die drei kleinen Schweinchen **fangen**, um sie zu fressen.

falten *Verb*

Robins Landkarte ist **zusammengefaltet**.

Er **faltet** sie auseinander, um sie zu lesen.

Dann **faltet** er sie wieder zusammen.

die **Fantasie** *Substantiv*

Alice im Wunderland ist eine sehr **fantasievolle** Geschichte. Sie ist lustig, unterhaltsam und ungewöhnlich. Wer **Fantasie** hat, denkt sich viele ungewöhnliche Dinge aus.

die **Farbe** *Substantiv*

Blau, Rot, Gelb, Grün und Lila sind **Farben**.

färben *Verb*

Ein Stoff wird dann rot, wenn man ihn in rote **Farbe** taucht. Man **färbt** Stoffe normalerweise in **Färbereien**.

farblos *Adjektiv*

Wasser ist **farblos**, es hat keine Farbe.

der **Farn** *Substantiv*

Das ist eine Pflanze mit gefiederten Blättern, die in feuchten Gebieten wächst.

das **Fass** *Substantiv*

Der Sheriff lagert guten Wein in den **Fässern** seines Weinkellers.

die **Fassade** *Substantiv*

An der **Fassade** des Gasthauses hängen ein Schild und zwei Laternen. Eine **Fassade** ist die vordere Wand eines Hauses, in der sich die Eingangstür befindet. *Weißt du, was für ein Tier auf dem Schild ist? Schau auf Seite 208 nach.*

fassen *Verb*

Die kleinen Schweinchen bekommen den Schwanz des Wolfs zu **fassen**. Sie greifen nach ihm und halten ihn fest. *Was passiert mit dem Wolf? Schau auf Seite 225 nach.*

fassungslos *Adjektiv*

Schneewittchen liegt leblos auf dem Boden. Die Zwerge sind **fassungslos**. Sie können nicht glauben, dass sie tot ist.

faul *Adjektiv*

Romeo ist ein **faules** Kind. Er arbeitet nicht gern und er ist träge. Aschenputtel hingegen ist nicht **faul**. Man sagt, dass **Faulheit** eine schlechte Eigenschaft ist.

die **Fauna** *Substantiv*

Das sind alle Tiere, die in einem Gebiet leben. Mit Mowgli lernen wir die gesamte **Fauna** des Dschungels kennen. Er zeigt uns alle Tierarten, die es im Urwald gibt.

die **Faust** *Substantiv*

Wenn sich Puppenspieler Feuerfresser aufregt, haut er mit der **Faust** auf den Tisch. Er ballt seine Hand zur **Faust**. Dabei schließt er die Finger ganz fest.

der **Februar** *Substantiv*

Monat

das **Fechten** *Substantiv*

Degen

die **Feder** *Substantiv*

Schneewittchen sieht eine **Feder** auf dem Fensterbrett. Der Vogel, der sie verloren hat, muss ganz in der Nähe sein. Alle Vögel haben **Federn**. Sie sind Bestandteil ihres **Gefieders**. Früher schrieb man mit angespitzten **Federn**, die man in ein Tintenfass tauchte. Die Spitze eines Füllers, aus der die Tinte kommt, heißt auch heute noch **Feder**.

das **Federbett** *Substantiv*

Unter seinem **Federbett** hat es der kleine Bär kuschelig warm.

das **Federkleid** *Substantiv*

So nennt man alle Federn eines Vogels. Das **Federkleid** ist sein **Gefieder**. Bei einem Papagei ist es besonders farbig.

f

die **Fee** *Substantiv*

Feen haben Zauberkräfte. Es gibt gute und böse **Feen**. Der König hat alle **Feen** des Reichs eingeladen, um die Geburt seiner Tochter zu feiern.
Wirklich alle? Schau auf Seite 283 nach.

fegen *Verb*

Der Gärtner **fegt** das Herbstlaub mit einem Besen zusammen. Dann wirft er die Blätter auf den Komposthaufen.

fehlen *Verb*

Es sind noch nicht alle da. Es **fehlt** noch jemand.
Wenn du krank bist und nicht in die Schule gehen kannst, **fehlst** du in der Schule.

der **Fehler** *Substantiv*

Aladins Mutter liebt ihren Sohn trotz all seiner **Fehler**. Auch wenn er oft Dummheiten macht und ihr nicht gehorcht, liebt sie ihn.

fehlerhaft *Adjektiv*

Wenn ein Aufsatz **fehlerhaft** ist, kommen darin viele Rechtschreibfehler vor. Viele Worte sind falsch geschrieben.

feiern *Verb*

Der König **feiert** die Geburt seiner Tochter. Alle Kinder **feiern** gerne jedes Jahr ihren Geburtstag. Ihre Eltern veranstalten mit ihnen und ihren Freunden ein Fest.

der **Feiertag** *Substantiv*

An einem **Feiertag** müssen Kinder nicht zur Schule und Erwachsene nicht zur Arbeit.

die **Feige** *Substantiv*

Aladin mag am liebsten frische **Feigen**. Man kann **Feigen** auch getrocknet essen. Sie sind die Früchte des Feigenbaums.

feige *Adjektiv*

Ein **feiger** Mensch hat keinen Mut. Robin Hood ist ganz bestimmt kein **Feigling**, denn er hat sehr viel Mut.

feilen *Verb*

Wenn man ein Stück Metall **feilt**, bearbeitet man es mit einem Werkzeug, um es schmaler oder kürzer zu machen. Das Werkzeug nennt man **Feile**. Sie ist auf einer Seite rau. Das ist die Seite, die über das Metall gerieben wird.

Mit einer **Nagelfeile** **feilt** man seine Fingernägel nach dem Schneiden, damit ihre Kanten schön glatt werden.

fein *Adjektiv*

Papier, das sehr dünn ist, bezeichnet man auch als **fein**.

Feine Spitze ist sauber gearbeitet und hat keine Knötchen.

Wenn du etwas **fein** gemacht hast, dann hast du es gut gemacht und wirst gelobt.

Aschenputtel macht sich für den Ball **fein**. Sie zieht ihr schönstes Kleid an.

der **Feind** *Substantiv*

Robin ist immer bereit, seinen Freunden zu helfen und gegen seine **Feinde** zu kämpfen. Seine **Feinde** sind die, die ihm Böses wollen.

das **Feld** *Substantiv*

Ein **Feld** ist ein großes Stück Land, auf dem Bauern Getreide anbauen.

Manche Spiele sind in **Felder** aufgeteilt. Das Schachbrett hat 64 **Felder**, 32 weiße und 32 schwarze.

die **Feldflasche** *Substantiv*

Robin trinkt einen Schluck Wasser aus seiner **Feldflasche**.

der **Feldstecher** *Substantiv*

→ Fernglas

der **Felgaufschwung** *Substantiv*

Das ist eine Turnübung am Reck. Du schwingst dich vom Boden aus auf die Stange und stützt dich mit den Armen darauf ab. Wenn du dich einmal herumschwingst, ist das ein **Felgumschwung**.

die **Felge** *Substantiv*

Die **Felge** des Rads hält den Reifen.

der **Felsen** *Substantiv*

Die Meerjungfrauen verstecken sich zwischen den **Felsen**. Das sind große Blöcke aus hartem Gestein.

der **Felsvorsprung** *Substantiv*

Die Tiere laufen über einen **Felsvorsprung**. Der Felsen ragt weit in die Landschaft hinaus und die Felswand fällt steil ab.

das **Fenster** *Verb*

Durch die **Fenster** kommt Licht und Luft ins Haus.

der **Fensterladen** *Substantiv*

Abends schließt Vater Bär die **Fensterläden**. Die **Fensterläden** am Haus der Familie Bär sind aus Holz.

der **Fenstersims** *Substantiv*

Draußen auf dem **Fenstersims** sitzt ein Vogel. Ein **Sims** ist ein Mauervorsprung.

die **Ferien** *Substantiv*

In den **Schulferien** fahren Alice und ihre Schwester mit ihren Eltern in den Urlaub. Dort spielen sie viel und erholen sich. Sie müssen nicht in die Schule und auch keine Hausaufgaben machen, denn sie haben **Ferien**. Am liebsten verbringen sie die **Ferien** am Meer.

das **Ferienlager** *Substantiv*

Manche Kinder verbringen ihren Urlaub ohne ihre Eltern in einem **Ferienlager**. Sie wohnen dort mit anderen Kindern und mit ihren Betreuern. Diese passen auf die Kinder auf, machen Ausflüge und Spiele mit ihnen.

fern *Adjektiv*

Das bedeutet sehr weit weg.

die **Fernbedienung** *Substantiv*

Wer eine **Fernbedienung** in der Hand hat, braucht nicht vom Sofa aufzustehen, um den Fernseher zu **bedienen**. Er kann mit der **Fernbedienung** umschalten.

ferngesteuert *Adjektiv*

Im Spielzeugland gibt es **ferngesteuerte** Modellautos. Sie fahren wie von selbst, werden aber von weitem über eine **Fernsteuerung** gelenkt.

das **Fernglas** *Substantiv*

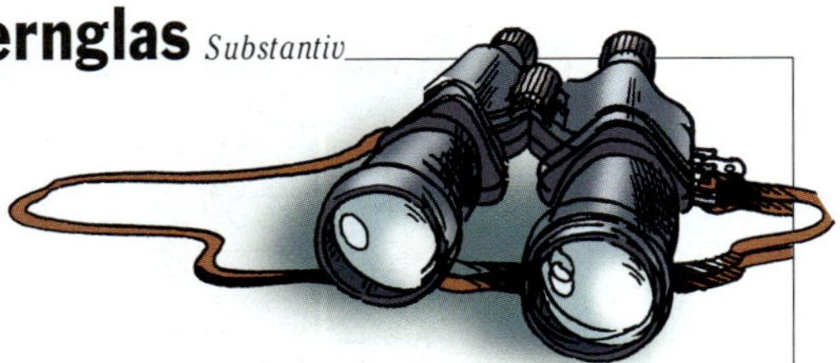

Mit einem **Fernglas** kann man in die Ferne blicken. Man sieht damit Dinge ganz scharf, die weit entfernt sind.

der **Fernseher** *Substantiv*

Ein **Fernseher** hat einen Bildschirm, auf dem man Fernsehsendungen und Videofilme anschauen kann. Wer **fernsieht**, ist ein **Fernsehzuschauer**.

die **Fernsehserie** *Substantiv*

Das ist ein Film im Fernsehen, der in mehreren Teilen gezeigt wird.

der **Fernsehturm** *Substantiv*

Das ist ein hoher **Funkturm**, der die Signale überträgt, damit man **Fernsehsendungen** empfangen kann. In vielen **Fernsehtürmen** gibt es auch ein Café mit einer schönen Aussicht.

fertig *Adjektiv*

Der Hutmacher lässt sich nicht hetzen. Er will seinen Tee in Ruhe austrinken. Alle müssen warten, bis er **fertig** ist.

fesseln *Verb*

Jemand hat Pinocchio einen Halsring umgelegt und ihn mit einer Kette an die Wand **gefesselt**.

▶ Schau auf Seite 226 nach.

Auch mit einer spannenden Geschichte kann man jemanden **fesseln**.

das **Fest** *Substantiv*

Im Schloss des Biests findet ein **Fest** statt. Es wird getanzt, man hört Musik und am Himmel erstrahlt ein Feuerwerk. Was wird wohl im Schloss gefeiert?
Schau auf Seite 458 nach.

fest *Adjektiv*

Bevor man sich in einen Sattel setzt, muss man prüfen, ob er **fest** sitzt und nicht herunterrutscht.
▶ Schau auch unter **Sattel** nach.
Robin und Little John haben sich **fest** verabredet. Es steht **fest**, wann sie sich treffen. Sie sind **feste** Freunde.

das **Festessen** *Substantiv*

Der König lädt die Feen zu einem großen **Festessen** ein. Mit dieser ausgiebigen Mahlzeit feiert er ein wichtiges Ereignis. *Was feiert er? Schau auf Seite 129 nach.*

festhalten *Verb*

→ halten

festnehmen *Verb*

Die beiden Polizisten passen auf, dass Pinocchio nicht davonläuft. Sie **nehmen** ihn **fest**. Sie nehmen ihn mit auf die Wache.

festschrauben *Verb*

→ Schraubenzieher

feststellen *Verb*

Der Sultan traut seinen Augen kaum. Aber er **stellt fest**, dass es stimmt, was man ihm gesagt hat. Vor sich sieht er einen großen, prächtigen Palast.

die **Festung** *Substantiv*

Robin klettert an der Mauer der **Festung** hoch. Eine **Festung** ist eine Burg. Früher schützten **Festungen** ihre Bewohner vor Angreifern. Ganze Städte waren von hohen **Befestigungsmauern** umgeben.

das **Fett** *Substantiv*

Butter und Öl sind **Fette**. Auch andere Lebensmittel, zum Beispiel Milch, Fleisch oder Schokolade, enthalten **Fett**.

fettig *Adjektiv*

Öl und Butter sind **fettig**. Wenn du sie anfasst, bekommst du ganz schmierige, **fettige** Finger.

der **Fetzen** *Substantiv*

Das ist ein kleines Stück von einem Blatt Papier oder ein kleines Stück Stoff.

feucht *Adjektiv*

Ein **feuchtes** Tuch ist nicht ganz trocken. Es wurde mit ein wenig Wasser **angefeuchtet**.

Das Klima der Tropen ist **feucht**. Es regnet dort sehr oft. Wenn das Regenwasser nach dem Schauer verdunstet, ist die Luft **feucht**.

das **Feuer** *Substantiv*

Sieh nur die großen Flammen! Das Schloss brennt!
Wenn ein **Feuer** brennt, entstehen Flammen und Rauch. Das **Feuer** erzeugt Licht und starke Hitze.

die **Feuerwehr** *Substantiv*

Die **Feuerwehr** löscht Brände. Sie kämpft gegen Feuer. Dazu hat sie große **Feuerwehrautos** mit Pumpen, Wasserschläuchen und langen Leitern.

das **Feuerwerk** *Substantiv*

Die Schöne ist von dem **Feuerwerk** begeistert. Ihr gefallen die funkelnden Lichter, die über den Himmel tanzen.
▶ Schau auf Seite 133 nach.

das **Feuerzeug** *Substantiv*

Mit der Flamme aus einem **Feuerzeug** zündet man sich eine Zigarette oder eine Zigarre an.

das **Fieber** *Substantiv*

Pinocchio ist krank. Er hat **Fieber**. Sein ganzer Körper fühlt sich heiß an. Er hat eine erhöhte Temperatur.

das **Fieberthermometer** *Substantiv*

Wenn unsere Körpertemperatur über 37° Celsius steigt, dann haben wir Fieber und sind krank.
Ein **Fieberthermometer** misst die Körpertemperatur.

die **Figur** *Substantiv*

Das Viereck, das Quadrat, der Kreis und das Dreieck sind geometrische **Figuren**.
▶ Schau dir die Formen und Figuren auf Seite 145 an.
Die Meerjungfrauen und die Delfine spielen im Wasser. Sie schwimmen **Figuren** im Wasser. Dabei machen sie gleichzeitig die gleichen Bewegungen.
▶ Schau auf Seite 87 nach.

der **Film** *Substantiv*

Im Kino und im Fernsehen siehst du **Filme**.
Wenn man etwas **filmt**, nimmt man es mit einer Filmkamera auf und kann es später anschauen.

finden *Verb*

Vater Wolf **findet** Mowgli durch Zufall. Er hat ihn im Gebüsch entdeckt.
Die böse Königin **findet**, dass Aschenputtel den Tod verdient hat. Sie ist dieser Meinung.

der **Finger** *Substantiv*

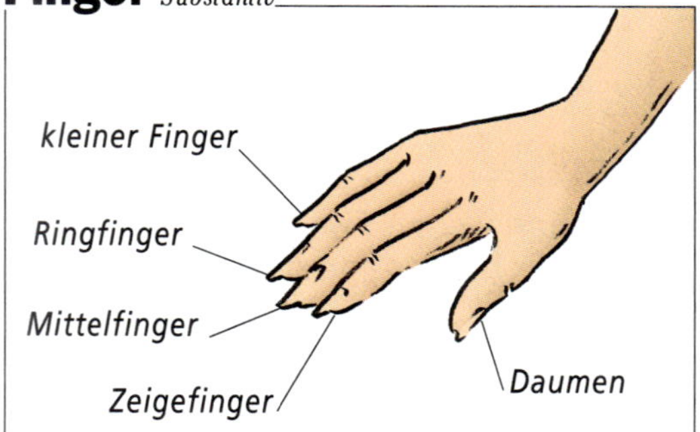

Über einen Dieb sagt man, er mache **lange Finger**.

der **Fingerabdruck** *Substantiv*

Unsere Finger hinterlassen **Fingerabdrücke**, wenn wir etwas anfassen. Jeder Mensch hat einen eigenen **Fingerabdruck**. Keiner gleicht dem eines anderen.
▶ Schau auch unter **Spur** nach.

die **Finsternis** *Substantiv*

Das ist ein anderes Wort für Dunkelheit.

der **Fisch** *Substantiv*

Fische können unter Wasser atmen und müssen nicht auftauchen. Es gibt **Flussfische** und **Meeresfische**. Lachse leben in Flüssen und im Meer.

Pinocchio, Geppetto und der Tunfisch haben Glück. Sie sind aus dem Bauch des Haifischs entkommen.

der **Fischer** *Substantiv*

Fischer fangen **Fische** und verkaufen sie. Sie **fischen** mit Netzen und fahren mit **Fischkuttern** weit aufs Meer hinaus. Es gibt Gesetze, die festlegen, wo sie **fischen** dürfen und wie viele **Fische** sie fangen dürfen.
An Flüssen angeln **Flussfischer** ihren **Fang** oft mit Angelruten.

das **Fischernetz** *Substantiv*

Pinocchio merkt, wie er hochgezogen wird. Er ist in einem riesigen **Fischernetz** gefangen.

flach *Adjektiv*

Auf einem **flachen** Gelände gibt es keinen Abhang oder Hügel.
Goldlöckchen trägt **flache** Schuhe. Ihre Schuhe haben keine Absätze.

die **Fläche** *Substantiv*

Die rote Linie auf der Karte umrandet die **Fläche**, die der Wald einnimmt.

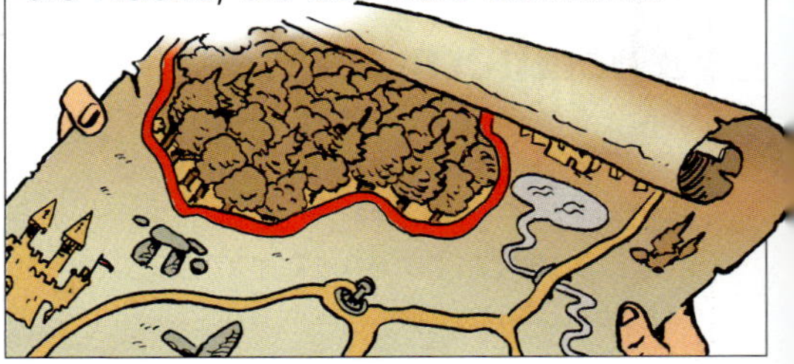

flackern *Verb*

Rotkäppchen schaltet die Lampe an. Das Licht geht erst an, dann wieder aus und wieder an. Es **flackert**.

der **Flakon** *Substantiv*

So nennt man kleine Parfümflaschen.

die **Flamme** *Substantiv*

Feuer

die **Flanke** *Substantiv*

Mowgli treibt den Elefanten vorwärts, indem er ihm seine Hacken in die **Flanken** drückt. Die **Flanken** sind an den Seiten des Körpers.

Wenn ein Fußballspieler den Ball von der Seite in die Nähe des Tors spielt, nennt man das eine **Flanke**.

die **Flasche** *Substantiv*

der **Flaschenhals** *Substantiv*

Die Öffnung einer Flasche nennt man **Flaschenhals**.

der **Fleck** *Substantiv*

Der Hutmacher hat seinen Tee verschüttet und jetzt hat er einen **Fleck** auf seinem Hemd.

Wenn man sagt: „Er hat einen **Fleck** auf seiner weißen Weste", dann meint man: Er hat sich schuldig gemacht. Er ist nicht mehr unschuldig.

Leoparden haben ein Fell mit dunkelbraunen und gelben **Flecken**. Sie sind **gefleckt**.

die **Fledermaus** *Substantiv*

Fledermäuse haben eine leichte Ähnlichkeit mit Mäusen, können jedoch fliegen. Ihre großen Flügel sind ganz glatt und nackt. **Fledermäuse** fliegen nur nachts, tagsüber schlafen sie.

der **Fleischfresser** *Substantiv*

Tiere, die sich von Fleisch ernähren, nennt man **Fleischfresser**. *Wie heißen Tiere, die kein Fleisch fressen?* *Schau auf Seite 180 nach.*

flicken *Verb*

Man **flickt** zerrissenen Stoff, indem man den Riss oder das Loch mit Nadel und Faden wieder zunäht.

der **Flieder** *Substantiv*

Das ist ein kleiner Baum, der entweder weiße oder lilafarbene Blüten hat. Sie duften sehr gut.

die **Fliege** *Substantiv*

Das ist ein Insekt mit zwei Flügeln und kurzen Fühlern.

fliegen *Verb*

Vögel haben Flügel, mit denen sie durch die Luft **fliegen** können. Diese Möwen breiten ihre Flügel aus.

der **fliegende Teppich** *Substantiv*

Dort wo Aladin herkommt, ist ein **fliegender Teppich** keine Seltenheit. Aber bei uns liegen die Teppiche auf dem Boden, damit unsere Füße es schön weich und warm haben.

Wenn ein Teppich im Zimmer verlegt ist und den gesamten Boden bedeckt, spricht man von **Teppichboden**.

fliehen *Verb*

Der Sheriff versucht zu **fliehen**. Er läuft schnell weg, aber Robin eilt ihm nach. Der Sheriff hat die **Flucht** ergriffen, weil er Angst vor einem Kampf mit Robin hat.

fließen *Verb*

Was **fließt**?
- Wasser **fließt** aus dem Wasserhahn.
- Strom **fließt** durch Kabel.
- Der Fluss **fließt** zum Meer.
- Das Blut **fließt** durch unsere Adern.
- Tränen **fließen** aus den Augen.
- Alle Flüssigkeiten **fließen**.

flink *Adjektiv*

Die Affen hangeln sich von Ast zu Ast. Sie sind dabei sehr **flink**, geschickt und beweglich

die **Flinte** *Substantiv*

Eine **Flinte** ist ein Gewehr für die Jagd. Der Jäger schießt damit Tiere im Wald.

Wenn jemand aufgibt, dann sagt man: Er wirft die **Flinte** ins Korn.

die **Flocke** *Substantiv*

→ Schnee

der **Floh** *Substantiv*

Das ist ein winziges Insekt, das von einem Menschen zum anderen springen kann. **Flöhe** beißen, um Blut zu saugen.

die **Flora** *Substantiv*

So nennt man die Gesamtheit aller Pflanzen, Bäume und Blumen, die in einer Region wachsen.

das **Floß** *Substantiv*

Robin, Little John und Marianne fahren mit einem **Floß** flussabwärts. Ein **Floß** ist ein einfaches Boot. Es besteht aus mehreren Baumstämmen, die man zusammenbindet.

die **Flöte** *Substantiv*

Man spielt dieses Musikinstrument, indem man hineinbläst. Der **Flötenspieler** heißt auch **Flötist**. *Wie heißt der Spieler eines Akkordeons? Schau auf Seite 25 nach.*

der **Fluch** *Substantiv*

Die dreizehnte Fee spricht einen **Fluch**. Die zwölfte hört, wie sie die kleine Prinzessin **verflucht**.
Weißt du, was sie tut, um ihr zu helfen? Schau auf Seite 469 nach.

flüchten *Verb*

Die Tiere machen einen solchen Lärm, dass die Räuber ganz erschrocken **flüchten**. Sie laufen schnell davon.

der **Flüchtling** *Substantiv*

Ein **Flüchtling** ist jemand, der sein Land verlassen musste, weil dort Krieg oder eine Hungersnot herrscht.

der **Flug** *Substantiv*

→ fliegen

der **Flügel** *Substantiv*

Hänsel und Gretel sitzen zwischen den beiden **Flügeln** auf dem Rücken der Ente. Vögel und manche Insekten können fliegen, indem sie mit ihren **Flügeln** schlagen.

Die **Flügel** eines Flugzeugs nennt man Tragflächen.

Ein **Flügel** kann auch ein großes Klavier sein.

der **Flughafen** *Substantiv*

Wie bitte? Ein fliegender Teppich am **Flughafen**?

Ein **Flughafen** ist doch eigentlich nur für Flugzeuge gedacht.

Am **Flughafen** gibt es Start- und Landebahnen für Flugzeuge. Die Reisenden halten sich in der **Flughafenhalle** auf. Ein **Flugplatz** ist viel kleiner als ein **Flughafen**.

die **Flughöhe** *Substantiv*

Wenn ein Flugzeug in die Luft steigt, gewinnt es an **Flughöhe**. Wenn es zur Landung ansetzt, verliert es an **Flughöhe**. Die **Flughöhe** ist der Abstand des Flugzeugs zum Boden oder zum Meeresspiegel.

das **Flugzeug** *Substantiv*

Flugzeuge fliegen in großer Höhe und bringen uns sehr schnell von einem Ort in der Welt zum anderen. Sie werden von Piloten gesteuert, die man auch **Flugzeugführer** nennt. *Haben Hubschrauber auch Flügel? Schau auf Seite 207 nach.*

der **Fluss** *Substantiv*

Hänsel und Gretel stehen am Ufer eines **Flusses**. Das ist ein Wasserlauf, der in einen großen Strom oder ins Meer mündet. *Wie kommen die beiden ans andere Ufer? Schau auf Seite 140 nach.*

flüssig *Adjektiv*

Wasser ist **flüssig**, es fließt. Wenn es im Winter kalt ist, gefriert es und wird fest. Sobald es auftaut, wird es wieder **flüssig**.

der **Flusskrebs** *Substantiv*

Flusskrebse sind Krustentiere mit einem langen Schwanz und Scheren. Sie leben in Flüssen und gelten als Delikatesse. Ihr Fleisch ist ganz zart.

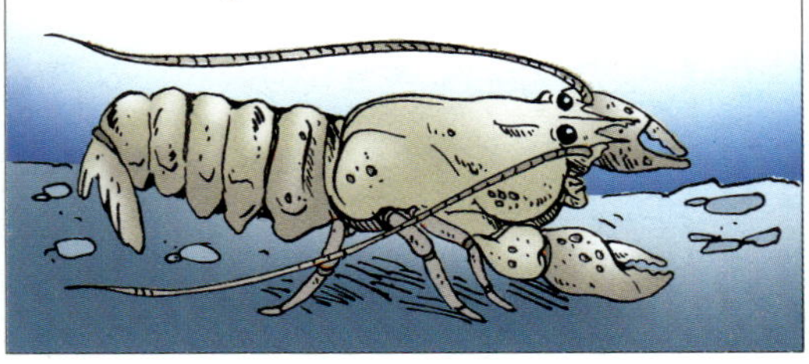

flüstern *Verb*

Wer **flüstert**, spricht ganz leise.

das **Fohlen** *Substantiv*

→ Pferd

folgen *Verb*

Wer folgt wem? Was folgt?
– Aladin **folgt** dem Zauberer. Er geht hinter ihm her.
– Der Dienstag **folgt** auf den Montag. Er kommt danach. Es ist der **folgende** Tag.
– In einer Bildergeschichte **folgt** ein Bild auf das andere, bis sie zu Ende ist.

die **Forelle** *Substantiv*

Das ist ein Fisch, der in Flüssen und Seen lebt.

die **Form** *Substantiv*

Der Dampf, der aus dem Kessel aufsteigt, hat eine komische **Form**. Er sieht aus wie ein Krake.

▶ Schau dir auch Seite 145 an.

die **Formel** *Substantiv*

Der Zauberer spricht eine **Zauberformel**. Das ist ein Ausdruck mit magischer Wirkung.

formen *Verb*

Romeo **formt** einen Baum aus Knete. Er bildet die Form der Äste und der Blätter eines Baums nach.

fortan *Adverb*

Das bedeutet von nun an, ab jetzt.

fortfahren *Verb*

Fortfahren heißt weitermachen. Der Sheriff will, dass seine Männer weiter nach Robin suchen.

der **Fortschritt** *Substantiv*

Früher reiste man mit Pferdekutschen. Heute fährt man mit dem Auto, dem Zug oder nimmt das Flugzeug. Das nennt man **Fortschritt**. Mit Maschinen geht alles schneller und leichter.

die **Fortsetzung** *Substantiv*

Schneewittchen erzählt den Zwergen die **Fortsetzung** ihrer Geschichte. Sie möchten wissen, wie sie weitergeht.

fortwährend *Adverb*

Fortwährend heißt andauernd. Es geht immer weiter und hört nicht auf.

das **Foto** *Substantiv*

Das ist ein Bild, das man mit einer Kamera aufnimmt. Eine Kamera ist ein **Fotoapparat**. **Fotograf** ist ein Beruf.

die **Frage** *Substantiv*

Wenn ein Polizist jemanden sehr vieles **fragt**, verhört er ihn. Er **befragt** alle Zeugen und alle Verdächtigen ausführlich, um ein Verbrechen aufzuklären.

Weißt du, welche Frage die böse Königin ihrem Spiegel stellt? Schau auf Seite 386 nach.

frankieren *Verb*

Das bedeutet, eine Briefmarke auf einen Brief oder ein Paket zu kleben.

die **Frau** *Substantiv*

Die Mutter von Hänsel und Gretel ist eine **Frau**. Der Vater der beiden ist ein Mann.

Wenn Schneewittchen den Prinz heiratet, wird sie seine **Ehefrau** und der Prinz wird ihr Ehemann.

das **Fräulein** *Substantiv*

Früher hat man unverheiratete Frauen mit **Fräulein** angesprochen. Das macht man heute nicht mehr.

Formen und Figuren

Suche alle Formen und Figuren auf dem Bild, das du links siehst.

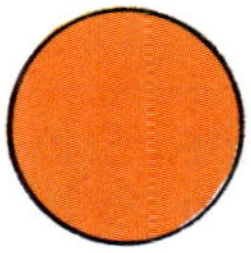
der Kreis

das Quadrat

das Rechteck

die Raute

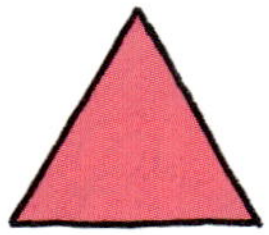
das Dreieck

die Kugel

der Würfel

die Pyramide

der Zylinder

der Kegel

der Halbmond

das Herz

der Stern

das Kreuz

der Pfeil

Suche auch nach diesen Formen.

waagerechte Linie

senkrechte Linie

gebogene Linie

Zickzacklinie

Spirale

Oval

Mulde

Buckel

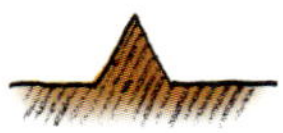
Spitze

frei *Adjektiv*

Hänsel ist **frei**. Er ist nicht länger eingesperrt. Er kann gehen, wohin er möchte.

Auf einem **freien** Stuhl sitzt noch niemand.

der **Freibeuter** *Substantiv*

In früheren Zeiten überfielen **Freibeuter** Schiffe, um sie auszurauben.
▶ Schau auch unter **Pirat** nach.

der **Freitag** *Substantiv*

die Wochentage

die **Freitreppe** *Substantiv*

So nennt man eine breite Treppe, die von einem Innenhof oder aus einem Garten zur Tür eines Palastes führt.

der **Freiwillige** *Substantiv*

Im Haus der sieben Zwerge findet sich immer ein **Freiwilliger**, der nach dem Essen das Geschirr spült. Einer spült, ohne dass die anderen ihn darum bitten müssen. Er meldet sich **freiwillig** für die Arbeit.

der **Fremde** *Substantiv*

Rotkäppchens Mutter hat gesagt, es solle nicht mit **Fremden** sprechen. Sie hat ihm verboten, mit Menschen zu sprechen, die es nicht kennt.

fressen *Verb*

Wenn der Wolf die kleinen Schweinchen fängt, wird er sie **fressen**. Er hat vor, eins nach dem anderen zu verschlingen.

die **Freude** *Substantiv*

Als der Vater der Schönen seine Tochter endlich wiedersieht, **freut** er sich sehr. Er ist glücklich und zufrieden.

der **Freund** *Substantiv*

Little John und Will sind Robins **Freunde**. Die drei mögen sich gern. Sie halten zusammen. Ihre **Freundschaft** ist sehr eng.

freundlich *Adjektiv*

Das Biest ist **freundlich** zur Schönen. Es tut ihr nicht weh. Es ist nicht böse, auch wenn es so Furcht erregend aussieht.

der Frieden *Substantiv*

Der junge König möchte, dass alle Menschen in **Frieden** leben und kein Krieg mehr zwischen den Völkern herrscht.

Jemanden **in Frieden lassen** heißt, ihn in Ruhe lassen. Er will nicht gestört, nicht geärgert und auch nicht angesprochen werden.

der Friedhof *Substantiv*

Auf einem **Friedhof** beerdigt man die Toten. Man legt ihren Sarg in ein Grab. Die Zwerge möchten Schneewittchen nicht auf dem **Friedhof** begraben.

Wohin bringen sie ihren Sarg stattdessen?
Schau auf Seite 348 nach.

frisch *Adjektiv*

Wenn Mowgli am Morgen zum Fluss geht, um zu baden, ist es draußen noch **frisch**. Es ist kühl.

Frisches Obst und Gemüse wurde gerade erst geerntet. Es ist weder alt noch getrocknet und es kommt auch nicht aus der Konservendose.

frisieren *Verb*

Dornröschen spielt gern mit ihrer Puppe. Sie nimmt einen Kamm und **frisiert** sie. Jeden Tag probiert sie eine neue **Frisur**.

Beim **Friseur** kannst du dir die Haare schneiden und **frisieren** lassen.

die Frist *Substantiv*

Eine **Frist** ist die Zeit, die man jemandem gibt, um etwas zu erledigen. Wenn die **Frist** abgelaufen ist, dann muss man seine Aufgabe erfüllt haben.

frittieren *Verb*

Frittieren heißt, in kochendem Öl braten.

der **Frosch** *Substantiv*

Am Teichufer sitzt ein **Frosch**. Er hat Schwimmhäute an den Füßen. Damit kann er an Land hüpfen und im Wasser schwimmen. **Frösche** quaken.

der **Frost** *Substantiv*

Wenn es sehr kalt ist, friert es. Wasser verwandelt sich in Eis und der Boden wird ganz hart. **Frost** schadet empfindlichen Pflanzen. Sie erfrieren.

frösteln *Verb*

Rotkäppchens Großmutter ist es oft kalt. Sie **fröstelt** sogar im Sommer, wenn es draußen warm ist.

früh *Adverb*

Aschenputtel steht morgens sehr **früh** auf, wenn ihre Schwestern noch schlafen. Abends geht sie später als ihre Schwestern ins Bett.

früher *Adverb*

Von **früher** spricht man, wenn man etwas meint, das schon vor langer Zeit passiert ist.

der **Frühling** *Substantiv*

Das ist die Jahreszeit, die auf den Winter folgt. Im **Frühling** beginnen die Bäume und Blumen zu blühen. Man hört die Vögel singen.

das **Frühstück** *Substantiv*

Das **Frühstück** nimmt man morgens zu sich. Es ist die erste Mahlzeit am Tag.
▶ Schau auch unter **Mahlzeit** nach.

der **Fuchs** *Substantiv*

Füchse leben im Wald. Sie haben ein spitzes Maul und einen buschigen Schwanz.

führen *Verb*

die **Fülle** *Substantiv*

Der Sultan bewirtet seine Gäste mit Obst in Hülle und **Fülle**. Sie können sich viele verschiedene Früchte aussuchen.

das **Fundament** *Substantiv*

Das **Fundament** ist die Grundmauer eines Hauses.

der **Funke** *Substantiv*

Ein **Funke** ist ein kleines, blitzartiges Feuer, das ganz schnell wieder ausgeht. Er kann Stroh zum Brennen bringen.

funkeln *Verb*

Aber es sind gar keine Früchte, die dort am Baum funkeln. *Möchtest du wissen, was es ist? Schau auf Seite 88 nach.*

funktionieren *Verb*

Das Gerät **funktioniert**, es ist nicht kaputt. Wenn man ein Gerät reparieren möchte, muss man wissen, wie es **funktioniert**. Mit der **Funktionsweise** von technischen Geräten muss man sich auskennen.

Wenn etwas klappt, dann **funktioniert** es.

die **Furcht** *Substantiv*

Wenn man sich nicht sicher fühlt, empfindet man **Furcht**. Viele Kinder **fürchten** sich vor der Dunkelheit. Robin ist **furchtlos**. Er hat keine Angst.

furchtbar *Adjektiv*

Mit jedem Schritt, den die kleine Meerjungfrau auf der Erde macht, erleidet sie **furchtbare** Schmerzen. **Furchtbar** ist ein anderes Wort für schrecklich.

fürchten *Verb*

Alle Tiere **fürchten** Shir Khan. Sie haben Angst vor ihm.

Furcht erregend *Adjektiv*

Als die Schöne das Biest zum ersten Mal sieht, zittert sie vor Angst, weil es so **Furcht erregend** aussieht. Das Biest sieht erschreckend hässlich aus.

der **Fuß** *Substantiv*

Die kleine Meerjungfrau möchte Beine und **Füße** haben, um laufen zu können.
Am **Fuß** des Berges steht ein Haus. Das bedeutet unten.

der **Fußboden** *Substantiv*

Das ist der untere Teil eines Zimmers, gegenüber der Zimmerdecke. Es ist der Boden, auf dem die Möbel stehen und über den wir laufen.

der **Fußgänger** *Substantiv*

Ein **Fußgänger** oder eine **Fußgängerin** ist zu Fuß unterwegs.
In einer **Fußgängerzone** dürfen keine Autos fahren.

der **Fußtritt** *Substantiv*

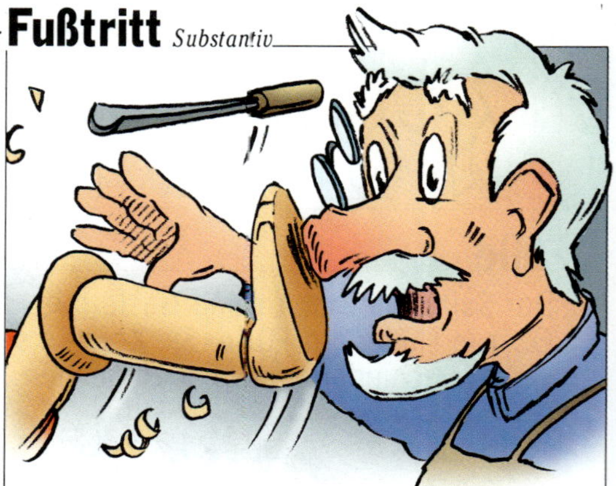

Geppetto hat die Füße seiner Holzpuppe gerade fertig, da bekommt er einen **Fußtritt** gegen die Nase.

füttern *Verb*

Die Bäuerin **füttert** die Hühner mit Getreidekörnern. Sie gibt sie ihnen zu fressen.

Gg

die **Gabe** *Substantiv*

Gabe ist ein anderes Wort für Geschenk. Es kann auch Talent bedeuten.

die **Gabel** *Substantiv*

Die Zwerge essen das Fleisch mit **Gabeln**.

galoppieren *Verb*

Die Pferde **galoppieren**. Im **Galopp** laufen sie am schnellsten. Sie können auch traben und langsam im Schritt gehen. Trab ist schneller als Schritt und langsamer als **Galopp**.

der **Gag** *Substantiv*

Ein **Gag** ist eine witzige Idee. Das Wort kommt aus dem Englischen.

gähnen *Verb*

Goldlöckchen ist müde, sie **gähnt**.

der **Gang** *Substantiv*

Maude führt Robin durch die **Gänge** im Keller des Schlosses. Ein **Gang** ist eine Verbindung zwischen zwei Räumen. In einem Haus sagt man dazu auch Flur.

die **Gans** *Substantiv*

Gänse sind große Vögel mit einem langen Hals. Der Mann der **Gans** ist der **Gänserich**.

das **Gänseblümchen** *Substantiv*

Das ist eine kleine Wiesenblume. Sie hat einen gelben Kopf und weiße Blütenblätter.

der **Gänserich** *Substantiv*

→ Gans

ganz *Adjektiv*

Hänsel und Gretel sind so hungrig, dass sie das **ganze** Haus mit all seinen Pfefferkuchen aufessen könnten.

gar *Adjektiv*

→ braten

die **Garage** *Substantiv*

Eine **Garage** ist ein Raum oder ein überdachter Stellplatz für ein Auto.

die **Garderobe** *Substantiv*

Jacken und Mäntel hängt man an der **Garderobe** auf.

die **Gardine** *Substantiv*

So nennt man einen dünnen, etwas durchsichtigen Vorhang.

die **Garnele** *Substantiv*

Das kleine Tier lebt im Meer. Es hat einen Panzer und viele Fühler, aber keine Scheren wie ein Krebs oder eine Krabbe.

garstig *Adjektiv*

Die Stiefschwestern behaupten, dass Aschenputtel hässlich ist. Sie sind **garstig**. Das heißt gemein.

der **Garten** *Substantiv*

In einem **Garten** gibt es Rasen, Bäume und Blumenbeete. In jeder Jahreszeit blühen andere Blumen im **Garten**. Im Herbst welken die Blätter und fallen von den Bäumen.

▶ Schau auch unter **Gemüsegarten** nach.

Ein **Gärtner** pflegt den **Garten**, mäht den Rasen, züchtet und pflanzt Blumen und jätet Unkraut.

das **Gas** *Substantiv*

Gase sind weder flüssig noch fest. Die Luft, die wir einatmen, besteht aus verschiedenen **Gasen**. Andere **Gase** sind für Menschen lebensgefährlich.

der **Gaumen** *Substantiv*

Der **Gaumen** ist die Oberseite der Mundhöhle. Wenn man die Hufgeräusche eines Pferds nachmacht, schnalzt man mit der Zunge gegen den **Gaumen**.

die **Gazelle** *Substantiv*

Gazellen haben zierliche Hufe und lange Hörner. Sie leben in den heißen Regionen von Afrika und Asien und können sehr schnell laufen und hoch springen.

die **Gebärde** *Substantiv*

Das ist ein anderes Wort für Geste oder Handzeichen. Taubstumme verständigen sich mit bestimmten Handzeichen, die man **Gebärdensprache** nennt.

gebären *Verb*

Die Königin hat ein Mädchen **geboren**. Es kommt mit einer Haut so weiß wie Schnee zur Welt. Deshalb nennt die Königin ihre Tochter Schneewittchen.

das **Gebäude** *Substantiv*

Ein Wohnhaus, ein Bürohaus, eine Schule, eine Turnhalle und ein Rathaus sind **Gebäude**.

geben *Verb*

Der Reisende will sein Geld zurückhaben. Robin soll es ihm **geben**.

Wer sich **übergibt**, muss erbrechen.

Sich an einen Ort **begeben**, bedeutet dorthin zu gehen.

Wer sich **ergibt**, will aufhören zu kämpfen, weil er nicht mehr kann.

gebrauchen *Verb*

Man **gebraucht** Kerzen, um im Dunklen etwas zu sehen. Man verwendet sie als Lichtquelle.

Wenn du etwas geschenkt bekommst, das du noch nicht hast, kannst du es gut **gebrauchen**.

die **Gebrauchsanweisung** *Substantiv*

Wenn du wissen möchtest, wie ein Gerät funktioniert, musst du die **Gebrauchsanweisung** lesen.

gebrechlich *Adjektiv*

Der Fuchs und der Kater täuschen vor, **gebrechlich** zu sein: Der Kater spielt einen Blinden, der Fuchs hinkt.

die **Geburt** *Substantiv*

Wenn ein Baby auf die Welt kommt, ist das eine **Geburt**.

der **Geburtsort** *Substantiv*

Als **Geburtsort** bezeichnet man die Stadt oder das Dorf, wo man zur Welt gekommen ist. Die kleine Meerjungfrau ist allerdings im Meer geboren. Das ist ihr **Geburtsort**.

der **Geburtstag** *Substantiv*

Der König hat **Geburtstag**. Wie jedes Jahr feiert das Volk den Tag seiner Geburt. *Kennst du das Datum deines Geburtstags?*

das **Gebüsch** *Substantiv*

Das sind mehrere Pflanzen und Büsche, die dicht nebeneinander stehen.

das **Gedächtnis** *Substantiv*

Dank unseres **Gedächtnisses** können wir uns erinnern. Wer ein gutes **Gedächtnis** hat, kann sich schnell etwas merken. Wer sein **Gedächtnis** verliert, kann sich an nichts mehr erinnern. Wenn jemand viele Dinge vergisst, sagt man: Er hat ein **Gedächtnis** wie ein Sieb.

das **Gedeck** *Substantiv*

Ein **Gedeck** besteht aus dem Geschirr und dem Besteck, das du zum Essen brauchst: Teller, Messer, Gabel, Löffel, Tassen und Gläser.

das **Gedicht** *Substantiv*

Die kleine Meerjungfrau sagt ein **Gedicht** für den Prinzen auf. **Gedichte** bestehen aus mehreren Zeilen und haben einen bestimmten Rhythmus. Oft reimen sie sich am Zeilenende. Ein **Dichter** schreibt **Gedichte**.

das **Gedränge** *Substantiv*

Was für ein **Gedränge**! Es sind zu viele Menschen unterwegs. Sie schieben sich gegenseitig vorwärts, drängen aneinander vorbei und treten sich auf die Füße.

g

die **Geduld** *Substantiv*

Aladins Mutter soll sich noch etwas **gedulden**. Sie muss noch länger warten, bis der Sultan Zeit für sie hat.

gefährlich *Adjektiv*

Auf dem Schild steht „Vorsicht! **Gefahr**“, weil der Weg an dieser Stelle **gefährlich** ist. Es kann leicht ein Unfall passieren.

gefallen *Verb*

Alice hat überhaupt keinen Spaß, wenn sie in ihrem Zimmer bleiben soll. Viel lieber ist sie draußen und spielt. Das **gefällt** ihr besser.

der **Gefallen** *Substantiv*

Alice hat keine Lust, ihr Zimmer aufzuräumen. Aber sie tut es, um ihrer Mutter einen **Gefallen** zu tun.

gefangen nehmen *Verb*

Die Räuber **nehmen** Pinocchio **gefangen**. Sie haben ihn in ihrer Gewalt. *Was machen sie mit ihm? Schau auf Seite 40 nach.*

das **Gefängnis** *Substantiv*

Der arme Pinocchio muss vier Monate im **Gefängnis** bleiben. Er ist dort in einer Zelle eingesperrt und kann nicht hinaus.
Wer ins **Gefängnis** kommt, hat zuvor ein Verbrechen begangen und wurde von einem Gericht verurteilt. Es gibt aber auch **Gefangene**, die unschuldig sind.

das **Gefäß** *Substantiv*

Man füllt Zucker in eine Zuckerdose, Tee in eine Teekanne und stellt Blumen in eine Vase. Dosen, Kannen und Vasen sind **Gefäße**.

das **Geflügel** *Substantiv*

Hühner, Puten, Enten und Gänse sind **Geflügel**. So nennt man Tiere vom Bauernhof, die Federn haben.

das **Gefühl** *Substantiv*

Liebe, Hass, Trauer und Freude sind **Gefühle**. Wer zittert, rot wird, lacht oder weint, zeigt seine **Gefühle**.

▶ Schau auf Seite 383 nach.

Das Biest ist gar kein **gefühlloses** Ungeheuer. Es ist sehr **gefühlvoll**.

gefüttert *Adjektiv*

Gefütterte Stiefel haben von innen Fell, damit man im Winter keine kalten Füße bekommt.

der **Gegensatz** *Substantiv*

Aschenputtel ist im **Gegensatz** zu ihren Stiefschwestern gutmütig, freundlich und fleißig.

die Gegensätze

gegenseitig *Adjektiv*

Robin und Marianne sind ein Liebespaar. Er liebt sie und sie liebt ihn. Sie lieben sich **gegenseitig**.

der **Gegenstand** *Substantiv*

Das ist ein anderes Wort für Ding. In der Geschichte von *Alice im Wunderland* bewirft die Köchin die Herzogin mit allen möglichen **Gegenständen**.

Kannst du die Gegenstände aufzählen, mit denen sie wirft? Schau auf Seite 60 nach.

die **Gegenwart** *Substantiv*

Mit **Gegenwart** ist alles gemeint, was jetzt, in diesem Augenblick, geschieht. Was vorher geschah, liegt in der Vergangenheit. Vor uns liegt die Zukunft.

die Gegensätze

Jedes dieser Wörter hat einen **Gegensatz**. Er bedeutet das Gegenteil.

Sie ist **klein**.

Sie ist **groß**.

Wenig Wasser.

Viel Wasser.

Sie ist **freundlich**.

Sie ist **unfreundlich**.

Sie ist **fröhlich**.

Sie ist **traurig**.

Sie ist **schön**.

Sie ist **hässlich**.

Er **schiebt**.

Er **zieht**.

Viele Wörter bedeuten das Gegenteil, wenn du die Vorsilbe **un-** vor das Wort setzt. Hier sind einige Beispiele:

Sie ist **gekämmt**.

Sie ist **ungekämmt**.

Das ist **leserlich**.

Das ist **unleserlich**.

Das ist **möglich**.

Das ist **unmöglich**.

Sie ist **sichtbar**.

Sie ist **unsichtbar**.

Das ist **gerade**.

Das ist **ungerade**.

Sie ist **glücklich**.

Sie ist **unglücklich**.

der **Gegner** *Substantiv*

Beim Spielen oder beim Sport geht es darum, einen **Gegner** zu besiegen. Man kann allein oder in einer Mannschaft gegen einen **Gegner** spielen.

das **Gehäuse** *Substantiv*

Im **Gehäuse** von Äpfeln und Birnen sind die Kerne. Normalerweise isst man es nicht mit.

das **Geheimfach** *Substantiv*

Ein **Geheimfach** ist ein verschlossener Teil eines Schranks, den niemand außer dem Besitzer öffnen kann. Nur der Besitzer weiß, wo es ist, und hat den Schlüssel. Die Königin hat eine **geheime** Kammer. *Weißt du, was sie dort macht? Schau auf Seite 174 nach.*

das **Geheimnis** *Substantiv*

Aladin vertraut seiner Mutter sein **Geheimnis** an: Er liebt die Prinzessin Badrulbudur.

Wie schreibt man **geheim**?

zusammen	**getrennt**	**groß**	**klein**
Geheimagent	geheim agieren	im Geheimen	geheime Botschaft
Geheimbund	geheim bleiben		geheime Kammer
Geheimdienst	geheim halten	**in Namen:**	geheimes Konto
Geheimmittel	geheim sein	Geheimer Rat	geheimes Treffen
Geheimrezept	geheim tun	Geheime Staatspolizei	geheimes Versteck
Geheimtipp	geheimnisvoll tun	Geheimes Staatsarchiv	geheime Wahlen

gehen *Verb*

Während ihre Stiefschwestern zum Ball **gehen**, muss Aschenputtel den Boden schrubben. Der Boden im Flur hat einen Fleck, der einfach nicht **weggeht**.

gehen lassen *Verb*

Damit der Teig aufgeht, muss man ihn **gehen lassen**. Dazu stellt man ihn an einen warmen Platz.

Der Sheriff zeigt allen, wie wütend er ist. Er **lässt sich gehen**. Er reißt sich nicht mehr zusammen. Es ist ihm egal, was andere von ihm denken.

der Gehenkte *Substantiv*

→ aufknüpfen

gehetzt *Adjektiv*

Der Jagdhund fühlt sich **gehetzt**. Der Jäger hat keine Geduld mit ihm und scheucht ihn durch den Wald. Er soll ihm beim Jagen helfen und ihm Wild vor die Flinte treiben.

der Gehgips *Substantiv*

Wenn du dir einen Fuß brichst, bekommst du einen **Gehgips**. Damit kannst du herumlaufen, ohne den Fuß zu viel zu bewegen.

das **Gehirn** *Substantiv*

Dieses Organ im Kopf ermöglicht uns zu denken, zu gehen und zu sprechen. Es steuert die Wahrnehmungen, die Muskeln und die Funktionen der Organe.

die **Gehirnerschütterung** *Substantiv*

Wenn du hinfällst und deinen Kopf verletzt, hast du eine **Gehirnerschütterung**. Dein Kopf tut weh und dir ist übel. Du musst zum Arzt.

das **Gehör** *Substantiv*

→ hören

gehorchen *Verb*

gehören *Verb*

Wem **gehört** dieses Haus? Wer ist sein Eigentümer? *Schau auf Seite 458 nach.*

der **Gehstock** *Substantiv*

Die alte Frau stützt sich auf ihren **Gehstock**. So kann sie besser laufen.

der **Geier** *Substantiv*

Das ist ein Vogel, der sich von toten Tieren ernährt. Man nennt ihn auch Aasfresser.

die **Geisel** *Substantiv*

Der Sheriff hat einige von Robins Männern gefangen genommen. Er hält sie als **Geiseln** in seiner Festung. Erst wenn seine Forderungen erfüllt werden, will er sie wieder freilassen.

der **Geist** *Substantiv*

Ein **Geist** ist eine Erscheinung, ein Gespenst. Es gibt gute und böse **Geister**. Der **Geist** der Wunderlampe hat Zauberkräfte.

Der **Geist** besteht aus dem Bewusstsein und dem Verstand.

In Gruselgeschichten erscheinen die Toten als **Geister**.

geistreich *Adjektiv*

Wenn jemand klug und witzig ist, sagt man, er habe **Geist** oder ist **geistreich**.

geizig *Adjektiv*

Der Vater der Schönen ist sehr reich, aber er ist nicht **geizig**. Er gibt viel Geld für seine Töchter aus. **Geizige** Menschen möchten nicht teilen und behalten alles für sich. Sie sind nicht großzügig.

gekleidet *Partizip*

Aschenputtel ist für den Ball viel zu schlecht **gekleidet**. Sie bittet die Fee um Hilfe.

gekrümmt *Adjektiv*

Adler haben einen **gekrümmten** Schnabel. Er ist nicht gerade, sondern gebogen.

gelähmt *Adjektiv*

Ein **gelähmter** Mensch kann nicht laufen, weil er seine Beine nicht bewegen kann. Eine **Lähmung** wird durch eine Krankheit oder einen Unfall verursacht. Ein **Gelähmter** braucht einen Rollstuhl.

das **Geländer** *Substantiv*

Die meisten Treppen haben ein **Geländer**, an dem man sich mit den Händen aufstützen oder festhalten kann.

gelassen *Adjektiv*

Das heißt ruhig und sorglos. Gretel ist im Wald nicht **gelassen**. Sie hat Angst, macht sich Sorgen und ist nervös.

gelaunt *Adjektiv*

Ein gut **gelaunter** Mensch ist fröhlich und zufrieden. Wer schlechte **Laune** hat, ist unzufrieden, genervt oder wütend.

gelb *Adjektiv*

Butterblumen und Narzissen sind Blumen mit **gelben** Blüten. **Gelb** ist auch die Farbe reifer Zitronen.
Das **Eigelb** ist der Dotter in der Mitte des Eis.

das **Geld** *Substantiv*

Aladin verkauft einen Teller aus Silber, weil er **Geld** braucht. Mit dem **Geld** kauft er für seine Mutter Lebensmittel.
▶ Schau unter **Münze** nach.

die **Gelegenheit** *Substantiv*

Als die Hexe vor dem Ofen steht, nutzt Gretel die **Gelegenheit**, um sie hineinzustoßen. Eine **Gelegenheit** ist eine Möglichkeit oder eine Chance.
Ein **Gelegenheitskauf** ist ein Schnäppchen. Man nutzt die Chance, etwas zu einem besonders günstigen Preis zu kaufen.

geleiten *Verb*

Robin stattet dem Sheriff einen Besuch in seiner Festung ab. Seine Freunde **geleiten** ihn, um ihn zu beschützen. Sie begleiten ihn dorthin. Robin hat ein sicheres **Geleit**.

das **Gelenk** *Substantiv*

Geppetto hat eine bewegliche Holzpuppe geschnitzt. Pinocchio hat **Gelenke** und kann deshalb seinen Kopf, seine Arme und seine Beine bewegen. Wir haben ebenfalls **Gelenke**, damit wir uns bewegen können. Das sind zum Beispiel unsere Knie, Knöchel, Ellbogen und Handgelenke.

gelingen *Verb*

Robin **gelingt** es immer, die Zielscheibe zu treffen. Er ist beim Bogenschießen sehr erfolgreich.

der **Gemahl** *Substantiv*

Der Prinz heiratet Schneewittchen. Er ist danach ihr **Gemahl**. Das ist ein anderes Wort für Ehemann.

die **Gemäldegalerie** *Substantiv*

Dort kann man sich Gemälde ansehen. Eine **Gemäldegalerie** ist ein Museum oder der Ausstellungsraum eines **Galeristen**. So nennt man die Sammler und Verkäufer von Gemälden und anderen Kunstwerken.

die **Gemeinde** *Substantiv*

Als **Gemeinde** bezeichnet man ein Dorf und seine Umgebung. Jede **Gemeinde** hat einen Bürgermeister.
Eine **Gemeinde** kann auch eine Gruppe von Menschen sein, zum Beispiel eine **Fangemeinde**.

das **Gemüse** *Substantiv*

Aladin kauft bei einem **Gemüsehändler** auf dem Markt frisches **Gemüse**.

der **Gemüsegarten** *Substantiv*

Das ist ein Garten, in dem man **Gemüse** anpflanzt.

Aschenputtel holt einen Kürbis aus dem **Gemüsegarten**. *Weißt du, was die Fee mit dem Kürbis macht? Schau auf Seite 221 nach.*

gemütlich *Adjektiv*

Goldlöckchen findet es sehr **gemütlich** auf dem Bett des kleinen Bären. Es ist angenehm weich.

genau *Adjektiv*

Die Uhr des Weißen Kaninchens geht ganz **genau**. Es sieht immer **genau**, wie spät es gerade ist.

der **Gendarm** *Substantiv*

Gendarm ist ein altes Wort für Polizist. In einigen Ländern, wie zum Beispiel in Frankreich und Österreich, gibt es auch heute noch **Gendarmen**. Sie machen die gleiche Arbeit auf dem Land wie die Polizisten in der Stadt.

Kennst du das Spiel *Räuber und Gendarm*?

genehmigen *Verb*

Etwas zu **genehmigen** heißt, jemandem eine Erlaubnis zu geben.

der **General** *Substantiv*

Generäle kommandieren Armeen. Sie geben Soldaten Befehle.

die **Geografie** *Substantiv*

Das ist die Lehre von der Erde, den Ländern und den Regionen. Auf **geografischen** Karten sind Berge, Flüsse, Meere, Städte und die Grenzen der Länder eingezeichnet.

das **Gepäck** *Substantiv*

Der Zauberer reist ohne **Gepäck**. Er hat weder eine Tasche noch einen Koffer dabei.

der **Gepard** *Substantiv*

Das ist das schnellste Tier der Erde. Es ist eine Raubkatze. Sie lebt in Afrika und Asien.

gerade *Adjektiv*

Das Bild hängt schief. Das kleine Schweinchen rückt es **gerade**.

geradeaus *Adverb*

Wenn du mit deinem Fahrrad **geradeaus** fährst, biegst du weder nach links noch nach rechts ab.
▶ Schau auch unter Orte und Richtungen auf Seite 305 nach.

das **Geräusch** *Substantiv*

Alles, was man hören kann, ist ein **Geräusch**.

das **Gericht** *Substantiv*

Das Biest serviert der Schönen die leckersten **Gerichte** und den teuersten Wein. Das Abendessen ist wirklich ausgezeichnet.
Im **Gericht** arbeiten Richter. Sie fällen dort in einem Prozess ein Urteil über einen Angeklagten. Der Herzkönig **richtet** über den Herzbuben.

der **Gerichtssaal** *Substantiv*

So nennt man in einem **Gericht** den Raum, wo der Prozess stattfindet.

die **Gerste** *Substantiv*

Das ist eine Getreideart.

gerührt *Adjektiv*

Der Jäger ist **gerührt**. Er wird Schneewittchen nicht töten.
Eine **rührende** Geschichte bewegt uns, weil sie sehr schön oder sehr traurig ist.

gesättigt *Partizip*

Die Tiere sind **gesättigt**. Sie haben sehr viel gefressen. Sie haben keinen Hunger mehr.

das **Geschenk** *Substantiv*

Ein **Geschenk** ist etwas, das man jemandem gibt, um ihm eine Freude zu machen. Zu Weihnachten und an Geburtstagen machen sich die Menschen **Geschenke**.

die **Geschichte** *Substantiv*

Die Maus erzählt Alice ihre **Geschichte**. Sie berichtet ihr, was sie erlebt hat.

In Romanen und Märchen werden wahre und erfundene **Geschichten** erzählt.

In der Schule gibt es das Fach **Geschichte**. Im **Geschichtsunterricht** lernen die Schüler etwas über wichtige Ereignisse aus der Vergangenheit.

geschickt *Adjektiv*

Das kleine Schweinchen ist handwerklich sehr **geschickt**. Es kann viele Dinge selbst tun.

das **Geschirr** *Substantiv*

So nennt man alles, woraus man isst oder trinkt: Teller, Gläser, Tassen, Untertassen, Schüsseln und Kannen.

der **Geschmack** *Substantiv*

Schokolade, Kaffee, Kirschen und Zitronen haben nicht den gleichen **Geschmack**.

▶ Schau auf Seite 169 nach.

Wer **Geschmack** hat, versteht etwas von schönen Dingen. Das Weiße Kaninchen ist elegant. Es ist **geschmackvoll** gekleidet.

geschwätzig *Adjektiv*

Aladins Mutter ist nicht **geschwätzig**. Sie spricht nicht viel. Sie **schwatzt** auch nicht gern mit den anderen Frauen des Dorfes, und dummes **Geschwätz** findet sie schrecklich.

die **Geschwindigkeit** *Substantiv*

Die **Geschwindigkeit** ist das Tempo, mit dem man etwas macht. Sieh dir das kleine Schweinchen an. Es läuft nicht langsam, sondern so schnell es kann, mit voller **Geschwindigkeit**, um dem Wolf zu entkommen.

die **Gesellschaft** *Substantiv*

Mowgli ist menschliche **Gesellschaft** nicht gewohnt. Er hat mit den Tieren im Dschungel gelebt.

Nicht nur ihre Anwesenheit, auch ihre **gesellschaftlichen** Regeln sind ihm fremd. Er muss erst lernen, worauf es ankommt, wenn man mit Menschen zusammenlebt.

das **Gesetz** *Substantiv*

Das **Gesetz** schreibt vor, was erlaubt und was verboten ist. Die Polizei und die Richter achten darauf, dass die **Gesetze** eingehalten werden.

der Geschmack

Meerwasser ist **salzig**.
Kuchen schmeckt **süß**.
Senf ist **pikant**
und **scharf**.
Apfelsinenschalen
schmecken **bitter**.
Zitronen sind **sauer**.

das **Gesicht** *Substantiv*

das **Gespenst** *Substantiv*

„Aber **Gespenster** gibt es doch gar nicht“, denkt der Prinz und setzt seinen Weg unbekümmert fort.

das **Gespräch** *Substantiv*

Die Schöne und das Biest führen lange **Gespräche**. Sie sprechen über ihr Leben.

gesprungen *Adjektiv*

Eine **gesprungene** Tasse ist nicht ganz zerbrochen, aber sie hat einen Riss.

die **Gestalt** *Substantiv*

Robin sieht im Fenster des Schlosses eine **Gestalt**. Sie sieht aus wie ein Mädchen, aber er kann nur ihre Form erkennen. Ist es Marianne? Er sieht nur den Schatten und die Umrisse.

das **Geständnis** *Substantiv*

Der Dieb hat die Börse gestohlen und gibt es zu. Er legt ein **Geständnis** ab.

Ein **Geständnis** ist etwas, das man jemandem im Vertrauen erzählt.

Der Prinz **gesteht** Aschenputtel seine Liebe.

der **Gestank** *Substantiv*

Das ist ein sehr unangenehmer Geruch.

gestatten *Verb*

Die kleine Meerjungfrau bittet um Erlaubnis, an die Wasseroberfläche schwimmen zu dürfen. Der Meerkönig **gestattet** es allen Meerjungfrauen, die über fünfzehn Jahre alt sind.

die **Geste** *Substantiv*

Die Köchin macht wilde **Gesten**. Sie schimpft und bewegt ihre Arme. Man **gestikuliert**, wenn man etwas mit den Händen und Armen ausdrückt.

das **Gestein** *Substantiv*

Das ist das harte Material, aus dem Felsen bestehen. In einem **Steinbruch** wird **Gestein** abgeschlagen. Daraus stellt man Steine her, zum Beispiel um Straßen und Häuser zu bauen.

die **Gesteinsart** *Substantiv*

Es gibt verschiedene Arten von **Gestein** wie zum Beispiel Sandstein, Ziegelstein, Schiefer, Granit und Marmor.

die **Gesteinsschichten** *Substantiv*

Unter der Erde sind verschiedene **Gesteinsarten** in **Schichten** angeordnet. Man bezeichnet sie als **Gesteinsschichten**.

gestern *Adverb*

→ die Wochentage

die **Gestirne** *Substantiv*

Die Meerjungfrauen schwimmen an die Wasseroberfläche, um sich die **Gestirne** am Himmel anzuschauen. Das sind Himmelskörper, wie der Mond, die Sonne, die Sterne und die Planeten.

Sternforscher nennt man Astronomen. Sie untersuchen das Universum. Ihre Wissenschaft heißt Astronomie.

Astrologen glauben, dass Sterne unser Leben beeinflussen.

das **Gestrüpp** *Substantiv*

Das sind ganz dicht zusammenstehende Büsche und Sträucher.

die **Gesundheit** *Substantiv*

Wer sich bester **Gesundheit** erfreut, ist nicht krank. Obst ist **gesund**. Es ist gut für die **Gesundheit**. Das ist das Gegenteil von Krankheit.

getigert *Adjektiv*

Eine **getigerte** Katze hat ein Fell mit dunklen Streifen wie ein **Tiger**.

das **Getöse** *Substantiv*

Die Händler an den Marktständen rufen laut ihre Ware aus und die Autos hupen. Was für ein **Getöse**! Was für ein Lärm!

das **Getränk** *Substantiv*

Wasser, Tee, Kaffee, Milch, Kakao und Limonade sind **Getränke**. Wer Durst hat, kann sie **trinken**.

das **Getreide** *Substantiv*

Getreide sind Pflanzen. Ihre Körner kann man essen. Weizen, Mais, Reis, Hafer und Gerste sind **Getreidearten**.

das **Gewächshaus** *Substantiv*

Gärtner züchten in **Gewächshäusern** Pflanzen. Dort **wachsen** sie gut. Sie bekommen Licht und sind vor Kälte geschützt.

das **Gewand** *Substantiv*

Ein **Gewand** ist ein vornehmes Kleidungsstück. Der Zauberer schenkt Aladin ein neues **Gewand**.

das **Gewehr** *Substantiv*

Jäger schießen mit einem **Gewehr**. Das ist eine Feuerwaffe.
▶ Schau unter **Flinte** nach.

das **Gewicht** *Substantiv*

Das **Gewicht** gibt an, wie schwer etwas ist oder wie viel jemand wiegt.
▶ Schau auf Seite 280 nach.

gewinnen *Verb*

Robin **gewinnt** immer beim Bogenschießen. Er ist der beste Schütze.
Wer **Gewinn** erzielt, verdient mehr Geld als er ausgibt.

das **Gewissen** *Substantiv*

Der Vater von Hänsel und Gretel hat ein schlechtes **Gewissen**, weil er die beiden allein im Wald gelassen hat. Er weiß, dass es schlecht war.

das **Gewitter** *Substantiv*

Das Schiff des Prinzen gerät in ein **Gewitter**. Blitze zucken über den schwarzen Himmel und der Donner grollt. Es regnet heftig und der Wind peitscht die Wellen auf.

gewöhnen *Verb*

Alice hat Schwierigkeiten, sich an ihre neue Größe zu **gewöhnen**. Sie kommt damit nur schwer zurecht. Sie ist es nicht **gewohnt**, so riesig zu sein.

gewöhnlich *Adverb*

Für **gewöhnlich** geht Rotkäppchen nur einmal in der Woche zu seiner Großmutter. Manchmal geht es auch zweimal pro Woche hin, aber das ist dann eine Ausnahme.

gewöhnlich *Adjektiv*

Die Hexe, denen Hänsel und Gretel begegnen, ist keine **gewöhnliche** Hexe. Sie ernährt sich von Menschenfleisch. Das ist für Hexen nicht normal.

▶ Schau auf Seite 279 nach.

gewölbt *Adjektiv*

Alle Gäste des Meerkönigs bewundern die **gewölbte** Decke in seinem Palast. Eine **gewölbte** Decke aus Stein nennt man **Gewölbe**.

g

das **Gewürz** *Substantiv*

Gewürze wie zum Beispiel Pfeffer geben dem Essen mehr Geschmack. Sie entstehen aus den Blättern, Samen oder Wurzeln von Pflanzen, die man ganz oder gemahlen verwendet.

die **Gezeiten** *Substantiv*

Mit **Gezeiten** bezeichnet man die Bewegungen des Meeres. Bei Ebbe zieht sich das Wasser zurück, der Strand ist breiter und man kann Muscheln sammeln. Bei Flut bedeckt das Wasser einen großen Teil des Strands.

gießen *Verb*

Der Gärtner **gießt** die Blumen mit einer **Gießkanne**.

das **Gift** *Substantiv*

Die Hexe mischt **Gift**. Sie will damit einen Apfel **vergiften**, um Schneewittchen zu töten.

giftig *Adjektiv*

Pilze und andere Pflanzen können **giftig** sein. Wer sie isst, kann davon sterben.
▶ Schau auch unter **vergiften** nach.

die **Giftschlange** *Substantiv*

Vipern und Kobras sind **Giftschlangen**. Sie haben **Giftzähne**. Wenn sie einen Menschen beißen, kann er davon sterben. Aber es gibt Gegengifte, die das verhindern, wenn man rechtzeitig eine Spritze bekommt.

gigantisch *Adjektiv*

Etwas **Gigantisches** ist riesig groß. Deshalb nennt man Riesen auch **Giganten**. ▶ Schau auf Seite 338 nach.

der **Gipfel** *Substantiv*

Der Prinz sieht Schneewittchens Sarg auf dem **Gipfel**. Seine Diener haben ihn zum höchsten Punkt des Berges getragen.

der **Gips** *Substantiv*

Das ist ein weißes Pulver, das man mit Wasser anrührt. Die zähe Masse wird in kurzer Zeit sehr hart. Mit **Gips** kann man Masken basteln, Mauern bauen, Löcher in einer Wand verschließen oder gebrochene Knochen **eingipsen**.

die **Giraffe** *Substantiv*

Die **Giraffe** ist ein Tier mit einem sehr langen Hals. Sie lebt in Afrika. **Giraffen** geben keine Laute von sich, sie sind stumm.

die **Girlande** *Substantiv*

Robin und seine Freunde schmücken ihr Lager für ein Fest. Sie hängen **Girlanden** aus Blumen zwischen die Bäume.

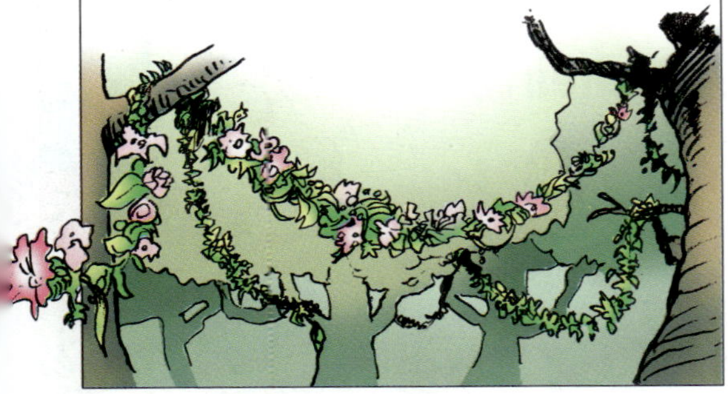

die **Gischt** *Substantiv*

Das ist der weiße Schaum, den man auf dem Meer sieht, wenn es hohe Wellen hat. Die kleine Meerjungfrau verwandelt sich nach ihrem Tod in **Gischt**.

die **Gitarre** *Substantiv*

Die **Gitarre** ist ein Instrument mit sechs Saiten. Der Musiker, der dieses Instrument spielt, heißt **Gitarrist**. Erkennst du, wer es ist?

der **Gitterstab** *Substantiv*

Im Gefängnis sind die Fenster mit **Gitterstäben** gesichert. Das sind Stangen aus Eisen. Ein **Gitter** kann auch aus Holz sein.

glänzen *Verb*

Aladins Juwelen **glänzen**. Das Licht bricht sich darin. Sie funkeln und leuchten in allen Farben.

Wer in etwas **glänzt**, macht es besonders gut. Pinocchio kann **glänzend** Geschichten erzählen.

die **Glanzleistung** *Substantiv*

Wie hat Aladin es geschafft, in nur einer Nacht einen Palast zu bauen? Das ist wirklich eine **Glanzleistung**. Das ist außerordentlich.

das **Glas** *Substantiv*

Was ist im **Glas** des Zauberers? Was trinkt er? Schau auf Seite 103 nach.
Aus **Gläsern** trinkt man. Sie sind meistens aus **Glas**. Das ist ein zerbrechliches Material, aus dem man auch Fensterscheiben, Flaschen und Brillen herstellt.

die **Glasscheibe** *Substantiv*

Normalerweise sind Fensterscheiben aus durchsichtigem **Glas**. Sie werden in einer **Glaserei** hergestellt und von einem **Glaser** eingesetzt.

glatt *Adjektiv*

Mowgli hat **glatte** Haare. Goldköpfchens Haare sind **lockig**.

das **Glatteis** *Substantiv*

Wenn es im Winter regnet und anschließend friert, bildet sich **Glatteis**. Dann liegt eine feine Schicht **Eis** auf den Straßen und sie sind spiegelglatt. Du kannst darauf schlittern und die Autos rutschen.

glauben *Verb*

Geppetto **glaubt**, dass seine Holzpuppe ein braver Junge ist. Er ist davon überzeugt.
▶ Schau auch unter **Gott** nach.

gleichgültig *Adjektiv*

Der Prinz hat auf dem Ball nur Augen für Aschenputtel. Alle anderen Frauen interessieren ihn nicht. Sie sind ihm **gleichgültig**.

gleichmäßig *Adjektiv*

Schneewittchen schneidet den Kuchen in **gleichmäßige** Stücke. Alle acht Stücke haben die gleiche Größe, keines ist größer als das andere.

gleiten *Verb*

Das Holzstück ist Meister Kirsche aus der Hand **geglitten** und hat Geppetto getroffen.

der **Gletscher** *Substantiv*

Gletscher sind große Eisflächen im Hochgebirge. Sie fließen langsam ins Tal und schmelzen im Sommer etwas ab.

der **Globus** *Substantiv*

Ein **Globus** ist ein drehbares Modell der Erde. Er hat die Form einer Kugel.

die **Glocke** *Substantiv*

Im ganzen Land läuten die **Glocken**, weil der Prinz Hochzeit feiert.

Ein **Glöckchen** ist eine kleine Glocke.

das **Glück** *Substantiv*

Das Volk wünscht Aschenputtel und dem Prinzen **Glück**. Alle möchten, dass die beiden **glücklich** werden.

Und was ist das Gegenteil von glücklich? Schau auf Seite 439 nach.

Aschenputtel hat **Glück**, weil ihre Patentante eine Fee ist. Jetzt kann sie doch zum Ball gehen.

glücklich *Adjektiv*

Aschenputtel heiratet den Prinzen und die beiden leben **glücklich** bis an ihr Lebensende.

glücklicherweise *Adverb*

Geppetto wäre fast ertrunken. **Glücklicherweise** kann Pinocchio schwimmen. Er rettet ihn. Da hat Geppetto wirklich Glück gehabt.

der **Glückspilz** *Substantiv*

So nennt man jemanden, der viel Glück hat.

die **Glückssträhne** *Substantiv*

Wenn du mehrmals hintereinander Glück hast, dann hast du eine **Glückssträhne**.

der **Glückwunsch** *Substantiv*

Geburtstagskinder oder ein Hochzeitspaar bekommen **Glückwünsche**. Man gratuliert ihnen.

die **Glühbirne** *Substantiv*

Im Holzhaus des kleinen Schweinchens hängt eine **Glühbirne** von der Decke und erhellt den Raum.

die **Glut** *Substantiv*

Robin und seine Freunde braten ihre Fische über der **Glut**. Von brennendem Holz bleibt heiße **Glut** übrig, wenn keine Flammen mehr da sind.

die **Gnade** *Substantiv*

Aber der König **begnadigt** sie. Die Gärtner werden nicht geköpft.

das **Gnadenbrot** *Substantiv*

Ein Tier, das sein **Gnadenbrot** bekommt, ist alt und kann nicht mehr arbeiten. Seine Besitzer behalten es trotzdem, damit es noch ein schönes Leben haben kann.

das **Gold** *Substantiv*

Das ist ein rötlich gelbes Edelmetall. **Gold** ist sehr wertvoll. Man macht vor allem Schmuck daraus.

die **Goldmünze** *Substantiv*

Robin verteilt **Goldmünzen** an die Armen. Heute werden Geldmünzen aus anderen Metallen gemacht.

das **Golf** *Substantiv*

Golf ist ein Sport. Auf einem **Golfplatz** versuchen **Golfspieler** ihre Bälle mit einem **Golfschläger** in kleine Löcher zu schlagen.

der **Gong** *Substantiv*

Der Mann schlägt auf den **Gong**, um die Ankunft des Sultans anzukündigen.

gönnen *Verb*

Wer sich etwas **gönnt**, der tut sich etwas Gutes. Er verwöhnt sich.

der **Gott** *Substantiv*

In der christlichen, jüdischen und islamischen Religion glauben die Menschen an einen **Gott**. Er ist der Schöpfer der Welt. Die alten Griechen, Römer und Ägypter glaubten an viele **Götter** und **Göttinnen**, die für verschiedene Bereiche des Lebens zuständig waren: zum Beispiel für Liebe, Krieg, Handel, Ernte und Jagd.

das **Grab** *Substantiv*

Ein Friedhof besteht aus **Gräbern** für die Toten. Auf einem **Grabstein** steht der Name des Toten.

graben *Verb*

In der Mine **graben** die Zwerge Gänge in den Berg, um nach Eisenerz oder Gold zu suchen. Jeder Zwerg hat eine Hacke und eine Schaufel.

▶ Schau auch unter **Mine** nach.

der **Graben** *Substantiv*

Ein **Graben** verläuft auf beiden Seiten einer Straße. Das ist eine tiefe Rinne, durch die das Regenwasser besser ablaufen kann.

der **Grad** *Substantiv*

Die Temperatur misst man in **Grad** Celsius. Dort wo Aladin lebt, ist es sehr heiß, oft über 30 **Grad**.

das **Gras** *Substantiv*

Alice sitzt im **Gras** und pflückt einen **Grashalm**.

grasen *Verb*

Die Schafe und Kühe **grasen**. Sie fressen Gras auf der Weide.

der **Grasfresser** *Substantiv*

Schafe, Kühe und Pferde sind **Grasfresser**. So nennt man Tiere, die sich von **Gras** ernähren.

grässlich *Adjektiv*

Aschenputtels Stiefschwestern sind gemein und launisch. Sie sind **grässlich**.

die **Gräte** *Substantiv*

Die Knochen der Fische heißen **Gräten**.

gratulieren *Verb*

Pinocchio träumt, dass ihm die Fee **gratuliert**. Sie lobt und beglückwünscht ihn. *Was passiert, wenn Pinocchio aufwacht? Schau auf Seite 337 nach.*

grau *Adjektiv*

Mit ihrem Zauberstab verwandelt die Fee die **grauen** Ratten in wunderschöne **graue** Pferde. **Grau** ist ein Farbton zwischen Schwarz und Weiß.

grauen *Verb*

Wenn es einem vor etwas **graut**, empfindet man Furcht und Entsetzen davor. Wenn eine Geschichte besonders gruselig ist, packt einen das **Grauen**.

grausam *Adjektiv*

Ein **grausamer** Mensch ist gemein zu anderen Menschen. Er behandelt andere Menschen schlecht und verletzt sie.

gravieren *Verb*

Beim **Gravieren** wird eine Schrift, ein Bild oder ein Muster mit einem spitzen Werkzeug in Stein, Glas oder Metall geritzt. Eine **Gravur** kann zum Beispiel ein Name in einem Ring oder auf einem Armband sein.

greifen *Verb*

Pinocchio und Geppetto **greifen** völlig erschöpft nach der Schwanzflosse des Tunfischs. Sie halten sich daran fest.

der Greis *Substantiv*

Das ist ein sehr alter Mann.

die Grenze *Substantiv*

Man kommt dort an eine **Grenze**, wo ein Land oder ein Gebiet zu Ende ist. Wenn man eine **Landesgrenze** überquert, ist man in einem anderen Land.

grenzenlos *Adjektiv*

Der Prinz kann den Blick **grenzenlos** über das Meer schweifen lassen. Er sieht nichts als eine Wasserfläche, die unendlich scheint. Es sind keine **Grenzen** zu erkennen.

der Grieß *Substantiv*

Grieß besteht aus geschältem Getreide. Aus **Weizengrieß** kocht man **Grießbrei**.

der Grill *Substantiv*

In einem **Grill** macht man ein Feuer mit Holzkohle. Dann kann man auf den **Grillrost** leckere **Grillwürstchen** legen.

die Grille *Substantiv*

Das ist ein Insekt. Im Sommer kann man **Grillen** nachts zirpen hören.

die Grimasse *Substantiv*

Die Affen schneiden fürchterliche **Grimassen**. Mowgli staunt.

die **Grippe** *Substantiv*

Die **Grippe** ist eine Krankheit. Bei **Grippe** hat man Husten, Fieber und Halsschmerzen.

grollen *Verb*

Wenn Mowgli seine Aufgaben nicht richtig macht, ist Baloo böse auf ihn. Er **grollt** ihm.

groß *Adjektiv*

Papa Bär ist **größer** als Mama Bär, und Mama Bär ist **größer** als der kleine Bär.
▶ Schau auf Seite 126 nach.

die **Großeltern** *Substantiv*

Die Großmutter und der Großvater sind die **Großeltern**.

großzügig *Adjektiv*

Die Schöne ist **großzügig**. Sie ist freigebig und teilt gern mit anderen.

die **Grotte** *Substantiv*

Der Fischer lebt in einer **Grotte**. Das ist eine Höhle, ein großer Hohlraum in einem Felsen.

das **Grübchen** *Substantiv*

Wenn sie lächelt, hat Goldlöckchen ein **Grübchen** in der Wange. Das ist eine kleine Mulde.

die **Grube** *Substantiv*

Das ist ein Loch in der Erde. *Kennst du das Lied Häschen in der Grube?*

grün *Adjektiv*

Robins Kleidung ist **grün** wie das Gras oder der Wald. **Grün** ist eine Farbe.

die **Grünanlage** *Substantiv*

Das ist ein anderes Wort für Park. In Städten gibt es oft **Grünanlagen** mit Bäumen, Bänken und Spielplätzen.

der **Grund** *Substantiv*

Wenn du im Meer bis zum Boden sehen kannst, blickst du auf den **Grund**.

der **Grundsatz** *Substantiv*

Der Vater der Schönen hat ihr gute **Grundsätze** beigebracht. Sie soll immer ehrlich, hilfsbereit und großzügig sein.

das **Grundstück** *Substantiv*

Der Sultan gibt Aladin ein Stück Land, auf dem er seinen Palast und seine Gärten bauen kann. Dieses **Grundstück** ist sehr groß.

grunzen *Verb*

Das Baby, das Alice auf dem Arm hat, ist ein Ferkel.

Wenn jemand keine Manieren hat und beim Essen Geräusche macht, sagt man: „Er **grunzt** wie ein Ferkel.“

die **Gruppe** *Substantiv*

Eine Gruppe ist eine Anzahl von Menschen.

Die Männer **gruppieren sich** vor dem Angriff um Robin. **Sich gruppieren** heißt, sich zu einer Gruppe zusammenzuschließen.

gruselig *Adjektiv*

Eine **gruselige** Geschichte handelt von Ungeheuern oder von Gespenstern. Sie kann große Angst machen.

das **Gummi** *Substantiv*

Gummi ist ein biegsames Material. Man gewinnt es aus dem Saft einer Pflanze, die in heißen Ländern wächst. Man kann daraus Reifen, Gummibänder, Schuhsohlen und vieles andere machen.

das **Gummiband** *Substantiv*

Pinocchio zieht an dem **Gummiband**, um seine Papierkugel abzufeuern. Es ist elastisch. Wenn er loslässt, schnellt es zurück.

die **Gurke** *Substantiv*

Eine **Gurke** ist ein längliches Gemüse mit einer dunkelgrünen Schale.

der **Gürtel** *Substantiv*

Meister Kirsche bindet seinen **Gürtel** um, damit seine Hose nicht rutscht. Erst zieht er den **Gürtel** durch die Schlaufen und dann schließt er die Schnalle.

gut *Adjektiv*

Wenn es dir **gut** geht, bist du zufrieden und fühlst dich wohl.
„**Gut** gemacht", heißt „Richtig gemacht". Ein Lob tut **gut**.

der **Gutenachtkuss** *Substantiv*

Wenn du vor dem Schlafengehen einen **Gutenachtkuss** bekommst, kannst du bestimmt besser einschlafen. Vielleicht liest dir deine Mutter oder dein Vater ja auch ein Märchen als **Gutenachtgeschichte** vor.

gutmütig *Adjektiv*

Ein freundlicher, hilfsbereiter und großzügiger Mensch, der sich nicht so leicht ärgern lässt, ist **gutmütig**.

der **Gutsherr** *Substantiv*

Gutsherren waren in früheren Jahrhunderten Adelige. Sie besaßen sehr viel Land und wohnten in Schlössern oder **Herrensitzen**.

das **Gymnasium** *Substantiv*

Das ist eine Schule, auf der man sein Abitur machen kann. Nach dem vierten Schuljahr in der Grundschule geht man zur Hauptschule, zur Realschule, zum **Gymnasium** oder zur Gesamtschule.

die **Gymnastik** *Substantiv*

Mowgli macht **Gymnastikübungen**.

Hh

das **Haar** *Substantiv*

Goldlöckchen hat blonde, lockige **Haare**.

Schneewittchens **Haar** ist glatt und schwarz wie Ebenholz.

das **Haarband** *Substantiv*

Goldlöckchen trägt ein blaues **Haarband** im **Haar**. Das ist ein Stoffstreifen, mit dem sie die **Haare** zusammenbindet.

das **Haarkleid** *Substantiv*

Shir Khan hat ein schönes **Haarkleid**. Sein Fell ist seidig glatt und glänzt.

haben *Verb*

Die Zwerge **haben** ein kleines Haus im Wald. Es gehört ihnen.

die **Hacke** *Substantiv*

Das ist ein anderes Wort für Ferse. Mowgli ist mit seiner **Hacke** in einen Stachel getreten.

Hochhackige Schuhe haben hohe Absätze. Man steht darin mit den **Hacken** höher als mit der Fußspitze und kann nicht gut darin laufen.

hacken *Verb*

In der Mine **hacken** die Zwerge Erde und Steine. Sie graben das Erdreich mit ihrer **Hacke** um und suchen nach Erz.

▶ Schau auf Seite 282 nach.

der **Hafen** *Substantiv*

Das Schiff des Prinzen fährt in den **Hafen** ein.

der **Hafer** *Substantiv*

Robins Pferd frisst **Hafer**. Das ist eine Getreideart.

der **Hagel** *Substantiv*

Hagel sind kleine, weiße Körner aus Eis, die vom Himmel fallen, wenn es **hagelt**.

der **Hahn** *Substantiv*

Auf dem Bauernhof stolziert ein prächtiger **Hahn** zwischen den Hühnern. Ein **Hahn** ist ein männliches Huhn. Wenn am Morgen die Sonne aufgeht, ruft er laut: „Kikeriki!"

der **Hai** *Substantiv*

Das ist ein Fisch mit gefährlichen, spitzen Zähnen, der sehr groß werden kann.

der **Haken** *Substantiv*

Die kleinen Schweinchen befestigen den Kessel an dem **Haken** im Kamin. An einem **Haken** kann man etwas aufhängen.

die **Halbinsel** *Substantiv*

Insel

der **Halbmond** *Substantiv*

Pinocchio sieht die Mondsichel am Himmel. Wenn der Mond wie ein halber Kreis aussieht, nennt man ihn **Halbmond**.

Dieses **halbmondförmige** Gebäck nennt man auch Croissant.

die **Hälfte** *Substantiv*

die **Halle** *Substantiv*

So nennt man große Räume, zum Beispiel den großen Eingangsbereich eines Schlosses. In einem Bahnhof heißt er **Bahnhofshalle**, in der Schule gibt es die **Pausenhalle**. Sport macht man in einer **Turn-** oder **Schwimmhalle**.

der **Halm** *Substantiv*

Ein **Grashalm** ist ein einzelnes Gras. Ein **Getreidehalm** besteht aus Ähre, Stängel und Wurzel.

Einen **Strohhalm** benutzt man zum Trinken. Es ist ein Röhrchen aus Plastik.

der **Hals** *Substantiv*

Alices **Hals** ist plötzlich so lang geworden, dass sie ihn wie eine Schlange winden kann. Der **Hals** ist bei Mensch und Tier die Verbindung von Kopf und Rumpf.

die **Halskette** *Substantiv*

Dieses Schmuckstück trägt man um den Hals. Wie viele **Halsketten** trägt Badrulbudur? *Schau auf Seite 363 nach.*

Hunde tragen ein **Halsband**.

das **Halsweh** *Substantiv*

Bei einer Erkältung oder einer Mandelentzündung hast du **Halsweh**.

h

der **Halt** *Substantiv*

Robin ruft: „**Halt!**“ und stellt sich den Reisenden in den Weg, damit sie **anhalten**.

Wenn man auf einer Reise **Halt** macht, unterbricht man sie, um sich auszuruhen.

halten *Verb*

Mowgli ist gefallen, aber Baloo **hält** ihn. Er greift nach ihm.

Wenn du etwas versprichst, musst du es auch **halten**.

die **Haltung** *Substantiv*

Schau auf Seite 189 nach, was für **Haltungen** du mit deinem Körper einnehmen kannst.

der **Hammer** *Substantiv*

Mit einem **Hammer** schlägt man Nägel ein. ▶ Schau auf Seite 191 nach.

der **Hamster** *Substantiv*

Das ist ein kleines Nagetier mit großen Backentaschen. Ein **Hamster** ist kleiner als ein Meerschweinchen.

die **Hand** *Substantiv*

Mit den **Händen** können wir greifen, etwas anfassen, hochheben, bearbeiten oder streicheln. *Weißt du, wie die fünf Finger der Hand heißen?* *Schau auf Seite 135 nach.*

die **Handarbeit** *Substantiv*

Aschenputtel macht gerne **Handarbeiten**. Sie näht, häkelt, stickt und strickt gerne.

der **Handball** *Substantiv*

Handball ist ein Spiel, das man in zwei Mannschaften spielt. Jede Mannschaft hat sieben Spieler. Ziel des Spiels ist, einen kleinen runden Ball in das Tor des Gegners zu werfen. Die Spieler dürfen den Ball nur mit den Händen anfassen.

die Haltungen

Pinocchio freut sich, dass er seinen Körper bewegen kann.
Er probiert verschiedene **Haltungen** aus.

auf dem Bauch

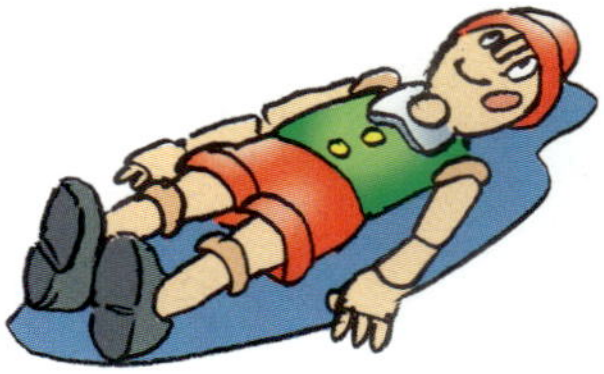

auf dem Rücken

auf der Seite

auf den Knien

sitzend

in der Hocke

auf allen vieren

im Schneidersitz

stehend,
von vorne

stehend,
von der Seite

stehend,
von hinten

im Handstand
an der Wand

handeln *Verb*

Robin springt vom Baum, um sich dem Wolf in den Weg zu stellen. Er **handelt** sehr mutig.

die **Handfläche** *Substantiv*

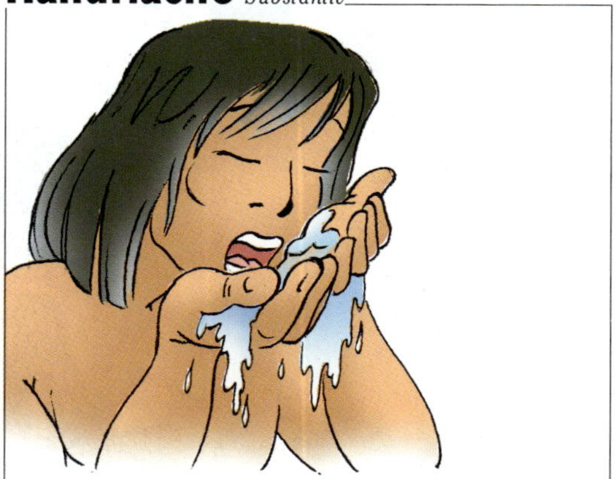

Das ist die Innenseite der **Hand**. Mowgli trinkt Wasser aus der hohlen **Hand**.

das **Handgelenk** *Substantiv*

Mit unseren **Handgelenken** können wir die **Hände** bewegen.

▶ Schau auch unter der Körper auf Seite 239 nach.

der **Händler** *Substantiv*

Ein **Händler** kauft etwas und verkauft es wieder, um Gewinn zu machen. Ein **Gemüsehändler** verkauft Kartoffeln, Tomaten und Möhren. Ein **Weinhändler** verkauft Wein.

die **Handschrift** *Substantiv*

Eine leserliche **Handschrift** kann man gut lesen, weil man die Buchstaben deutlich erkennt.

der **Handschuh** *Substantiv*

Das Weiße Kaninchen trägt ein Paar weißer **Handschuhe**.

das **Handtuch** *Substantiv*

Mit einem **Handtuch** trocknet man sich die Hände ab. Nach dem Baden oder Schwimmen benutzt man ein **Badetuch**. Das Geschirr trocknet man mit einem **Trockentuch** oder **Geschirrtuch** ab.

der **Handwerker** *Substantiv*

Das kleine Schweinchen repariert mit Hammer und Nagel die Regenrinne.

Ein **Handwerker** kann in Haus, Hof, Garten und Garage alles reparieren. Das kleine Schweinchen ist ein sehr geschickter **Handwerker**. Es kann alles selbst reparieren.

das **Handy** *Substantiv*

Das ist ein schnurloses Telefon, das du überallhin mitnehmen kannst. Es funktioniert über Mobilfunk und heißt deshalb auch Mobiltelefon.

der **Hang** *Substantiv*

Die Pferde haben Mühe, den Wagen, der die Kinder ins Spielzeugland bringt, den **Hang** hinaufzuziehen. Die Abfahrt wird bestimmt leichter.

Pinocchio hat einen **Hang** zum Lügen. Es passiert ihm immer wieder, dass ihm eine Lüge herausrutscht.

hangeln *Verb*

Die Affen **hangeln** sich durch die Bäume. Sie halten sich mit den Armen oder mit ihrem Schwanz an einem Ast fest und schwingen sich zum nächsten.

die **Hängematte** *Substantiv*

Mowgli hat sich aus Schlingpflanzen eine **Hängematte** gebaut, in der er schläft.

hängen *Verb*

Die Schöne **hängt** sehr an ihrem Vater. Sie hat ihn sehr lieb und sie tut alles, damit es ihm gut geht. Deshalb opfert sie sich und geht an seiner Stelle zum Biest.

die **Harfe** *Substantiv*

Die Schöne spielt **Harfe**. Das ist ein großes Saiteninstrument.

die **Harke** *Substantiv*

Der Gärtner kehrt trockenes Gras und Blätter mit einer **Harke** zusammen.
▶ Schau auf Seite 153 nach.

harmonisch *Adjektiv*

Harmonische Töne ergeben eine schöne Melodie. Farben, die miteinander **harmonieren**, passen gut zusammen. Wenn zwischen Menschen **Harmonie** herrscht, kennen und verstehen sie sich gut. **Harmonie** bedeutet Einklang.

die **Harpune** *Substantiv*

Manche Fischer jagen große Fische mit einer **Harpune**. Das ist eine Art Speer mit Widerhaken an der Spitze.

hart *Adjektiv*

Was ist alles **hart**?
– Altes, trockenes Brot ist **hart**. Man kann es noch nicht einmal mehr mit einem scharfen Messer schneiden.
– Steine sind **hart**.
– Aschenputtels Stiefschwestern sind **hart** zu ihr und behandeln sie schlecht. Sie sind gemein zu ihr.

der **Hase** *Substantiv*

Der **Hase** ähnelt einem Kaninchen, aber er ist größer.
▶ Schau auch unter **Kaninchen** nach.

die **Haselnuss** *Substantiv*

Eichhörnchen fressen gern **Haselnüsse**. Das sind die Früchte des **Haselnussbaums**. Sie haben eine harte Schale.
▶ Schau auf Seite 98 nach.

hassen *Verb*

Die böse Königin **hasst** Schneewittchen. Sie empfindet ihr gegenüber heftige Abneigung. Ihr **Hass** ist so stark, dass sie Schneewittchen tot sehen möchte.

hässlich *Adjektiv*

Aber die Schöne hat sich an den Anblick des Biests gewöhnt. Sie findet es gar nicht mehr **hässlich**.

die **Haube** *Substantiv*

Eine **Haube** ist eine Art Kapuze. Viele Frauen trugen sie früher, um ihr Haar zu bedecken.

hauen *Verb*

Hauen heißt, jemanden zu schlagen.

die **Hauptfigur** *Substantiv*

Im *Dschungelbuch* ist Mowgli die **Hauptfigur**. Er ist die wichtigste Figur von allen.

die **Hauptstadt** *Substantiv*

In der **Hauptstadt** eines Landes hat die Regierung ihren Sitz. Berlin ist die Hauptstadt Deutschlands.

das **Haus** *Substantiv*

Der Prinz hält sein Pferd vor dem **Haus** der sieben Zwerge an. Darin wohnen sie mit Schneewittchen.

die **Hausarbeit** *Substantiv*

Aschenputtel macht die ganze **Hausarbeit** allein. Ihre Stiefschwestern müssen nie Essen kochen, Geschirr abwaschen, Staub wischen, bügeln und den Boden schrubben.

Hausarbeiten sind Arbeiten, die Studenten zu Hause schreiben.

die **Hausaufgabe** *Substantiv*

Pinocchio geht zur Schule. Im Unterricht lernt er Lesen, Schreiben und Rechnen. Zu Hause macht er **Hausaufgaben**, die der Lehrer ihm aufgibt.

der **Häuserblock** *Substantiv*

Pinocchio und sein Freund wohnen im selben **Häuserblock**. Ihre Häuser sind nicht weit voneinander entfernt. Sie müssen nur um die Ecke gehen, um einander zu besuchen.

der **Haushalt** *Substantiv*

Aschenputtel kümmert sich um den **Haushalt**. Sie putzt das ganze Haus, wäscht und kocht.

das **Haustier** *Substantiv*

Die Katze und der Hund sind **Haustiere**. Sie leben mit den Menschen zusammen.

die **Haut** *Substantiv*

Die **Haut** bedeckt den ganzen Körper des Menschen. Wenn du jemandem über die Wange streichst, berührst du seine **Haut**.

Manche Früchte wie zum Beispiel Pfirsiche haben auch eine **Haut**. Sie ist weicher als eine Schale.

heben *Verb*

Wenn Pinocchio die Antwort auf die Frage des Lehrers nicht weiß, zuckt er mit den Schultern. Er **hebt** sie kurz an und lässt sie wieder fallen.

Und wenn Geppetto wütend wird, **hebt** er die Stimme. Er spricht dann viel lauter als sonst.

die **Hecke** *Substantiv*

Der Gärtner schneidet die **Hecke**. So nennt man eine Reihe dicht nebeneinander wachsender Büsche.

das **Heft** *Substantiv*

Schulkinder haben Bücher und **Hefte**. Sie lesen in Büchern und schreiben in **Hefte**.

die **Heide** *Substantiv*

Das ist eine flache Landschaft, in der **Heidekraut**, Wacholder und Kiefern wachsen. **Heidekraut** ist eine niedrige, buschige Pflanze, die im Herbst weiß oder lila blüht.

die **Heidelbeere** *Substantiv*

Das ist eine kleine schwarz-blaue Frucht, die an Sträuchern wächst. Man kann sie pflücken und damit leckeren **Heidelbeerpfannkuchen** backen.

heilen *Verb*

Die Fee sagt zu Pinocchio: „Trink diese Medizin und du bist bald **geheilt**. Du wirst wieder gesund."

das **Heilmittel** *Substantiv*

Das ist ein Medikament.

heimlich *Adjektiv*

Wenn du etwas **heimlich** tust, möchtest du dabei nicht gesehen werden. Du machst es unauffällig und versteckt.

das **Heimweh** *Substantiv*

Die Schöne vermisst ihren Vater. Sie denkt oft an zu Hause. Sie hat großes **Heimweh**.

heiraten *Verb*

Aladin möchte die Prinzessin Badrulbudur **heiraten**. Er möchte sich mit ihr vermählen. Aladin wird dann ihr Ehemann, Badrulbudur wird Aladins Ehefrau. Bei der Hochzeit sind sie Braut und Bräutigam.

heiser *Adjektiv*

Wenn man Halsschmerzen hat, ist man **heiser**. Es tut beim Sprechen weh und die Stimme klingt rau.

heiß *Adjektiv*

Heiß ist das Gegenteil von kalt.

heiter *Adjektiv*

Robin und seine Freunde sind immer **heiter**. Sie lachen und sind guter Laune. Sie haben viel Spaß, wenn sie zusammen sind.

heizen *Verb*

→ Heizung

h

die **Heizung** *Substantiv*

Früher zündete man ein Feuer im Kamin an, um ein Zimmer zu **heizen**. Heute gibt es **Heizungen**. Mit warmem Wasser gefüllte **Heizkörper** sorgen in Räumen für Wärme.

der **Held** *Substantiv*

Robin ist ein **Held**. Er ist ein mutiger Mann, der für die Armen und Unterdrückten kämpft. Seine **Heldentaten** kennt man in der ganzen Welt.
Die Hauptfigur einer Geschichte nennt man auch **Held**. Das ist die Figur, die in der Geschichte alle Abenteuer erlebt.

die **Heldentat** *Substantiv*

Das ist eine mutige Handlung.

helfen *Verb*

Helfen bedeutet, etwas für jemanden zu tun oder etwas mit jemandem zusammen zu tun, damit es schneller oder leichter geht.

hell *Adjektiv*

Eine **helle** Farbe ist näher an Weiß als an Schwarz. Himmelblau ist **heller** als dunkelblau.
Wenn am Morgen die ersten Sonnenstrahlen in das Schlafzimmer der Familie Bär fallen, wird es **hell** und der kleine Bär wacht auf.

der **Helm** *Substantiv*

Feuerwehrmänner tragen einen **Helm**, um ihren Kopf zu schützen.
Ein **Motorradhelm** hat ein Visier. Es schützt die Augen des Fahrers.

das **Hemd** *Substantiv*

Das ist ein dünnes Kleidungsstück. Es bedeckt den Oberkörper und wird vorne zugeknöpft.
Ein **Nachthemd** zieht man zum Schlafen an.

die **Henne** *Substantiv*

Die **Henne** ist das weibliche **Huhn**. Sie legt Eier. Ihr Mann heißt **Hahn** und ihre Jungen Küker. Die Laute der **Hühner** nennt man Gackern. Auf dem Bauernhof leben die **Hennen**, der **Hahn** und die Küken im **Hühnerstall**.

herauslassen *Verb*

Die Hexe hat Hänsel in einem kleinen Stall eingesperrt. Gretel befreit ihn. Sie **lässt** ihn **heraus**.

herbeieilen *Verb*

Sobald jemand in Gefahr gerät, **eilt** Robin **herbei**. Er kommt so schnell wie möglich, um zu helfen.

die **Herberge** *Substantiv*

Eine **Herberge** ist ein kleines Gasthaus auf dem Land. Den Eigentümer nennt man Gastwirt. *Wie nennt man den Besitzer eines Hotels?* *Schau auf Seite 207 unter Hotel nach.*

der **Herbst** *Substantiv*

Auf den Sommer folgt der **Herbst**. In dieser Jahreszeit verlieren die Bäume ihre Blätter.

der **Herd** *Substantiv*

Mit einem **Herd** kocht man. Früher wurde der **Herd** mit Feuer beheizt. Heute kocht man mit einem **Elektroherd** oder einem **Gasherd**.

die **Herde** *Substantiv*

Wenn er im Dorf ist, hütet Mowgli die Kühe. Er passt auf die ganze **Herde** auf.

die **Herdplatte** *Substantiv*

Pinocchio hat sich die Füße an der **Herdplatte** verbrannt. Der **Herd** ist sehr heiß, weil darauf das Essen gekocht wird.

hereinlegen *Verb*

Der Kater und der Fuchs **legen** Pinocchio **herein**. Sie lügen ihn an. Und Pinocchio fällt auf sie herein. *Was macht er? Schau auf Seite 448 nach.*

der **Hering** *Substantiv*

Das ist ein Fisch, der in Schwärmen im Meer lebt.

der **Herr** *Substantiv*

Einen Mann spricht man mit „**Herr**" und seinem Nachnamen an, wenn man ihn nicht duzt, sondern siezt.

herrisch *Adjektiv*

Die Großmutter der Meerjungfrauen ist **herrisch**. Sie gibt gern Anweisungen und möchte, dass alle ihr gehorchen.

herrlich *Adjektiv*

der **Herrscher** *Substantiv*

Könige, Königinnen, Kaiser und Kaiserinnen sind **Herrscher** und **Herrscherinnen**. Sie sind die Staatsoberhäupter.

herumschleichen *Verb*

Vorsicht! Der Wolf **schleicht** in den Wäldern **herum**. Er läuft ziellos herum, ist aber immer auf der Lauer. Er durchstreift den Wald und sieht sich nach Futter um.

herumtollen *Verb*

Der Hund **tollt** auf der Wiese **herum**. Er springt, rennt und rollt sich auf dem Rücken.

herunterfallen *Verb*

Das Regal ist nicht stabil genug. Es bleibt nicht an der Wand. Es **fällt herunter**. Alles **fällt** auf den Boden.

herunterklappen *Verb*

Es regnet. Robin **klappt** seine Hutkrempe **herunter**. Das ist der Hutrand.

hervorragen *Verb*

Gretels Rock ist länger als ihre Schürze. Er **ragt** darunter **hervor**. Man kann ihn sehen.

Ein **hervorragender** Schüler ist fleißig und hat in allen Fächern sehr gute Noten.

das **Herz** *Substantiv*

Robin sieht Marianne und sein **Herz** schlägt plötzlich schneller. Das **Herz** pumpt das Blut durch unsere Adern. Wenn wir verliebt sind oder uns aufregen, bekommen wir **Herzklopfen**.

In einem Kartenspiel ist **Herz** eine der vier Spielfarben.
▶ Schau auf Seite 221 nach.

Wenn jemand ein gutes **Herz** hat, ist er freundlich und hilfsbereit.

hetzen *Verb*

Das bedeutet, sich sehr zu beeilen.

h

das **Heu** *Substantiv*

Auf dem **Heuboden** in der Scheune lagern Bauern **Heu**, damit sie ihre Pferde und Kühe den ganzen Winter über füttern können. **Heu** ist getrocknetes Gras. Es hält sich länger als frisches Gras.

der **Heuchler** *Substantiv*

Die Schwestern der Schönen tun so, als ob sie traurig seien und weinen müssten, weil die Schöne zum Biest zieht. Aber in Wirklichkeit sind sie froh, dass sie geht. Sie sind **Heuchlerinnen** und zeigen nicht ihre wahren Gefühle.

die **Heugabel** *Substantiv*

Der Bauer holt das Heu von der Wiese in die Scheune. Er hebt es mit einer **Heugabel** auf. Wenn er einen Stall ausmistet, benutzt er ein ähnliches Werkzeug mit einem langen Stiel und Zinken. Es ist eine **Mistgabel**.

der **Heuschnupfen** *Substantiv*

Manche Menschen reagieren allergisch auf Gräserpollen. Sie bekommen Schnupfen und tränende Augen, wenn Gräser blühen.

die **Heuschrecke** *Substantiv*

Heuschrecken können fliegen und dank ihrer kräftigen Hinterbeine weit springen.

heute *Adverb*

→ die Wochentage

die **Hexe** *Substantiv*

Eine **Hexe** hat außergewöhnliche Fähigkeiten. Sie kann Dinge vollbringen, zu denen Menschen normalerweise nicht in der Lage sind. Sie kann auch Personen **verhexen**, verfluchen oder verwandeln. Es gibt gute und böse **Hexen** und manche Menschen glauben an sie.

In Märchen sind **Hexen** meist hässliche und böse Frauen, die auf Besen reiten. In diesem Buch kommen drei Hexen vor, die nichts Gutes im Sinn haben:

Die böse Königin. Sie wird eine **Hexe**, um Schneewittchen zu töten.

Hänsel und Gretel treffen im Wald eine **Hexe**. Sie möchte Hänsel essen.

Die **Meerhexe** mischt einen Zaubertrank für die kleine Meerjungfrau.

das **Hilfsmittel** *Substantiv*

Der Zauberstab ist das wichtigste **Hilfsmittel** der Feen. *Womit verhexen die Hexen Menschen und Dinge? Wenn du es wissen willst, schau auf Seite 63 nach.*

die **Himbeere** *Substantiv*

Aschenputtel pflückt **Himbeeren**. Das sind kleine dunkelrote Früchte, die an **Himbeersträuchern** wachsen. Sie schmecken süß.

der **Himmel** *Substantiv*

Wenn die Sonne scheint, ist der **Himmel** blau. Wenn es regnet, ist er grau und voller Wolken.

himmelblau *Adjektiv*

Dornröschen hat **himmelblaue** Augen. Nur das Meer ist noch blauer.

die **Himmelfahrtsnase** *Substantiv*

So eine Nase zeigt an der Spitze leicht nach oben, Richtung **Himmel**.

hindern *Verb*

das **Hindernis** *Substantiv*

Ein **Hindernis** steht im Weg. Es verhindert, dass man schnell vorwärts kommt.

Aber Robin kann nichts aufhalten. Er springt mit seinem Pferd über alle **Hindernisse**.

hingerissen *Adjektiv*

„Was für ein wundervoller Palast", sagt der Sultan. Er ist von Aladins Palast **hingerissen**. Er ist von der Pracht begeistert und betrachtet den Palast voller Bewunderung.

hinken *Verb*

Der Esel hat sich am Bein verletzt und beginnt zu **hinken**. Bei jedem Schritt zieht er sein linkes Vorderbein nach.

hinnehmen *Verb*

Pinocchio hat nicht auf Geppetto gehört und eine Dummheit gemacht. Geppetto sagt ihm: „Dein Benehmen ist nicht in Ordnung. Ich werde es nicht **hinnehmen**. Du musst dafür bestraft werden."

hinter *Adverb*

Orte und Richtungen

das **Hinterrad** *Substantiv*

Vorderrad

das **Hinterteil** *Substantiv*

Ein Pfeil hat den Sheriff von Nottingham getroffen. Er steckt in seinem **Hinterteil**.

der **Hinweis** *Substantiv*

Robin Hood war hier an dieser Stelle. Es gibt dafür **Hinweise**. *Was weist darauf hin?*

das **Hinweisschild** *Substantiv*

An Straßen stehen **Hinweisschilder**. Darauf stehen in großen Buchstaben Ortsnamen, damit die Autofahrer ihren Weg finden. Auch Krankenhäuser oder Polizeistationen sind **ausgeschildert**.

Ein **Verkehrsschild** weist Autofahrer auf die Verkehrsregeln hin. Es zeigt zum Beispiel an, ob sie an einer Kreuzung anhalten müssen oder Vorfahrt haben.

Jede Straße hat ein **Straßenschild** mit ihrem Namen.

Es gibt auch **Verbotsschilder**.

▶ Schau auf Seite 356 nach.

hinzufügen *Verb*

Die Suppe ist nicht salzig genug. Mama Bär muss nachsalzen. Sie **fügt** noch etwas Salz **hinzu**.

das **Hirngespinst** *Substantiv*

So nennt man etwas, das man sich wünscht oder vorstellt. Es existiert in der Fantasie und in den Gedanken, aber nicht in der Wirklichkeit. Aladins Mutter hält Aladins Idee, die Prinzessin zu heiraten, für ein **Hirngespinst**.

der **Hirsch** *Substantiv*

Der **Hirsch** ist ein Tier, das im Wald lebt. Das Reh, seine Gefährtin, trägt kein Geweih auf dem Kopf. Ihre Jungen nennt man Kitze. Wenn Hirsche miteinander kämpfen, stoßen ihre Geweihe aufeinander.

hissen *Verb*

Die Matrosen **hissen** das Segel. Sie setzen das Segel, indem sie es an Tauen in die Höhe ziehen.

das **Hobby** *Substantiv*

Die Schöne kann stundenlang lesen. Das ist ihr **Hobby**. Es wird ihr nie langweilig, wenn sie mit einem guten Buch in der Bibliothek sitzt. Sie liest gerne in ihrer Freizeit.

hobeln *Verb*

Das zweite kleine Schweinchen **hobelt** die Bretter für sein Haus. Es legt sie auf eine Werkbank und glättet ihre Oberfläche mit einem **Hobel**.

hoch *Adjektiv*

Ein **hoch** hängender Ast ist weiter vom Boden entfernt als ein niedriger Ast.

Frauen haben eine **höhere** Stimme als Männer. Opernsängerinnen habe eine **hohe** Stimme.

Schau auch unter Orte und Richtungen auf Seite 305 nach.

hochkrempeln *Verb*

Die Zwerge **krempeln** ihre Ärmel hoch, bevor sie mit der Arbeit anfangen.

hochmütig *Adjektiv*

Die Schwestern der Schönen sind **hochmütig**. Sie glauben, dass sie schöner und klüger als alle anderen sind. Sie halten sich für etwas Besseres.

hochschrecken *Verb*

Der Siebenschläfer **schreckt** aus dem Schlaf **hoch**. Er springt von seinem Platz.

die Höchstgeschwindigkeit *Substantiv*

Autos dürfen in Städten nicht schneller als 50 Kilometer in der Stunde fahren. Diese **Höchstgeschwindigkeit** dürfen sie nicht überschreiten.

die Hochzeit *Substantiv*

Schneewittchen und der Prinz heiraten. Ihre **Hochzeit** wird ein großes Fest mit einem riesigen Festessen, Musik, Tanz und vielen Gästen.

▶ Schau auf Seite 452 nach.

die Hocke *Substantiv*

→ die Haltungen

hocken *Verb*

Der Hahn **hockt** auf dem Rücken der Katze, die wiederum auf dem Rücken des Hundes **hockt**. Alle drei **hocken** auf dem Rücken des Esels.

▶ Schau auf Seite 140 nach.

der Hocker *Substantiv*

Die Herzogin sitzt auf einem **Hocker** mit drei Beinen.

der **Hof** *Substantiv*

Ein **Hof** ist ein Platz zwischen den Gebäuden eines Schlosses oder zwischen mehreren Häusern. Neben einer Schule liegt der **Schulhof**.

hoffen *Verb*

Der Vater der Schönen **hofft**, dass alles gut geht, wenn seine Tochter zum Biest zieht. Er wünscht es. Er hat die **Hoffnung**, dass das Biest nett zu ihr sein wird.

hoffnungslos *Adjektiv*

Das bedeutet, es besteht keine Hoffnung.

höflich *Adjektiv*

Wer **höflich** ist, benimmt sich gut. Er sagt immer „Guten Tag" und „Danke".

die **Höhe** *Substantiv*

Der Hund ist auf den Rücken des Esels gestiegen, um auf die **Höhe** des Fensters zu gelangen. So kann er hineinschauen.

▶ Schau auf Seite 342 und unter Messen und Wiegen nach.

hohl *Adjektiv*

Ein Strohhalm ist **hohl**. Er ist innen leer. Deshalb kann man mit einem Strohhalm trinken.

Das Eichhörnchen versteckt sich in einem **hohlen** Baumstamm. Er ist innen **hohl**. In seinem **Hohlraum** findet es Schutz.

die **Höhle** *Substantiv*

Familie Wolf lebt in einer **Höhle**. Das ist ein großer Hohlraum in einem Berg oder einem Felsen.

der **Hohn** *Substantiv*

Hohn ist ein anderes Wort für Spott. Die Herzkönigin und die Herzogin machen sich über Alice lustig. Sie **verhöhnen** sie. Sie lachen sie aus.

die **Hölle** *Substantiv*

Nach christlicher Auffassung ist die **Hölle** der Ort der ewigen Verdammnis – also der schlimmste Ort, an dem man nach dem Tod hinkommen kann. Die **Hölle** ist das Gegenteil vom Paradies, dem schönsten Ort überhaupt.

das **Holz** *Substantiv*

Das Innere von Bäumen und Sträuchern, also das, was unter der Rinde liegt, nennt man **Holz**. Aus **Holz** kann man alle möglichen Gegenstände machen, zum Beispiel Figuren und Löffel.

der **Holzfäller** *Substantiv*

Der Vater von Hänsel und Gretel ist **Holzfäller**. Das ist sein Beruf. Er **fällt** Bäume. Dann hackt und sägt er sie klein.

die **Holzpuppe** *Substantiv*

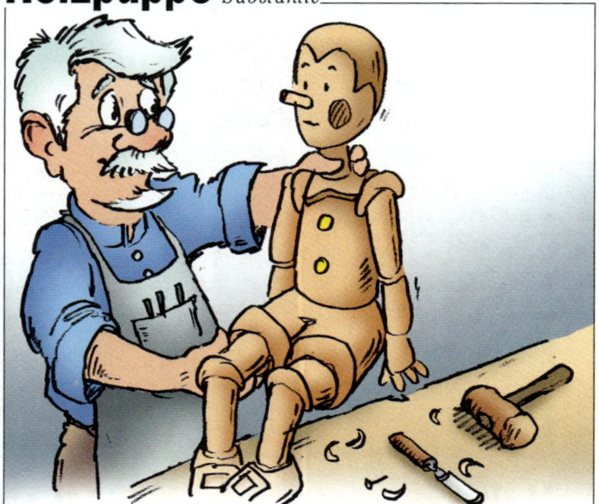

Geppetto hat eine **Holzpuppe** geschnitzt. Sie sieht aus wie ein Mensch aus Holz, wie eine Marionette ohne Fäden. Und diese **Holzpuppe** lebt. Sie heißt Pinocchio.

der **Holzschuh** *Substantiv*

Hänsel und Gretel tragen braune **Holzschuhe**. Sie wurden aus Holz geschnitzt.

der **Honig** *Substantiv*

Die Bienen fliegen von Blume zu Blume und sammeln Blütennektar. In ihrem Bienenstock machen sie daraus **Honig**. Baloo liebt **Honig**, weil er so süß ist.

hören *Verb*

Mit unseren Ohren können wir **hören**. Wir können Geräusche und Töne wahrnehmen. Die Fähigkeit zu **hören**, nennt man **Gehör**.
Wer ein schlechtes Gehör hat, braucht ein **Hörgerät**.

der **Hörer** *Substantiv*

Ein Telefon hat einen **Hörer** mit einem Lautsprecher, durch den du deinen Gesprächspartner hören kannst.
Hörer sind Leute, die sich eine Radiosendung anhören.
Schau auf Seite 511 nach, wie man Leute nennt, die sich ein Theaterstück anschauen.

der **Horizont** *Substantiv*

Der Prinz schaut zum **Horizont**, wo sich Himmel und Erde scheinbar berühren. Den **Horizont** erreicht man niemals, man kann ihn nur als Linie aus der Ferne sehen.

das **Horn** *Substantiv*

Ziegen, Stiere und Giraffen haben **Hörner** auf dem Kopf. Das sind zwei harte Spitzen aus **Horn**, die auf der Stirn wachsen.

die **Hose** *Substantiv*

Das Weiße Kaninchen trägt eine karierte **Hose**.

der **Hosenboden** *Substantiv*

Wenn du auf deinen **Hosenboden** fällst, landest du auf deinem Popo.

der **Hosenträger** *Substantiv*

Das Weiße Kaninchen trägt **Hosenträger**, damit seine **Hose** nicht herunterrutscht.

das **Hotel** *Substantiv*

Wer in Urlaub fährt, kann im **Hotel** schlafen, wenn er sich ein Zimmer mietet. Der Besitzer eines **Hotels** heißt **Hotelier**. Er kümmert sich um das **Hotel** und um die Gäste.

hübsch *Adjektiv*

„Wie **hübsch** sie ist!", staunen die Zwerge, als sie das schöne Schneewittchen das erste Mal sehen.

der **Hubschrauber** *Substantiv*

Im Spielzeugland lassen die Kinder **Hubschrauber** fliegen. Sie haben keine Flügel, sondern Rotorblätter. Wenn sie sich ganz schnell drehen, steigt der Hubschrauber auf.

die **Hüfte** *Substantiv*

Die Hüfte ist der Bereich des Körpers, wo sich Oberschenkel und Rumpf verbinden. ▶ Schau unter <u>der Körper</u> auf Seite 239 nach.

der **Hügel** *Substantiv*

Robin ist auf einen **Hügel** gestiegen.

der **Hummer** *Substantiv*

Hummer und Langusten sind Krustentiere, die im Meer leben. Der **Hummer** hat zwei mächtige Zangen.

der **Humor** *Substantiv*

Robin hat viel **Humor**. Er lacht gern, mag lustige Geschichten und erzählt selbst gern Witze. Er findet es sogar zum Lachen, wenn sich Little John über ihn lustig macht.

humorlos *Adjektiv*

Wenn jemand **humorlos** ist, kann er über nichts lachen.

der **Humus** *Substantiv*

Als **Humus** bezeichnet man die oberste Erdschicht, zum Beispiel auf Blumenbeeten. Sie entsteht aus den Resten von Pflanzen und ist daher sehr fruchtbar.

der **Hund** *Substantiv*

Normalerweise sind **Hunde** viel kleiner als Menschen. Männliche Hunde nennt man Rüden, weibliche **Hündinnen.** Ihre Jungen sind Welpen. Hunde bellen oder kläffen laut. Wenn sie traurig sind, heulen oder winseln sie.

die **Hundehütte** *Substantiv*

der **Hunger** *Substantiv*

Hänsel und Gretel haben **Hunger**. Ihr Magen knurrt. Sie hatten sehr lange nichts zu essen und sind ganz **ausgehungert**.

hungrig *Adjektiv*

Der **hungrige** Wolf will die drei kleinen Schweinchen fressen. Er hat seit Tagen **Hunger**.

die **Hupe** *Substantiv*

Wenn man Auto fährt und jemanden auf eine Gefahr aufmerksam machen möchte, drückt man auf die **Hupe**. Manche Autofahrer **hupen** auch, wenn sie jemanden auf der Straße sehen, den sie kennen. Das sollte man nicht tun.

hüpfen *Verb*

Die Tiere sind frei! Sie sind überglücklich. Sie **hüpfen** fröhlich umher und machen Bocksprünge.

husten *Verb*

Wenn man Grippe oder Halsschmerzen hat, muss man **husten**, weil es im Hals kratzt. **Hustensaft** lindert den **Husten**.

der **Hut** *Substantiv*

Ein **Hut** schützt den Kopf vor Kälte und Sonne. **Hutmacher** stellen **Hüte** her. Manche **Hüte** haben eine Krempe, einen Rand, der nach oben gebogen ist.

h

die **Hütte** *Substantiv*

In manchen Gebieten der Erde leben die Menschen in **Hütten**. Das sind kleine Häuser aus Holz, getrockneten Pflanzen, Lehm oder manchmal aus Blech.

die **Hyazinthe** *Substantiv*

Das ist eine Blume mit weißen, rosafarbenen oder blauen Blüten. Sie wächst aus einer Blumenzwiebel, die man Knolle nennt.

Goldlöckchen hat auf der Fensterbank **Hyazinthen** gezogen.

die **Hymne** *Substantiv*

Jedes Land hat eine Fahne und eine **Nationalhymne**. Das ist sein eigenes Lied. **Hymnen** werden zum Beispiel bei Sportwettbewerben gespielt, um die Teilnehmer der verschiedenen Länder zu begrüßen. Die deutsche **Nationalhymne** beginnt mit den Worten: „Einigkeit und Recht und Freiheit".

hypnotisieren *Verb*

Der Python Kaa hat die Affen **hypnotisiert**. Sie können sich nicht mehr bewegen. Es ist fast so, als schliefen sie im Stehen.

I i

J j

ideal *Adjektiv*

Robin und seine Freunde suchen eine **ideale** Stelle für ihr Mittagessen im Wald. Sie suchen einen schönen Platz, der dafür geeignet ist.

die **Idee** *Substantiv*

Der Esel hat eine **Idee**, wie die Tiere die Räuber in die Flucht schlagen können. Er hat sich etwas ausgedacht.

Schau auf Seite 140 nach.

identisch *Adjektiv*

Zwei **identische** Dinge sind genau gleich.

der **Igel** *Substantiv*

Das ist ein kleines Tier mit einem Körper voller Stacheln. Wenn **Igel** Angst haben, rollen sie sich zu einer Kugel zusammen und stellen ihre Stacheln auf.

das **Iglu** *Substantiv*

Das ist ein Haus aus Eis. Die Eskimos leben in **Iglus**.

ignorieren *Verb*

Wenn man jemanden **ignoriert**, schenkt man ihm keine Beachtung. Man tut so, als ob er nicht da wäre.

impfen *Verb*

Gegen einige gefährliche Krankheiten gibt es **Impfstoffe**. Man lässt sich **impfen**, um sie nicht zu bekommen.

der **Indianer** *Substantiv*

Indianer sind die Ureinwohner Nord- und Südamerikas.

die **Industrie** *Substantiv*

Industrie nennt man alle Fabriken und Firmen, die etwas herstellen, um es zu verkaufen. Dazu gehört zum Beispiel die **Automobilindustrie**.

die **Informatik** *Substantiv*

Informatik heißt die Wissenschaft von der Informationsverarbeitung mit Computern.

die **Information** *Substantiv*

Im Fernsehen, im Radio, in Zeitungen und im Internet bekommt man **Informationen** darüber, was in der Welt passiert.

Informationen austauschen bedeutet, sich gegenseitig mit Neuigkeiten zu versorgen.

der **Ingenieur** *Substantiv*

Ingenieure leiten Arbeiten in verschiedenen technischen Bereichen wie Maschinenbau, Chemie, Informatik oder Bauwesen.

das **Initial** *Substantiv*

Das ist der große Anfangsbuchstabe des Vor- und des Nachnamens. Die **Initialen** von Robin Hood sind R.H.

das **Insekt** *Substantiv*

Ein **Insekt** ist ein kleines Tier mit sechs Beinen. Die meisten **Insekten** haben Flügel. Ameisen, Schmetterlinge, Bienen, Wespen und Grillen sind Insekten.

die **Insel** *Substantiv*

Pinocchio erreicht eine **Insel**. Das ist ein Stück Land, das ganz von Wasser umgeben ist.

Eine **Halbinsel** ist nicht vollständig von Wasser umgeben. Sie ist durch ein Stück Land mit dem Festland verbunden.

instand halten *Verb*

Ein Haus **instand halten** heißt, sich darum zu kümmern, dass Schäden repariert werden.

der **Instinkt** *Substantiv*

das **Instrument** *Substantiv*

Die Geige, die Gitarre und das Klavier sind **Musikinstrumente**. Die Waage ist ein **Messinstrument**, mit dem man das Gewicht misst. Jedes **Instrument** dient einem bestimmten Zweck.

intelligent *Adjektiv*

Mowgli ist sehr **intelligent**. Er begreift sehr schnell, was ihm die Tiere erklären. Er hat eine schnelle Auffassungsgabe und versteht Zusammenhänge.

intensiv *Adjektiv*

Mowgli sieht Bagheera **intensiv** an. Er betrachtet ihn sehr eindringlich.

interessieren *Verb*

Die kleine Meerjungfrau **interessiert** sich für alles, was an Land passiert. Sie findet es spannend und hört ihrer Großmutter **interessiert** zu.

international *Adjektiv*

An einem **internationalen** Sportwettbewerb nehmen Mannschaften verschiedener Länder teil.

das **Internet** *Substantiv*

Telefonleitungen und Satelliten im Weltraum machen das **Internet** möglich. Es verbindet Computer in aller Welt miteinander. Deshalb können wir E-Mails schreiben und über den Computer eine Vielfalt an Informationen bekommen.

der **Irrtum** *Substantiv*

Ein **Irrtum** ist ein Fehler. Wenn man einen **Irrtum** begeht, macht man etwas Falsches. Auch ein falscher Gedanke ist ein **Irrtum**.

Jj

die **Jacke** *Substantiv*

Wenn man nach draußen geht, zieht man eine **Jacke** an, um den Oberkörper zu wärmen.

jagen *Verb*

Robin **jagt** hinter dem Sheriff von Nottingham her. Er will ihn zum Kampf herausfordern.

der **Jäger** *Substantiv*

Jäger jagen im Wald Tiere. Robin und seine Freunde müssen auf die **Jagd** gehen, um etwas zu essen zu haben.

das **Jahr** *Substantiv*

Ein **Jahr** hat 365 Tage. So lange braucht die Erde, um die Sonne einmal zu umkreisen. *Weißt du, wie viele Monate ein Jahr hat? Schau auf Seite 500 nach.*

die **Jahreszeit** *Substantiv*

Das Jahr hat vier **Jahreszeiten**: Frühling, Sommer, Herbst und Winter.
▶ Schau auf Seite 500 nach.

das **Jahrhundert** *Substantiv*

Hundert Jahre sind ein **Jahrhundert**.
▶ Schau unter Wie die Zeit vergeht auf Seite 500 nach.

der **Januar** *Substantiv*

→ Monat

jetzt *Adverb*

→ Was passiert wann?

der **Jogurt** *Substantiv*

Naturjogurt ist ein reines Milchprodukt aus dick gewordener Milch. **Jogurt** schmeckt auch mit Früchten oder mit Honig sehr lecker.

die **Johannisbeere** *Substantiv*

Johannisbeeren sind kleine schwarze oder rote Früchte, die an Büschen wachsen.

das **Jo-Jo** *Substantiv*

Pinocchio und Romeo spielen **Jo-Jo**. Das ist ein Geschicklichkeitsspiel.

der **Joker** *Substantiv*

Das ist eine Spielkarte. Ein **Joker** kann in manchen Spielen für jede andere Karte eingesetzt werden.

der **Jongleur** *Substantiv*

Ein **Jongleur** wirft mehrere Bälle gleichzeitig so geschickt durch die Luft, das keiner zu Boden fällt. Er **jongliert**.

▶ Schau auf Seite 84 nach.

jüdisch *Adjektiv*

Das **jüdische** Volk war das erste Volk, das an nur einen allmächtigen Gott glaubte. Die **Juden** glauben nicht an Jesus Christus. So sind zwei Religionen entstanden: das **Judentum** und das Christentum. Zum Gottesdienst versammeln sich die **Juden** in der Synagoge.

der **Juli** *Substantiv*

→ Monat

jung *Adjektiv*

Die Schöne ist die **jüngste** von drei Töchtern eines reichen Kaufmanns. Ihre beiden Schwestern sind einige Jahre älter als sie.

Jung ist das Gegenteil von alt. Kinder und Jugendliche sind jung.

der **Junge** *Substantiv*

Hänsel ist ein **Junge**. Später wird er einmal ein Mann.

das **Junge** *Substantiv*

So nennt man die Kinder der Tiere.

der **Juni** *Substantiv*

→ Monat

die **Jury** *Substantiv*

Bei einem Wettbewerb bewertet die **Jury** die Teilnehmer. Eine **Jury** besteht aus mehreren Personen, die entscheiden, wer der Beste ist.

j

Kk

das **Kabel** *Substantiv*

Ein **Kabel** ist ein Seil aus Metall. Über ein **Kabelnetz**, ein System aus vielen **Kabeln**, kann man telefonieren und Fernsehsender empfangen.

die **Kabine** *Substantiv*

Der Prinz und die Prinzessin ruhen sich in ihrer **Kabine** aus. Das ist ein Zimmer auf einem Schiff.

der **Kadaver** *Substantiv*

Der Schakal Tabaqui ernährt sich von **Tierkadavern**. Er frisst die toten Körper anderer Tiere.

der **Kaffee** *Substantiv*

Kaffeebohnen wachsen an **Kaffeesträuchern**. **Kaffee** enthält Koffein und macht munter.

der **Käfig** *Substantiv*

Der Panter Bagheera ist im Palast des Königs in einem **Käfig** geboren. **Käfigtiere** sind eingesperrt. Sie leben nicht in Freiheit.

kahl *Adjektiv*

Meister Kirsche ist fast **kahl**. Er hat nur noch ganz wenig Haare. Er hat eine Glatze.

der **Kahn** *Substantiv*

Ein **Kahn** ist ein flaches Boot. Es transportiert Lasten auf Flüssen.

der **Kaiser** *Substantiv*

Ein **Kaiser** regiert über ein **Kaiserreich**. Er ist mächtiger als ein König, ein Fürst und ein Herzog. Das Reich eines Sultans heißt Sultanat. Ein Fürst regiert über ein Fürstentum. *Weißt du, worüber ein König herrscht? Schau auf Seite 235 nach.*

der **Kakao** *Substantiv*

→ Schokolade

die **Kakifeige** *Substantiv*

Das ist eine Frucht, die ein wenig wie eine Tomate aussieht. Sie wächst in heißen Ländern.

der **Kaktus** *Substantiv*

Ein **Kaktus** ist eine Pflanze mit vielen Stacheln, die in der Wüste wächst.

das **Kalb** *Substantiv*

So heißt das Kind einer Kuh und eines Bullen.

der **Kalender** *Substantiv*

Auf einem **Kalender** sind die Monate, Wochen und Tage des Jahres zu sehen.

kalt *Adjektiv*

Das Wasser ist zu **kalt** zum Schwimmen. Es ist nicht warm genug. Mowgli ist es kalt, er friert.

▶ Schau auch unter das Wetter auf Seite 482 nach.

das **Kamel** *Substantiv*

Kamele sind dank ihrer Fetthöcker hervorragend an das Leben in der Wüste angepasst. Das Dromedar hat nur einen Höcker.

die **Kamera** *Substantiv*

Mit einer **Kamera** kann man fotografieren oder Filme drehen.

der **Kamin** *Substantiv*

Durch den **Kamin** gelangt der Rauch des Feuers nach draußen.

kämmen *Verb*

die **Kammer** *Substantiv*

Im Haus von Geppetto gibt es drei Zimmer: die große Küche, Geppettos **Kammer** und Pinocchios **Kammer**. Das sind ihre **Schlafkammern**. Neben der Küche ist eine kleine **Vorratskammer** für Lebensmittel.

kämpfen *Verb*

Bagheera, Baloo und Kaa **kämpfen** gegen die Affen, um Mowgli zu befreien. Sie schlagen sich mit ihnen.

der **Kanal** *Substantiv*

Kanäle sind von Menschen gebaute Wasserstraßen für Schiffe.

das **Känguru** *Substantiv*

Dieses Tier lebt in Australien. Es bewegt sich auf den Hinterbeinen hüpfend fort. Das weibliche **Känguru** hat einen Beutel am Bauch. Darin trägt sie ihr Junges.

das **Kaninchen** *Substantiv*

Kaninchen sind kleine Nagetiere. Sie haben große Ohren, ein weiches Fell und einen kleinen Stummelschwanz. Sie können schnell hüpfen. Wenn sie verfolgt werden, schlagen sie Haken. Sie springen blitzartig zur Seite.

der **Kannibale** *Substantiv*

Kannibalen sind Menschenfresser. Heute gibt es kaum mehr Menschen, die andere Menschen verspeisen. **Kannibalismus** kommt nur noch vereinzelt vor.

die **Kanone** *Substantiv*

Eine **Kanone** ist eine wie ein großes Rohr geformte Waffe, mit der man Kugeln aus Eisen abfeuert.

die **Kante** *Substantiv*

Die **Kanten** eines Würfels sind alle gleich lang. An einer **Kante** treffen zwei Seiten zusammen. Sie verläuft von einer Ecke zur anderen.

die **Kantine** *Substantiv*

Viele Firmen haben eine **Kantine**. Die Angestellten essen dort zu Mittag.

die **Kapelle** *Substantiv*

Das ist ein kleines Musikorchester.

der **Kapitän** *Substantiv*

Ein **Kapitän** ist der Kommandant eines Schiffs. Er ist der Chef an Bord.

das **Kapitel** *Substantiv*

Kapitel sind Teile eines Buchs. Die Geschichte von Pinocchio hat 37 **Kapitel**.

die **Kappe** *Substantiv*

Mit einer **Kappe** verschließt man einen Stift.
Eine leichte Mütze mit einem Schirm, der die Augen vor der Sonne schützt, nennt man **Kappe**.

kaputt *Adjektiv*

die **Kapuze** *Substantiv*

Mönche tragen Kutten. Das sind Gewänder mit **Kapuzen**.

die **Karaffe** *Substantiv*

Das Biest gießt sich Wein aus einer **Karaffe** ein. Eine **Karaffe** ist ein Behälter aus Glas. Man füllt sie mit Wasser, Wein oder anderen Getränken.

der **Karamell** *Substantiv*

Das ist Zucker, den man in einem Topf zum Schmelzen bringt. Man kann Vanille, Kaffee oder Schokolade hinzufügen und daraus Bonbons machen.

die **Karawane** *Substantiv*

Aladin trifft unterwegs auf eine **Karawane**, eine Gruppe von Händlern, die zusammen reisen. Abends kehrt eine Karawane in einer **Karawanserei** ein.
Ähnlich klingt **Caravan**, das englische Wort für Wohnwagen. Mit einem Wohnwagen kann man reisen und auf Campingplätzen übernachten.

kariert *Adjektiv*

Kariertes Papier hat Linien, die sich kreuzen. Man nennt sie Kästchen oder Karos.

der **Karneval** *Substantiv*

Karneval verkleiden sich alle. Es ist ein großes Fest.

das **Karo** *Substantiv*

Bei einem Kartenspiel erkennt man die Spielfarbe **Karo** an der roten Raute.
▶ Schau auf Seite 221 nach.

die **Karosse** *Substantiv*

Und schon verwandelt sich der Kürbis in eine **Karosse**. Das ist eine prachtvolle Kutsche mit vier Rädern, die von Pferden gezogen wird.

die **Karotte** *Substantiv*

Der Hase frisst eine **Karotte**. Das ist eine gesundes Gemüse, dessen Wurzel man roh oder gekocht isst. Man nennt es auch Möhre.

die **Karte** *Substantiv*

Robin schaut den Weg nach Nottingham auf der **Landkarte** nach.

Ein **Kartenspiel** hat vier Farben: Kreuz, Karo, Herz und Pik.

die **Karteikarte** *Substantiv*

Das ist eine kleine Karte aus fester Pappe, auf der man zum Beispiel Adressen oder Vokabeln notieren kann. **Karteikarten** werden in einen **Karteikasten** alphabetisch einsortiert. So kann man die **Karteikarten** jederzeit schnell wiederfinden.

die **Kartoffel** *Substantiv*

Kartoffeln wachsen in der Erde. Man kann sie auf vielerlei Arten zubereiten, zum Beispiel als **Salzkartoffeln**, Püree, Pommes Frites oder **Pellkartoffeln**.

das **Karussell** *Substantiv*

der **Käse** *Substantiv*

Käse wird aus Kuhmilch, Schafsmilch oder Ziegenmilch hergestellt.

der **Kasper** *Substantiv*

Wenn jemand den **Kasper** spielt, benimmt er sich wie ein Clown und macht nur Unfug.

das **Kasperletheater** *Substantiv*

Das ist ein Puppentheater. Die Figuren sind keine Marionetten, sondern Handpuppen. Die wichtigste Figur ist der **Kasper**.

die **Kasse** *Substantiv*

In einem Supermarkt bezahlt man seine Einkäufe an der **Kasse**. Die **Kassiererin kassiert**, das heißt, sie nimmt das Geld entgegen und legt es in die **Kasse**. Dann gibt sie das Wechselgeld heraus.

die **Kassette** *Substantiv*

Auf eine **Kassette** kann man Musik oder Filme aufnehmen. Sie besteht aus einem Plastikgehäuse, zwei Spulen und einem Magnetband.

In einer **Schmuckkassette** bewahrt man Schmuck auf.

der **Kassettenrekorder** *Substantiv*

Mit einem **Kassettenrekorder** kann man Musik oder Stimmen aufnehmen, um sie später anzuhören. Um Filme aufzunehmen, braucht man einen **Videorekorder**.

die **Kastanie** *Substantiv*

Kastanien sind die runden, braunen Früchte des **Kastanienbaums**. Die grüne, stachelige Schale fällt ab, wenn die **Kastanien** reif sind.

die **Kastanienbaum** *Substantiv*

Das ist der große Baum mit weißen oder rosafarbenen Blüten, auf dem die **Kastanien** wachsen.

der **Kasten** *Substantiv*

Ein **Kasten** ist ein großer Behälter, in dem man etwas aufbewahren kann.

Kinder spielen im **Sandkasten**.

die **Katastrophe** *Substantiv*

Geppetto wird von dem schrecklichen Haifisch verschlungen. Was für eine **Katastrophe**! Was für ein Unglück!

die **Kate** *Substantiv*

Eine **Kate** ist ein kleines Haus. Manchmal hat es ein Dach aus Stroh. Die sieben Zwerge wohnen in einer **Kate**.

die **Kathedrale** *Substantiv*

Eine **Kathedrale** ist die wichtigste und größte Kirche einer Stadt.

katholisch *Adjektiv*

→ Christentum

die **Katze** *Substantiv*

Alice hat eine seltsame **Katze** getroffen. Diese **Katze** grinst unaufhörlich. **Katzen** miauen, wenn sie rufen und sie schnurren, wenn sie zufrieden sind. Die **Katze** ist das Weibchen. Das männliche Tier nennt man **Kater**.

kauen *Verb*

Bevor du das Essen herunterschluckst, **kaust** du es. Du zerkleinerst es mit den Zähnen, indem du darauf beißt.

kaufen *Verb*

Aladin **kauft** Obst und Gemüse. Er gibt dem Händler Geld. Danach verlässt er den Markt mit seinen **Einkäufen**.

Weißt du, was diese Worte bedeuten?

Verb	Adjektiv	Substantiv	Substantiv	Substantiv
einkaufen	käuflich	Kaufladen	Kaufsumme	Käufer
verkaufen	kauflustig	Kaufhaus	Kaufpreis	Verkäufer
aufkaufen	kaufenswert	Kaufparadies	Kaufkraft	Kaufmann
ankaufen	kaufmännisch	Kaufrausch	Kaufvertrag	Kauffrau

k

die **Kaulquappe** *Substantiv*

In vielen Teichen gibt es **Kaulquappen**. Sie wachsen heran und werden dann zu Fröschen.

der **Kauz** *Substantiv*

Der **Kauz** ist ein Vogel. Er gehört zu den Eulen.
▶ Schau auf Seite 121 nach.

der **Kegel** *Substantiv*

Formen und Figuren

kegeln *Verb*

Die Kinder **kegeln**. Sie rollen eine Kugel und versuchen, damit alle **Kegel** auf einmal umzuwerfen.

die **Kehle** *Substantiv*

Die **Kehle** ist der untere Teil des Halses.

keimen *Verb*

Wenn ein Samenkorn anfängt zu **keimen**, sieht man den ersten Trieb der Pflanze aus der Erde kommen und wachsen. Das ist der **Keimling**.

der **Kelch** *Substantiv*

Ein **Kelch** ist ein Trinkgefäß, das auf einem Fuß steht. Der Sultan trinkt gern aus einem goldenen **Kelch**.
Ein Sektglas nennt man auch **Kelch**.

die **Kelle** *Substantiv*

Mama Bär serviert die Suppe mit einer **Kelle**.
▶ Schau auf Seite 409 nach.

der **Keller** *Substantiv*

Der **Keller** befindet sich unter dem Haus. Dort kann man Wein oder Kohle lagern und Dinge aufbewahren, die man nicht jeden Tag braucht. *Weißt du, was direkt unter dem Dach liegt?*

Der Dachboden.

der **Kellner** *Substantiv*

So nennt man die Bedienung in Cafés oder Restaurants.

kennen lernen *Verb*

Der Sultan trifft Aladin, weil er ihn **kennen lernen** möchte.
Wenn du jemanden **kennen lernst**, machst du seine **Bekanntschaft**.

kentern *Verb*

Geppettos Boot ist **gekentert**. Es ist umgekippt.
▶ Schau auf Seite 478 nach.

die **Keramik** *Substantiv*

Rotkäppchens Mutter hat Töpfe, Teller, Vasen und andere Gefäße aus **Keramik** in ihrer Küche. Sie bestehen alle aus gebranntem Ton.
▶ Schau auch unter **Töpfer** nach.

der **Kern** *Substantiv*

So nennt man die harte Kugel im Inneren vieler Früchte. Kirschen, Pfirsiche, Aprikosen und Avocados haben mehr oder weniger große **Kerne**. Besonders groß ist der **Kern** der Avocado.

die **Kerze** *Substantiv*

Kerzen sind aus Wachs. Sie haben in der Mitte einen Docht und man steckt sie mit dem unteren Ende in einen **Kerzenhalter**.

der **Kessel** *Substantiv*

Der Wolf fällt in den **Kessel** mit der kochend heißen Suppe.

k

die **Kette** *Substantiv*

Pinocchio ist angekettet. Jemand hat ihm einen Ring um den Hals gelegt und eine **Kette** daran befestigt. Eine **Kette** besteht aus vielen kleinen Ringen, die miteinander verbunden sind. Man nennt sie **Kettenglieder**.

Wenn Menschen eine **Kette** bilden, stellen sie sich nebeneinander und fassen sich an den Händen.

Eine **Halskette** ist ein Schmuckstück, das man sich um den Hals hängt.

khaki *Adjektiv*

Khaki ist eine Erdfarbe zwischen grün und braun. Die Uniformen von Soldaten sind zum Teil **khakifarben**.

die **Kichererbse** *Substantiv*

Das ist eine Hülsenfrucht aus Asien. Sie ist beige, etwas größer als eine Erbse und schmeckt gut als Eintopf.

kichern *Verb*

Die Stiefschwestern **kichern,** als Aschenputtel den Schuh anprobiert. Sie lachen laut. Mit ihrem **Gekicher** machen sie sich über sie lustig.

der **Kiefer** *Substantiv*

Menschen und Tiere wie dieser Hai haben zwei **Kiefer**: einen **Oberkiefer** und einen **Unterkiefer**. Im **Oberkiefer** sitzt die obere Zahnreihe, im **Unterkiefer** die untere.

die **Kiefer** *Substantiv*

Die **Kiefer** ist ein immergrüner Nadelbaum mit Zapfen.

die **Kiepe** *Substantiv*

Der Bauer trägt das Stroh in seiner **Kiepe** vom Feld nach Hause. Das ist ein großer Korb mit Schultergurten, in dem man etwas transportieren kann. Winzer benutzen eine **Kiepe** bei der Traubenernte.

Der Osterhase trägt die Ostereier in einer **Kiepe**.

der **Kies** *Substantiv*

Im Innenhof des Schlosses liegt feiner weißer **Kies**. Das sind sehr viele kleine Kieselsteine.

der **Kieselstein** *Substantiv*

Kiesel sind kleine weiße Steine. Hänsel lässt **Kieselsteine** fallen, damit er später den Weg aus dem Wald nach Hause zurückfindet.

das **Kilo** *Substantiv*

→ Messen und Wiegen

der **Kilometer** *Substantiv*

→ Messen und Wiegen

das **Kind** *Substantiv*

Das ist ein kleiner Junge oder ein kleines Mädchen. Ein **Kind** ist auch ein Sohn oder eine Tochter.

der **Kindergarten** *Substantiv*

Bevor Kinder in die Schule kommen, gehen sie in den **Kindergarten**. Dort spielen sie mit anderen Kindern und lernen viele Dinge, wie zum Beispiel ihren Namen zu schreiben.

die **Kindheit** *Substantiv*

Die Meerjungfrauen verbringen ihre **Kindheit** auf dem Meeresgrund. Die **Kindheit** ist die Zeit des Lebens, in der man ein **Kind** ist.

das **Kinn** *Substantiv*

Das **Kinn** ist der hervorstehende Teil des Unterkiefers.

das **Kino** *Substantiv*

Das ist ein Haus mit großen Sälen, in denen man **Kinofilme** anschauen kann.

der **Kiosk** *Substantiv*

An einem **Kiosk** kann man Zeitungen, Zeitschriften und Süßigkeiten kaufen.

die **Kirche** *Substantiv*

So nennt man das Gebäude, in dem die Christen beten. Sie gehen zum Gottesdienst in die **Kirche**.

die **Kirchturmuhr** *Substantiv*

Aschenputtel muss den Ball ganz schnell verlassen. Die **Kirchturmuhr** hat bereits einmal zur Mitternacht geschlagen. Weißt du, wie spät es ist?

die **Kirmes** *Substantiv*

Das ist ein großes Fest unter freiem Himmel mit vielen Ständen, Karussells und Spielen.

die **Kirsche** *Substantiv*

Rotkäppchen pflückt **Kirschen**. Das sind kleine, runde, rote Früchte. Sie haben einen Kern im Inneren und wachsen auf einem **Kirschbaum**.

das **Kissen** *Substantiv*

Der Tanzschuh liegt auf einem **Kissen** aus rotem Samt. Der Prinz sucht die schöne Frau vom Ball. Der Schuh passt nur an ihren Fuß.

die **Kiste** *Substantiv*

Das ist eine große Schachtel aus Holz, in der man etwas aufbewahren oder transportieren kann.

der **Kittel** *Substantiv*

Ärzte und Krankenschwestern ziehen einen **Kittel** an, damit ihre Kleidung bei der Arbeit keine Flecken bekommt.

das **Kitz** *Substantiv*

So nennt man die Jungen der Rehe und Hirsche.

kitzeln *Verb*

Wer jemanden **kitzeln** möchte, berührt ihn unter den Füßen, unter den Armen, am Bauch oder an den Seiten, so dass er lachen muss. **Kitzelige** Menschen mögen es gar nicht, **gekitzelt** zu werden.

die **Kiwi** *Substantiv*

Das ist eine Frucht, die ursprünglich aus Neuseeland stammt. Sie ist innen grün und hat eine raue braune Schale.

klagen *Verb*

Hänsels und Gretels Mutter **klagt** jeden Tag, wie schlecht es der Familie geht. Sie beschwert sich bei ihrem Mann und jammert über ihr Leid.

klammern *Verb*

Das bedeutet, sich festhalten.

klar *Adjektiv*

Wenn man bis auf den Grund schauen kann, ist das Wasser **klar**. Es ist fast ganz durchsichtig.

die **Klarinette** *Substantiv*

Das ist ein Musikinstrument, das in seiner Form einer Flöte ähnelt.

die **Klasse** *Substantiv*

Pinocchio möchte nicht zur Schule gehen. Er mag die Kinder in seiner **Klasse** nicht. Jede **Schulklasse** hat einen **Klassenlehrer**, der sie betreut. Ein Schüler, der seine Mitschüler vor den Lehrern vertritt, heißt **Klassensprecher**. Der Unterricht findet im **Klassenzimmer** statt.

das **Klavier** *Substantiv*

Im Ballsaal spielt ein Pianist **Klavier**. Ein **Klavier** ist ein Musikinstrument mit Tasten. Die Saiten im Inneren des Klaviers erzeugen die Töne.

Ein großes **Klavier**, wie das auf dem Bild, nennt man Flügel.

der **Klee** *Substantiv*

Diese kleine Pflanze mit drei Blättern findest du im Gras. Wenn du ein vierblättriges **Kleeblatt** findest, bringt es dir Glück. Wenn du fest daran glaubst, stimmt das sicher auch.

das **Kleid** *Substantiv*

Das ist ein Kleidungsstück für Mädchen. Aschenputtels Stiefschwester hat für jeden Tag ein **Kleid**.

▶ Schau auf Seite 489 nach.

der **Kleiderschrank** *Substantiv*

Das ist ein großer Schrank, in dem man Kleidung aufbewahrt. Ein **Kleiderschrank** hat Fächer für Wäsche und Pullover und eine **Kleiderstange**. Daran hängt man Kleider, Mäntel und Anzüge an Bügeln auf.

die **Kleidung** *Substantiv*

So nennt man alles, was man anzieht. Kleider, Hosen, Schuhe und Mäntel zählen zur **Kleidung**. Der Zauberer hat Aladin neu **eingekleidet**.

klein *Adjektiv*

Der kleine Bär ist **kleiner** als Mama Bär. Mama Bär wiederum ist **kleiner** als Papa Bär. Papa Bär ist der Größte der Familie.

▶ Schau auch auf Seite 126 nach.

Hänsel hat eine **kleine** Schwester. Gretel ist jünger als ihr Bruder.

das **Kleingeld** *Substantiv*

Geld besteht aus Scheinen und Münzen. Die Münzen nennt man auch **Kleingeld**.

die **Klementine** *Substantiv*

Mandarine

klemmen *Verb*

Wenn die Tür **klemmt**, hängt sie fest. Du kannst sie nicht öffnen.

der **Klempner** *Substantiv*

Das ist ein Handwerker, der Wasserrohre verlegt und Badewannen und Waschbecken einbaut.

der **Kleptomane** *Substantiv*

So nennt man Menschen, die dauernd zwanghaft etwas stehlen.

das **Klettergerüst** *Substantiv*

Die Kinder spielen im Garten am **Klettergerüst**. Das Mädchen schaukelt, der Junge turnt an den Ringen.

klettern *Verb*

Mowgli kann auf Bäume **klettern**. Er erklimmt die höchsten Wipfel.

das **Klima** *Substantiv*

Im Dschungel, wo Mowgli lebt, ist das **Klima** sehr heiß und feucht. Die kleine Meerjungfrau lebt im Norden. Dort ist das **Klima** eher rau und kalt. Als **Klima** bezeichnet man das Wetter, das in einer Gegend am häufigsten vorkommt.

die **Klinge** *Substantiv*

Das Messer hat eine **Klinge**. Auch der Dolch hat eine **Klinge**. Das ist der flache, scharfe Metallteil des Messers, mit dem man schneidet.

klingeln *Adjektiv*

Wann **klingelt** der Wecker der Zwerge jeden Morgen? Um welche Uhrzeit hört man sein **Klingeln**? Schau auf Seite 434 nach.

Wenn man auf eine **Klingel** drückt, **klingelt** es an der Tür.

die **Klinke** *Substantiv*

Wenn man eine Tür öffnen will, muss man die **Klinke** nach unten drücken.

die **Klippe** *Substantiv*

Das Schloss des Prinzen steht auf einer **Klippe** über dem Meer.

klopfen *Verb*

Der Wolf **klopft** an die Tür. Er schlägt mehrere Male mit seiner Faust dagegen.

knabbern *Verb*

Alice **knabbert** an einem Champignon. Sie beißt ein kleines Stückchen davon ab. *Wird sie wachsen oder schrumpfen? Schau auf Seite 238 nach.*

knallrot *Adjektiv*

Aschenputtel ist schnell gelaufen. Ihr Gesicht ist **knallrot**. Ihre Wangen leuchten so tiefrot wie zwei Tomaten.

knarren *Verb*

Die alten Türen des Schlosses **knarren**. Sie machen ein lautes Geräusch, wenn man sie auf- und zumacht.

das **Knäuel** *Substantiv*

Ein **Wollknäuel** besteht aus einem langen Faden, der aufgewickelt ist.

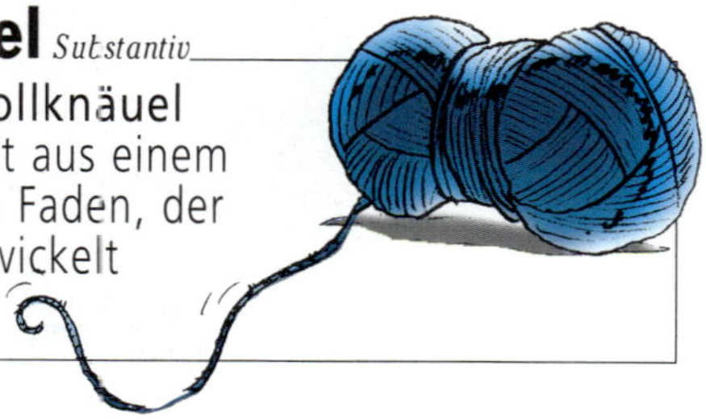

kneifen *Verb*

Der Siebenschläfer wacht nicht auf. Deshalb **kneift** der Hutmacher ihn. Er nimmt ein Stück seiner Haut zwischen die Finger und drückt ganz fest zu.

der **Knicks** *Substantiv*

Aschenputtel verabschiedet sich von dem Prinzen. Sie macht einen **Knicks**.

das **Knie** *Substantiv*

Dank unserer **Knie** können wir die Beine beugen. ▶ Schau auch unter der Körper auf Seite 239 nach.

k

der **Knöchel** *Substantiv*

Dank unserer **Knöchel** können wir unsere Füße bewegen. Es sind Gelenke.
▶ Schau auch auf Seite 239 nach.

der **Knochen** *Substantiv*

Tabaqui, der Schakal, hat einen großen **Knochen** gefunden. Alle **Knochen** eines Körpers bilden zusammen das Skelett.
▶ Schau auch auf Seite 239 nach.

der **Knopf** *Substantiv*

Das Weiße Kaninchen trägt eine Jacke mit drei **Knöpfen**. Das Kaninchen hat die Jacke **zugeknöpft**, weil es sie nicht gern offen trägt.

Jemand ist **zugeknöpft**, wenn er nicht viel spricht und nicht gern von sich erzählt. Er ist verschlossen.

die **Knospe** *Substantiv*

Wenn im Frühling die Bäume ausschlagen, erscheinen **Knospen** an den Zweigen. Bald werden daraus Blüten und Blätter.

der **Knoten** *Substantiv*

Goldlöckchen bindet ihr Halstuch mit einem **Knoten** zusammen. Sie **knotet** es, damit sie es nicht verliert.

der **Koala** *Substantiv*

Das ist ein Tier, das in Australien lebt. Es sieht aus wie ein kleiner Bär und lebt auf Bäumen. Am liebsten frisst der **Koala** Eukalyptusblätter.

kochen *Verb*

Kochen bedeutet, warmes Essen zuzubereiten. ▶ Schau auch unter **Küche** nach. Die Hexe **kocht** seltsame Dinge im Kessel. Es wird eine giftige Mischung. Wenn Wasser **kocht**, ist es sehr heiß und es steigen Blasen an die Oberfläche.

der **Koffer** *Substantiv*

Wenn man verreist, packt man seine Sachen in einen **Koffer**.

der **Kohl** *Substantiv*

Goldlöckchens Mutter hat alle möglichen Arten von **Kohl** aus dem Garten mitgebracht: **Weißkohl**, **Grünkohl**, **Rotkohl**, **Blumenkohl** und **Rosenkohl**. Ein **Kohlkopf** ist ein einzelner runder **Kohl**.

die **Kohle** *Substantiv*

Um zu heizen, legt Geppetto noch etwas **Kohle** in den Ofen. **Kohle** ist eine Art schwarzes Gestein. Bergleute fördern **Kohle** aus Minen unter der Erde. **Kohle** brennt gut und gibt dabei Wärme ab.

die **Kokosnuss** *Substantiv*

Das ist die Frucht der **Kokospalme**. **Kokosnüsse** sind groß und rund und ihre Schale ist von außen faserig. Im Inneren ist eine weiße Flüssigkeit enthalten, die man **Kokosmilch** nennt.

die **Kokospalme** *Substantiv*

➔ **Kokosnuss**

komisch *Adjektiv*

Eine Schnecke mit einer Laterne auf dem Kopf sieht **komisch** aus. Sie bringt Pinocchio zum Lachen. **Komisch** kann auch seltsam bedeuten.

kommen *Verb*

der **Kommissar** *Substantiv*

Ein **Kommissar** ist ein Polizist, der Ermittlungen durchführt. Er sucht nach Beweisen für ein Verbrechen.

die **Kommode** *Substantiv*

Das ist ein Möbelstück mit Schubladen, in dem man Wäsche aufbewahrt.

kommunizieren *Verb*

Kommunizieren heißt, sich verständigen. Zum Beispiel, indem man miteinander redet, sich Briefe und E-Mails schreibt oder telefoniert.

die **Komödie** *Substantiv*

Das ist ein lustiger Film oder ein lustiges Theaterstück.

 Wer jemandem eine **Komödie** vorspielt, lügt ihn an oder führt ihn an der Nase herum.

der **Kompass** *Substantiv*

Mit einem **Kompass** stellt man die Himmelsrichtung fest. Das Instrument zeigt an, wo Norden liegt. Somit kann man auch die anderen Himmelsrichtungen bestimmen. Sie heißen Süden, Osten und Westen. Die Magnetnadel stellt sich in Richtung Nordpol. Egal wo du bist, sie zeigt immer nach Norden.

der **Komplize** *Substantiv*

Der hinkende Fuchs will Pinocchio entführen. Der blinde Kater hilft ihm dabei. Der Kater ist sein **Komplize**.

kompliziert *Adjektiv*

Diese Aufgabe ist **kompliziert**. Sie ist zu schwierig für Pinocchio.

komponieren *Verb*

Komponieren bedeutet, ein neues Musikstück zu erfinden. Der **Komponist** denkt es sich aus.

das Kompott *Substantiv*

Wenn du **Apfelkompott** machen möchtest, schälst du Äpfel. Du schneidest sie in Stücke und entfernst ihre Kerne. Dann kochst du sie mit Wasser und etwas Zucker.

die Konditorei *Substantiv*

Dort kann man Kuchen und Torte essen oder kaufen und mit nach Hause nehmen.

der König *Substantiv*

Der Prinz wird einmal **König**. Dann herrscht er über das ganze **Königreich** seines Vaters und sitzt auf einem Thron. Dornröschen heiratet ihn und wird die **Königin** an seiner Seite. Sie wohnen in einem **Königspalast**.

können *Verb*

konservieren *Verb*

Wenn man etwas **konserviert**, dann behandelt man es so, dass es sehr lange haltbar bleibt. Früchte lassen sich gut in Einmachgläsern **konservieren**.
Lebensmittel bleiben in **Konservendosen** lange haltbar.

der **Kontinent** *Substantiv*

Auf der Erde gibt es große Wasserflächen: die Ozeane. Dazwischen liegen große Flächen Land: die **Kontinente**.

kontrollieren *Verb*

In den Zügen **kontrollieren** Schaffner die Fahrkarten. Sie prüfen, ob sie gültig sind.

das **Konzert** *Substantiv*

Bei einem **Konzert** machen Musiker für ein Publikum Musik. Sie spielen Instrumente oder singen.

der **Kopf** *Substantiv*

Der Teich, in dem Alice steht, ist so tief, dass nur noch ihr **Kopf** zu sehen ist.

das **Kopfkissen** *Substantiv*

Dieses **Kissen** legt man sich unter den Kopf, um es im Schlaf und beim Ausruhen bequem zu haben.

der **Kopfkissenbezug** *Substantiv*

Man steckt ein Kopfkissen in einen **Bezug**, damit es nicht schmutzig wird. Das **Bettzeug bezieht** man mit **Bettbezügen**.

kopflos *Adjektiv*

Ein **kopfloser** Mensch vergisst ständig etwas.

das **Kopfrechnen** *Substantiv*

Alice ist sehr gut im **Kopfrechnen**. Sie kann Zahlen im **Kopf** zusammenzählen, ohne sie aufzuschreiben. Sie braucht dazu keinen Taschenrechner.

der **Kopfsprung** *Substantiv*

Die kleine Meerjungfrau macht einen **Kopfsprung** ins Wasser. Sie springt mit dem Kopf zuerst, um dem Prinzen zu Hilfe zu eilen.
Im Schwimmbad kann man von **Sprungbrettern** ins Wasser springen.

das **Kopfsteinpflaster** *Substantiv*

Kutschenräder machen auf **Kopfsteinpflaster** viel Krach. Es besteht aus großen, viereckigen Steinen. Früher hat man Straßen nicht geteert, sondern **gepflastert**.

kopieren *Verb*

Kopieren bedeutet, etwas abzuschreiben oder abzumalen. Wer jemanden **kopiert**, macht nach, was sein Vorbild gemacht hat.

Ein **Kopierer** ist eine Maschine, mit der man einzelne Blätter oder Buchseiten vervielfältigen kann.

die **Koralle** *Substantiv*

Das Schloss des Meerkönigs hat Mauern aus **Korallen**. **Korallen** sind bunte Tiere am Meeresgrund, die aussehen wie Pflanzen.

der **Korb** *Substantiv*

Ein **Korb** wird aus Weidenzweigen geflochten. Man kann ihn zum Beispiel zum Einkaufen mitnehmen, um etwas zu tragen.

die **Kordel** *Substantiv*

Das ist eine feine Schnur, mit der man etwas festbinden oder verschnüren kann. Pakete werden mit einer **Kordel** verschnürt.

die **Korkeiche** *Substantiv*

Diese Bäume wachsen in Spanien und Portugal. Sie bilden eine Rinde aus **Kork**. Man löst sie ab, um daraus **Flaschenkorken** zu machen.

der **Korkenzieher** *Substantiv*

Mit einem **Korkenzieher** zieht man den Korken aus der Flasche.

k

das **Korn** *Substantiv*

Die Bäuerin füttert die Hühner mit **Getreidekörnern**. Weizen, Hafer oder Reis sind Getreidesorten, die **Körner** hervorbringen.

Die kleine Meerjungfrau reibt sich das Auge. Ihr ist ein **Sandkorn** hineingeflogen.

Die Stiefmutter kontrolliert, ob Aschenputtel gründlich geputzt hat. Kein **Staubkorn** darf mehr zu sehen sein.

die **Kornblume** *Substantiv*

Im Sommer wachsen auf den Wiesen und Feldern **Kornblumen**. Sie haben kleine leuchtend blaue Blüten.

der **Körper** *Substantiv*

Pinocchio ist eine Holzpuppe, aber er wäre gern ein richtiger Junge. Er hätte gern einen **Körper** aus Fleisch und Blut wie die anderen Kinder.
▶ Schau auch auf Seite 239 nach.

das **Körpergewicht** *Substantiv*

Wenn du dich auf eine Waage stellst, zeigt sie an, wie viel du wiegst. Dein **Körpergewicht** sollte deiner Größe entsprechen. Wenn du zu wenig wiegst, hast du **Untergewicht** und musst mehr essen. Das Gegenteil heißt **Übergewicht**. Wenn du **Übergewicht** hast, musst du abnehmen.

die **Körpergröße** *Substantiv*

Alice verändert sich andauernd. Mal ist sie groß, dann wieder winzig klein. Sie hat nie dieselbe **Körpergröße**.
▶ Schau auch unter der Körper auf Seite 239 nach.

körperlich *Adjektiv*

Wenn man einen schweren Stein hochhebt, muss man sich **körperlich** anstrengen. Das Gegenteil von **körperlich** ist geistig.

korrekt *Adjektiv*

Eine **korrekte** Antwort ist richtig.

die **Korrespondenz** *Substantiv*

Einen regelmäßigen Briefwechsel zwischen zwei Personen nennt man auch **Korrespondenz**.

der Körper

Hänsel und Gretel waschen sich.

korrigieren *Verb*

In der Schule **korrigieren** die Lehrer die Hefte der Schüler. Sie streichen die Fehler mit einem roten Stift an und schreiben ihre **Korrektur** daneben.
Wenn du mit einem krummen Rücken am Tisch sitzt, musst du deine Haltung **korrigieren**.
Wenn man schlecht sieht, muss man eine Brille tragen, um den Sehfehler zu **korrigieren**.

der **Kosmonaut** *Substantiv*

Das bedeutet dasselbe wie Astronaut. Ein **Kosmonaut** fliegt mit einem russischen Raumschiff durch das Weltall.

kostbar *Adjektiv*

Aladins Schätze sind sehr wertvoll, also sehr **kostbar**.

kosten *Verb*

kostenlos *Adjektiv*

Für Kinder unter sechs Jahren ist der Eintritt in den Zirkus **kostenlos**. Sie müssen nichts bezahlen.

köstlich *Adjektiv*

Eine **köstliche** Speise schmeckt sehr lecker. Goldlöckchen findet die Suppe des kleinen Bären **köstlich**. Sie lässt nichts davon übrig.

das **Kostüm** *Substantiv*

Das ist eine Art Verkleidung. Sie besteht aus mehreren Kleidungsstücken, die zueinander passen. Der Clown zieht sein **Kostüm** an, bevor er in die Manege geht.
Woraus besteht das Kostüm des Clowns? Schau auf Seite 84 nach.
Bei einem **Kostümball** sind alle Gäste verkleidet.

die **Krabbe** *Substantiv*

Die **Krabbe** verlässt das Meer. **Krabben** laufen seitwärts und haben Scheren. Sie gehören zu den Krebsen.
▶ Schau auch unter **Krustentier** nach.

der **Krach** *Substantiv*

Jeden Morgen machen die Autos auf der großen Straße vor der Schule viel **Krach**. **Krach** ist das Gegenteil von Ruhe.

die **Kraft** *Substantiv*

der **Kraftausdruck** *Substantiv*

Das bedeutet Schimpfwort.

kräfteschonend *Adjektiv*

In der Flughafenhalle packt man schwere Koffer auf einen Kofferwagen. Dann braucht man sie nicht zu tragen. Das ist **kräfteschonend**. Das Gegenteil heißt Kraft raubend.

das **Kraftfahrzeug** *Substantiv*

Das ist ein anderes Wort für Fahrzeuge, die nicht auf Schienen fahren.

der **Kraftstoff** *Substantiv*

Autos brauchen **Kraftstoff**, damit sie fahren, zum Beispiel Benzin oder Diesel.

das **Kraftwerk** *Substantiv*

In einem **Kraftwerk** gewinnt man elektrischen Strom. Ein **Wasserkraftwerk** nutzt die Energie des Wassers. Es gibt auch **Wind**- und **Sonnenkraftwerke**.

der **Kragen** *Substantiv*

Das ist der Teil der Jacke, des Hemdes oder des Pullovers, der sich um deinen Hals schmiegt. Im Winter trägt der kleine Bär gern einen **Rollkragen**.

die **Kralle** *Substantiv*

Bagheera bewundert seine **Krallen**. So heißen die langen, spitzen und scharfen Nägel der Tiere.

Die Katze hat den Räuber gekratzt. Sie hat ihm einen Schlag mit ihren **Krallen** verpasst. Er hat drei Kratzer auf der Wange.

k

der **Kran** *Substantiv*

Im Spielzeugland gibt es sogar einen **Spielzeugkran** für die Kinder. Mit einem richtigen **Kran** kann man große, schwere Gegenstände an eine andere Stelle heben, zum Beispiel auf einer Baustelle.

krank *Adjektiv*

Pinocchio hat Fieber. Er fühlt sich nicht gut, er ist **krank**. Aber er hat keine schlimme **Krankheit**. *Was macht die Fee, damit er wieder gesund wird?* *Schau auf Seite 135 nach.*

das **Krankenhaus** *Substantiv*

In einem **Krankenhaus** arbeiten Ärzte, **Krankenschwestern** und Pfleger. Sie behandeln und pflegen dort **Kranke**, damit sie wieder gesund werden.

die **Krankenschwester** *Substantiv*

In einem **Krankenhaus** kümmern sich **Krankenschwestern** um die **Kranken**. Sie wechseln Verbände, geben Spritzen und verabreichen Medikamente.

der **Krapfen** *Substantiv*

Hänsel und Gretel essen **Krapfen**. Das sind leckere, in Öl gebratene Gebäckstücke, die mit Marmelade gefüllt und gezuckert werden.

der **Krater** *Substantiv*

Ein Krater ist ein riesiges, tiefes Loch in der Erde. Es kann entstehen, wenn eine Bombe oder ein Meteorit einschlägt. Auch Vulkane haben **Krater**.
Als Pinocchio von dem schrecklichen Haifisch verschlungen wird, hat er das Gefühl, in einen tiefen **Krater** zu stürzen.

kratzen *Verb*

Vater Wolf wird wach und **kratzt** sich. Er fährt sich mit den Krallen durch sein Fell. Etwas juckt ihn.

kraulen *Verb*

Es gibt verschiedene Schwimmstile: Brustschwimmen, **Kraulen** und Rückenschwimmen.

kraus *Adjektiv*

Krauses Haar kringelt sich in vielen ganz kleinen Locken um den Kopf. Goldlöckchens Haar ist **kraus**.

die **Krawatte** *Substantiv*

Männer tragen eine **Krawatte** zum Anzug. Sie wird um den Kragen des Hemds gelegt und dann zu einem Knoten gebunden. Das Weiße Kaninchen trägt auch eine **Krawatte**.

▶ Schau auf Seite 123 nach.

der **Krebsgang** *Substantiv*

Im **Krebsgang** gehen ist eine Redensart. Sie bedeutet: Es geht nur sehr langsam vorwärts.

die **Kreide** *Substantiv*

Lehrer schreiben in der Schule mit **Kreide** auf die Tafel. Nach der Stunde wischen die Schüler mit einem nassen Schwamm alles wieder aus.

der **Kreis** *Substantiv*

Die Kinder bilden einen **Kreis**. Sie fassen sich an den Händen und tanzen im **Kreis** herum.

▶ Schau auch unter Formen und Figuren auf Seite 145 nach.

der **Kreisel** *Substantiv*

Schau mal, wie unglaublich schnell sich dieser **Kreisel** dreht.

kreisen *Verb*

Die Geier **kreisen** am Himmel. Sie fliegen ihre Runden immer wieder über derselben Stelle.

der **Kreislauf** *Substantiv*

Unser Blut fließt durch den **Blutkreislauf**. Ein **Kreislauf** ist eine geschlossene Verbindung, durch die etwas immer wieder fließen kann.

das **Kreuz** *Substantiv*

Robin macht ein **Kreuz** auf den Baumstamm, damit seine Freunde ihm folgen können.

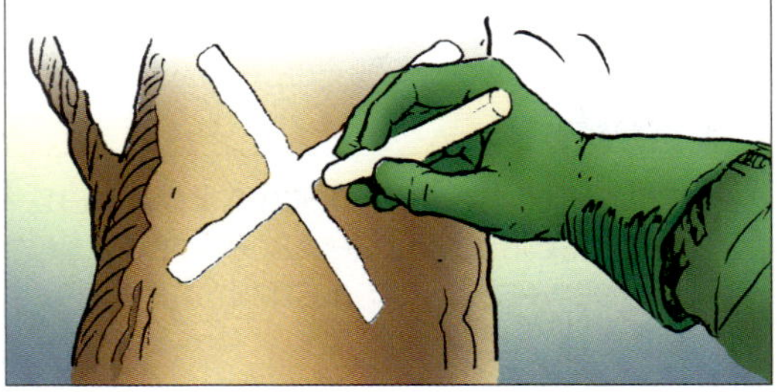

k

kreuzen *Verb*

Rotkäppchens Weg **kreuzt** den des Wolfs. Sie treffen an der **Kreuzung** im Wald aufeinander.

die **Kreuzfahrt** *Substantiv*

Das ist eine lange Schiffsreise auf dem Meer.

die **Kreuzung** *Substantiv*

Hänsel und Gretel kommen im Wald an eine **Kreuzung**. Dort treffen zwei Wege aufeinander. Es gibt auch **Straßenkreuzungen**.

kribbeln *Verb*

Wenn es sehr kalt ist oder wenn man zu lange in einer Position sitzt, können die Hände und Füße **kribbeln**. Sie sind eingeschlafen. Man kann sie kaum bewegen.

kriechen *Verb*

Schlangen und Schnecken **kriechen** über den Boden. Sie haben keine Beine und bewegen sich deshalb auf dem Bauch **kriechend** fort.

der **Krieg** *Substantiv*

Ein **Krieg** ist ein bewaffneter Kampf zwischen den Armeen zweier oder mehrerer Länder.

das **Kristall** *Substantiv*

Wenn man ein **Kristallglas** leicht mit einem Löffel antippt, entsteht ein Ton. Mit mehreren Gläsern kann man eine Melodie spielen.

kritisieren *Verb*

Aschenputtel wird immer von ihren Stiefschwestern **kritisiert**. Die beiden haben ewig etwas an ihr auszusetzen: „Das hast du nicht gut gemacht. Jenes ist falsch. Sieh nur, wie schlecht du angezogen bist!“

kritzeln *Verb*

Kritzeln heißt, Striche kreuz und quer auf ein Blatt zu malen. Man kann in **Kritzeleien** nichts erkennen. Sie sind unleserlich.

das **Krokodil** *Substantiv*

Krokodile leben in den Flüssen heißer Länder. Sie haben ein riesiges Maul, gefährlich scharfe Zähne und können sehr schnell zuschnappen. Wenn sie aus dem Wasser kommen, bewegen sie sich auf ihren kurzen Beinen fort.

die **Krone** *Substantiv*

Der König trägt eine **Krone** auf dem Kopf.

der **Krösus** *Substantiv*

So nennt man jemanden, der sehr reich ist und sich alles kaufen kann.

die **Kröte** *Substantiv*

Die **Kröte** ist ein kleines Tier, das am Wasser lebt. Sie hüpft wie ein Frosch. **Kröten** sind mit Fröschen verwandt. Um sich gegen Feinde zu verteidigen, können sie über ihre Haut Gift absondern. *Was macht die Hexe mit den Kröten? Schau auf Seite 174 nach.*

der **Krug** *Substantiv*

Die Dienerin des Sultans füllt am Brunnen ihren **Krug** mit Wasser.

die **Krume** *Substantiv*

Die **Krume** ist der weiche Teil des Brots. Die **Krume** ist von der Kruste umgeben.

der **Krümel** *Substantiv*

Das ist ein winziges Stück Brot oder Kuchen. Hänsel streut **Brotkrümel** auf den Weg, damit Gretel und er später wieder nach Hause finden. *Aber es passiert etwas damit. Schau auf Seite 260 nach, was.*

krumm *Adjektiv*

Die Hexe hat eine Hakennase. Ihre Nase ist **krumm** und auf dem Nasenrücken hat sie einen Buckel. Die Krallen der Katze sind **gekrümmt**, sie sehen aus wie Haken.

die **Kruste** *Substantiv*

Die **Kruste** ist der äußere Rand eines Brots. Sie ist dunkel und knusprig.

das **Krustentier** *Substantiv*

Das sind Tiere wie Krabben und Krebse, die im Wasser leben und deren Körper mit einem Panzer bedeckt ist.

k

die **Küche** *Substantiv*

Rotkäppchens Mutter kocht in ihrer **Küche**. Hier hat sie alle Geräte, die sie braucht, um das Essen für die Familie zuzubereiten. In der **Küche** backt sie auch Kuchen. Nach den Mahlzeiten spült sie das Geschirr und räumt es in die Schubladen und Schränke.

Weißt du, wie jemand heißt, der in einem Restaurant für die Küche zuständig ist?

Es ist der Küchenchef.

der **Kuchen** *Substantiv*

Der Herzbube hat Recht. Sieh dir die **Kuchen** auf dem Tisch an: **Apfelkuchen**, **Kirschtorte**, **Pflaumenkuchen** und **Zitronenkuchen**.

▶ Schau auch unter **Torte** nach.

der **Küchenschrank** *Substantiv*

Rotkäppchens Mutter räumt die Marmeladengläser in den **Küchenschrank**.

der **Kuchenteig** *Substantiv*

Rotkäppchens Mutter backt einen **Kuchen**. Für den **Teig** nimmt sie Mehl, Zucker, Eier, Butter und Backpulver. Sie verrührt alles in einer großen Schüssel. Der Teig kommt in eine Backform.

das **Kuddelmuddel** *Substantiv*

Das ist ein großes Durcheinander.

die **Kugel** *Substantiv*

Eine **Kugel** ist ein runder Gegenstand, den man in alle Richtungen rollen kann. Die Erde ist eine **Kugel**. Deshalb nennt man einen Globus auch **Weltkugel**.

die **Kuh** *Substantiv*

Die Bäuerin melkt die **Kuh**. **Kühe** geben ihren Kälbern Milch. Sie haben ein Euter. Der Vater des Kalbs ist ein Bulle. **Kühe** muhen.

der **Kühlschrank** *Substantiv*

Das ist ein elektrisch gekühlter Schrank, in dem Lebensmittel sich länger halten und Getränke gekühlt werden. Oft hat ein **Kühlschrank** auch ein Eisfach.

kühn *Adjektiv*

Wenn jemand besonders viel Mut hat, ist er **kühn**. Robin und seine Männer sind **kühn**.

der **Kuhstall** *Substantiv*

Die Kühe stehen nebeneinander im **Kuhstall**. Abends holt der Bauer sie von der Weide, damit er sie melken und füttern kann. Die Kühe übernachten dann im **Stall**.

das **Küken** *Substantiv*

Henne

die **Kulisse** *Substantiv*

Im Puppentheater sind die **Kulissen** für die Vorstellung aufgebaut. Die **Kulissen** zeigen den Zuschauern, wo das Stück spielt. *Was stellen diese Kulissen dar?*

der **Kummer** *Substantiv*

Die Schöne geht zum Biest. Ihr Vater ist darüber sehr traurig. Der Gedanke bereitet ihm großen **Kummer**.

kümmern *Verb*

Mutter Wolf **kümmert sich** um Mowgli. Sie sorgt für ihn und passt auf ihn auf.

der **Kumpel** *Substantiv*

Ein **Kumpel** ist ein Freund. Bergmänner nennt man auch **Kumpel**.

der **Kunde** *Substantiv*

Der Vater der Schönen ist ein reicher Kaufmann. Er hat viele **Kunden**. Sie kaufen bei ihm ein.

künftig *Adverb*

„Von nun an werde ich brav sein. Ich werde **künftig** keine Dummheiten mehr machen." Das verspricht Pinocchio, als Geppetto ihn ausschimpft.

die **Kunst** *Substantiv*

Malerei, Bildhauerei, Musik, Architektur und Tanz sind **Künste**. Ein Bild oder ein Musikstück sind **Kunstwerke**.

der **Künstler** *Substantiv*

Maler, Bildhauer, Musiker, Tänzer, Sänger und Schauspieler sind **Künstler**. Sie üben **künstlerische** Berufe aus.

künstlich *Adjektiv*

Künstliche Blumen sind nicht echt. Menschen haben sie **künstlich** hergestellt aus Seide, Papier oder Plastik.

der **Kürbis** *Substantiv*

Das ist eine große orangefarbene Frucht mit einem grünen Stängel, die wie eine Kugel aussieht. Was macht die Fee mit dem Kürbis? Schau auf Seite 221 nach.

kurios *Adjektiv*

„Was für ein **kurioses** Kaninchen", staunt Alice. Es ist wirklich ein seltsames Tier. Richtige Wildkaninchen haben braunes Fell und keine Jacke an.

der **Kurs** *Substantiv*

Wenn du Tennis spielen, Tanzen oder Reiten lernst, machst du einen **Kurs**. Du nimmst Unterrichtsstunden bei einem Lehrer.

die **Kurve** *Substantiv*

Der Weg macht viele **Kurven**. Er schlängelt sich am Berg entlang und führt nicht geradeaus.

kurz *Adjektiv*

Goldlöckchen hat einen **kurzen** Rock an. ▶ Schau auf Seite 340 nach.
Wenn etwas **kurz** ist, dauert es nicht sehr lange. Ein **Kurzfilm** dauert nicht so lange wie ein Spielfilm.

kürzen *Verb*

Kleidungsstücke kann man **kürzen**, wenn sie zu lang sind. Man schlägt sie ein Stück um und näht einen Saum.

der **Kuss** *Substantiv*

Der Prinz gibt Dornröschen einen **Kuss**.
Was passiert, nachdem der Prinz Dornröschen geküsst hat? *Schau auf Seite 120 nach.*

die **Küste** *Substantiv*

Die kleine Meerjungfrau ist bis zur **Küste** geschwommen. Dort trifft das Meer auf Land. Eine **Küste** kann ein Strand oder eine **Steilküste** mit Klippen sein.

die **Kutsche** *Substantiv*

Der Prinz macht mit seiner Frau und seinem Sohn einen Ausflug mit der **Kutsche**. Eine **Kutsche** ist ein Wagen, der von Pferden gezogen wird.

der **Kutscher** *Substantiv*

Die Fee hat die dicke Ratte in einen **Kutscher** verwandelt. Ein **Kutscher** steuert Pferdewagen und Kutschen. Mit den Zügeln und der Peitsche, die er in der Hand hält, lenkt er die Pferde.

L l

das **Labyrinth** *Substantiv*

Der Schlosskeller des Sheriffs von Nottingham ist wie ein **Labyrinth**. Man kann sich darin verlaufen.

▶ Schau auf Seite 152 nach.

der **Lachanfall** *Substantiv*

Die Bremer Stadtmusikanten haben einen **Lachanfall**. Sie können nicht mehr aufhören zu **lachen**.

das **Lächeln** *Substantiv*

Alice trifft eine Katze, die offenbar immer zufrieden ist. Sie **lächelt** und grinst die ganze Zeit. Die Katze ist schon verschwunden, aber ihr **Lächeln** ist noch zu sehen.

der **Lachs** *Substantiv*

So heißt ein Fisch mit rosafarbenem Fleisch.

der **Laden** *Substantiv*

In einem **Lebensmittelladen** bekommt man Brot, Milch, Gemüse, Fleisch und vieles mehr. In einem **Spielzeugladen** kauft man Spielzeug.

laden *Verb*

Aladin **lädt** seine Schätze in den Wagen, um sie zu transportieren. Das ist eine kostbare **Ladung**. Er passt beim **Entladen** gut auf sie auf.

das **Lager** *Substantiv*

Robin und seine Männer schlagen ihr **Lager** im Wald auf. Hier verbringen sie die Nacht.

der **Lakai** *Substantiv*

Ein **Lakai** ist ein Diener in adeligen Familien. Seine Uniform nennt man Livree. Die Fee verwandelt die Eidechsen in **Lakaien**.

das **Laken** *Substantiv*

Schneewittchen bezieht die Betten. Sie zieht neue **Laken** auf die Betten der Zwerge.

das **Lamm** *Substantiv*

Bevor er den Bauernhof verlässt, verabschiedet sich der Esel von dem **Lamm**. Die **Lämmer** sind die Jungen der Schafe. Ihre Wolle fühlt sich ganz flauschig an.

die **Lampe** *Substantiv*

Auf dem Nachttisch des kleinen Schweinchens steht eine schöne **Lampe**, die es abends zum Lesen anschaltet. Der Fuß der **Lampe** ist aus Holz, die Glühbirne besteht aus Glas und Metall und der **Lampenschirm** aus gelbem Stoff.
Mit Aladins **Lampe** kann man auch einen Raum erhellen, aber es ist eine **Öllampe**.

das **Lampenfieber** *Substantiv*

Schauspieler haben oft **Lampenfieber** bevor sie auf die Bühne kommen. Sie sind nervös.

das **Land** *Substantiv*

Die Kinder kommen im Spielzeugland an. Ein richtiges **Land** ist dagegen ein von Grenzen umgebenes Gebiet eines Staates. Jedes **Land** hat eine eigene Sprache, eine eigene Regierung und seine Eigenarten. Deutschland, Frankreich, Italien, Spanien, Portugal, Griechenland und die Türkei sind nur einige der **Länder**, die es auf der Welt gibt.
Die drei kleinen Schweinchen leben auf dem **Land**. Dort gibt es Bäume und Wälder, Wiesen und Felder, Flüsse und Seen.

landen *Verb*

Die Ente **landet** auf der anderen Seite des Flusses. Sie gleitet aus der Luft hinab und streckt ihre Füße zur **Landung** aus.

Flugzeuge landen auf **Landebahnen**.

die **Landschaft** *Substantiv*

Mowgli, Robin und die kleine Meerjungfrau leben in verschiedenen **Landschaften**. Mowgli wächst im Dschungel auf. Robin sieht jeden Tag Wälder, Dörfer und Burgen. Die kleine Meerjungfrau lebt im Meer.

der **Landsitz** *Substantiv*

Das ist ein großes, schönes Haus, in dem früher Adelige gewohnt haben. Es ist nicht so groß wie ein Schloss und nicht so prächtig wie ein Palast.

die **Landwirtschaft** *Substantiv*

Bauern leben von der **Landwirtschaft**. Sie arbeiten auf Feldern und Wiesen und züchten Tiere. Nach der Ernte verkaufen sie ihre **landwirtschaftlichen** Erzeugnisse. Man nennt sie auch **Landwirte**.

lang *Adjektiv*

Die Zwerge haben **lange** Bärte. Goldlöckchen trägt einen kurzen Rock. Ihre Mutter trägt einen **langen** Rock, der bis zum Knöchel reicht.

▶ Schau auf Seite 340 nach.

Ein Spielfilm dauert **länger** als eine Stunde. Er ist **länger** als die Folge einer Fernsehserie.

lange *Adverb*

Wenn etwas **lange** dauert, kann man es nicht schnell erledigen. Es dauert seine Zeit, bis ein Haus gebaut ist.

die **Länge** *Substantiv*

Das kleine Schweinchen misst die **Länge** seines Hauses mit einem Zollstock. Länge, Breite und Höhe sind Maße.

langsam *Adjektiv*

Der Zauberer findet, dass Aladin zu **langsam** geht. Die beiden kommen nicht schnell genug voran.

die Languste *Substantiv*

Die **Languste** ist ein Krustentier, das im Meer lebt. Sie sieht ein wenig aus wie der Hummer, hat aber keine Scheren. Die **Langustine** ist kleiner als die Languste und hat Scheren.
▶ Schau auf Seite 208 nach.

die Lanze *Substantiv*

Einer der Räuber ist mit einer **Lanze** bewaffnet. Das ist ein langer Stab aus Holz mit einer Metallspitze an einem Ende.

der Lappen *Substantiv*

Ein **Lappen** ist ein Stück Stoff, mit dem man etwas abwischt. Alte, nicht mehr benutzbare Kleidung kann man zerschneiden und als **Lappen** benutzen.

der Laser *Substantiv*

Das ist ein Gerät, das einen feinen Lichtstrahl abgibt. Dank dieses Geräts können wir CDs hören. Mit sehr starken **Laserstrahlen** kann man auch Metall schneiden.

lassen *Verb*

Aladin hat seine Lampe im Palast **gelassen**. Er hat sie nicht mitgenommen. Er hat sie vergessen.

lästig *Adjektiv*

Pinocchio sind die Ermahnungen der Sprechenden Grille **lästig**. Sie liegt ihm damit ständig in den Ohren. Sie geht ihm auf die Nerven.

der **Lastwagen** *Substantiv*

Ein **Lastwagen** ist ein großes Fahrzeug, mit dem man Waren transportiert.

die **Laterne** *Substantiv*

An der Fassade des Gasthofs leuchten zwei **Laternen**.
▶ Schau auf Seite 127 nach.

die **Laube** *Substantiv*

Die Schöne schläft in einer **Laube**. Das **Laub** der Kletterpflanzen bildet an den Spalieren über ihr ein Dach. Es spendet Schatten.

der **Lauch** *Substantiv*

Das ist ein Gemüse mit langen weißen Stielen und grünen Blättern.

die **Lauer** *Substantiv*

Der Wolf liegt auf der **Lauer**. Er schleicht sich an, hält sich versteckt und beobachtet.

laufen *Verb*

Geppetto bringt Pinocchio geduldig das **Laufen** bei.

Wenn ein Gerät **läuft**, ist es angeschaltet. Im Wohnzimmer **läuft** der Fernseher. Autos halten an der Ampel mit **laufendem** Motor.

die **Laune** *Substantiv*

Aschenputtels Stiefschwester verbirgt ihre **Launen** nicht. Sie heult, sie schreit und sie stampft mit dem Fuß auf, bis sie bekommt, was sie will. Sie ist ein eigensinniges und **launisches** Mädchen.

die **Laus** *Substantiv*

Das ist ein winziges Tier. Wenn es sich in die Haare setzt, juckt es furchtbar. Es gibt Spezialshampoos gegen **Läuse**.

laut *Adjektiv*

Wenn etwas sehr viel Krach macht, ist es **laut**.

läuten *Verb*

Der Prinz heiratet. Im ganzen Land **läuten** die Glocken. Man hört ihren Klang überall.

lautlos *Adjektiv*

Bagheera schleicht sich **lautlos** an seine Beute heran. Man hört kein Geräusch.

lauwarm *Adjektiv*

Lauwarmes Wasser ist weder richtig kalt noch richtig warm.

der **Lavendel** *Substantiv*

Das ist eine Pflanze mit kleinen blauen Blüten, die sehr intensiv duften. Man macht daraus **Lavendelöl**.

das **Leben** *Substantiv*

leben *Verb*

Schau auch unter **leblos** nach.

das **Lebensmittel** *Substantiv*

Milch, Eier, Gemüse, Obst, Getreide, Fleisch und Fisch sind **Lebensmittel**. Manche **Lebensmittel**, in Deutschland zum Beispiel Brot und Kartoffeln, zählen zu den Grundnahrungsmitteln. Sie spielen für die Ernährung eine wichtige Rolle.

lebensnotwendig *Adjektiv*

Ohne Wasser kann der Mensch nicht leben. Es ist **lebensnotwendig**.

die **Leber** *Substantiv*

Das ist ein Organ im Körper, das eine wichtige Rolle bei der Verdauung spielt.

das **Lebewesen** *Substantiv*

Menschen und Tiere sind **Lebewesen**. Auf der Erde gibt es alle möglichen Arten von **Lebewesen**.

das **Lebewohl** *Substantiv*

Der König und die Königin nehmen **Abschied** von ihrer Tochter und verlassen das Schloss. Wenn man sich für sehr lange Zeit verabschiedet, sagt man **Lebewohl**.

leblos *Adjektiv*

Als die Zwerge nach Hause kommen, liegt Schneewittchen **leblos** auf dem Boden. Sie liegt reglos da und reagiert nicht mehr.

das **Leck** *Substantiv*

Ein **Leck** ist ein Loch im Schiffsrumpf, durch das Wasser eindringt. Wenn man es nicht schließen kann, kommt immer mehr Wasser herein und das Schiff wird ganz schwer und sinkt. Aber auch ein Gefäß, aus dem eine Flüssigkeit tropft, hat ein **Leck**.

lecken *Verb*

Nach dem Kampf gegen die Affen **lecken** Baloo und Bagheera ihre Wunden. Sie fahren mit der Zunge über ihre Verletzungen.

der **Leckerbissen** *Substantiv*

Lebkuchenherzen und in Zuckerguss gebackene Äpfel sind zur Weihnachtszeit beliebte **Leckerbissen**.

das **Leckermaul** *Substantiv*

Baloo liebt Honig. Er ist ein **Leckermaul**. Er könnte den ganzen Tag nur schlemmen. Er möchte die ganze Zeit nur das essen, was ihm gut schmeckt.
Bonbons, Schokolade und Pralinen sind **Leckereien**.

das **Leder** *Substantiv*

Leder wird aus Tierhäuten hergestellt, die man mit ganz bestimmten Techniken bearbeitet, um daraus zum Beispiel Schuhe oder Sitzbezüge zu machen.
Beim Gerben wird die Tierhaut durch Gerbstoffe haltbar und stabil gemacht.

leer *Adjektiv*

Der Zauberer hat seinen Wein ausgetrunken. Sein Glas ist **leer**. Das Glas der Prinzessin ist voll. Sie hat nichts getrunken.
▶ Schau auf Seite 461 nach.

leeren *Verb*

Wer seine Taschen **leert**, nimmt alles heraus.

die **Lefzen** *Substantiv*

Der Wolf leckt sich die **Lefzen** bei der Vorstellung, das kleine Rotkäppchen zu fressen.
Die **Lefzen** sind die großen Lippen am Maul von Wölfen und Hunden.

legen *Verb*

die **Legende** *Substantiv*

Das ist eine Geschichte, die man in einem Land oder einer Region schon seit langer Zeit erzählt.
Auf einer Landkarte erklärt die **Legende** alle auf der Karte verwendeten Zeichen.
▶ Schau auch unter **Zeichen** nach.

leger *Adjektiv*

Das bedeutet locker und ungezwungen.

die **Lehne** *Substantiv*

Der Stuhl des kleinen Bären hat eine **Lehne**. Daran kann der kleine Bär seinen Rücken **anlehnen**.

lehnen *Verb*

Alice **lehnt** sich mit ihrem ganzen Gewicht gegen die Tür, die einfach nicht nachgibt. Sie drückt mit ihrer ganzen Kraft dagegen.

Erschöpft **lehnt** Alice an der Wand. Sie ruht sich von der Anstrengung aus, um wieder zu Atem zu kommen.

der **Lehrer** *Substantiv*

In der Schule unterrichten **Lehrer** und **Lehrerinnen**. Der **Klassenlehrer** unterrichtet und betreut die Klasse.

die **Lehrzeit** *Substantiv*

Während der **Lehrzeit** erlernen junge Menschen einen Beruf. **Küchenlehrlinge** gehen bei einem Koch in die **Lehre**.
Welches Wort hört sich so ähnlich an wie **Lehre**, hat aber eine ganz andere Bedeutung? Schau auf Seite 258 nach.

das **Leibgericht** *Verb*

Baloo mag Honig lieber als alles andere. Honig ist sein **Leibgericht**. Das ist ein anderes Wort für Lieblingsessen.

leicht *Adjektiv*

Mowgli hat gelernt, sich an den Lianen festzuklammern. Jetzt fällt es ihm ganz **leicht**, von einem Baum zum nächsten zu schwingen. **Leicht** wie ein Vogel fliegt er durch den Dschungel.

Leicht oder schwierig?

Klein schreibt sich:	Groß schreibt sich:	Getrennt schreibt sich:
ein leichter Wind	etwas Leichtes anziehen	leicht atmen
eine leichte Verletzung	etwas Leichtes essen	leicht essen
ein leichtes Lächeln	etwas Leichtes fragen	leicht fallen
Man kann es leicht tragen.		leicht machen
Es fällt mir leicht.		leicht verdaulich
Nimm es leicht.		leicht verständlich

das **Leid** *Substantiv*

Schneewittchen klagt den Zwergen ihr **Leid**. Sie teilt Freuden und **Leiden** mit ihnen. Sie erzählt ihnen von ihrem Kummer.

Der Jäger kann Schneewittchen nichts **zu Leide tun**.

„Es **tut** mir **Leid**", sagt Alice. Sie stößt alles um, weil sie immer größer wird und entschuldigt sich dafür.

leiden *Verb*

der **Leidensgefährte** *Substantiv*

Pinocchio und Geppetto sind **Leidensgefährten**. Sie teilen dasselbe Schicksal, als der schreckliche Haifisch sie beide verschlingt. Sie versuchen gemeinsam, sich aus dem Fisch zu befreien.

leider *Adverb*

„**Leider**" sagt man, wenn man etwas bedauert oder es schade findet.

leihen *Verb*

Robin **leiht** sich ein Pferd von einem Freund. Er gibt es ihm später zurück.

der **Leim** *Substantiv*

Geppetto klebt Pinocchio einen neuen Fuß an. Hoffentlich hält der!

die **Leine** *Substantiv*

Das ist ein langes Lederband, an dem man einen Hund spazieren führt. So kann er nicht weglaufen.

das **Leinen** *Substantiv*

Das ist ein einfacher und haltbarer Stoff. Man verwendet ihn gerne für Sommerkleidung.

leise *Adjektiv*

Die Eltern schlafen. Hänsel schleicht sich auf Zehenspitzen nach draußen. Ganz **leise** öffnet er die Tür. Man hört kein Geräusch.

die **Leiter** *Substantiv*

Das kleine Schweinchen steigt auf die **Leiter**, um das Dach seines Hauses zu decken.

▶ Schau auf Seite 168 nach.

die **Leitung** *Substantiv*

Wenn jemand die **Leitung** einer Firma übernimmt, wird er der Chef. Puppenspieler Feuerfresser ist der **Leiter** des Theaters.

Ein elektrisches Kabel nennt man auch **Leitung**.

Wasser fließt durch **Wasserleitungen** bis zum Wasserhahn.

l

die **Lektion** *Substantiv*

Eine **Lektion** ist etwas, das man lernen muss. So nennt man auch ein Kapitel in einem Schulbuch.

Wenn man jemandem eine **Lektion** erteilt, verpasst man ihm einen Denkzettel.

das **Lenkrad** *Substantiv*

Pinocchios Freund Romeo fährt im Spielzeugland mit einem Auto. Er hält das **Lenkrad**. Er sitzt am Steuer.

die **Lenkstange** *Substantiv*

Fahrrad

der **Leopard** *Substantiv*

Der **Leopard** ist eine große Raubkatze. Sein Fell ist gelb mit schwarzen Punkten.

die **Lerche** *Substantiv*

Die **Lerche** ist ein kleiner Feldvogel.
Kennst du das Lied Ein Vogel wollte Hochzeit machen? Es kommt eine Lerche darin vor.

lernen *Verb*

Mowgli **lernt** von Baloo, wie man im Dschungel zurechtkommt und welche Regeln dort gelten. Baloo erklärt Mowgli alles.
In der Schule **lernen** die Kinder lesen, schreiben, rechnen und vieles andere mehr. Die Lehrer bringen es ihnen bei.

lesen *Verb*

Die Schöne **liest** sehr gern dicke Romane. Sie kann stundenlang in der Bibliothek sitzen und sich in ein Buch vertiefen.

Jemand, der ein Buch oder eine Zeitung liest, ist ein **Leser**.

Jemand, der viel **liest** ist eine **Leseratte**.

letzte *Adjektiv*

Das Z ist der **letzte** Buchstabe des Alphabets. Danach kommen keine Buchstaben mehr.

Schau auch unter **nächste** nach.

leuchten *Verb*

Die Sterne **leuchten** am Himmel. Sie glitzern und funkeln durch die Nacht.

der **Leuchter** *Substantiv*

Im Ballsaal des Schlosses hängen viele große **Leuchter** mit tausend Kerzen.

der **Leuchtturm** *Substantiv*

Das Licht eines **Leuchtturms** sorgt dafür, dass Schiffe bei Nacht und Nebel nicht auf Grund laufen.
▶ Schau unter **Hafen** nach.

die **Leute** *Substantiv*

Leute sind Menschen.

die **Liane** *Substantiv*

Die Affen schwingen sich an **Lianen** von Baum zu Baum. Das sind lange, ineinander verschlungene Pflanzen, die von den Bäumen herabhängen.
▶ Schau auf Seite 259 nach.

die **Libelle** *Substantiv*

Das ist ein Insekt, das am Wasser lebt. Eine **Libelle** hat vier durchsichtige Flügel.

das **Licht** *Substantiv*

Die Sonne, elektrische Lampen, Kerzen und Feuer geben **Licht** ab. Bei **Licht** kann man alles klar sehen. Das Biest bringt zwei große Kerzenhalter mit.

das **Lid** *Substantiv*

Der Mensch hat an jedem Auge zwei **Lider**, die es umschließen: eines liegt oberhalb und eines unterhalb des Auges.

die **Liebe** *Substantiv*

Liebe ist ein ganz starkes Gefühl. Du spürst es, wenn du jemanden sehr gern hast.

lieben *Verb*

Pinocchio **liebt** das Spielzeugland. Dort zu sein, ist für ihn das Größte.

liebenswert *Adjektiv*

Aschenputtel ist ein **liebenswertes** Mädchen. Sie hat immer gute Laune, ist hilfsbereit und zu allen freundlich.

der **Liebling** *Substantiv*

Mit seiner Zirkusnummer ist der Esel Pinocchio der **Liebling** des Publikums. Kein Wunder, dass sie diese Vorstellung **am liebsten** mögen.

das **Lied** *Substantiv*

Ein **Lied** hat einen Text und eine Melodie, die man singt. Es besteht aus mehrere Strophen und einem Refrain, der sich wiederholt.

liefern *Verb*

Aschenputtels Stiefschwester hat sieben Kleider bestellt. Sie bekommt sie in Schachteln verpackt ins Haus **geliefert**.

Was macht sie damit? Schau auf Seite 489 nach.

der **Likör** *Substantiv*

Das ist ein süßes Getränk, das Alkohol enthält.

die **Linde** *Substantiv*

Die Blüten dieses Baums riechen sehr gut. Man kann sie trocknen und **Lindenblütentee** daraus machen.

lindern *Verb*

Medikamente **lindern** Schmerzen. Sie werden schwächer oder hören auf, so lange das Medikament wirkt.

das **Lineal** *Substantiv*

Mit **Lineal** und Bleistift kann man gerade Striche ziehen.

die **Linie** *Substantiv*

Das ist ein feiner, dünner Strich. In seinem Heft schreibt Pinocchio auf den **Linien**.

das **Linienschiff** *Substantiv*

So ein Schiff bringt seine Passagiere von einem Ort zum anderen. Es fährt nach einem regelmäßigen Fahrplan immer dieselbe Strecke wie ein **Linienbus** oder ein **Linienflugzeug**.

links *Adjektiv*

Romeo schreibt mit der **linken** Hand. Er ist **Linkshänder**. Auf der **linken** Seite des Körpers sitzt das Herz.
▶ Schau unter Orte und Richtungen auf Seite 305 nach.

die **Linse** *Substantiv*

Die Früchte der Linse sind kleine, runde Körner. Sie schmecken zum Beispiel zu Kartoffeln oder als **Linsensuppe**.

die **Lippe** *Substantiv*

Wir haben zwei **Lippen** am Mund: die **Oberlippe** und die **Unterlippe**.

lispeln *Verb*

Menschen, die **lispeln**, sprechen das S nicht deutlich aus. Sie haben einen Sprachfehler.

listig *Adjektiv*

Aladin ist sehr **listig**. Er ist ein schlauer Junge, der immer einen Ausweg findet. Und manchmal hilft eben eine kleine **List** weiter.

der **Liter** *Substantiv*

Messen und Wiegen

die **Literatur** *Substantiv*

Gedichte und erfundene Geschichten sind **Literatur**. Es sind geschriebene Werke.

loben *Verb*

Die Fee **lobt** Pinocchio. Sie sagt ihm, wie tapfer er ist.

die **Locke** *Substantiv*

Goldlöckchen hat ihren Namen bekommen, weil sich ihre blonden Haare kringeln. Sie hat den ganzen Kopf voller **Locken**.

lodern *Verb*

Der Vater der Schönen tritt in einen großen Saal. Dort **lodert** ein Feuer im offenen Kamin. Es brennt mit großen Flammen.

der **Löffel** *Substantiv*

Suppe isst man mit einem **Löffel**. *Womit isst man Fleisch? Schau auf Seite 151 nach.*
Einen kleinen **Löffel** nennt man **Teelöffel**.

logisch *Adjektiv*

Mama Bär ist größer als der kleine Bär. Papa Bär ist größer als Mama Bär. Also muss Papa Bär auch größer als der kleine Bär sein. Das ist **logisch**.

der **Lohn** *Substantiv*

Lohn oder Gehalt nennt man das Geld, das jemand verdient, wenn er arbeitet. Ein **Lohn** kann hoch oder niedrig sein.

die **Lokomotive** *Substantiv*

Die **Lokomotive** zieht den Zug.
▶ Schau auf Seite 468 nach.

der **Lokomotivführer** *Substantiv*

So nennt man jemanden, der einen Zug fährt.

das **Los** *Substantiv*

Bei einer Verlosung zieht man ein **Los**. Das ist ein Zettel mit einer Nummer. Für manche Nummern gibt es einen Gewinn. *Weißt du, wie man die Lose nennt, für die man keinen Gewinn bekommt? Schau auf Seite 298 nach.*

losbinden *Verb*

Der Mann löst die Schlinge an Pinocchios Knöchel, um ihn erstmal zu befreien.

löschen *Verb*

Um eine Kerze zu **löschen**, muss man fest pusten.

Licht **löscht** man mit dem Lichtscha ter.

lösen *Verb*

Aladin **löst** den Haken von der Wand. **Lösen** heißt, etwas loszumachen, das befestigt ist.

Wenn du eine Aufgabe **löst**, findest du die richtige **Lösung**.

loslassen *Verb*

Pinocchio hat das Glas **losgelassen**. Es ist ihm heruntergefallen. *Was passiert mit dem Glas? Schau auf Seite 220 nach.*

der **Löwe** *Substantiv*

Das ist ein großes, wildes Tier, das in Afrika lebt. Man sagt, dass der **Löwe** der König der Tiere ist. Er ist eine Raubkatze. Wenn er Angreifer abwehren will, lässt er ein lautes Brüllen hören. Die **Löwin** hat im Gegensatz zum **Löwen** keine Mähne.

die **Luft** *Substantiv*

Wenn Wale **Luft** brauchen, kommen sie an die Wasseroberfläche, um zu atmen. **Luft** umgibt uns auf der Erde.
Wer in die **Luft** guckt, schaut nach oben in den Himmel.

die **Lüge** *Substantiv*

lügen

lügen *Verb*

Pinocchio sagt nicht die Wahrheit. Immer wenn er **lügt**, wächst seine Nase.
Wenn jemand sehr oft **lügt**, ist er ein **Lügner**.

der **Lumpen** *Substantiv*

Lumpen sind alte, abgenutzte Kleider.
▶ Schau auch unter **abgetragen** nach.

die **Lunge** *Substantiv*

Die **Lunge** ist das Atemorgan des Menschen.

die **Lupe** *Substantiv*

Durch eine **Lupe** sieht man alles vergrößert.

die **Lust** *Substantiv*

Pinocchio hat **Lust**, ins Spielzeugland zu fahren. Er möchte sehr gern dorthin.

lustig *Adjektiv*

Lustige Dinge bringen uns zum Lachen. Witze und Komödien sind **lustig**. Man sagt, **lustige** Menschen bleiben länger gesund.

lutschen *Verb*

Die Kinder **lutschen** riesengroße **Lutscher**.

luxuriös *Adjektiv*

Alle Kleider der Prinzessin Badrulbudur sind **luxuriös**. Sie sind aus sehr wertvollen Stoffen, sehen prachtvoll aus und haben viel Geld gekostet.

der **Luxus** *Substantiv*

Die Schwestern der Schönen lieben **Luxus**. Ihnen gefällt alles, was schön und teuer ist.

Mm

machen *Verb*

die **Macht** *Substantiv*

Der Sultan hat sehr viel **Macht**. Aladin tut alles, was in seiner **Macht** steht, um die Gunst der Prinzessin zu gewinnen.

mächtig *Adjektiv*

Der Löwe ist ein **mächtiges** Tier. Er hat sehr viel Kraft. Ein **mächtiges** Stück Kuchen macht sehr satt.

das **Mädchen** *Substantiv*

Gretel ist ein **Mädchen**. Wenn sie größer ist, wird sie eine Frau.

der **Mädchenname** *Substantiv*

Gretel ist ein **Mädchenname**. Das ist ein Vorname für Mädchen. Hänsel ist ein **Jungenname**.
Der **Mädchenname** ist auch der **Nachname**, den eine verheiratete Frau vor ihrer Hochzeit hatte.

der **Magen** *Substantiv*

Das Essen, das wir zu uns nehmen, gelangt über die Speiseröhre in den **Magen** und von dort in den Darm.

mager *Adjektiv*

Die Hexe findet Hänsel zu **mager**. Sie möchte, dass er zunimmt, weil sie einen saftigen Braten aus ihm machen will.

der **Magnet** *Substantiv*

Ein **Magnet** zieht Eisen an.

mähen *Verb*

Das kleine Schweinchen trifft einen Bauern, der sein Feld **mäht**. Er schneidet den Weizen mit einer Sense.

mahlen *Verb*

Kaffeebohnen kann man in einer Kaffeemühle zu Pulver **mahlen**.

die **Mahlzeit** *Substantiv*

Frühstück, Mittagessen und Abendbrot sind die drei wichtigsten **Mahlzeiten** am Tag.

die **Mähne** *Substantiv*

Löwen und Pferde haben eine **Mähne**. Das sind lange Haare, die ihnen am Hals und auf dem Kopf wachsen.

der **Mai** *Substantiv*

→ Monat

das **Maiglöckchen** *Substantiv*

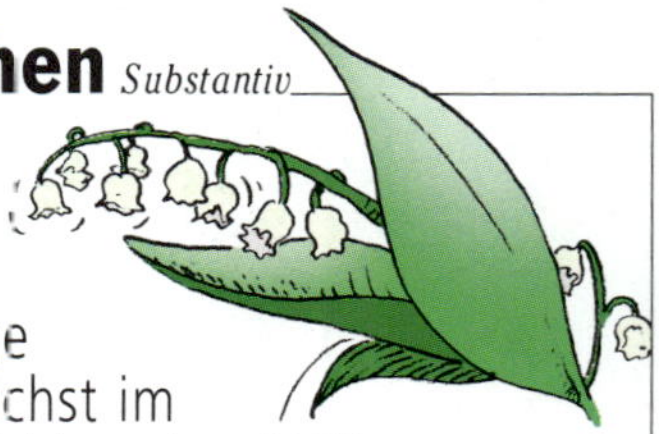

Diese kleine Blume hat weiße, glockenförmige Blüten. Sie wächst im Frühling im Wald und auf Wiesen.

der **Mais** *Substantiv*

Das ist eine Getreideart. Die **Maiskörner** wachsen an Kolben. Man kann aus **Mais** Popcorn machen.

die **Majestät** *Substantiv*

Einen König oder eine Königin spricht man mit „Eure **Majestät**" an.

das **Malbuch** *Substantiv*

Pinocchio hätte viel lieber ein **Malbuch** als ein Lesebuch. Darin kann man Bilder mit Buntstiften **ausmalen**.

malen *Verb*

Alice sieht drei Gärtner. Sie **malen** weiße Rosen rot an. Mit ihren Pinseln streichen sie rote Farbe auf die Blüten. Wenn die Schöne ein Bild **malt**, mischt sie die Farben mit einem Pinsel auf ihrer Palette. Sie **malt** wie eine richtige **Malerin** auf einer Staffelei. Sie ist eine echte Künstlerin.

der **Maler** *Substantiv*

→ malen

malnehmen *Verb*

Drei mal drei ist neun. Pinocchio lernt in der Schule Zahlen miteinander **malzunehmen**. Ein anderes Wort dafür ist multiplizieren.

malvenfarben *Adjektiv*

Eine **malvenfarbene** Blüte ist zartlila.

die **Mama** *Substantiv*

Das ist ein anderes Wort für **Mutter**.

manchmal *Adjektiv*

Das bedeutet gelegentlich, von Zeit zu Zeit und nicht andauernd.

die **Mandarine** *Substantiv*

Mandarinen sind orange, runde Früchte. Sie sind kleiner als Apfelsinen und schmecken süßer. Klementinen ähneln **Mandarinen**, haben aber eine feinere Schale.

die **Mandel** *Substantiv*

Aladin liebt **Mandelplätzchen** mit Honig. **Mandeln** sind kleine ovale Früchte. Sie haben eine Schale und wachsen auf **Mandelbäumen**. Wer Halsschmerzen hat, leidet eventuell an einer Entzündung der **Mandeln**.

die **Mandoline** *Substantiv*

Das ist ein kleines Saiteninstrument.

die **Manege** *Substantiv*

Die **Manege** ist der große Kreis in der Mitte eines Zirkuszelts. Dort treten Akrobaten, Tiere und Clowns auf. Am Ende einer Zirkusvorstellung kommen alle noch einmal in die **Manege**, um sich von den Zuschauern zu verabschieden.

der **Mann** *Substantiv*

Der Vater von Hänsel und Gretel ist ein **Mann**. Die Mutter der beiden ist eine Frau.

Wenn Aschenputtel den Prinzen heiratet, wird er ihr **Mann**. Er ist dann ihr Gemahl.

das **Männchen** *Substantiv*

Ein männliches Tier nennt man **Männchen** und ein weibliches Weibchen. Vater Wolf ist ein **Männchen**, Mutter Wolf ein Weibchen.

Hunde stellen sich auf die Hinterbeine und **machen Männchen**.

die **Mannschaft** *Substantiv*

Bei einem Fußballspiel spielen zwei **Mannschaften** gegeneinander. Jede **Mannschaft** hat elf Spieler.

der **Mantel** *Substantiv*

Es ist kalt. Robin und die anderen tragen **Mäntel**, damit sie nicht frieren.

die **Margerite** *Substantiv*

Das ist eine Blume mit weißen Blütenblättern und einer gelben Mitte.

der **Marienkäfer** *Substantiv*

Marienkäfer sind kleine Insekten. Ihre roten Flügel haben schwarze Punkte.

das **Mark** *Substantiv*

Laute Geräusche dringen einem durch **Mark** und Bein. Gemeint ist damit das **Knochenmark** in unseren Knochen.

die **Marke** *Substantiv*

Ein Produkt, das einen bekannten Namen hat, ist ein **Markenartikel**. Der Name des Produkts oder des Herstellers ist die **Marke**. Es gibt zum Beispiel **Automarken** und **Markenkleidung**. Eine **Hundemarke** ist ein Schild mit einer Nummer, das man Hunden ans Halsband hängt.

die **Marionette** *Substantiv*

Eine **Marionette** ist eine Puppe, die an Fäden hängt. Man bewegt die Puppe, indem man an den Fäden zieht.

▶ Schau auf Seite 412 nach.

markieren *Verb*

Robin hat seine Pfeile **markiert**. Er hat zwei Striche hineingeritzt, damit er sie unter all den Pfeilen der anderen wiedererkennt.

der **Markt** *Substantiv*

Aladin ist auf einem **Wochenmarkt**. Er schaut sich die Stände an und kauft bei den Händlern Obst, Brot und Gemüse ein. Sie preisen lauthals ihre Waren an. Auf einem **Flohmarkt** kann man alte und gebrauchte Dinge kaufen, zum Beispiel Bücher, Schallplatten, Kleider und Geschirr.

die **Marmelade** *Substantiv*

Rotkäppchens Mutter kocht **Marmelade** ein. Dazu erhitzt sie Erdbeeren und Zucker in einem großen Topf.

der **Marmor** *Substantiv*

Das ist ein schöner, harter und teurer Stein, den man für Statuen, Treppen und Fußböden verwendet.

der **März** *Substantiv*

Monat

die **Maschine** *Substantiv*

Mit einer **Waschmaschine** wäscht man. Der Schneider, der Aladins neue Gewänder näht, hat eine **Nähmaschine**. Bauern benutzen **Landmaschinen**, um die Felder zu bestellen.

die **Maske** *Substantiv*

Romeo trägt eine **Maske**. Er hat sich **maskiert**, damit ihn niemand erkennt.

die **Maßangabe** *Substantiv*

Die **Länge**, die **Breite** und die **Höhe** sind **Maßangaben**. Mit Hilfe von **Maßangaben** kann man die Größe von Gegenständen genau angeben.

die **Masse** *Substantiv*

Die Masse ist eine große Anzahl von Dingen oder Menschen.

der **Mast** *Substantiv*

Das Schiff des Prinzen hat drei **Masten**. Das sind die Holzpfähle, an denen die Segel befestigt werden.

mästen *Verb*

Die Hexe will Hänsel **mästen**, bevor sie ihn isst. Sie gibt ihm viel zu essen, damit er zunimmt und Speck auf die Rippen bekommt.

das **Match** *Substantiv*

Bei einem **Tennismatch** spielen zwei Spieler gegeneinander.

das **Material** *Substantiv*

Holz, Steine, Metall, Glas, Stoff und Papier sind **Materialien**. Man kann daraus etwas bauen oder herstellen.

Informationen werden auch **Material** genannt. Der Lehrer sammelt für den Geschichtsunterricht **Material** über den letzten deutschen Kaiser. Er braucht Lehrstoff und kopiert Texte aus verschiedenen Büchern.

die **Mathematik** *Substantiv*

Alice ist sehr gut in **Mathematik**. Sie kann gut rechnen und kennt sich mit den geometrischen Figuren aus: dem Quadrat, dem Kreis, dem Dreieck und dem Rechteck.

▶ Schau auf Seite 145 nach.

die **Matratze** *Substantiv*

Schneewittchen bezieht die **Matratze** mit einem frischen Laken. Die **Matratze** liegt auf dem Lattenrost des Betts.

der **Matrose** *Substantiv*

Ein **Matrose** ist ein Seemann, das heißt er arbeitet auf einem Schiff. **Matrosen** tragen eine **Matrosenmütze** und einen **Matrosenanzug**. Sie übernehmen an Bord verschiedene Aufgaben, die der Kapitän des Schiffes ihnen zuteilt.

der **Matsch** *Substantiv*

Es hat lange geregnet und der Weg ist ganz **matschig**. **Matsch** ist aufgeweichte Erde.

matt *Adjektiv*

Das heißt schwach, müde oder glanzlos.

die **Mauer** *Substantiv*

Das dritte Schweinchen baut ein Haus mit besonders dicken **Mauern**, damit der Wolf es nicht wegpusten kann. Die Wände sind aus Ziegelsteinen. Die Tür ist aus festem Holz.
Der Mörtel zwischen den Steinen gibt der **Mauer** Stabilität.

das **Maul** *Substantiv*

Vater Wolf trägt das kleine Menschenkind vorsichtig in seinem **Maul** nach Hause.

Maul nennt man den Mund der Tiere.
Wenn ein Tier beißt, bekommt es einen **Maulkorb**. Es gibt **Maulkörbe** für Hunde und für Kamele.

der **Maulwurf** *Substantiv*

Das ist ein kleines Säugetier. Es kann fast nichts sehen und gräbt Gänge unter der Erde.

der **Maurer** *Substantiv*

Das kleine Schweinchen baut sein Ziegelsteinhaus so gekonnt wie ein echter **Maurer**. Das ist ein Handwerker, der Mauern baut.

die **Maus** *Substantiv*

Mäuse sind kleiner als Ratten. Beide gehören zu den Nagetieren.

das **Mauseloch** *Substantiv*

Dort verstecken sich Mäuse vor Katzen. Es ist auch der Eingang zu der Mäusewohnung.

die **Mayonnaise** *Substantiv*

Diese kalte, dicke Sauce ist hellgelb. Man isst sie zum Beispiel zu Pommes Frites. Sie wird aus Eidottern, Senf und Öl gemacht.

die **Medaille** *Substantiv*

Das ist eine Münze, die zum Beispiel bei sportlichen Wettkämpfen als Preis verliehen wird. Bei der Olympiade bekommen die drei besten Sportler eines Wettkampfs eine **Gold-**, **Silber-** oder **Bronzemedaille**.

das **Medaillon** *Substantiv*

Ein **Medaillon** ist ein kleiner Anhänger an einem Armband oder einer Kette.

das **Medikament** *Substantiv*

Pinocchio muss **Medikamente** nehmen, damit er wieder gesund wird. **Medikamente** gibt es als Saft, Sirup, Tabletten, Zäpfchen, Tropfen oder als Spritzen.

das **Meer** *Substantiv*

Meere sind riesengroße Wasserflächen zwischen Ländern und Kontinenten. Ihr Wasser schmeckt salzig.

Welches Wort klingt genauso wie Meer, bedeutet aber etwas ganz anderes? Schau auf Seite 278 nach.

die **Meerjungfrau** *Substantiv*

Meerjungfrauen sind Mädchen, die nicht auf zwei Beinen gehen. Von der Hüfte abwärts sind sie Fische. Sie können gut schwimmen und wunderbar singen. Mit ihrem Gesang leiten sie oft Seeleute in die Irre, die dann nie wieder an Land finden. Aber **Meerjungfrauen** gibt es ja nur in Geschichten.

das **Meerschweinchen** *Substantiv*

Das ist ein beliebtes Haustier mit weichem Fell. Es stammt ursprünglich aus Südamerika. Wie der Hamster ist es ein Nagetier. Es frisst Gemüse, Obst, Getreide, Heu und Gras. **Meerschweinchen** sind auf Löwenzahl ganz versessen. ▶ Schau auf Seite 188 nach.

das **Mehl** *Substantiv*

Der Müller mahlt in seiner Mühle Weizenkörner zu **Mehl**. Mit **Mehl** kann man Brot, Kuchen und Pfannkuchen backen.

mehr *Adverb*

Aschenputtels Stiefschwestern haben viele Kleider, aber sie möchten noch **mehr** haben. Sie können nie genug bekommen.

die **Meile** *Substantiv*

In vielen Ländern, zum Beispiel in England und Amerika, misst man Entfernungen nicht in Kilometern, sondern in **Meilen**. Eine **Meile** ist länger als ein Kilometer. In der Schifffahrt werden Entfernungen grundsätzlich in **Meilen** gemessen.

Man sagt, mit **Siebenmeilenstiefeln** kann man mit nur einem Schritt sieben **Meilen** überwinden.

die **Meinung** *Substantiv*

Wer sagt, was er denkt, sagt seine **Meinung**.

meistern *Verb*

Wer eine schwierige Situation **meistert**, kommt damit zurecht.

melken *Verb*

Wenn man an den Zitzen am Euter einer Kuh oder einer Ziege zieht, kommt Milch heraus. Das nennt man **melken**. In einigen Ländern **melkt** man auch Kamele, um ihre Milch zu trinken.

die **Melodie** *Substantiv*

Die kleine Meerjungfrau singt eine wunderschöne **Melodie**, die niemand kennt. Jedes Lied hat eine **Melodie**. Sie entsteht aus den einzelnen Tönen.

die **Melone** *Substantiv*

Das ist eine große runde Frucht mit einer dicken grünen Schale. Das Fruchtfleisch der **Wassermelone** ist rot und sie hat Kerne. Die **Honigmelone** hingegen ist süß und hat orangefarbenes Fruchtfleisch.

die **Menge** *Substantiv*

Die ganze Stadt ist gekommen, um Aladins Schätze zu bewundern. Es hat sich eine **Menschenmenge** gebildet.

Aladin hat eine **Menge** Schätze gesammelt: Goldmünzen, Edelsteine und wertvollen Schmuck.

der **Mensch** *Substantiv*

Der **Mensch** ist ein Lebewesen. Männer, Frauen und Kinder sind **Menschen**.

der **Menschenfresser** *Substantiv*

Die Hexe in *Hänsel und Gretel* ist eine **Menschenfresserin**. Sie will Hänsel aufessen. Das ist abscheulich.
▶ Schau auch unter **Kannibale** nach.

menschenleer *Adjektiv*

Pinocchio läuft nachts allein durch die Straßen. Die Straßen sind **menschenleer**. Pinocchio sieht weit und breit niemanden und bekommt Angst.

das **Menü** *Substantiv*

Ein **Menü** besteht aus mindestens drei Gängen: der Vorspeise, dem Hauptgang und dem Nachtisch. Bei einem Festessen im Schloss des Königs folgen mehr als zehn Gänge aufeinander. Die Hauptgänge bestehen aus kleinen Portionen verschiedener Sorten Fisch und Fleisch.

merken *Verb*

Was werden die Zwerge Schneewittchen antworten? Schau auf Seite 511 nach.

Wenn du dir etwas **merkst**, behältst du es in Erinnerung. Du weißt es noch, wenn man dich danach fragt.

Das Biest leidet unter seiner Hässlichkeit. Aber es zeigt dies nicht. Es lässt sich nichts **anmerken**.

merkwürdig *Adjektiv*

„Ein Kaninchen im Anzug? Das ist aber sehr **merkwürdig**", sagt sich Alice. Normalerweise sind Kaninchen nicht angezogen.

messen *Verb*

Der kleine Bär **misst** seine Größe an Papas Rücken. Er geht ihm schon bis zu den Hosenträgern.

Wenn man etwas **misst**, stellt man fest, wie groß oder schwer es ist.
▶ Schau auch unter <u>Messen und Wiegen</u> auf Seite 280 nach.

das **Messer** *Substantiv*

Ein **Messer** besteht aus einer Klinge und einem Holz- oder Plastikgriff, mit dem man es in der Hand hält. Mit der Klinge schneidet man.

m

Messen und Wiegen

Längenangaben

Das kleine Schweinchen zeichnet den Grundriss für sein neues Haus.

Mit seinem Lineal misst es die **Millimeter** und **Zentimeter**.

Mit dem **Zollstock** misst das kleine Schweinchen die Höhe der Tür.

Es geht ins Dorf, um Nägel zu kaufen. Das Dorf ist einen **Kilometer** entfernt.

So misst man, wie lang etwas ist:

1 Zentimeter hat 10 Millimeter.
1 Dezimeter hat 10 Zentimeter.
1 Meter hat 100 Zentimeter.
1 Kilometer hat 1000 Meter.

So kürzt man die Maßeinheiten ab:

1 Millimeter	= 1 mm
1 Zentimeter	= 1 cm
1 Dezimeter	= 1 dm
1 Meter	= 1 m
1 Kilometer	= 1 km

Gewichtsangaben

Für einen Kuchen wiegt Mama Bär ein **Kilogramm** Äpfel auf einer Waage.

Für den Teig braucht sie 500 **Gramm** Mehl und 250 **Gramm** Butter.

So misst man, wie viel etwas wiegt:

Ein halbes Pfund hat 250 Gramm.
Ein Pfund hat 500 Gramm.
1 Kilogramm hat 1000 Gramm.
1 Tonne hat 1000 Kilogramm.

So kürzt man die Maßeinheiten ab:

1 Gramm	= 1 g
1 Kilo oder Kilogramm	= 1 kg
1 Tonne	= 1 t

Flüssigkeiten

Mama Bär misst einen **Liter** Milch ab

Sie braucht auch zwei **Deziliter** Sahne.

So misst man Flüssigkeiten:

1 Deziliter hat 10 Zentiliter.
1 Liter hat 10 Deziliter.

So kürzt man die Maßeinheiten ab:

1 Zentiliter	= 1 cl
1 Deziliter	= 1 dl
1 Liter	= 1 l

▶ Und wie misst man die Zeit? Schau unter die Uhrzeit auf Seite 434 nach.

das **Metall** *Substantiv*

Das ist ein Material. Eisen, Stahl, Silber und Gold sind **Metalle**.

der **Meter** *Substantiv*

→ Messen und Wiegen

die **Methode** *Substantiv*

Das ist die Art und Weise, wie man etwas tun. Pinocchios Lehrer hat eine gute **Methode**, den Kindern das Lesen beizubringen.

der **Metzger** *Substantiv*

Der **Metzger** schlachtet Tiere und macht daraus Fleisch und Wurst. Er verkauft sie in der **Metzgerei**.

miauen *Verb*

→ Katze

die **Miesmuschel** *Substantiv*

Eine **Miesmuschel** ist ein Weichtier mit einer harten Schale.

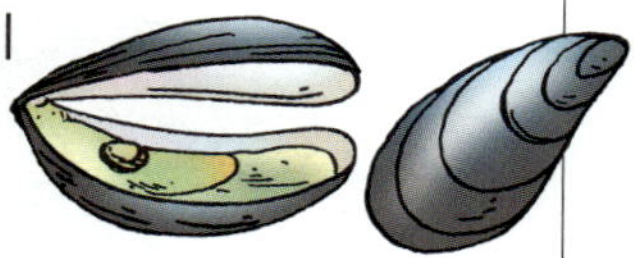

mieten *Verb*

Wer ein Auto **mietet**, bezahlt dafür, dass er damit fahren darf. Der **Mieter** einer Wohnung bezahlt jeden Monat **Miete** an den Eigentümer.

das **Mikrofon** *Verb*

Wer in ein **Mikrofon** mit Lautsprecher spricht, ist von weitem gut zu hören. Mit einem **Mikrofon** kann man auch Musik und Geräusche aufnehmen.

das **Mikroskop** *Substantiv*

Um Mikroben und andere Bakterien sehen zu können, braucht man ein **Mikroskop**. Es vergrößert sogar winzig kleine Dinge so, dass man sie gut erkennen kann.

die **Mimose** *Substantiv*

Dieser kleine Baum hat gelbe, kugelförmige Blüten, die sehr stark duften.

die **Mine** *Substantiv*

Eine **Mine** ist ein Bergwerk. Dort wird nach Eisenerz, Kohle oder Diamanten gegraben.

Die Zwerge arbeiten in einem Bergwerk. Sie sind Bergleute. Man nennt sie auch **Minenarbeiter**.

der **Minister** *Substantiv*

Ein **Minister** ist ein Regierungsmitglied mit einem bestimmten Aufgabengebiet. Es gibt zum Beispiel einen **Minister** für Wirtschaft, einen für Verteidigung, einen für Verkehr und einen für Außenpolitik.

die **Minute** *Substantiv*

Eine Stunde hat 60 **Minuten** und jede **Minute** 60 Sekunden. ▶ Schau unter Wie die Zeit vergeht auf Seite 500 nach.

die **Minze** *Substantiv*

Das ist eine Pflanze, die einen starken, frischen Geruch und Geschmack hat. Aus ihren Blättern und Blüten kann man **Pfefferminztee** machen.

mischen *Verb*

Die Meerhexe **mischt** in ihrem Kessel alles Mögliche zusammen. Sie rührt kräftig um und braut daraus über dem Feuer einen Trank. *Weißt du, was sie mit dem Gemisch vorhat? Schau auf Seite 422 nach.*

missachten *Verb*

Die alte Fee fühlt sich **missachtet**. Sie glaubt, dass der König ihr keine **Beachtung** schenkt und sie nicht respektiert. *Was tut sie, um sich zu rächen? Schau auf Seite 140 nach.*

die **Mistel** *Substantiv*

→ Stechginster

das **Mitgefühl** *Substantiv*

→ Mitleid

die **Mitgift** *Substantiv*

Mitgift nennt man Geld oder Güter, die eine Tochter von ihren Eltern bekommt, wenn sie heiratet.

das **Mitglied** *Substantiv*

Die **Mitglieder** zum Beispiel einer Partei gehören zu dieser Partei.

das **Mitleid** *Substantiv*

Der Jäger hat **Mitleid** mit Schneewittchen. Er lässt sie leben, weil sie ihm Leid tut.

mitnehmen *Verb*

Der Zauberer hat die Lampe **mitgenommen**. Er hat sie sich geholt und ist damit verschwunden.
Die Stiefschwestern möchten Aschenputtel nicht auf den Ball **mitnehmen**. Sie soll zu Hause bleiben.

der Mitschüler *Substantiv*

Pinocchio und die anderen Schüler in seiner Klasse sitzen im Klassenzimmer. Pinocchio und seine **Mitschüler** hören dem Lehrer zu.

der Mittag *Substantiv*

Das ist die Tagesmitte nach dem Vormittag und vor dem Nachmittag. Was machen die Zwerge **mittags**? *Schau auch unter die Uhrzeit auf Seite 434 nach.*

die Mitte *Substantiv*

Robin trifft mit seinem Pfeil immer genau die **Mitte** der Zielscheibe. Er ist ein sehr guter Schütze.

mitteilen *Verb*

Robin hat eine Nachricht für Marianne und Marianne hat sie erhalten.
Little John hat Marianne die Nachricht **mitgeteilt**.

das Mittel *Substantiv*

Gretel hat ein **Mittel** gefunden, sich von der Hexe zu befreien. *Wie wird sie es anstellen? Schau auf Seite 301 nach.*

die Mitternacht *Substantiv*

Das ist die Mitte der Nacht. Um **Mitternacht** beginnt der nächste Tag.

mittlere *Adjektiv*

Goldlöckchen sieht drei Tische bei den Bären: einen großen, einen **mittleren** und einen kleinen. Auf jedem steht eine Schüssel: eine große, eine **mittlere** und eine kleine. Sie probiert etwas von der Suppe in der **mittleren** Schüssel.

der Mittwoch *Substantiv*

→ die Wochentage

die Möbel *Substantiv*

Im Schloss des Biests stehen sehr schöne **Möbel**. Die Tische, Stühle, Sessel, Betten und Schränke, die das Biest ausgesucht hat, sind sehr geschmackvoll.

die **Mode** *Substantiv*

Videospiele sind im Moment in **Mode**. Alle spielen damit und viele haben eins.

das **Modell** *Substantiv*

Die meisten Jungen bauen gern **Modelle** zusammen. Dieses ist kein **Modellauto**, sondern ein **Modellhubschrauber**.

mogeln *Verb*

Pinocchio beachtet die Spielregeln nicht. Er versucht, die anderen hereinzulegen. Er **mogelt**.

mögen *Verb*

Baloo **mag** Honig. Am liebsten würde er jeden Tag Honig essen.

möglich *Adjektiv*

Alice ist geschrumpft. Sie kann wieder durch die Tür gehen. Es ist ihr **möglich**. Dinge, die **möglich** sind, kann man tun.
Wie heißt das Gegenteil? Schau auf Seite 440 nach, wenn du es nicht weißt.

die **Mohnblume** *Substantiv*

Diese Blume hat zarte, leuchtend rote Blütenblätter.

die **Mole** *Substantiv*

Eine **Mole** ist ein Hafendamm. Es ist die Mauer des Hafenbeckens. Sie schützt das Hafenbecken vor hohen Wellen.
▶ Schau auch unter **Hafen** nach.

der **Moment** *Substantiv*

Robin und Little John springen im selben **Moment**. Sie sind gleichzeitig abgesprungen.

der **Monat** *Substantiv*

Das Jahr hat zwölf **Monate**: Januar, Februar, März, April, Mai, Juni, Juli, August, September, Oktober, November und Dezember.

monatlich *Adjektiv*

Das bedeutet jeden Monat.

der **Mond** *Substantiv*

Das ist ein Planet, der um die Erde kreist.

Die Wölfe versammeln sich bei **Vollmond**.

der **Mondschein** *Substantiv*

Wenn die kleinen Meerjungfrauen fünfzehn Jahre alt sind, dürfen sie nachts an die Wasseroberfläche kommen und sich im **Mondschein** auf die Felsen setzen. Bei **Vollmond** strahlt das Licht des **Monds** weit über das Meer.

das **Monster** *Substantiv*

Das Biest sieht wie ein **Monster** aus. Es ist ein Scheusal, das jedem Angst einjagt. Es sieht schrecklich aus. Aber es hat ein gutes Herz.

der **Montag** *Substantiv*

→ die Wochentage

das **Moos** *Substantiv*

Diese Pflanzen wachsen in weichen Schichten auf dem Boden, auf Bäumen oder auf Steinen.

die **Moral** *Substantiv*

Die **Moral** einer Geschichte ist die Lehre, die man daraus zieht. Sie lehrt uns, was falsch und was richtig ist.

der **Mord** *Substantiv*

Der Jäger möchte Schneewittchen nicht töten. Er möchte keinen **Mord** begehen. Er ist kein **Mörder**.

der **Mörder** *Substantiv*

Mörder bringen andere Menschen mit Absicht um. Sie **ermorden** sie.

morgen *Adverb*

→ die Wochentage

der **Morgen** *Substantiv*

Das ist der erste Teil des Tages. Am **Morgen** geht die Sonne auf und es wird hell. *Um wie viel Uhr stehen die Zwerge morgens auf?* *Schau auf Seite 434 nach.*

das **Morgengrauen** *Substantiv*

Der Hahn erwacht im **Morgengrauen**. Sobald die Sonne aufgeht, beginnt er zu krähen.

die **Morgenröte** *Substantiv*

Das ist das erste Sonnenlicht, wenn der Tag beginnt.

die **Moschee** *Substantiv*

In diesem Gebäude versammeln sich Moslems zum Gebet.

der **Moslem** *Substantiv*

Moslems glauben wie Juden und Christen an einen Gott. Sie nennen ihn Allah. Ihre Religionsgemeinschaft bezeichnet man als Islam. Sie ist eine der größten Religionen der Welt. Das heilige Buch der Moslems heißt Koran.

das **Motiv** *Substantiv*

Eine Landschaft ist ein schönes **Motiv** für ein Bild. Das **Motiv** ist die Vorlage, die du abmalst oder etwas, das du dir vorstellst und dann malst.

der **Motor** *Substantiv*

Ein **Motor** treibt Maschinen an. **Motoren** werden durch elektrischen Strom oder Kraftstoff angetrieben.

das **Motorrad** *Substantiv*

Ein **Motorrad** ist ein Fahrzeug mit zwei Rädern und einem Motor. Es fährt schneller als ein Mofa.

die **Möwe** *Substantiv*

Möwen sind große Seevögel, die laut kreischen und den Fischerbooten und Schiffen folgen.

die **Mücke** *Substantiv*

Das ist ein kleines Insekt, das sticht.

müde *Adjektiv*

Die Tiere sind weit gelaufen. Die Beine tun ihnen weh und sie sind **müde**. Sie haben keine Kraft mehr.

Was macht der Esel, um sich auszuruhen? Schau auf Seite 53 nach.

die **Mühle** *Substantiv*

Der Müller mahlt in seiner **Mühle** Korn zu Mehl. Er zerkleinert die Getreidekörner zwischen den Mahlsteinen seiner **Mühle**.

Viele Leute haben zu Hause eine **Kaffeemühle**, mit der sie Kaffeebohnen zu Kaffeepulver **mahlen**.

der **Mund** *Substantiv*

Wenn dein **Mund** geschlossen ist, sieht man nur deine Lippen. Aber wenn du ihn weit öffnest, kann man deine Zähne, deine Zunge und im Hals deine Mandeln sehen.

die **Mundharmonika** *Substantiv*

Der Clown spielt **Mundharmonika**. Das ist ein kleines Musikinstrument.

die **Murmel** *Substantiv*

Im Spielzeugland können die Kinder mit **Murmeln** spielen. **Murmeln** sind kleine, bunte Kugeln aus Glas oder Marmor.

murmeln *Verb*

Wenn man **murmelt**, spricht man leise und undeutlich

das **Murmeltier** *Substantiv*

Murmeltiere leben in den Bergen. Sie haben einen schönen Pelz. Im Winter halten sie einen langen Winterschlaf.

die **Muschel** *Substantiv*

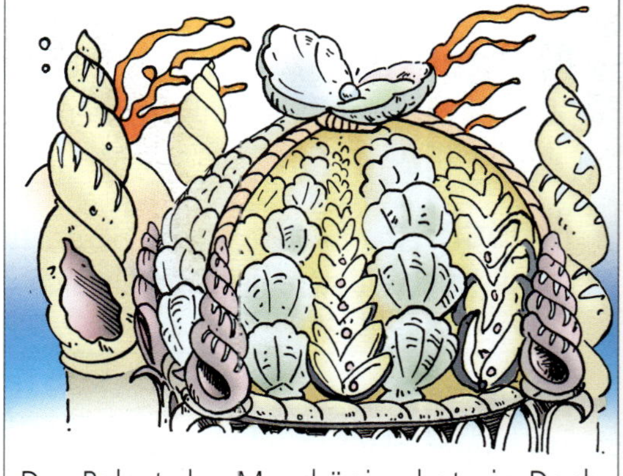

Der Palast des Meerkönigs hat ein Dach aus **Muscheln**, die sich mit der Meeresströmung öffnen und schließen. Eine **Muschel** ist ein Weichtier mit einer Schale aus hartem Kalk.

müssen *Verb*

mutig *Adjektiv*

Little John ist der **mutigste** von Robins Freunden. Er fürchtet sich vor nichts und niemandem.

die **Mutter** *Substantiv*

Das ist eine Frau, die ein Kind zur Welt gebracht hat.
Mutterliebe ist die Liebe einer **Mutter** zu ihren Kindern.

das **Mutterschaf** *Substantiv*

Schaf

die **Muttersprache** *Substantiv*

Die **Muttersprache** ist die Sprache, die man als Kind von den Eltern lernt. Viele Menschen lernen noch andere Sprachen, wenn sie größer werden. Diese nennt man **Fremdsprachen**.

die **Mütze** *Substantiv*

Früher zog man ungehorsamen Schülern eine **Eselsmütze** auf. Eine richtige **Mütze** ist aus Wolle oder einem anderen warmen Stoff und wärmt den Kopf und die Ohren.

der **Mythos** *Substantiv*

So nennt man oft uralte Vorstellungen eines Volkes über die Entstehung der Welt, seiner Götter und Helden.

Nn

nach *Präposition*

vor

nachahmen *Verb*

Der Wolf **ahmt** Rotkäppchens Stimme **nach**. Er spricht wie Rotkäppchen und nimmt seinen Tonfall an.

der **Nachbar** *Substantiv*

Deine **Nachbarn** wohnen neben dir oder in deiner direkten Umgebung.

nachdenken *Verb*

Nachdenken bedeutet, sich überlegen, was man tun könnte.

nachgeben *Verb*

Wer **nachgibt**, verzichtet darauf, seine Interessen oder seinen Standpunkt durchzusetzen.

der **Nachkomme** *Substantiv*

Aschenputtel und der Prinz sind glücklich und bekommen viele Kinder. Ihre Kinder heiraten und bekommen ebenfalls viele Kinder. Aschenputtel hat viele **Nachkommen**. Die **Nachkommen** sind die Kinder, Enkel und Urenkel.

der **Nachmittag** *Substantiv*

Das ist der Zeitraum zwischen Mittag und Abend.

Wie heißt der Zeitraum vor dem Mittagessen? *Schau auf Seite 287 nach.*

die **Nachricht** *Substantiv*

Früher wurden **Nachrichten** von Boten überbracht. Heute kann man seine **Nachricht** auf dem Anrufbeantworter hinterlassen oder eine E-Mail schreiben.

nachsichtig *Adjektiv*

Die Fee ist zu **nachsichtig** mit Pinocchio. Sie verzeiht ihm jedes Mal seine Dummheiten. Sie kann einfach nicht streng zu ihm sein.

die **Nacht** *Substantiv*

In der **Nacht** scheint die Sonne nicht mehr. Alles ist dunkel, aber wenn keine Wolken am Himmel sind, kann man den Mond und die Sterne sehen.

Die Eule ist ein **nachtaktives** Tier. Tagsüber schläft sie und **nachts** geht sie auf die Jagd.

die **Nachtigall** *Substantiv*

Das ist ein Singvogel mit einer sehr hübschen Stimme.

der **Nachtisch** *Substantiv*

Zum **Nachtisch** schmeckt Kuchen oder Eis gut. **Nachtisch** gibt es mittags oder abends zum Schluss einer Mahlzeit.

nachtragend *Adjektiv*

Ein **nachtragender** Mensch vergisst nicht, wenn man ihn beleidigt hat. Es dauert sehr lange, bis er jemandem verzeiht.

der **Nacken** *Substantiv*

der Körper

nackt *Adjektiv*

Mowgli ist **nackt**, als Vater Wolf ihn findet. Er hat nichts an.

die **Nacktschnecke** *Substantiv*

Schnecken haben einen weichen, biegsamen Körper. Es gibt **Schnecken**, die ihr Haus auf dem Rücken tragen, und **Nacktschnecken**.

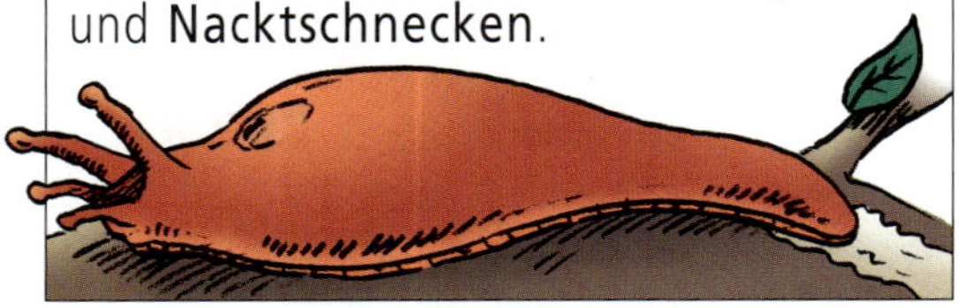

die **Nadel** *Substantiv*

Die Königin sticht sich mit der **Nadel** in den Finger. Die **Nähnadel** hat oben ein Loch, das man **Nadelöhr** nennt.

der **Nagel** *Substantiv*

Das kleine Schweinchen befestigt die Bretter der Hauswände mit **Nägeln** an den Balken.

nagen *Verb*

Das bedeutet, etwas mit den Zähnen zu zerbeißen. Kaninchen, Hasen, Hamster, Mäuse und Ratten sind **Nagetiere**.

nah *Adjektiv*

Das Schloss des Prinzen steht ganz **nah** am Meer. Es ist direkt am Wasser.

Die kleine Meerjungfrau und ihre Schwestern stehen sich sehr **nah**. Sie haben sich lieb und erzählen einander alles.

▶ Schau auch unter Orte und Richtungen.

nähen *Verb*

Der Schneider nimmt den Stoff, das Garn und die Nadel zur Hand und fängt an, neue Kleider für Aladin zu **nähen**. Er muss viele Stiche machen, bis die neue Jacke fertig ist.

Die **Naht** ist die Stelle, an der zwei Stücke Stoff **zusammengenäht** sind.

nähern *Verb*

Vorsicht! Der Wolf **nähert** sich! Er ist im Anmarsch und kommt immer **näher** an das Haus.

naiv *Adjektiv*

Schneewittchen ist **naiv**. Sie glaubt alles, was ihr die alte Frau erzählt. Dabei ist das die böse Königin, die sich nur verkleidet hat. Schneewittchen ist zu gutgläubig.

der **Name** *Substantiv*

Mowgli hat nur einen **Namen**. Normalerweise hat man zwei **Namen**, einen **Vornamen** und einen **Nachnamen**. Der **Nachname** ist der **Name** der Familie. Manche Menschen haben auch einen zweiten **Vornamen**.

die **Narbe** *Substantiv*

Bagheera, der Panter, hat eine **Narbe** am Hals. Sie ist dort, wo ihm die Menschen früher ein eisernes Halsband umgelegt haben. Eine **Narbe** bleibt nach einer Verletzung, Verbrennung oder Operation auf der Haut zurück.

die **Narkose** *Substantiv*

Das bedeutet Betäubung.

die **Narzisse** *Substantiv*

Das ist eine Blume mit gelben oder weißen Blütenblättern.

naschen *Verb*

Baloo **nascht** gerne Honig, sogar wenn er keinen Hunger hat, weil er ihm so gut schmeckt. Er ist eine **Naschkatze**.

n

die **Nase** *Substantiv*

Wenn Pinocchio lügt, wird seine **Nase** länger. Mit der **Nase** kann man Gerüche und Düfte wahrnehmen.

das **Nasenloch** *Substantiv*

Wir haben in der Nase zwei **Nasenlöcher**, durch die wir atmen können.

das **Nashorn** *Substantiv*

Dieses Tier mit dem großen **Horn** auf der Nase nennt man auch Rhinozeros. Es kann bis zu vier Meter lang werden und ernährt sich von Pflanzen. **Nashörner** leben in den Steppen Afrikas und Asiens oder in Zoos.

national *Adjektiv*

Jedes Land hat eine **nationale** Flagge. **National** bedeutet, dass etwas zu einem Land gehört.

die **Nationalität** *Substantiv*

Die **Nationalität** ist die Staatsbürgerschaft. Deutsche haben eine deutsche **Nationalität**, Franzosen eine französische. In der Regel bekommt man die **Nationalität** des Landes, in dem man geboren ist. Man kann aber auch eine andere **Nationalität** annehmen, wenn man zum Beispiel in einem anderen Land lebt.

die **Natur** *Substantiv*

Als **Natur** bezeichnet man alles auf der Welt, das nicht von Menschen geschaffen ist: Erde, Luft, Wasser, Tiere, Pflanzen und das Weltall. **Natürliche** Produkte werden nicht künstlich hergestellt.

der **Naturschutz** *Substantiv*

Um Tiere, Pflanzen und ihre Lebensräume zu erhalten, stellt man sie unter **Naturschutz** und erklärt große Flächen Land zu **Naturschutzgebieten**.

die **Naturwissenschaft** *Substantiv*

Biologie, Physik, Chemie und Medizin zählen zu den **Naturwissenschaften**. Sprachen, Literatur, Musik und Kunst sind **Geisteswissenschaften**.

der **Nebel** *Substantiv*

Nebel ist wie eine große Wolke, die dicht über dem Boden schwebt. Wenn es sehr **neblig** ist, kann man fast nichts mehr sehen.

Der Vater der Schönen bewegt sich vorsichtig durch die **Nebelschwaden**.

necken *Verb*

Alice **neckt** die Maus. Sie treibt einen Spaß mit ihr.

der **Neffe** *Substantiv*

→ Nichte

nehmen *Verb*

Der Fischer **nimmt** einen Fisch aus dem Netz, um ihn zu braten.

die **Neigung** *Substantiv*

Lesen entspricht Pinocchios **Neigungen**. Er macht es lieber als rechnen. Er kann es gut, es macht ihm Spaß.

der **Nektar** *Substantiv*

Viele Blüten bilden Blütensaft. Dieser **Nektar** lockt Bienen an. Sie sammeln ihn, um Honig herzustellen.

die **Nelke** *Substantiv*

Das ist eine stark duftende Blume. Sie blüht in vielen Farben.

nennen *Verb*

Alice kann nicht einmal mehr drei Städte **nennen**. Sie kann nicht sagen, wie sie heißen. Sie hat es vergessen. Wer jemanden beim Namen **nennt**, sagt seinen Namen.

Weißt du, woher Aschenputtel ihren Namen hat? Wenn du es wissen möchtest, schau auf Seite 37 nach.

der **Nerv** *Substantiv*

Nerven verlaufen vom Gehirn aus zu allen Körperteilen. Diese feinen Verbindungen sind dünner als Fäden. Sie übermitteln den Muskeln das Signal, sich zu bewegen und lassen uns Wärme, Kälte und Schmerzen empfinden.

Wenn dir jemand auf die **Nerven** geht, langweilt er dich oder stellt dir dumme Fragen. Es macht keinen Spaß, mit ihm zu spielen.

nerven *Verb*

Alice ist **genervt**. Sie wird wütend.

nervös *Adjektiv*

Der Zauberer wird sehr schnell **nervös**. Er verliert die Ruhe und wird hektisch, wenn etwas nicht sofort klappt.

das **Nest** *Substantiv*

Die Schwalben bauen ein **Nest** für ihre Jungen.

das **Nesthäkchen** *Substantiv*

Die kleine Meerjungfrau ist das **Nesthäkchen** unter den Geschwistern. Sie ist das jüngste Kind des Meerkönigs.

nett *Adjektiv*

Pinocchio findet das Mädchen mit den blauen Haaren **nett**. Sie ist freundlich und sympathisch. Pinocchio möchte sie kennen lernen.

das **Netz** *Substantiv*

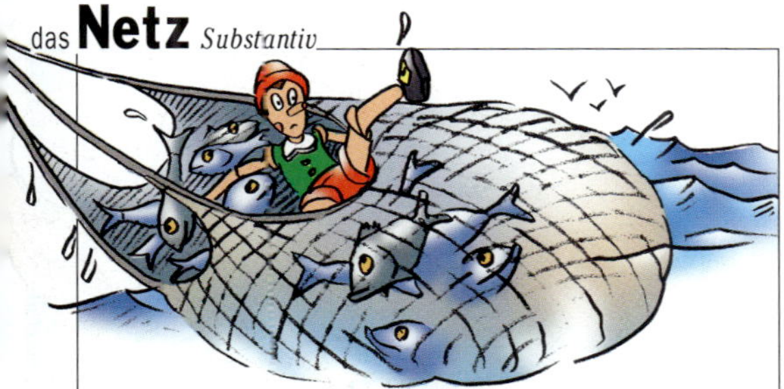

Der Fischer hat in seinem **Netz** viele Fische gefangen. Und wen noch?

Tennis und Tischtennis spielt man über ein **Netz**.

neu *Adjektiv*

Was ist **neu**?
– Ein Spielzeug, das du gerade erst bekommen hast, ist **neu**.
– Aschenputtels Schwestern haben Kleider, die sie noch nie getragen haben. Sie sind noch **neu**.
– Ein **neuer** Schüler in deiner Klasse ist ein Schüler, der vorher in eine andere Schule gegangen ist.
– Etwas, das es vorher noch nicht gab, ist eine **Neuheit**.

neugierig *Adjektiv*

Alice ist **neugierig**. Sie möchte wissen, was sich hinter dem Gartentor verbirgt. Ihre **Neugier** ist so groß, dass sie durch das Tor schlüpfen möchte.

die **Neuigkeit** *Substantiv*

Wenn dir jemand etwas **Neues** erzählt, erfährst du eine **Neuigkeit**.

Wie schreibt man **neu**?

groß	**klein**	**zusammen**	**getrennt**
das Alte und das Neue	aus alt wird neu	neuartig	neu beginnen
die Neuanschaffung	neu bauen	der Neuanfang	neu entwickeln
aufs Neue (wieder)	von neuem	der Neubau	neu kaufen
die Neue	ein gutes neues Jahr	neugeboren	die neu geschaffene Stelle
das Neue Testament	die neuen Bundesländer	das Neugeborene	das neu eingerichtete Haus
die Neue Welt (Amerika)	die neuen Schuhe	die Neuentwicklung	der neu eröffnete Laden

die **Nichte** *Substantiv*

Mädchen sind die **Nichten** ihrer Onkel und Tanten. Jungen sind ihre Neffen.

das **Nickerchen** *Substantiv*

Wer ein **Nickerchen** macht, schläft für eine kurze Zeit.

niedergeschlagen *Adjektiv*

Der Vater der Schönen ist ganz **niedergeschlagen**. Er ist sehr traurig, weil seine Tochter weggeht.

die **Niederlage** *Substantiv*

Die Soldaten des Sheriffs haben die Schlacht verloren. Das ist eine große **Niederlage** für sie. Robin und seine Freunde haben gewonnen.

niederlassen *Verb*

Der Hahn hat sich oben auf der Mauer **niedergelassen**. Dort sitzt er gut. Er kann über die Mauer sehen. Die anderen Tiere kommen nicht so hoch.

niesen *Verb*

Alice hat Pfeffer in die Nase bekommen. Sie muss **niesen**. Wenn man sich erkältet, muss man auch **niesen**.

die **Niete** *Substantiv*

So nennt man Lose, mit denen man bei einer Verlosung nichts gewinnen kann.

das **Nilpferd** *Substantiv*

Nilpferde leben in Afrika an Flüssen. Sie werden bis zu vier Meter lang und liegen am liebsten den ganzen Tag im Wasser.

der **Norden** *Substantiv*

Die Nadel eines Kompasses zeigt immer nach **Norden**. Die Sonne geht im Osten auf und im Westen unter.

normal *Adjektiv*

Wenn etwas **normal** ist, passiert es häufig. Es ist nicht ungewöhnlich.

die **Not** *Substantiv*

Bei Hänsel und Gretel zu Hause herrscht große **Not**. Die Familie ist sehr arm.

die **Note** *Substantiv*

Musik wird mit **Noten** auf **Notenlinien** aufgeschrieben. Es gibt verschiedene **Noten** wie c, d, e, f, g, a und h.

In der Schule vergibt der Lehrer **Noten** für die Klassenarbeiten. Die **Note** Eins ist die beste. Man bekommt sie, wenn man keinen Fehler macht. Die **Note** Sechs ist die schlechteste.

der **Notfall** *Substantiv*

Im Krankenhaus werden Verletzte im **Notfall** sofort behandelt. Dafür gibt es **Notärzte**.

das **Notizbuch** *Substantiv*

Das ist ein Heft, in dem man etwas **notiert**, zum Beispiel Adressen und Geburtstage.

Notiz nehmen *Verbverbindung*

Der Wolf liegt auf der Lauer, aber Rotkäppchen **nimmt** keine **Notiz** von ihm. Sie beachtet ihn nicht, weil sie ihn in seinem Versteck nicht bemerkt.

der **Nougat** *Substantiv*

Das ist eine Süßigkeit aus Zucker, Mandeln und Kakao.

der **November** *Substantiv*

Monat

nüchtern *Adjektiv*

Wer mit **nüchternem** Magen zur Schule geht, hat nicht gefrühstückt.
Auf der Hochzeitsfeier waren einige Gäste betrunken. Jetzt sind alle wieder **nüchtern**.
Ein **nüchterner** Bericht ist ein sachlicher Bericht.

die **Nudeln** *Substantiv*

Nudeln werden aus Mehl, Eiern und Wasser gemacht. Es sind Teigwaren, die man vor dem Essen in heißem Wasser kochen muss. Spagetti, Makkaroni und Tortellini sind verschiedene **Nudelsorten**.

die **Null** *Substantiv*

Eine einzelne **Null** zählt nicht mit, wenn man Zahlen addiert. **Null** Punkte in einem Spiel bedeutet keine Punkte.

die **Nummer** *Substantiv*

Wenn du jemanden anrufen willst, musst du seine **Telefonnummer** wählen. Das ist eine Kombination aus mehreren Zahlen.
Den Auftritt eines Akrobaten im Zirkus nennt man auch **Nummer**. Als Esel ist Pinocchio die **Glanznummer** des Zirkus.

nutzen *Verb*

Schneewittchen ist gutgläubig und nimmt den Apfel an. Die Hexe **nutzt die Gelegenheit**, um sie zu töten.
Aschenputtel hat ein Bügeleisen. Sie **nutzt** es, um die Wäsche glatt zu bügeln.

nützlich *Adjektiv*

Ein Zauberstab ist sehr **nützlich**. Man kann damit Kürbisse in Kutschen verwandeln. Er ist noch für vieles andere sehr **nützlich**.

Oo

die **Oberfläche** *Substantiv*

Seerosen sind Wasserpflanzen, deren Blüten an der **Wasseroberfläche** wachsen.

oberhalb *Präposition*

Der Kopf liegt **oberhalb** des Halses. Er liegt darüber.

der **Oberkörper** *Substantiv*

Der **Oberkörper** ist der Körper oberhalb des Bauchnabels.

der **Oberschenkel** *Substantiv*

Der **Oberschenkel** reicht von der Hüfte bis zum Knie. ▶ Schau unter der Körper auf Seite 239 nach.

der **Obstgarten** *Substantiv*

In einem **Obstgarten** wachsen **Obstbäume**. *Wie heißt ein Garten für Gemüse? Schau auf Seite 165 nach.*

der **Ochse** *Substantiv*

Ein **Ochse** ist ein kastrierter Bulle. Er kann keine Kälber mehr zeugen.

der **Ofen** *Substantiv*

Gretel hat die Hexe in den **Ofen** gestoßen.

Bei uns werden **Öfen** meist nicht mehr mit Holz und Kohle, sondern mit Strom, Gas oder Öl beheizt.

öffentlich *Adjektiv*

Ein **öffentlicher** Park ist für alle Menschen zugänglich. Jeder darf hinein. Er ist kein Privatbesitz.

öffnen *Verb*

Man **öffnet** eine Tür, um einen Raum zu betreten oder zu verlassen.
Die Geschäfte **öffnen** morgens um neun Uhr und schließen abends um acht Uhr. Während dieser **Öffnungszeiten** kann man einkaufen.

oft *Adverb*

Die böse Königin wird **oft** wütend. Das kommt bei ihr häufig vor, nicht nur hin und wieder.

der Oheim *Substantiv*

Das ist ein altes Wort für Onkel.

ohnehin *Adverb*

Das ist ein anderes Wort für sowieso.

ohnmächtig *Adjektiv*

Die alte Frau hat Schneewittchen das Korsett so eng geschnürt, dass sie in **Ohnmacht** gefallen ist. Sie liegt wie tot auf dem Boden, bewegt sich nicht und nimmt nichts wahr. Aber sie wird wieder aufwachen. Sie ist nur **ohnmächtig**.

das Ohr *Substantiv*

ohrenbetäubend *Adjektiv*

In der verlassenen Stadt machen die Affen einen **ohrenbetäubenden** Lärm. Mowgli versteht sein eigenes Wort nicht mehr und hält sich entsetzt die **Ohren** zu.

die **Ohrfeige** *Substantiv*

Der Zauberer gibt Aladin zur Strafe eine **Ohrfeige**. Das ist ein Schlag auf die Wange.

der **Oktober** *Substantiv*

→ Monat

das **Öl** *Substantiv*

Das ist eine aus Fett bestehende Flüssigkeit. **Öl** wird aus den Früchten verschiedener Pflanzen gewonnen, zum Beispiel aus Sonnenblumen, Mais, Sesam, Walnüssen oder Oliven. Man benutzt es zum Kochen und Braten. Mit **Schmieröl** fettet man Ketten und Motoren, damit sie gut laufen.

der **Olivenbaum** *Substantiv*

Der **Olivenbaum** wächst in warmen Ländern. Seine Blätter leuchten in der Sonne silbrig. Seine Früchte sind klein und oval. Man nennt sie **Oliven**. Es gibt sie in Grün und Schwarz. Die Früchte müssen eingelegt werden, bevor man sie essen kann. Man kann auch Öl daraus machen. **Olivenöl** verwendet man zum Braten und für Salatsoßen.

die **Olympischen Spiele** *Substantiv*

Diese sportlichen Wettkämpfe finden alle vier Jahre in einem anderen Land in verschiedenen **Olympiastadien** statt. Für einen **Olympiasieg** bekommen die besten drei Sportler **Olympiamedaillen** in Gold, Silber oder Bronze.

das **Omelett** *Substantiv*

Um ein **Omelett** zu machen, muss man Eier in eine Schüssel schlagen, sie verrühren und sie dann in einer Pfanne braten.

der **Omnibus** *Substantiv*

→ Bus

der **Onkel** *Substantiv*

Hänsel und Gretel haben weder einen **Onkel** noch eine Tante, weil ihre Eltern keine Geschwister haben.

operieren *Verb*

Ärzte **operieren** in Krankenhäusern Kranke und Verwundete. Bei einer **Operation** öffnen sie den Körper mit scharfen Messern, reparieren oder entfernen das kranke Körperteil und nähen die Öffnung wieder zu. Der Patient bekommt eine Narkose, damit er nichts von der **Operation** spürt. Wenn die **Operationsnarben** verheilt sind, ist er wieder gesund.

das Opfer *Substantiv*

Wer durch einen Unfall verletzt wird, ist ein **Unfallopfer**. Dem **Opfer** eines Diebstahls wurde etwas gestohlen.

orange *Adjektiv*

Ein **oranger** Farbton liegt zwischen Rot und Gelb.

das Orchester *Substantiv*

Das ist eine Gruppe von Musikern, die zusammen Musik machen.

der Orden *Substantiv*

Der Prinz hat viele **Orden**. Er trägt sie an seiner Uniform. Er hat sie für seine Tapferkeit im Krieg bekommen.

ordnen *Verb*

Ordnen bedeutet sortieren. Man bringt etwas in eine bestimmte Reihenfolge.

das Organ *Substantiv*

Jedes **Organ** im Körper erfüllt einen bestimmten Zweck. Die Lungen sind unser **Atmungsorgan**. Magen und Darm gehören zu den **Verdauungsorganen**.

organisieren *Verb*

Der König hat alles für die Taufe seiner Tochter **organisiert**. Er hat alles gut vorbereitet. Er hat sich persönlich um die **Organisation** des großen Festes gekümmert.

Organisation nennt man auch eine Gruppe mit einem gemeinsamen Ziel, wie zum Beispiel eine politische Partei.

orientieren *Verb*

Im Wald sehen alle Wege gleich aus. Hänsel und Gretel wissen nicht mehr, welchen Weg sie nehmen sollen. Sie können **sich** nicht **orientieren**.

Orte und Richtungen
Mit dem Fragewort **wo** kannst du nach dem Ort oder der Richtung fragen.
Ich bin **oben**.
Ich bin **unten**.
Die Soldaten sind **weit** entfernt: da **hinten**.
Wir sind **in der Nähe** der Burg. Die Burg steht **hier**.
Ich bin **auf** der Brücke.
Ich bin **unter** der Brücke.
Ich reite **geradeaus**.
Ich reite nach **links**.
Ich reite nach **rechts**.
Ich stehe **vor** dem Baum.
Ich stehe **hinter** dem Baum.
Ich stehe **zwischen** zwei Bäumen.
Ich stehe in der **Mitte**.
Wir sitzen **im Kreis** um Robin herum.
Ich sitze **neben** Little John.
Und ich sitze in der **Ecke**.
0

originell *Adjektiv*

der **Orkan** *Substantiv*

Das ist ein heftiger Sturm mit starkem Wind. Die Wolken am Himmel werden ganz schwarz. Die kleine Meerjungfrau sieht einen **Orkan** heraufziehen.

das **Ornament** *Substantiv*

Die Truhen sind mit **Ornamenten** verziert.

der **Ort** *Substantiv*

Aladin hätte seine Wunderlampe an einem anderen **Ort** verstecken müssen. Er hätte sie an einem Platz aufbewahren müssen, den niemand findet.

der **Osten** *Substantiv*

→ Norden

oval *Adjektiv*

→ Formen und Figuren

der **Ozean** *Substantiv*

Geppetto glaubt, dass er den **Ozean** in einem Ruderboot überqueren kann. Aber **Ozeane** sind riesengroß. **Ozeane** sind Weltmeere. Auf der Erde gibt es drei **Ozeane**: den Atlantischen, den Pazifischen und den Indischen **Ozean**.

Pp

das **Paar** *Substantiv*

Ein **Paar** sind zwei zusammen: ein **Liebespaar**, ein **Paar** Handschuhe, ein **Paar** Schuhe.

das **Packeis** *Substantiv*

Packeis besteht aus dicken Eisschollen, die in den kalten Regionen der Erde in der Nähe der Pole auf dem Meer treiben. Da dieses Eis niemals ganz schmilzt, spricht man vom „ewigen Eis".

das **Paket** *Substantiv*

Aladin wickelt seinen Silberteller in Papier ein. Er schnürt ein **Paket**. Ein **Paket** oder **Päckchen** kann man mit der Post verschicken.

der **Palast** *Substantiv*

Aladin träumt von einem prachtvollen **Palast** mit vergoldeten Turmspitzen und vielen Zimmern. Dort möchte er mit der Tochter des Sultans wohnen.

die **Palme** *Substantiv*

So nennt man einen hohen Baum mit **Palmwedeln**. **Palmen** wachsen in heißen Ländern. An **Kokospalmen** wachsen Kokosnüsse.
▶ Schau auf Seite 233 nach.

die **Pampelmuse** *Substantiv*

Das ist eine große, runde Frucht mit einer gelben Schale. Sie sieht aus wie eine Orange und ist genauso saftig, schmeckt aber leicht bitter.

der **Panamahut** *Substantiv*

Das ist ein Strohhut aus den Blättern der Panamapalme.

der **Panda** *Substantiv*

Pandabären leben in China im Himalaja und ernähren sich hauptsächlich von Bambus.

panieren *Verb*

Rotkäppchens Mutter **paniert** ein Schnitzel. Sie verrührt Semmelbrösel und Ei und wendet das Stück Fleisch darin. Dann brät sie es in der Pfanne, bis es knusprig ist.

die **Panik** *Substantiv*

Panik bedeutet große Angst. Wer in Panik gerät, verhält sich nicht mehr vernünftig, sondern unkontrolliert.

panisch *Adjektiv*

Wenn ein Feuer ausbricht, verlassen alle in **panischer** Angst den Theatersaal.

die **Panne** *Substantiv*

Wenn ein Auto eine **Panne** hat, bleibt es stehen. Man muss einen **Pannendienst** anrufen. Dann kommt ein Abschleppwagen und bringt das Auto in eine Werkstatt. Dort wird es repariert.

der **Panter** *Substantiv*

Das ist eine Raubkatze. Sie ist in Asien und Afrika zu Hause. **Panter** haben gelbes Fell mit schwarzen Flecken. Es gibt auch **Schwarze Panter**. Bagheera ist ein **Schwarzer Panter**.

der **Pantoffel** *Substantiv*

Im Haus zieht man **Pantoffeln** an, damit die Füße warm bleiben. Sie sind leichter und bequemer als Straßenschuhe.

die **Pantomime** *Substantiv*

Das ist eine Form des Theaters, bei dem die Schauspieler versuchen, etwas darzustellen, ohne dabei zu sprechen. Sie drücken alles durch Mimik und Gestik aus.

der **Panzer** *Substantiv*

Einige Tiere haben einen **Panzer**, wie zum Beispiel Schildkröten, Langusten und Krabben. Der **Panzer** ist sehr hart. Er schützt ihren Körper.

der **Papagei** *Substantiv*

Das Gefieder eines **Papageis** leuchtet in bunten Farben. Einige **Papageien** können sprechen. Sie wiederholen Worte, die man ihnen vorsagt.

das **Papier** *Substantiv*

Bücher, Zeitungen und Hefte sind aus **Papier**.

die **Pappe** *Substantiv*

Pappe ist sehr dickes, festes Papier, aus dem man Karten, Schachteln oder Verpackungen machen kann.
Man nennt **Pappe** auch Karton.

die **Pappel** *Substantiv*

Das ist ein großer Baum, der viel Wasser braucht und in der Nähe von Flüssen und Seen wächst.

die **Parade** *Substantiv*

Die Soldaten marschieren vor dem König auf und ab. Sie gehen in Zweierreihen und tragen ihre Uniform. Was für eine elegante **Parade**!

das **Paradies** *Substantiv*

Die Vorstellung von einem **Paradies** gibt es in vielen Religionen. In der Bibel zum Beispiel wird das **Paradies** als wunderschöner Garten beschrieben, in dem Mensch und Tier friedlich miteinander leben.

der **Parallel** *Adjektiv*

Eisenbahnschienen verlaufen **parallel**. Der Abstand zwischen ihnen ist immer gleich groß.

der **Park** *Substantiv*

Ein **Park** ist ein riesiger Garten mit Wiesen, Blumenbeeten, Bäumen und Ententeichen. In einem **Park** kann man spazieren gehen.

parken *Verb*

In Städten ist es schwierig, zu **parken**. Dort gibt es sehr viele **Parkverbote**. In **Parkhäusern** und auf vielen **Parkplätzen** kostet das **Parken** Geld.

die **Partei** *Substantiv*

Mutter Wolf ergreift für Mowgli **Partei**. Sie stimmt ihm zu. Sie stellt sich auf seine Seite und verteidigt ihn.

Eine politische **Partei** hat ein gemeinsames Ziel. Sie vertritt gemeinsame Ansichten zu politischen Themen. Bei Wahlen versucht jede **Partei**, so viele Stimmen wie möglich zu bekommen. Die **Parteien**, die zusammen die Mehrheit der Stimmen erhalten, bilden die Regierung.

der **Partner** *Substantiv*

Bei einem Spiel oder beim Sport ist der **Partner** der Mitspieler. Wer verheiratet ist, hat einen **Ehepartner**.

der **Passagier** *Substantiv*

Fluggäste an Bord eines Flugzeugs und Fahrgäste in Autos, Zügen und Schiffen sind **Passagiere**.

der **Passant** *Substantiv*

Passanten nennt man Menschen, wenn man sie vorbeigehen sieht, zum Beispiel auf der Straße.

passen *Verb*

Aschenputtel **passt** der gläserne Tanzschuh wie angegossen. Er ist weder zu groß noch zu klein. Ohne Probleme gleitet ihr zierlicher Fuß hinein.

die **Paten** *Substantiv*

In der christlichen Religion werden die Kinder getauft. Ihre Taufzeugen oder **Paten** verpflichten sich, für ihre religiöse Erziehung zu sorgen. Es gibt **Patentanten** und **Patenonkel**.

die **Pauke** *Substantiv*

Die Soldaten spielen **Pauke**. Das ist ein Schlaginstrument.

die **Pause** *Substantiv*

Wenn man eine **Pause** macht, hört man für eine kurze Zeit mit etwas auf, um sich auszuruhen.
In der **Pause** spielen die Kinder auf dem Schulhof. Sie haben keinen Unterricht.

das **Pech** *Substantiv*

das **Pedal** *Substantiv*

Das Fahrrad hat zwei **Pedale**. Wenn man losfährt, muss man kräftig in die **Pedale** treten.

die **Peitsche** *Substantiv*

Mit einer **Peitsche** kann man Tiere dressieren und Kutschpferde antreiben.
▶ Schau dir Seite 91 an.

der **Pelikan** *Substantiv*

Das ist ein großer Vogel, der in wärmeren Gegenden lebt und Fische fängt. In seinem großen Schnabel bringt er sie seinen Jungen als Futter.

pellen *Verb*

Nach einem Sonnenbrand **pellt** sich die Haut. Die verbrannte Haut löst sich langsam ab.
Pellkartoffeln kocht man mit Schale. Man **pellt** die Schale erst kurz vor dem Essen.

der **Pelz** *Substantiv*

Um sich zu wärmen, schmiegt Mowgli sich an Baloos **Pelz**. Das ist sein Fell.

perfekt *Adjektiv*

Wenn etwas **perfekt** ist, hat es keinen Fehler. Es ist vollkommen. Der Prinz ist ein **perfekter** Gastgeber.

das **Pergament** *Substantiv*

Das ist die getrocknete und bearbeitete Haut von Tieren. Als es noch kein Papier gab, schrieb man auf **Pergament**. Anfangs verwendete man **Pergamentrollen**, dann wurden **Pergamentblätter** zu Büchern gebunden.

die **Pergola** *Substantiv*

Die **Pergola** ist ein mit Pflanzen berankter Laubengang, der Schatten spendet.
▶ Schau auf Seite 255 nach.

die **Perle** *Substantiv*

Diese **Perlen** hier haben ein Loch in der Mitte, damit man sie auf einen Faden ziehen kann. Echte **Perlenketten** sind sehr wertvoll.

Echte **Perlen** findet man in Austern. Es sind kleine Kugeln aus **Perlmutt**, aus denen man Schmuck macht.
▶ Schau auf Seite 46 nach.

das **Perlhuhn** *Substantiv*

Das ist eine besondere **Hühnerart**, die man an ihrem weiß getupften Gefieder erkennt.

die **Person** *Substantiv*

Die Tiere sehen drei **Personen**, die gerade essen. **Personen** sind Menschen: Männer, Frauen und Kinder.

der **Personalausweis** *Substantiv*

Auf einem **Personalausweis** stehen Name, Vorname, Adresse, Geburtsdatum und Geburtsort des Besitzers. Es ist ein Dokument mit Bild.

persönlich *Adjektiv*

Die Schöne nimmt einige **persönliche** Dinge mit ins Haus des Biests. Es sind Dinge, die ihr gehören.

Der Sultan **persönlich** empfängt Aladins Mutter. Er spricht selbst mit ihr.

die **Persönlichkeit** *Substantiv*

Die Eigenschaften eines Menschen machen seine **Persönlichkeit** aus. Sie kann stark oder schwach, liebenswert oder garstig sein.

die **Perücke** *Substantiv*

Pinocchio hat Geppetto die **Perücke** vom Kopf gerissen. Das sind die künstlichen Haare des alten Mannes.

der **Pfad** *Substantiv*

Das ist ein schmaler Fußweg im Gebirge oder auf dem Land.

das **Pfand** *Substantiv*

Es gibt Spiele, bei denen der Verlierer ein **Pfand** abgeben muss. Das kann eine Uhr oder ein Kleidungsstück sein. Die anderen Spieler bestimmen, was er tun muss, um das **Pfand** später zurückzubekommen.

Wenn man Getränke einkauft, muss man **Pfand** bezahlen. Für leere Flaschen und Dosen bekommt man es wieder zurück.

die **Pfanne** *Substantiv*

Der Fischer hat eine **Pfanne** in der Hand. Was will er darin braten?
▶ Schau auf Seite 148 nach.

der **Pfannkuchen** *Substantiv*

Schneewittchen backt zum Abendessen für die sieben Zwerge **Pfannkuchen**.
▶ Schau auf Seite 50 nach.

der **Pfau** *Substantiv*

Mowgli trifft einen **Pfau**. Er hat seine bunten Schwanzfedern zu einem Rad aufgerichtet.

p

der **Pfeffer** *Substantiv*

Das ist ein sehr scharfes Küchengewürz. Man kann **Pfefferkörner** zu feinem Pulver mahlen. Alice hat **Pfeffer** in die Nase bekommen. *Weißt du, was passieren wird? Schau auf Seite 298 nach.*

die **Pfeife** *Substantiv*

Geppetto raucht gelegentlich eine **Pfeife**.

pfeifen *Verb*

Der Polizist **pfeift** auf seiner **Trillerpfeife**. Dabei entsteht ein schriller Ton. Die sieben Zwerge **pfeifen** mit ihren Lippen.

der **Pfeil** *Substantiv*

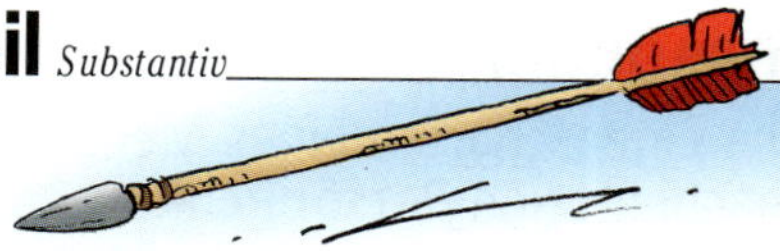

Das ist ein spitzes Geschoss. Man schießt einen **Pfeil** mit einem Bogen ab.

das **Pferd** *Substantiv*

Pferde können sehr schnell laufen. Ein weißes **Pferd** ist ein Schimmel, ein rotbraunes **Pferd** nennt man Fuchs und ein schwarzes **Pferd** heißt Rappe. Stuten und Hengste bekommen Fohlen. **Pferde** begrüßen sich durch lautes Wiehern.

pfiffig *Adjektiv*

Ein **pfiffiger** Mensch ist verschmitzt und gerissen.

die **Pfingstrose** *Substantiv*

Das ist eine große Blume mit roten, weißen oder rosafarbenen Blütenblättern, die von Mai bis Juli blüht.

der **Pfirsich** *Substantiv*

Die Frucht des **Pfirsichbaums** hat eine zarte, gelb-rote Haut und einen Stein im Inneren. **Pfirsiche** brauchen zum Reifen viel Sonne, dann schmecken sie herrlich süß.

pflanzen *Verb*

Die Gärtner **pflanzen** Rosensträucher. Sie heben ein Loch aus und setzen den Wurzelballen in die Erde. Sie klopfen die Erde rundherum fest und gießen die **Pflanze**.

Bäume, Sträucher, Blumen, Gras, Getreide und Gemüse sind **Pflanzen**.

das **Pflaster** *Substantiv*

Man klebt ein **Pflaster** auf eine Wunde, damit sie geschützt ist, sauber bleibt und schneller heilt.

Gepflasterte Straßen bestehen aus vielen einzelnen **Pflastersteinen**. ▶ Schau auf Seite 237 nach.

die **Pflaume** *Substantiv*

So heißt die Frucht des **Pflaumenbaums**. Es gibt verschiedene **Pflaumenarten**: die kleinen gelben Mirabellen, die grünen Renekloden und die lilafarbenen Zwetschgen.

die **Pflicht** *Substantiv*

Pinocchio hat keine Lust, in die Schule zu gehen, aber Geppetto zwingt ihn dazu. Kinder müssen etwas lernen. Sie sind dazu gesetzlich **verpflichtet**. Es ist vorgeschrieben, dass alle Kinder ab sechs Jahren zur Schule gehen müssen. Sie sind **schulpflichtig**.

pflücken *Verb*

Rotkäppchen **pflückt** am Wegesrand Blumen und macht daraus einen Strauß für ihre Großmutter. Außerdem **pflückt** sie einige Äpfel für ihre Großmutter vom Baum.

pflügen *Verb*

Der Bauer **pflügt** das Feld. Er bearbeitet die Erde mit einem **Pflug**, den er an den Traktor gehängt hat.

die Pfote *Substantiv*

Viele Tiere, zum Beispiel Katzen und Hunde, haben vier **Pfoten**. Menschen haben keine **Pfoten**, sondern zwei Füße und zwei Hände. Schlangen haben weder **Pfoten** noch Beine.

das Pfund *Substantiv*

Ein **Pfund** entspricht einem Gewicht von 500 g. Zwei **Pfund** sind ein Kilogramm. In Großbritannien heißt die Währung **Pfund**.

pfuschen *Verb*

Wer bei einem Spiel **pfuscht** oder mogelt, darf nicht mehr mitspielen. Ein **Pfuscher** ist ein Betrüger.

picken *Verb*

Hühner und Vögel **picken** ihr Futter mit ihrem Schnabel.

das Picknick *Substantiv*

Ein **Picknick** ist eine Mahlzeit im Freien. Wenn man **picknickt**, nimmt man etwas zu essen und eine Decke mit und setzt sich auf eine Wiese oder in den Wald.

der Pilot *Substantiv*

Piloten steuern Flugzeuge. Sie sitzen meist zu zweit im Cockpit. Neben dem **Piloten** sitzt dann der **Copilot**.

der Pilz *Substantiv*

Pilze wachsen im Wald und auf Wiesen. Manche kann man essen, aber andere sind giftig. Vorsicht vor **Giftpilzen**!
▶ Schau unter **Champignon** nach.

der **Pinguin** *Substantiv*

Diese großen Vögel leben in den kalten Regionen der südlichen Erdhalbkugel. **Pinguine** können nicht fliegen, aber sehr gut schwimmen.

▶ Schau auf Seite 307 nach.

der **Pirat** *Substantiv*

Früher griffen **Piraten** Handelsschiffe an, um sie auszurauben. Das waren **Seepiraten**. Heute gibt es **Luftpiraten**. Sie entführen Flugzeuge.

die **Pirouette** *Substantiv*

Wer eine **Pirouette** macht, dreht sich sehr schnell um die eigene Achse.

die **Piste** *Substantiv*

Eine **Piste** ist eine Strecke. Eine **Skipiste** ist eine Strecke für Skifahrer.

Eine **Sandpiste** oder eine **Schotterpiste** sind schlechte Straßen.

pitschnass *Adjektiv*

Mowgli klettert **pitschnass** aus dem Wasser. Aber das ist nicht schlimm. In der Sonne trocknet er schnell.

das **Plakat** *Substantiv*

Pinocchio bleibt stehen, um das **Plakat** zu lesen. Es ist ein großes, an die Wand geklebtes Papier, das eine Theatervorstellung ankündigt.

Plakatieren bedeutet Flächen mit **Plakaten** zu bekleben.

der **Plan** *Substantiv*

Der Zauberer hat einen **Plan**. Er weiß, wie er an Aladins Wunderlampe kommt. Er hat sich einen Trick ausgedacht: Er kauft neue Lampen und tauscht sie gegen alte ein. Warum hat er dies wohl **geplant**?

Auf einem **Stadtplan** sind alle Straßen einer Stadt eingezeichnet.

Ein **Bauplan** für ein Haus zeigt, wo jedes Zimmer liegen soll.

p

der **Planet** *Substantiv*

Planeten sind Gestirne, die um Sonnen kreisen und nicht selbst leuchten. Die Erde ist ein **Planet** ebenso wie Mars, Jupiter, Venus, Pluto und Saturn.

plantschen *Verb*

Mowgli und Baloo **plantschen** im Wasser. Mowgli spritzt Baloo nass.

Viele Schwimmbäder haben **Plantschbecken** für Kinder, die noch nicht schwimmen können.

das **Plastik** *Substantiv*

Das ist ein vielseitiges Material, das künstlich hergestellt und deshalb auch Kunststoff genannt wird. Man kann es in alle möglichen Formen bringen, wenn es heiß ist.

die **Platane** *Substantiv*

Diese großen Bäume wachsen oft an Straßen und auf Plätzen. Sie haben eine helle Rinde, die abblättert.

plätschern *Adjektiv*

Wenn Wasser **plätschert**, hört man wie es sich leicht bewegt.

platt *Adjektiv*

die **Platte** *Substantiv*

Auf dem Tisch vor Prinzessin Badrulbudur und dem Zauberer stehen viele **Platten** mit köstlichen Speisen. Eine **Platte** ist größer als ein Teller und dient zum Servieren. Es gibt **Gemüseplatten**, **Fleischplatten**, **Fischplatten** und **Salatplatten**.

Eine Terrasse besteht aus **Steinplatten**.

Wenn ein Fahrradreifen einen **Platten** hat, dann muss man ihn flicken, damit er keine Luft mehr verliert. Man sucht nach dem Loch und verschließt es.

der **Platz** *Substantiv*

Bei den sieben Zwergen hat jeder seinen festen **Platz** am Tisch. Jeder weiß genau, wo sein Stuhl und sein Teller stehen.

Das Bett von Papa Bär nimmt mehr **Platz** ein als die anderen beiden Betten. Es ist größer. Im Bett von Papa Bär ist auch mehr **Platz**.

In der Stadt gastiert ein Zirkus. Er hat sein Zelt auf dem **Platz** aufgestellt, der zwischen den Häusern auf einer Straßenkreuzung liegt.

platzen *Verb*

Wenn man zu viel Luft in einen Ball pumpt, **platzt** er mit einem lauten Knall und ist kaputt.

Wenn jemand vor Lachen fast **platzt**, kann er nicht mehr aufhören zu lachen.

plaudern *Verb*

Plaudern bedeutet, ungezwungen miteinander zu sprechen.

pleite *Adjektiv*

Die Eltern von Hänsel und Gretel sind **pleite**. Sie haben kein Geld mehr.

plündern *Verb*

Die Einbrecher **plündern** Häuser. Sie nehmen alles mit.

der **Plüsch** *Substantiv*

Das ist ein Stoff, der wie Fell aussieht. Im Spielzeugland gibt es **Plüschbären**, mit denen die Kinder kuscheln können.

plustern *Verb*

Die Tiere klettern aus dem Teich und schütteln das Wasser ab. Die Gans **plustert** ihr Gefieder. Sie stellt ihre Federn auf, damit sie trocknen.

das **Podest** *Substantiv*

Der Thron des Herzkönigs und der Herzkönigin steht auf einem **Podest**. Um dorthin zu gelangen, muss man zwei Stufen hochsteigen.

p

der **Pol** *Substantiv*

Auf der Erde gibt es den **Nordpol** und den **Südpol**. Sie liegen in den **Polarregionen**, in der Arktis und in der Antarktis. In den **Polarregionen** ist es sehr kalt. Dort leben Robben und Pinguine, aber kaum Menschen.

polieren *Verb*

Aladin und seine Mutter **polieren** Silberteller. Sie reiben sie mit einem weichen Tuch, damit sie schön glänzen.

die **Politik** *Substantiv*

Politik ist die Art und Weise, wie ein Land, eine Region oder eine Stadt regiert werden. **Politiker** sind Mitglieder von **politischen** Parteien und vertreten die Interessen der Bürger, die sie gewählt haben.

die **Polizei** *Substantiv*

Die **Polizei** sorgt für die Sicherheit der Menschen. Sie kümmert sich darum, dass die Gesetze eingehalten werden und nimmt Verbrecher fest.

das **Pony** *Substantiv*

Ein **Pony** ist ein kleines Pferd.

die **Portion** *Substantiv*

Papa Bär isst mehr als der kleine Bär. Er bekommt größere **Portionen**. Sein Teller ist auch größer.

das **Portmonee** *Substantiv*

In einem **Portmonee** bewahrt man sein Geld auf. Es hat ein Fach für die Scheine und eins für die Münzen.

das **Porträt** *Substantiv*

Robin schaut sich oft Mariannes **Porträt** an. Es ist das Bild von ihrem Gesicht.

das **Porzellan** *Substantiv*

Alice trinkt ihren Tee aus einer schönen **Porzellantasse**. **Porzellan** ist eine sehr feine, weiße Keramikware.

die **Post** *Substantiv*

Das sind Briefe, Karten, Pakete, die man bekommt oder verschickt. Auch E-Mails bezeichnet man als **Post**.

Das **Postamt** nennt man auch **Post**.

der **Postbote** *Substantiv*

Der **Postbote** bringt Briefe, Postkarten und Päckchen zu ihren Empfängern.

prachtvoll *Adjektiv*

Das Schloss des Prinzen ist unglaublich **prachtvoll**. Es ist wunderschön und sehr groß.

praktisch *Adjektiv*

Rotkäppchen packt den Kuchen und den Wein für ihre Großmutter in einen Korb. Das ist **praktisch**. So kann sie alles auf einmal tragen.

prall *Adjektiv*

Die Säcke des Sheriffs sind **prall** gefüllt mit Goldstücken. Sie sind so voll, dass nichts mehr hineinpasst.

prallen *Verb*

Der Ball **prallt** mehrmals auf dem Boden auf und springt wieder hoch.

der **Preis** *Substantiv*

Das ist die Geldsumme, die man für etwas bezahlt, wenn man es kauft.

der **Prinz** *Substantiv*

Ein **Prinz** ist der Sohn eines Königs, eine **Prinzessin** seine Tochter.

privat *Adjektiv*

Das kleine Schweinchen möchte nicht, dass jeder einfach in seinen Garten kommt. Haus und Garten sind sein **Privatbesitz**.

▶ Schau auch unter **öffentlich** nach.

Auf die **Probe** gestellt!

Was kann man tun, um sein Können zu zeigen?

Probe schreiben
Probe singen
Probe turnen
eine Probezeit bestehen

Wie kann man herausfinden, ob etwas gut ist?

ein Auto Probe fahren
ein Probeexemplar bestellen
etwas probieren oder ausprobieren

Weißt du, was das ist?

der Proband: eine Testperson
der Probealarm: eine Übung der Feuerwehr
die Probe: ein Test

das **Problem** *Substantiv*

Hänsel und Gretel stehen vor einem **Problem**. Aber sie finden eine Lösung.
Schau auf Seite 430 nach, um zu erfahren, wie sie über den Fluss kommen.

das **Produkt** *Substantiv*

Als **Produkt** bezeichnet man alles, was man kaufen kann. Händler auf dem Markt handeln mit **Produkten**. Fabriken stellen **Produkte** her.

prominent *Adjektiv*

Berühmtheiten wie Schauspieler, Politiker und Adelige sind **Prominente**. Sie gehören zur **Prominenz**, denn sie sind sehr bekannt. Auch Rockstars sind **prominent**.

protestieren *Verb*

„Man schneide ihnen die Köpfe ab", sagt die Königin. „Nein, ich will nicht, dass Ihr sie köpft", **protestiert** Alice. Sie sagt der Königin, dass sie nicht einverstanden ist.

der **Prozess** *Substantiv*

Der Herzbube hat keinen richtigen **Prozess** bekommen. In einem fairen **Gerichtsprozess** gibt es einen Richter, einen Rechtsanwalt, der den Angeklagten verteidigt, und einen Staatsanwalt, der die Seite des Klägers vertritt. Zum Schluss spricht der Richter das Urteil.

die **Prüfung** *Substantiv*

Eine **Prüfung** ist ein Test, zum Beispiel eine Klassenarbeit in der Schule. Eine **Prüfung** ist auch eine schwierige Situation, die man meistern muss.

der **Puder** *Substantiv*

Wenn man Zucker zermalmt, erhält man **Puderzucker**. **Puder** besteht aus winzig kleinen Körnern.

der **Pullover** *Substantiv*

In der Mine ist es kalt. Die Zwerge ziehen warme **Pullover** an, damit sie sich nicht erkälten.

die **Pumpe** *Substantiv*

Mit einer **Pumpe** kann man etwas **aufpumpen**, zum Beispiel Fahrradreifen oder Luftmatratzen.

Mit einer **Wasserpumpe pumpt** man Wasser. Nach einem Gewitter **pumpt** die Feuerwehr alle Keller leer, die voll Regenwasser gelaufen sind. *Was macht die Feuerwehr noch alles? Schau auf Seite 134 nach.*

der **Punkt** *Substantiv*

Der Buchstabe i besteht aus einem Strich und einem **Punkt**.

Eine **gepunktete** Linie besteht aus vielen **Punkten**.

pünktlich *Substantiv*

Bei Goldlöckchen zu Hause wird **pünktlich** um sieben Uhr zu Abend gegessen. Das Abendessen fängt keine Minute früher oder später an.

die **Puppe** *Substantiv*

Viele kleine Mädchen spielen gerne mit **Puppen**.

das **Püree** *Substantiv*

Um **Kartoffelpüree** zu machen, zerstampft man gekochte Kartoffeln und verrührt sie mit Milch und Butter.

der **Purzelbaum** *Substantiv*

Es macht Spaß, **Purzelbäume** zu schlagen.

purzeln *Verb*

Der Wolf schlägt so fest gegen das Holzhaus des zweiten Schweinchens, dass das gesamte Geschirr von den Regalen **herunterpurzelt** und in viele Scherben zerbricht.

pusten *Verb*

Der Wolf **pustet** mit aller Kraft. Das Strohhaus stürzt ein.
Wenn der Wind **pustet**, bewegen sich die Blätter am Baum oder sie lösen sich und wirbeln durch die Luft.

das **Puzzle** *Substantiv*

Das kleine Mädchen ist mit dem **Puzzle** fast fertig. Sie muss nur noch wenige Teile einfügen, dann ist das Bild vollständig.

der **Pyjama** *Substantiv*

Das ist ein Schlafanzug: eine Hose und eine geknöpfte Jacke zum Schlafen.

die **Pyramide** *Substantiv*

→ Formen und Figuren

der **Python** *Substantiv*

Ein **Python** ist eine Würgeschlange. Sie tötet ihre Beute, indem sie sie umschlingt und dann erwürgt. Kaa ist ein riesiger **Python**.

Qq

das **Quadrat** *Substantiv*

Der große Innenhof des Schlosses hat die Form eines **Quadrats**. Alle Seiten sind gleich lang.

▶ Schau auch unter Formen und Figuren auf Seite 145 nach.

die **Qualität** *Substantiv*

Wenn Spielzeug eine gute **Qualität** hat, geht es nicht so leicht kaputt. Es besteht aus bestem Material.

die **Qualle** *Substantiv*

der **Qualm** *Substantiv*

Qualm ist dichter Rauch. Wenn das Kaminfeuer brennt, **qualmt** der Schornstein.

die **Quelle** *Substantiv*

Flüsse haben eine **Quelle**. Dort kommt ihr Wasser aus der Erde. Sie entspringen an der **Quelle**. Dort ist das Wasser besonders sauber und klar. Man kann es trinken.

quengeln *Verb*

Wer **quengelt**, nörgelt ständig.

quetschen *Verb*

Wenn du versuchst, zu viele Sachen in einen Koffer oder in eine Tüte zu bekommen, **quetschst** du sie hinein. Du drückst sie zusammen, damit mehr Platz ist.

quieken *Verb*

Ferkel **quieken**, sie geben hohe **quiekende** Töne von sich.

quietschen *Verb*

Türen **quietschen**, wenn sie nicht geölt sind.

 Du bist **quietschvergnügt**, wenn du sehr fröhlich bist.

die **Quittung** *Substantiv*

Wer etwas kauft, bekommt eine **Quittung**. Sie bestätigt, das er bezahlt hat.

Querbeet: Weißt du, was das heißt?

Adjektiv und Verb

kreuz und quer: durcheinander
querbeet: von allem etwas
querfeldein: nicht die Straße nehmen
quer gehen: missglücken, schief gehen
quer gestreift: mit Streifen von links nach rechts
quer treiben: Unruhe stiften

Substantiv

Querdenker: eigensinnig Denkender
in die Quere kommen: im Weg sein
Querflöte: Blechblasinstrument
Querschiff: Teil einer Kirche
Querulant: Störenfried
Querverbindung: Zusammenhang

Rr

der **Rabe** *Substantiv*

Das ist ein schwarzer Vogel mit einem schwarzen Schnabel. **Raben** krächzen.

der **Radau** *Substantiv*

Der Hund bellt, die Katze miaut, der Esel brüllt iah, der Hahn kräht kikeriki. Welch ein **Radau**! Was für einen Lärm die Tiere machen!

der **Radfahrer** *Substantiv*

Das ist jemand, der mit dem **Fahrrad** unterwegs ist.

Autos und **Fahrräder** fahren, weil sie **Räder** haben. Ein **Rad** ist rund und rollt.

radieren *Verb*

Wenn man mit Bleistift Geschriebenes wieder entfernt, indem man mit einem **Radiergummi** darüber rubbelt, nennt man das **radieren**.

das **Radieschen** *Substantiv*

Man isst die kleine rote Wurzel des **Radieschens**. Innen ist sie weiß.

das **Radio** *Substantiv*

Im **Radio** kann man Hörspiele, Musik, Nachrichten und viele andere **Radiosendungen** hören.

der **Rahmen** *Substantiv*

Alle Gemälde im Schloss sind **eingerahmt**. Sie haben prachtvolle **Rahmen**.
▶ Schau auf Seite 165 nach.

die **Rakete** *Substantiv*

Astronauten fliegen mit **Raketen** ins Weltall.

Bei einem Feuerwerk werden **Raketen** gezündet. Sie steigen in die Luft und explodieren in bunten Farben und Formen.

der **Rand** *Substantiv*

Die **Ränder** dieses Buchs sind farbig. Ein **Rand** ist eine Kante oder eine äußere Begrenzung.

der **Rang** *Substantiv*

Der Sheriff von Nottingham marschiert an der Spitze seiner Truppen. Als ihr Anführer hat er den höchsten **Rang**. Seine Position ist die wichtigste und er erteilt die Befehle.

die **Ranke** *Substantiv*

Ranken sind dünne Fortsätze von Zweigen, mit denen sich Pflanzen festhalten.

der **Ranzen** *Substantiv*

Pinocchio räumt seine Schulsachen in seinen **Ranzen**. Das ist eine Tasche, in der man Schulbücher trägt.

der **Rasen** *Substantiv*

Das kleine Schweinchen bewässert den **Rasen** im Garten, damit er schön grün bleibt.

Rasen bedeutet sehr schnell fahren.

der **Rasenmäher** *Substantiv*

Das kleine Schweinchen hat einen **Rasenmäher**. Damit schneidet es das Gras im Garten.
▶ Schau auch unter **dienen** nach.

rasieren *Verb*

Die sieben Zwerge **rasieren** sich nicht. Sie brauchen keinen **Rasierapparat**. Sie lassen ihre Bärte wachsen.
▶ Schau auf Seite 253 nach.

die **Rasse** *Substantiv*

Es gibt verschiedene **Hunderassen**, zum Beispiel Pudel, Dalmatiner, Dackel und Schäferhunde. Obwohl sie unterschiedlich aussehen, sind es alles Hunde.

raten *Verb*

Rate mal, wer sich unter dieser Decke verbirgt. *Wenn du es nicht weißt,* *schau auf Seite 87 nach.*

Bei einem **Ratespiel** stellt ein Spieler eine Frage. Die anderen müssen die Antwort **erraten**.

das **Rathaus** *Substantiv*

Im **Rathaus** haben der Bürgermeister und die Beamten der Stadtverwaltung ihre Büros.

die **Ration** *Substantiv*

Der Bauer gibt jedem Pferd seine **Ration** Hafer. Das ist genau die Menge, die es fressen darf. Mehr bekommt es nicht.

der **Ratschlag** *Substantiv*

Die Fee gibt Pinocchio **Ratschläge**. Sie sagt ihm, was er tun muss, um ein richtiger kleiner Junge zu werden.

die **Ratte** *Substantiv*

Das ist ein kleines Nagetier. **Ratten** sind jedoch größer als Mäuse. *In was verwandelt Aschenputtels Fee die große Ratte?* *Schau auf Seite 249 nach.*

rau *Adjektiv*

Eine **raue** Oberfläche kratzt ein bisschen. Sie ist nicht glatt.

der **Räuber** *Substantiv*

Robin Hood ist kein gewöhnlicher **Räuber**. Er beraubt die Reichen, um mit dem Geld den Armen zu helfen. Normalerweise überfällt und bestiehlt ein **Räuber** andere, um sich zu bereichern.

die **Raubkatze** *Substantiv*

Löwen, Tiger und Panter sind **Raubkatzen**. Es sind wilde Tiere und keine Hauskatzen.

der **Raubvogel** *Substantiv*

Adler, Eulen und Geier sind **Raubvögel**. Sie ernähren sich vom Fleisch anderer Tiere.

der **Rauch** *Substantiv*

Es muss jemand zu Hause sein. Aus dem Kamin steigt **Rauch** auf. Jemand hat ein Feuer angezündet.

die **Rauferei** *Substantiv*

Und schon beginnt die **Rauferei**. Pinocchio und die anderen Kinder prügeln sich.

die **Raupe** *Substantiv*

Eine **Raupe** ist ein kleines Tier mit einem weichen, biegsamen Körper.

Die Raupe verwandelt sich im Lauf ihres Lebens.
In was? Schau auf Seite 362 nach.

die **Raute** *Substantiv*

Formen und Figuren

reagieren *Verb*

Wenn du etwas berührst, das dich sticht, dann **reagierst** du darauf. Du ziehst deine Hand schnell weg. Das ist eine ganz natürliche **Reaktion**.
▶ Schau auch unter **Chemie** nach.

real *Adjektiv*

Robin Hood ist der Held vieler Geschichten, in denen er und seine Freunde für das Gute kämpfen. Diese Geschichten schildern die **realen**, also die wirklichen Probleme der damaligen Zeit.
Wenn jemand **real** ist, dann gibt es ihn wirklich.

die **Rebe** *Substantiv*

Weintrauben wachsen an **Reben**. Eine **Rebe** ist der Weinstock.

rechnen *Verb*

Alice, die eigentlich sehr gut **rechnen** kann, hat plötzlich vergessen, wie man Zahlen addiert. Sie weiß nicht mehr, wie es geht.
Es gibt **Taschenrechner**. Diese kleinen **Rechenmaschinen** können addieren, subtrahieren, multiplizieren und dividieren.

das **Recht** *Substantiv*

Mit fünfzehn Jahren haben die Meerjungfrauen das **Recht**, an die Wasseroberfläche zu schwimmen. Solange sie noch jünger sind, dürfen sie nicht nach oben.

das **Rechteck** *Substantiv*

Formen und Figuren

recken *Verb*

Wenn Bagheera morgens aufwacht, **reckt** er sich. Er streckt seinen Rücken, seinen Hals und seine Beine, um richtig wach zu werden.

die **Rede** *Substantiv*

Der König hält eine **Rede**, um den Feen zu danken. Seine **Rede** dauert viel zu lange und die ersten Gäste werden schon ungeduldig.

reduzieren *Verb*

Wenn die Händler die Preise **reduzieren**, wird die Ware billiger. Man kann günstiger einkaufen.

reflektieren *Verb*

Das Wasser **reflektiert** Goldlöckchens Körper. Sie spiegelt sich im Wasser. Wenn du mit einem kleinen Spiegel Sonnenstrahlen **reflektierst** und umleitest, kannst du die **Reflexion** als hellen Punkt an einer Wand erkennen.

die **Regel** *Substantiv*

Regeln legen fest, was erlaubt und was verboten ist. Sie bestimmen, wie ein Spiel funktioniert und was man tun muss, um zu gewinnen.

r

regelmäßig *Adverb*

Die Zwerge essen **regelmäßig**. Sie essen jeden Tag zur gleichen Uhrzeit zu Mittag und zu Abend.

der **Regenbogen** *Substantiv*

Eine Meerjungfrau erzählt, dass sie einen **Regenbogen** gesehen hat. Ein **Regenbogen** entsteht am Himmel, wenn es **regnet** und gleichzeitig die Sonne scheint. Er besteht aus sieben Farben: Rot, Orange, Gelb, Grün, Blau, Indigo (Dunkelblau) und Violett.

die **Regenrinne** *Substantiv*

Das kleine Schweinchen hat zum Glück eine **Regenrinne** gebaut, denn jetzt **regnet** es in Strömen.

der **Regenschirm** *Substantiv*

Unter dem **Regenschirm** wird das kleine Schweinchen nicht nass. *Gibt es noch andere Schirme? Schau auf Seite 381 nach.*

regieren *Verb*

Der Prinz wird später einmal König werden. Dann **regiert** er über das ganze Königreich. Der König und seine Minister bilden die **Regierung**.

reglos *Adjektiv*

Die Schöne findet das Biest **reglos** auf dem Boden liegend. Es reagiert nicht und sie glaubt, dass es tot ist.

regnen *Verb*

Es **regnet**. Dicke **Regentropfen** fallen vom Himmel.

▶ Schau auf Seite 332 nach.

die **Reibe** *Substantiv*

Goldlöckchens Mutter hat eine **Reibe**. Damit **reibt** sie Käse in kleine Stücke.

das **Reich** *Substantiv*

Das **Reich** des Meerkönigs ist riesig. Von seinem Palast aus regiert er über das Meer und alle, die darin leben.

reich *Adjektiv*

Der Flaschengeist hat Aladin **reich** gemacht. Er hat nun sehr viel Geld und einen Palast. Der Sultan staunt über seinen **Reichtum**.

der **Reif** *Substantiv*

Das ist ein Schmuckstück. Aschenputtels Schwester trägt einen kostbaren **Reif** um ihr Handgelenk.

Reif ist der gefrorene Tau auf den Wiesen, der am Morgen silbrig glänzt.

reif *Adjektiv*

Reifes Obst schmeckt viel süßer als **unreifes**. Deshalb muss man Früchte **reifen** lassen.

der **Reifen** *Substantiv*

Die **Reifen** der Autos und Fahrräder bestehen aus Gummi.

die **Reihe** *Substantiv*

Beim Abendessen sitzen alle Zwerge in einer **Reihe** nebeneinander. Ihre Teller sind auf dem Tisch **aufgereiht**.

der **Reiher** *Substantiv*

Das ist ein großer Vogel mit einem langen Hals, der sich von Fischen ernährt.

r

rein *Adjektiv*

Das Wasser aus einer Quelle ist **rein**. Die Luft in den Bergen ist **rein**. Sie sind nicht verschmutzt. Sie enthalten keine Schadstoffe.

reinigen *Verb*

Wenn man die Wohnung **reinigt**, macht man sie sauber. Man entfernt Staub, wischt Flecken weg. Man putzt die Fenster, saugt Teppiche, wischt Fußböden und wäscht die Gardinen.

der **Reis** *Substantiv*

Von diesem Getreide isst man die weißen Körner. Es wächst auf **Reisfeldern**. **Reis** benötigt ein warmes, feuchtes Klima oder genügend Bewässerung, damit er gut wächst.

der **Reisekoffer** *Substantiv*

Die Schöne findet einen großen **Reisekoffer** voller Kleider in ihrem Zimmer.

reisen *Verb*

Der Zauberer ist in viele fremde Länder **gereist**. Er hat bei seinen **Reisen** Aufregendes erlebt.

Wenn jemand um die ganze Welt **reist**, macht er eine **Weltreise**.

das **Reisig** *Substantiv*

Reisig nennt man ganz kleine, trockene Äste. Mowgli sammelt **Reisig** für ein Feuer.

Reißaus nehmen *Verbverbindung*

Der Hase **nimmt Reißaus**. Er sieht den Jäger und läuft so schnell wie möglich davon.

reiten *Verb*

Reiten heißt, sich auf einem Pferd fortzubewegen.

der **Reiter** *Substantiv*

Ein **Reiter** sitzt auf einem Pferd. Er lenkt es, wohin er möchte. Robin und seine Männer sind ausgezeichnete **Reiter**.

der **Reitstall** *Substantiv*

Das ist ein Pferdestall mit Boxen für die Pferde, einer **Reithalle** und einem **Reitplatz** im Freien. Meist gehört ein **Reitstall** zu einem **Reiterverein**. Mitglieder des Vereins können hier **Reiten** lernen oder sich auf ein **Reitturnier** vorbereiten.

reizend *Adjektiv*

der **Rekord** *Substantiv*

Robin hat mit seinem Pfeil einen anderen im Flug abgefangen. Das hat noch niemand geschafft. Es ist ein **Rekord**.
▶ Schau auf Seite 371 nach.

das **Relief** *Substantiv*

Ein **Relief** ist ein Bild, das aus einer ebenen Fläche, zum Beispiel einer Steinplatte, herausgearbeitet wurde.
Berge, Täler, Ebenen und Hügel bilden das **Relief** der Erde.

die **Religion** *Substantiv*

Christentum, Islam und Judentum sind verschiedene **Religionen**. Menschen jeder **Religion** verehren entweder einen Gott oder mehrere Götter. Sie leben meist nach den Regeln ihres Glaubens.

religiös *Adjektiv*

Das bedeutet, gläubig zu sein.

rennen *Verb*

Rennen heißt schnell laufen.

die **Rennstrecke** *Substantiv*

Bei einem Autorennen fahren die Rennfahrer auf der **Rennstrecke** immer wieder die gleiche Runde, bis der erste ins Ziel kommt und das Rennen zu Ende ist.
Bei Pferderennen spricht man von einer **Rennbahn**.

renovieren *Verb*

Wenn man eine Wohnung **renoviert**, erneuert man alles, was nicht mehr gut aussieht.

das **Rentier** *Substantiv*

Rentiere leben in kalten Gegenden, zum Beispiel am Polarkreis. Sie tragen ein großes Geweih auf dem Kopf.

reparieren *Verb*

Pinocchios Füße sind verbrannt. Was macht Geppetto, um sie wieder zu **reparieren**? Schau auf Seite 261 nach.

r

die **Reportage** *Substantiv*

Das ist eine Berichterstattung für das Fernsehen, das Radio oder die Zeitung. In einer **Sportreportage** wird zum Beispiel ein Fußballspiel geschildert.

das **Reptil** *Substantiv*

Schlangen, Krokodile, Eidechsen und Schildkröten gehören zu den **Reptilien**. Sie können im Wasser und auf dem Land leben. Sie legen Eier. Ihre Haut ist rau und schuppig.

die **Republik** *Substantiv*

Das ist eine Staatsform. In einer demokratischen **Republik** bestimmen die Bürger durch Wahlen, wer ihr Land regiert. Alle Staatsbürger haben gleiche Rechte und Pflichten.

reservieren *Verb*

Wer einen Platz im Zug **reserviert**, bezahlt dafür, dass ihn niemand anders besetzen darf.

die **Residenz** *Substantiv*

Die **Residenz** ist ein herrschaftlicher Wohnsitz. Meist ist es eine Villa, ein Schloss oder ein Gutshaus.

respektieren *Verb*

Aladin hat **Respekt** vor dem Sultan. Er hält ihn für einen großen und reichen Mann und achtet ihn.

 Die Menschen müssen die Natur **respektieren**. Sie dürfen ihre Umwelt nicht einfach zerstören. Wer die Gesetze **respektiert**, hält sich an die Gesetze.

das **Restaurant** *Substantiv*

In einem **Restaurant** bekommt man etwas zu essen, wenn man dafür bezahlt. Man sucht sich sein Essen und sein Getränk auf der Speisekarte aus.

restaurieren *Verb*

Wenn man alte Bauwerke oder Gemälde **restauriert**, dann bessert man sie aus, bis sie wieder so schön aussehen wie früher. Bei Kirchen zum Beispiel ist eine **Restauration** oft nötig.

das **Resultat** *Substantiv*

Die Tiere haben so viel gegessen, dass ihnen schlecht ist. Das ist das **Resultat**. Das haben sie nun davon.

retten *Verb*

Die kleine Meerjungfrau **rettet** den Prinzen vor dem Ertrinken. Sie bringt ihn an Land und er lebt.

das **Rettungsboot** *Substantiv*

Das Schiff sinkt! Zum Glück ist ein **Rettungsboot** an Bord. In diesem kleinen Boot können sich schiffbrüchige Passagiere an Land retten.

die **Revanche** *Substantiv*

Das sagt man zum Beispiel beim Tischtennis, wenn man ein zweites Spiel beginnt. Man gibt dem Verlierer die Chance, jetzt zu gewinnen.

das **Rezept** *Substantiv*

Schneewittchen kann Pfannkuchen backen. Sie weiß wie es geht, weil sie das **Rezept** kennt.

der **Rhabarber** *Substantiv*

Das ist eine Pflanze. Ihre langen rötlichen Stiele isst man als Kompott zum Nachtisch. Man kann damit auch **Rhabarberkuchen** backen.

richten *Verb*

Dieser Brief ist an Robin Hood **gerichtet**. Er wurde an seine Adresse geschickt.

Wenn man das Wort an jemanden **richtet**, spricht man ihn an.

der **Richter** *Substantiv*

Ein **Richter** spricht einen Angeklagten frei oder schuldig.

richtig *Adjektiv*

Was ist **richtig**?
– Eine Rechnung ist **richtig**, wenn man keinen Fehler gemacht hat. Die Rechnung 3 + 3 = 6 ist **richtig**, sie stimmt.
– Aschenputtels Schwester möchte ihr grünes Kleid anziehen, aber Aschenputtel hat das blaue hervorgeholt. Ihre Stiefschwester schimpft, weil das nicht das **richtige** Kleid ist.
– Am Ende der Geschichte wird Pinocchio ein **richtiger** Junge aus Fleisch und Blut.

Das Gegenteil von **richtig** ist falsch.

die **Richtung** *Substantiv*

Die Tiere sind in **Richtung** Bremen aufgebrochen. Es ist noch ein weiter Weg, bis sie dort ankommen.

riechen *Verb*

Der Hund **riecht** die Suppe. Er nimmt ihren **Geruch** wahr. Die Suppe **riecht** köstlich. Sie hat einen verlockenden **Geruch**.

der **Riese** *Substantiv*

Der Fischer ist **riesengroß**. Neben dem **Riesen** kommt sich Pinocchio winzig klein vor.

der **Riesenkürbis** *Substantiv*

Der **Riesenkürbis** ist viel größer als ein gewöhnlicher Kürbis.

riesig *Adjektiv*

Vor Pinocchio taucht das **riesige** aufgerissene Maul eines Seeungeheuers aus dem Wasser auf. Es ist der schreckliche Haifisch mit seinem **riesigen** Gebiss.

das **Rind** *Substantiv*

Kälber, Kühe und Bullen nennt man auch **Rinder**.

die **Rinde** *Substantiv*

Die **Rinde** eines Baums ist die weichere Schale, die das härtere Holz des Stamms und der Äste umgibt.

das **Rindfleisch** *Substantiv*

Steaks, Rinderbraten und Rindergulasch bestehen aus **Rindfleisch**. Rinder werden schon jung geschlachtet, damit die Menschen ihr zartes Fleisch essen können.

das **Rindsleder** *Substantiv*

Das ist die zu Leder verarbeitete Haut von Rindern.

der **Ring** *Substantiv*

Ein **Ring** ist ein Schmuckstück, das man am Finger trägt.
Ein **Ring** kann auch ein anderer kreisförmiger Gegenstand aus Metall, Holz oder Kunststoff sein, der ein Loch in der Mitte hat.

das **Ringelschwänzchen** *Substantiv*

Die kleinen Schweinchen haben **Ringelschwänzchen**.
Sie legen ihre Arme umeinander und tanzen immer im Kreis herum einen **Ringelreigen**.

der **Ringfinger** *Substantiv*

Finger

riskieren *Verb*

Robin **riskiert** sein Leben, um Marianne zu retten. Er begibt sich für sie in große Gefahr. Aber er hat keine Angst, ein **Risiko** einzugehen.

rittlings *Adverb*

Die Hexe sitzt **rittlings** auf ihrem Besen. Sie hat ein Bein auf jeder Seite. Sie reitet auf dem Besen.

die **Robbe** *Substantiv*

Diese Säugetiere sind dank ihrer Flossen hervorragend an das Leben im Wasser angepasst.
▶ Schau auch unter **Seehund** nach.

der **Roboter** *Substantiv*

Das ist eine Maschine mit Armen und Beinen. Sie nimmt den Menschen viele Arbeiten ab.

robust *Adjektiv*

Robin ist ein **robuster**, junger Mann. Er ist gesund und kräftig. Er hält viel aus.

der **Rock** *Substantiv*

Goldlöckchen trägt einen kurzen **Rock**. Ihre Mutter hat einen langen **Rock** an.

der **Roggen** *Substantiv*

Das ist eine Getreideart. Man macht daraus **Roggenbrot**.

roh *Adjektiv*

Die Tiere des Urwalds fressen **rohes** Fleisch. Mowgli mag das Fleisch lieber gebraten. **Rohe** Lebensmittel sind nicht gekocht, gebraten oder gegrillt.

die **Rolle** *Substantiv*

Robin **rollt** seinen Brief zusammen. Er macht daraus eine **Rolle**.

Im Theater und im Film spielen Schauspieler **Rollen**. Sie stellen andere Personen dar als sie sind.

rollen *Verb*

Ein Ball **rollt** über den Boden. Er bewegt sich, indem er sich dreht. Ein Wagen **rollt** auf Rädern.

der **Rollschuh** *Substantiv*

Pinocchio hat **Rollschuhe** bekommen. Jetzt lernt er **Rollschuh laufen**. Es ist gar nicht so leicht.

Noch schneller als **Rollschuhe** sind Inlineskates. Unter dem Schuh haben sie nur eine Reihe mit Rollen. Man nennt sie auch Rollerblades.

der **Roman** *Substantiv*

Das ist ein Buch, das eine lange, erfundene Geschichte erzählt.

rosa *Adjektiv*

Schweine sind **rosa**. Ihre Haut hat eine Farbe zwischen Weiß und Rot.

die **Rose** *Substantiv*

Der Vater der Schönen pflückt eine **Rose** für seine Tochter. **Rosen** wachsen an **Rosensträuchern**. Sie duften bezaubernd und es gibt sie in vielen verschiedenen Farben von Weiß über Rosa und Gelb bis Rot.

rosten *Verb*

Wenn Eisen lange draußen im Regen liegt, bekommt es rotbraune Stellen, die sich von der Oberfläche ablösen. Das ist **Rost**. Fahrräder und Autos können **rosten**.

rösten *Verb*

Das bedeutet im Ofen überbacken oder in der Pfanne braun und knusprig werden lassen.

rot *Adjektiv*

Hähne haben einen **roten** Kamm auf dem Kopf. **Rot** ist auch die Farbe des Blutes. Eine auf **Rot** stehende Ampel darf man nicht überqueren.

Wenn das Licht am Himmel **rot** wird, und die Sonne aufgeht, spricht man von **Morgenrot**. Wenn sie untergeht, erscheint am Himmel bei gutem Wetter ein schönes **Abendrot**.

Wenn jemand **rot** wird, dann schämt er sich. Manchmal **errötet** man vor Verlegenheit.

rothaarig *Adjektiv*

Ein **rothaariges** Mädchen hat rote Haare.

rotieren *Verb*

Ein Kreisel **rotiert** um die eigene Achse. Er dreht sich sehr schnell.
▶ Schau unter **Kreisel** nach.

das **Rotkehlchen** *Substantiv*

Das ist ein kleiner Singvogel mit roten Federn am Kopf, am Hals und am Bauch.

die **Route** *Substantiv*

Eine **Route** ist eine Strecke. Wer verreist, bewegt sich zum Beispiel auf einer **Reiseroute**.

die **Rübe** *Substantiv*

Das ist eine Pflanze mit einer großen Wurzelknolle. Die rote **Rübe** nennt man Rote Beete und man isst sie gekocht. Es gibt auch eine weiße **Rübenart**, aus der man Zucker macht, die **Zuckerrübe**.

der **Rubin** *Substantiv*

Das ist ein roter Edelstein.
▶ Schau auf Seite 397 nach.

der **Rücken** *Substantiv*

Der Hund ist auf den **Rücken** des Esels gestiegen.
▶ Schau auch unter der Körper auf Seite 239 nach.
Die sieben Zwerge müssen zur Seite **rücken**, damit Schneewittchen auch an den Tisch passt.

der **Rückfall** *Substantiv*

Wenn man eine Krankheit zum zweiten Mal bekommt, die man gerade erst hatte, ist das ein **Rückfall**.
Ein Dieb, der aus dem Gefängnis kommt und sofort wieder stiehlt, wird **rückfällig**.

rückgängig machen *Verbverbindung*

Wenn man zum Beispiel eine Zusage **rückgängig macht**, dann nimmt man sie zurück. Man erklärt sie für ungültig.

die **Rückseite** *Substantiv*

Ein Blatt ist doppelseitig. Es hat eine Vorderseite und eine **Rückseite**. Die **Rückseite** kann man lesen, wenn man das Blatt umdreht. Auch ein Buch hat eine **Vorder-** und eine **Rückseite**.

der **Rückspiegel** *Substantiv*

Das ist ein kleiner Spiegel im Auto, durch den der Fahrer sehen kann, was hinter ihm passiert. **Rückspiegel** helfen auch beim Einparken.

rückwärts *Adverb*

Wer **rückwärts** geht oder fährt, bewegt sich zurück.

der **Rückweg** *Substantiv*

Der kleine Bär zeigt Goldlöckchen den **Rückweg**.

das **Rudel** *Substantiv*

Wölfe leben in einem **Rudel**. Sie leben mit anderen Wölfen zusammen.

rudern *Verb*

Geppetto **rudert**, damit er mit dem Boot vorankommt. Aber die Wellen sind sehr hoch und seine Arme sind vom vielen **Rudern** schon ganz müde. *Was passiert jetzt? Schau auf Seite 478 nach.*

rufen *Verb*

Die Stiefschwestern **rufen** Aschenputtel, weil sie möchten, dass sie zu ihnen kommt. Sie sagen laut ihren Namen.

die **Ruhe** *Substantiv*

Papa Bär will abends seine **Ruhe** haben. Er möchte nicht gestört werden. Die Familie soll ihn in **Ruhe** lassen.
▶ Schau auch unter **ausruhen** nach.

ruhig *Adjektiv*

Der Sturm ist vorbei. Das Meer ist wieder **ruhig**. Es ist nicht mehr aufgewühlt, die großen Wellen verschwinden und es ist wieder ganz glatt.
Wer etwas mit **Ruhe** macht, wird dabei nicht nervös.

rühren *Verb*

Schneewittchens Schicksal **rührt** den Jäger. Er ist tief bewegt und hat Mitleid mit ihr. Er lässt sie gehen.
Es ist **rührend** zu sehen, wie sich Mutter Wolf um Mowgli kümmert.

die **Ruine** *Substantiv*

Die Stadt besteht nur noch aus **Ruinen**. Alle Häuser sind verlassen und verfallen. Man kann nicht mehr darin wohnen. Es stehen nur noch Reste.

ruiniert *Adjektiv*

Der Vater der Schönen hat sein ganzes Vermögen verloren. Er besitzt nichts mehr. Er ist **ruiniert**.

rund *Adjektiv*

Ein Rad ist **rund**. Es hat die Form eines Kreises. Ein Ball ist auch **rund**. Er hat die Form einer Kugel.
▶ Schau auch unter Formen und Figuren auf Seite 145 nach.

runzeln *Verb*

Mowgli denkt nach. Er **runzelt** die Stirn. Dabei entstehen auf seiner Stirn kleine Falten.

rupfen *Verb*

Der Gärtner **rupft** im Blumenbeet Unkraut. Er zieht daran, um die Wurzeln aus der Erde zu entfernen.

die Rüstung *Substantiv*

Auf dem Bild siehst du einen Ritter. Er trägt eine **Rüstung**. Der Helm schützt den Kopf vor Verletzungen, durch das Visier kann der Ritter sehen. Die Panzerhandschuhe bedecken die Hände und die Beinröhren schützen die Beine. Auch der Oberkörper und die Arme sind geschützt.

der Rüssel *Substantiv*

Mowgli lässt sich tragen. Er sitzt auf dem **Rüssel** des Elefanten.

die Rutsche *Substantiv*

Pinocchio und sein Freund Romeo sind auf dem Spielplatz und **rutschen**.

Ss

der **Saal** *Substantiv*

Das ist ein großer Raum für viele Menschen. Einen **Saal**, in dem getanzt wird, nennt man **Tanzsaal**. Aladin hat in seinem Palast einen **Empfangssaal**. Dort begrüßt er seine Gäste.

die **Sachen** *Substantiv*

Aschenputtel muss die **Sachen** ihrer Stiefschwestern aufräumen. Sie räumt alles in den Schrank.

der **Sack** *Substantiv*

Es gibt **Säcke** aus Jute, Leinen, Packpapier und Plastik. In einem **Sack** lagert und transportiert man Waren.

Der Sheriff füllt die **Säcke** mit Gold.

Einen **Rucksack** trägt man auf dem Rücken, zum Beispiel beim Wandern.

die **Sackgasse** *Substantiv*

Das ist eine Straße, die nicht weiter führt. An ihrem Ende muss man wenden und wieder zurückfahren.

der **Saft** *Substantiv*

Wenn man Früchte auspresst, erhält man **Saft**. Besonders **saftige** Früchte ergeben viel **Saft**.

die **Säge** *Substantiv*

Das kleine Schweinchen hat eine **Säge**. Damit **sägt** es Bretter durch. Das Blatt einer **Säge** ist sehr scharf und hat kleine spitze Zähne.

der **Salamander** *Substantiv*

Dieses griechische Wort bedeutet Schwanzlurch. **Feuersalamander** sind schwarz mit gelben Punkten. Lurche leben an Land und im Wasser.

der **Salat** *Substantiv*

Aschenputtel holt einen Kopf **Salat** aus dem Gemüsegarten. Sie bereitet ihn mit einer Sauce aus Öl und Essig zu. Man serviert **Salat** in einer **Salatschüssel**.

In welchem Gefäß serviert man Suppe? Schau auf Seite 409 nach.

Ein **Kartoffelsalat** besteht aus Kartoffeln, Zwiebeln, Essig, Öl und Senf. Ein **Obstsalat** besteht aus klein geschnittenem Obst.

die **Salbe** *Substantiv*

Eine **Salbe** ist eine Kreme. Man trägt sie auf wunde oder kranke Stellen der Haut auf, um sie zu heilen.

der **Salon** *Substantiv*

So nennt man ein Empfangs- oder Besuchszimmer. In einem **Salon** empfängt man Gäste zum Tee oder Kaffee.

das **Salz** *Substantiv*

Salz verstärkt den Geschmack einer Suppe. Am Tisch **salzt** man das Essen mit einem **Salzstreuer**.

▶ Schau auch unter **salzen** nach.

salzen *Verb*

Das bedeutet **Salz** hinzugeben.

▶ Schau auch unter <u>der Geschmack</u> auf Seite 169 nach.

sammeln *Verb*

die **Sammlung** *Substantiv*

Wenn du im Urlaub am Strand Muscheln suchst und sie aufhebst, hast du bald eine tolle **Sammlung**.

der **Samstag** *Substantiv*

→ <u>die Wochentage</u>

der **Samt** *Substantiv*

Das ist ein besonders weicher Stoff, der schön glänzt.

der **Sand** *Substantiv*

Sand besteht aus sehr vielen winzigen Steinen. Am Meer gibt es **Sandstrände**.

die **Sandale** *Substantiv*

Sandalen sind leichte, offene Schuhe für den Sommer.

die **Sandburg** *Substantiv*

Die Kinder wollen eine **Sandburg** am Strand bauen. Sie füllen **Sand** in ihre Eimer, klopfen ihn fest und stülpen dann die Eimer um. So entstehen die ersten Türme, aber die **Burg** ist noch lange nicht fertig.

S

das **Sandwich** *Substantiv*

Wenn man Schinken und Käse zwischen zwei Scheiben Brot legt, ist das ein **Sandwich**.

der **Saphir** *Substantiv*

Das ist ein blauer Edelstein.
▶ Schau auf Seite 397 nach.

die **Sardine** *Substantiv*

Sardinen sind kleine Meeresfische. **Ölsardinen** sind in Öl eingelegte **Sardinen**. Sie werden meist in Konservendosen verpackt und verkauft.

der **Sarg** *Substantiv*

Die sieben Zwerge tragen Schneewittchens **Sarg** auf einen Berg hinauf. Wenn Menschen sterben, legt man sie in einen **Sarg**. Schneewittchen hat einen besonderen **Sarg** aus Glas.

der **Sari** *Substantiv*

Sari heißt das gewickelte Gewand der Inderinnen.

der **Satan** *Substantiv*

Das ist ein anderes Wort für Teufel.

der **Satellit** *Substantiv*

Satelliten werden mit Raketen ins All geschossen. Sie funken Informationen zur Erde. **Nachrichtensatelliten** ermöglichen den weltweiten Empfang von Telefongesprächen und Fernsehsendungen. **Wettersatelliten** helfen, das Wetter vorauszusagen.

satteln *Verb*

Der Vater der Schönen **sattelt** das Pferd. Er legt ihm den **Sattel** auf den Rücken und zieht den **Sattelgurt** fest.
Fahrräder und Mofas haben auch **Sättel**.

der **Satz** *Substantiv*

Der Frosch überquert den Bach mit einem einzigen großen **Satz**. Er springt von einem Ufer zum anderen.
Mit mehreren Wörtern bildest du einen **Satz**.

sauber *Adjektiv*

Das Haus der Zwerge ist immer **sauber**, weil Schneewittchen alles putzt. Ihr gefällt es dort nur, wenn es **sauber** und aufgeräumt ist.

sauer *Adjektiv*

Eine Zitrone schmeckt **sauer**. Sie beißt ein bisschen im Mund und hinterlässt einen komischen Geschmack.
▶ Schau auch unter der Geschmack auf Seite 169 nach.
Wenn du **sauer** bist, ärgerst du dich.

der **Sauerstoff** *Substantiv*

Das ist ein Gas. Es ist in der Luft enthalten, die wir atmen.

säugen *Verb*

Mutter Wolf **säugt** ihre Jungen. Sie trinken ihre Milch.

Wölfe gehören zu den **Säugetieren**.

das **Säugetier** *Substantiv*

Hunde, Pferde und Wale gehören zu den **Säugetieren**. Die weiblichen Tiere **säugen** ihre Jungen.

der **Säugling** *Substantiv*

Das ist ein ganz kleines Baby.

die **Säule** *Substantiv*

Das Schloss hat eine große Eingangstreppe mit zwei **Säulen** aus rosa Marmor.

die **Savanne** *Substantiv*

So nennt man weite Ebenen in heißen Ländern. In der afrikanischen **Savanne** leben Löwen, Zebras und Giraffen. Die **Savanne** ist sehr trocken. Deshalb wachsen dort hauptsächlich Büsche und nur wenige hohe Bäume.

das **Schach** *Substantiv*

Schach spielt man auf einem **Schachbrett** mit schwarzen und weißen Feldern. Die **Schachfiguren** heißen Bauer, Turm, Pferd, Läufer, Dame und König.

die **Schachtel** *Substantiv*

Die Schwester der Schönen räumt ihre Haarbänder und Tücher in eine **Schachtel**.

schade *Adjektiv*

Rotkäppchen ist später als der Wolf bei der Großmutter angekommen. Das ist **schade**. Armes Rotkäppchen!

der **Schädel** *Substantiv*

Das ist der harte Knochen in unserem Kopf, der unser Gehirn schützt. Wenn jemand sehr stur ist und nie nachgibt, bezeichnet man ihn als **Dickschädel**.

der **Schaden** *Substantiv*

In der Nacht hat es einen heftigen Sturm gegeben. Der Sturm hat große **Schäden** angerichtet. Bei einigen Häusern ist das Dach weggeflogen und viele Bäume sind umgefallen.

das **Schaf** *Substantiv*

Schafe züchtet man vor allem wegen ihrer Wolle. Das männliche Schaf nennt man Bock, das weibliche Mutterschaf. Ihre Jungen heißen Lämmer. Im Frühjahr hört man sie auf den Wiesen mähen und blöken.

der **Schäfer** *Substantiv*

Ein **Schäfer** hütet **Schafe**. Nachts bringt er sie zum Schlafen in einen **Schafstall**. Er hat einen **Schäferhund**, der ihm hilft, die **Schafherde** zusammenzutreiben.

schaffen *Verb*

Wenn du etwas **schaffst**, was du dir vorgenommen hast, gelingt es dir.

der **Schakal** *Substantiv*

Der **Schakal** ist ein Tier, das in Asien und Afrika lebt. Er ähnelt dem Wolf und dem Fuchs. **Schakale** ernähren sich von toten Tieren.

der **Schal** *Substantiv*

Wenn es draußen kalt ist, wickelt man sich einen **Schal** um den Hals, um nicht zu frieren.

die **Schale** *Substantiv*

Auf jedem Tisch steht eine **Schale** mit Suppe.

Die **Schale** ist die feste Hülle, die Eier, Nüsse, Apfelsinen und Bananen umgibt.

schälen *Verb*

Beim **Schälen** einer Frucht entfernt man ihre äußere Hülle. Wer Gemüse **schält**, entfernt die **Schale** und alles, was man nicht essen kann, mit dem Messer.

schämen *Verb*

Wenn Pinocchio etwas falsch gemacht hat oder Geppetto nicht gehorcht, **schämt** er sich. Er weiß hinterher, dass es nicht richtig war und es ist ihm peinlich.

scharen *Verb*

Die sieben Zwerge **scharen** sich um Schneewittchen. Sie versammeln sich um sie herum, um zu hören, was sie erzählen möchte.

scharf *Adjektiv*

Goldlöckchen mag die Suppe nicht. Sie ist ihr zu **scharf**. Es ist viel zu viel Salz und Pfeffer darin.

Wenn du auf etwas **scharf** bist, gefällt es dir oder du magst es. Goldlöckchen ist ganz **scharf** auf süße Apfelpfannkuchen. Sie könnte jeden Tag welche essen.

der **Schatten** *Substantiv*

Der Soldat glaubt, dass er hinter dem Baum gut versteckt ist. Aber Robin sieht seinen **Schatten** und erkennt, woher ihm Gefahr droht.

die **Schatulle** *Substantiv*

Eine **Schatulle** ist ein Kästchen mit einem Deckel. Darin bewahrt man Kostbarkeiten auf. Aschenputtel hütet die **Schmuckschatulle** ihrer Mutter wie ihren Augapfel.

der **Schatz** *Substantiv*

Vier Sklaven bringen dem Sultan Aladins ganzen **Schatz**. Er besteht aus Uhren, Juwelen und Goldstücken und ist ein riesiges Vermögen.

schätzen *Verb*

Nach einiger Zeit **schätzt** die Schöne das Biest sehr. Sie achtet es und hat eine gute Meinung von ihm.

schaudern *Verb*

Das bedeutet, leicht zu zittern. Gretel sieht die Hexe und **schaudert** vor Angst.

der **Schauer** *Substantiv*

Ein **Schauer** ist ein kurzer Regenguss.

die **Schaufel** *Substantiv*

Das kleine Schweinchen hat eine **Schaufel**. Damit **schaufelt** es im Garten Erde und trockene Blätter.
▶ Schau unter **Werkzeug** nach.

der **Schaufelraddampfer** *Substantiv*

Zur Zeit der Dampfschifffahrt bewegten sich Dampfschiffe mit Hilfe von **Schaufelrädern** vorwärts. Solche Schiffe fahren heute nur noch für Touristen.

das **Schaufenster** *Substantiv*

In einem Schaufenster kannst du dir ansehen, was es in einem Geschäft zu kaufen gibt. **Schaufensterpuppen** zeigen Kleidung.

die **Schaukel** *Substantiv*

Mowgli hat sich eine **Schaukel** gebaut. Die Affen **schaukeln** auf Lianen.

der **Schaukelstuhl** *Substantiv*

In einem **Schaukelstuhl** kann man vor und zurück **schaukeln**.

Kinder reiten gerne auf **Schaukelpferden**. Meistens sind diese Pferde aus Holz.

der **Schaum** *Substantiv*

Der kleine Bär badet. Er reibt sich mit Seife und Shampoo ein. Dabei entstehen viele weiße Bläschen. Das ist **Schaum**.

der **Schauspieler** *Substantiv*

Schauspieler stellen im Theater oder in Filmen eine Person dar. Sie spielen eine Rolle.

der **Scheck** *Substantiv*

Ein **Scheck** ist ein Schriftstück, mit dem man bezahlen kann. Wer einen **Scheck** bekommt, kann ihn bei einer Bank gegen Geld eintauschen.

die **Scheibe** *Substantiv*

Eine **Scheibe** ist flach: Man schneidet Brot in **Scheiben**.

Durch eine **Glasscheibe** kann man hindurchsehen.

die **Scheidung** *Substantiv*

Wenn zwei verheiratete Menschen nicht mehr zusammenleben möchten, dann lassen sie sich **scheiden**. Sie trennen sich und lösen ihre Ehe. Sie ziehen in verschiedene Wohnungen. Die Kinder leben dann bei der Mutter oder dem Vater.

der **Schein** *Substantiv*

Ein **Geldschein** ist eine Banknote. Man kann damit bezahlen.

▶ Schlag auch unter **Münze** nach.

Fahrscheine sind Fahrkarten.

Der **Schein** einer Kerze ist nicht so hell wie das Licht einer Lampe.

der **Scheinwerfer** *Substantiv*

Autos haben vorne unterhalb der Motorhaube **Scheinwerfer**. Das sind stark strahlende Lampen.

das **Scheit** *Substantiv*

Aschenputtel legt noch ein **Scheit** in den Kamin. Das ist ein großes Stück Holz.

S

der **Scheitel** *Substantiv*

Die Schöne kämmt ihr Haar gleichmäßig zu beiden Seiten. Ihr **Scheitel** ist in der Mitte. Sie hat keinen **Seitenscheitel**.

scheitern *Verb*

Wenn ein Plan **scheitert**, schlägt er fehl. Er misslingt.

der **Schelm** *Substantiv*

Pinocchio ist ein **Schelm**. Er spielt gern Streiche und macht viel Unsinn, aber er ist nicht böse.

schenken *Verb*

Das Biest **schenkt** der Schönen einen Zauberring. Mit **Geschenken** macht man anderen eine Freude.

die **Scherbe** *Substantiv*

Das Glas ist in tausend **Scherben** zersprungen. Überall liegen Glasstücke. Man sagt, **Scherben** bringen Glück.

die **Schere** *Substantiv*

Mit einer **Schere** kann man Papier oder Stoff schneiden.

scheu *Adjektiv*

Ein **scheues** Tier läuft weg, sobald man sich nähert. Es hat Angst vor Menschen. **Scheu** ist das Gegenteil von zutraulich.

die **Scheune** *Substantiv*

Auf dem Bauernhof werden in der **Scheune** Stroh und Heu für den Winter gelagert.

▶ Schau auf Seite 54 nach.

scheußlich *Adjektiv*

Die Hexe sieht **scheußlich** aus. Sie ist furchtbar hässlich mit ihrer Hakennase und den Warzen im Gesicht. Sie jagt Hänsel und Gretel große Angst ein.

schick *Adjektiv*

Das Weiße Kaninchen trägt eine Krawatte. Es ist **schick** angezogen. **Schick** bedeutet modisch, fein und elegant. Wenn du zu einem Fest eingeladen wirst, machst du dich **schick**.

schicken *Verb*

Aladins Mutter **schickt** ihren Sohn zum Einkaufen. Dann **schickt** sie einen Brief an eine Freundin.

das **Schicksal** *Substantiv*

Als **Schicksal** bezeichnet man das, was einem Menschen passiert, ohne dass er es plant.

schieben *Verb*

Es geht bergauf. Die Männer **schieben** den schweren Karren von hinten. Das Pferd zieht ihn von vorne.

der Schiedsrichter *Substantiv*

Ein **Schiedsrichter** achtet zum Beispiel bei einem Fußballspiel darauf, dass sich alle Spieler an die Regeln halten. Ist das nicht der Fall, kann er einem Spieler die gelbe und die rote Karte zeigen.

der Schiefer *Substantiv*

Schiefer ist dunkles Gestein. In einigen Gegenden deckt man die Dächer mit **Schiefer**.

schielen *Verb*

Wenn jemand **schielt**, schaut er nicht mit beiden Augen in die gleiche Richtung.

die Schiene *Substantiv*

Züge und Straßenbahnen fahren auf **Schienen**.

das Schiff *Substantiv*

Mit einem **Schiff** kann man sich auf dem Wasser fortbewegen. Fähren, **Segelschiffe**, Kähne und Öltanker sind **Schiffe**.

der Schiffbruch *Substantiv*

Das Schiff hat während des Sturms **Schiffbruch** erlitten. Es ist untergegangen.

der Schild *Substantiv*

Die Soldaten haben **Schilde**, mit denen sie sich vor Pfeilen und Schwerthieben schützen. So werden sie nicht so schnell verletzt.

S

das **Schild** *Substantiv*

Die böse Königin hängt von außen ein **Schild** an die Tür ihrer geheimen Kammer. Darauf steht geschrieben: „Eintritt verboten“. Es darf niemand einen Fuß in ihre Kammer setzen.

die **Schildkröte** *Substantiv*

Ein harter Panzer schützt den Körper der **Schildkröten**. Es gibt **Land-** und **Wasserschildkröten**. Alice hat eine sehr ungewöhnliche **Schildkröte** getroffen. ▶ Schau auf Seite 309 nach.

schimmeln *Verb*

Wenn man Marmelade zu lange offen stehen lässt und nicht in den Kühlschrank stellt, **schimmelt** sie. Sie ist dann von einer blau-weißen Schicht überzogen und man kann sie nicht mehr essen.

der **Schimpanse** *Substantiv*

Das ist eine kleine Affenart. Von allen Affenarten ähnelt sie dem Menschen am meisten.
▶ Schau auch unter **Affe** nach.

der **Schinken** *Substantiv*

Das ist Schweinefleisch, das man kalt und in fein geschnittenen Scheiben isst. Der **Schinken** wird aus den Keulen des Schweins gemacht.

der **Schirm** *Substantiv*

→ **Sonnenschirm** und **Regenschirm**

die **Schirmmütze** *Substantiv*

Polizisten und Soldaten tragen oft **Schirmmützen** auf dem Kopf. Sie schützen vor Regen und vor Sonne.

schlabbern *Verb*

Die Katzen **schlabbern** ihre Milch. Sie lecken mit schnellen Zungenbewegungen die Milch auf und man hört sie **schlabbern**.

die **Schlacht** *Substantiv*

Wer gewinnt diese **Schlacht**? Robin oder die Soldaten des Sheriffs? Bei einer **Schlacht** kämpfen zwei verfeindete Armeen oder Gruppen gegeneinander.

der **Schlaf** *Substantiv*

Dornröschen fällt in einen hundertjährigen **Schlaf**. Aschenputtel würde gern zehn Minuten einen **Mittagsschlaf** halten, aber sie hat keine Zeit.

die **Schläfe** *Substantiv*

Aschenputtel hat Kopfschmerzen. Sie reibt sich beide **Schläfen**.

schläfrig *Adjektiv*

der **Schlafsaal** *Substantiv*

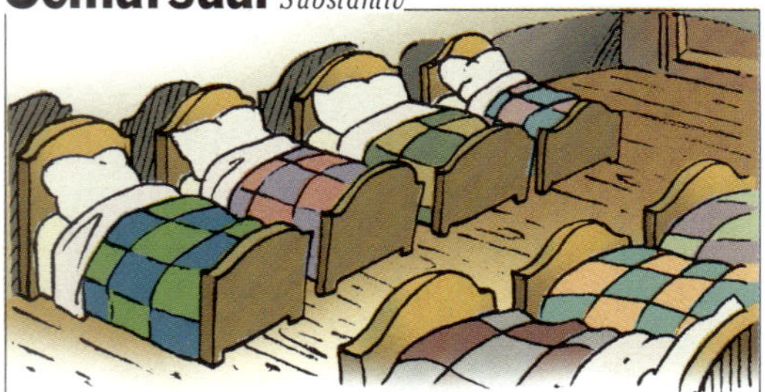

Das Zimmer der sieben Zwerge sieht aus wie ein **Schlafsaal**. Es ist ein großes Zimmer mit vielen Betten.

schlafwandeln *Verb*

Wer **schlafwandelt**, steht im Schlaf auf und läuft herum. Er kann sich nicht daran erinnern, wenn er erwacht. **Schlafwandler** können auch im Schlaf sprechen und alles mögliche tun, aber es ist ihnen überhaupt nicht bewusst.

das **Schlafzimmer** *Verb*

Im Haus der Familie Bär gibt es drei **Zimmer**: das Wohnzimmer, die Küche und das Schlafzimmer. Goldlöckchen ist in einem der Zimmer eingeschlafen.
Weißt du, in welchem Bett sie schläft? Schau auf Seite 61 nach.

schlagen *Verb*

In einem Spiel oder beim Sport jemanden zu **schlagen**, heißt gegen ihn zu gewinnen. Wer wird den anderen im Rennen **schlagen**? Der Hase oder der Igel?

der **Schläger** *Substantiv*

Tennis und Tischtennis spielt man mit **Schlägern**. Man macht damit einen **Aufschlag**, nimmt die Bälle an und **schlägt** sie wieder zurück.

das **Schlagzeug** *Substantiv*

Im Zirkusorchester gibt es ein **Schlagzeug**. Es besteht aus verschiedenen Schlag- und Rhythmusinstrumenten, zum Beispiel die Trommel, das Becken und die Pauke.

der **Schlamm** *Substantiv*

Schlamm ist sehr weiche Erde. Deshalb ist das Wasser eines Teichs ganz braun, wenn der Grund **schlammig** ist.

Schlange stehen *Verbverbindung*

Aladins Mutter **steht** vor dem Palast **Schlange**, um den Sultan zu besuchen. So viele Menschen möchten ihn um etwas bitten, dass sie sich anstellen muss. Sie wartet in der **Schlange**, bis sie an der Reihe ist.

die **Schlangengrube** *Substantiv*

Mowgli ist von Schlangen umgeben. Er ist in einer **Schlangengrube** gefangen.

schlank *Adjektiv*

Die Schöne ist **schlank**. Sie ist nicht dick. Sie hat eine gute Figur.

schlau *Adjektiv*

Hänsel hat daran gedacht, Kieselsteine auf den Weg zu streuen, damit er wieder nach Hause zurückfindet. Das ist **schlau** von ihm. Er ist ein intelligenter Junge. Gretel ist auch **schlau**. Sie hat es geschafft, die Hexe in den Ofen zu stoßen und Hänsel zu befreien.

schlecht *Adjektiv*

Schlecht ist das Gegenteil von gut. Etwas **Schlechtes** ist nicht richtig, es ist böse, unfair oder gemein.

Wenn dir **schlecht** ist, ist dir etwas flau in der Magengegend und du fühlst dich nicht wohl.

schleifen *Verb*

Der kleine Junge **schleift** die Puppe seiner Schwester hinter sich her. Er zieht sie über den Boden.

Wenn man Edelsteine **schleift**, glänzen sie und glitzern in leuchtenden Farben.

Die Meerhexe **schleift** ihr Messer an einem **Schleifstein**, um es zu schärfen. *Schau auf Seite 508 nach, was sie mit dem Messer schneiden möchte.*

die **Schleppe** *Substantiv*

Bei ihrer Hochzeit mit dem Prinzen trägt Aschenputtel ein wunderschönes Brautkleid. Auf dem Kopf trägt sie eine lange **Schleppe**.

S

schleudern *Verb*

Wenn es kalt ist und auf der Straße Glatteis herrscht, können Autos ins **Schleudern** geraten. Sie rutschen und manche landen sogar im Graben.

schlicht *Adjektiv*

Die böse Königin trägt **schlichte** Kleider, weil sie nicht erkannt werden will. Sie sind ganz einfach und haben keine Verzierungen.

schlimm *Adjektiv*

Pinocchios Schulheft sieht **schlimm** aus. Er hat nicht schön geschrieben, sondern sehr geschmiert. Aber das Heft von Romeo ist noch **schlimmer**. Es hat Eselsohren und er hat sogar Seiten herausgerissen.

Pinocchio ist krank, aber es ist nicht so **schlimm**. Er wird bald wieder gesund.

der Schlitten *Substantiv*

Im Winter fahren die Kinder im Schnee **Schlitten**. Sie sausen mit ihrem **Schlitten** den Hügel hinunter.

der Schlittenhund *Substantiv*

Die Hunde ziehen den **Schlitten** durch den Schnee. Extra dafür ausgebildete Hunde nennt man **Schlittenhunde**.

schlittern *Verb*

Mowgli **schlittert** den Hang hinunter. Das **Schlittern** macht ihm großen Spaß.

schlottern *Verb*

Geppetto hat seinen Mantel verkauft. Jetzt **schlottert** er vor Kälte.

die Schlucht *Substantiv*

Eine **Schlucht** ist eine tiefe Spalte in einem Gebirge. Unten fließt oft ein Fluss. Manche **Schluchten** kann man durchwandern.

schluchzen *Verb*

Mowgli **schluchzt**, weil er nun den Dschungel verlassen muss. Er kann nicht aufhören zu weinen. Er heult sehr laut und seine **Schluchzer** schütteln seinen ganzen Körper.

der **Schluck** *Substantiv*

Das ist die Menge an Flüssigkeit, die man beim Trinken auf einmal in den Mund nimmt und **herunterschluckt**.

schlummern *Verb*

Das heißt sanft und leicht schlafen.

schlüpfen *Verb*

Die kleinen Fische **schlüpfen** durch das Netz. Die Maschen sind gerade groß genug, dass sie hindurchpassen. Küken **schlüpfen** aus Eiern.
▶ Schau auch unter **Ei** nach.

schmecken *Verb*

Schneewittchen ist der Kuchen gelungen. Er **schmeckt** den sieben Zwergen sehr gut. Sie finden ihn köstlich.

schmeicheln *Verb*

Der Sultan mag es, wenn man ihm **schmeichelt**. Er hört sehr gern Komplimente.

schmelzen *Verb*

Die Sonne scheint und es wird deshalb wärmer. Der Schneemann fängt an zu **schmelzen**. Der Schnee wird zu Wasser und tropft hinunter.

Wenn man Zucker in der Pfanne heiß macht, **schmilzt** er.
▶ Schau auch unter **Karamell** nach.

der **Schmerz** *Substantiv*

Der Affe schreit vor **Schmerz**. Der Biss tut ihm weh.

der **Schmetterling** *Substantiv*

Das ist ein Insekt. **Schmetterlinge** gibt es in allen Farben. Ein **Schmetterling** wird als Raupe geboren und verwandelt sich später.

schmettern *Verb*

Wenn du einen Ball gegen eine Wand **schmetterst**, wirfst du ihn mit viel Kraft.

der **Schmied** *Substantiv*

Ein **Schmied schmiedet** Eisen. Er legt es in Feuer und lässt es glühend heiß werden, damit er es mit seinem Hammer bearbeiten kann. Solange Eisen heiß ist, kann man seine Form verändern.

schmiegen *Verb*

Mowgli und die vier Wolfsjungen **schmiegen** sich an Mutter Wolf. Sie haben sich eng an sie gedrückt und kuscheln sich aneinander.

schminken *Verb*

Aschenputtels Stiefschwestern **schminken** sich für den Ball. Sie tuschen ihre Wimpern mit Wimperntusche schwarz und malen ihre Lippen mit Lippenstift rot an. Sie besitzen jede Menge **Schminke**.

schmollen *Verb*

Auch wenn man mit Aschenputtel schimpft, verzieht sie sich niemals in eine Ecke, um zu **schmollen**. Sie ist nicht beleidigt, sie bleibt immer gut gelaunt.

der **Schmollmund** *Substantiv*

Wenn du **schmollst** und dabei die Mundwinkel nach unten ziehst, machst du einen **Schmollmund**. Du drückst damit aus, dass dir etwas nicht gefällt.

schmoren *Verb*

Wenn man Fleisch oder Gemüse sehr langsam garen lässt, dann lässt man es **schmoren**.

Wenn du jemanden **schmoren** lässt, dann lässt du ihn lange im Ungewissen, indem du zum Beispiel seine Frage nicht beantwortest. Du lässt ihn lange auf etwas warten.

der **Schmuck** *Substantiv*

Die Prinzessin Badrulbudur trägt viel und sehr schönen **Schmuck**: Halsketten, Ohrringe, Broschen, Armbänder und Ringe. Ihre **Schmuckstücke** bestehen aus Gold, Edelsteinen und Juwelen.

▶ Schau auch unter **Stein** nach.

Ein Juwelier stellt Schmuck her und verkauft ihn.

schmücken *Verb*

Die Meerjungfrauen haben unter Wasser einen Platz, wo sie tun dürfen, was ihnen gefällt. Die kleine Meerjungfrau stellt dort eine Statue aus Marmor auf und **schmückt** sie mit einer Girlande aus rosa Blumen.

das **Schmuckkästchen** *Substantiv*

Das ist eine schöne Schachtel, in der man **Schmuck** aufbewahrt.

die **Schmusekatze** *Substantiv*

Schmusekatze sagt man liebevoll zu Menschen, die gerne **schmusen**.

schmutzig *Adjektiv*

Wenn die sieben Zwerge aus der Mine nach Hause kommen, ist ihre Kleidung voller **Schmutz** und Staub. An ihren Stiefeln klebt Matsche. Die Zwerge ziehen ihre Stiefel aus, damit sie das Haus nicht **schmutzig** machen. Das Gegenteil von **schmutzig** ist sauber.

der **Schnabel** *Substantiv*

Der Vogel hat einen Wurm im **Schnabel**. Damit füttert er seine Jungen.

schnarchen *Verb*

Alle Wachen im Schloss schlafen tief. Man hört sie **schnarchen**. Sie machen beim Atmen einen ganz schönen Lärm.

die **Schnauze** *Substantiv*

Der Siebenschläfer ist eingeschlafen. Der Hutmacher schüttet ihm Tee auf die **Schnauze**, um ihn aufzuwecken.

schnäuzen *Verb*

Geppetto hat einen Schnupfen. Er **schnäuzt** sich die Nase mit einem Taschentuch.

die **Schnecke** *Substantiv*

Wenn es regnet, streckt die **Schnecke** ihren Kopf aus ihrem **Schneckenhaus**. Sie ist ein kleines Tier, das sich nur sehr langsam fortbewegen kann. **Schnecken** kriechen.

der **Schnee** *Substantiv*

Die Königin sitzt am Fenster und draußen fällt der **Schnee** in dicken Flocken vom Himmel. Es ist kalt und es **schneit** unaufhörlich.
▶ Schau auch unter das Wetter auf Seite 482 nach.

die **Schneeballschlacht** *Substantiv*

Den meisten Kindern machen **Schneeballschlachten** Spaß. Sie formen den Schnee mit den Händen zu einem Ball und bewerfen sich gegenseitig damit.

der **Schneemann** *Substantiv*

Die Kinder haben einen **Schneemann** gebaut.

schneiden *Verb*

Aschenputtel **schneidet** ihren Stiefschwestern mit einer Schere die Haare. Danach haben die beiden einen schönen **Haarschnitt**.
Scheren und Messer haben sehr scharfe Klingen, an denen man sich **schneiden** kann.

der **Schneider** *Substantiv*

Aladins Vater ist **Schneider**. Er **schneidet** Stoffe **zu** und näht daraus alle möglichen Kleidungsstücke.

der **Schneidezahn** *Substantiv*

→ Zahn

schnell *Adjektiv*

Das Weiße Kaninchen läuft sehr **schnell** und wechselt **blitzschnell** die Richtung.

schniefen *Verb*

Wenn du **schniefst**, fällt dir das Atmen durch die Nase schwer, weil du erkältet bist oder geweint hast.

das **Schnittchen** *Substantiv*

Das sind kleine Scheiben Brot mit Butter und Wurst, Käse oder Marmelade. Was du auf die **Schnittchen** legst, darfst du dir aussuchen.

schnitzen *Verb*

Geppetto hat eine Holzpuppe **geschnitzt**. Er hat alle Teile selbst gemacht, aber er hat die Ohren vergessen. Da ist ihm wohl ein Fehler unterlaufen.

das **Schnürband** *Substantiv*

Früher schloss man das Korsett eines Kleids mit **Schnürbändern**. Heute **verschnürt** man vor allem Schuhe, und zwar mit **Schnürsenkeln**.

schnüren *Verb*

Die Magd **schnürt** Schneewittchens Korsett. Sie zieht die Bänder viel zu fest. *Weißt du, was jetzt passiert?* *Schau auf Seite 302 nach.*

der **Schnurrbart** *Substantiv*

Manche Männer tragen einen **Schnurrbart**. Das sind die Barthaare zwischen Mund und Nase. Aschenputtels Kutscher hat einen riesigen **Schnurrbart**.
▶ Schau auf Seite 249 nach.

schnurren *Verb*

→ Katze

die **Schokolade** *Substantiv*

Schokolade wird aus Kakao und Zucker hergestellt. Kakao erhält man aus den Samen der Kakaopflanze, die in heißen Ländern wächst. Aus **Schokolade** kann man unglaublich leckere Sachen machen: Schokolinsen, Bonbons, Kakao, Kuchen, Kekse, Pudding und Eis. Hmm, lecker!

die **Scholle** *Substantiv*

Das ist ein flacher Meeresfisch.

schön *Adjektiv*

In der ganzen weiten Welt gibt es keinen Palast, der so **schön** ist wie der von Aladin. Und niemand hat so **schöne** Kleider wie die Prinzessin. Die Musiker spielen eine Melodie, die noch niemand zuvor so **schön** gehört hat. Alle sind von so viel **Schönheit** überwältigt. Es ist alles so **schön** anzuschauen und anzuhören.

schonen *Verb*

Pinocchio liegt mit Fieber im Bett und muss sich **schonen**. Er darf sich nicht überanstrengen, damit er schnell wieder gesund wird.

der **Schornsteinfeger** *Substantiv*

Schornsteinfeger reinigen den Kamin von Ruß. Sie fegen ihn von innen, so dass er sauber wird.
Man sagt, es bringt Glück, einen **Schornsteinfeger** zu treffen.

die **Schramme** *Substantiv*

Mowgli hat eine **Schramme** am Knie. Er ist hingefallen und seine Haut ist aufgeschürft.

der **Schrank** *Substantiv*

Aschenputtel räumt die Wäsche in den **Schrank**. Das ist ein großes Möbelstück mit Türen und Fächern.

schrauben *Verb*

→ Schraubenzieher

der **Schraubenzieher** *Substantiv*

Das kleine Schweinchen dreht mit einem **Schraubenzieher** eine **Schraube** in das Schloss, um es an die Tür zu **schrauben**.
Wenn man etwas **abschraubt**, dreht man die **Schrauben** in die andere Richtung.

der **Schreck** *Substantiv*

Als Rotkäppchen bemerkt, dass sie nicht neben ihrer Großmutter im Bett liegt, sondern neben dem Wolf, bekommt sie einen riesengroßen **Schreck**. Sie **erschreckt** sich wie noch nie in ihrem Leben.

schreckhaft *Adjektiv*

Gretel **erschreckt** sich im Wald jedes Mal, wenn sie ein Geräusch hört. Sie ist sehr **schreckhaft** und zuckt sofort zusammen. Aber zum Glück ist Hänsel bei ihr.

der **Schrei** *Substantiv*

Die Affen schwingen sich von Ast zu Ast und stoßen dabei spitze **Schreie** aus. Man hört sie von nah und fern durch den Urwald hallen.

schreiben *Verb*

Pinocchio lernt **schreiben**. Er hat eine sehr schöne **Handschrift**, die man gut lesen kann.

Ein **Schriftsteller** **schreibt** Geschichten.

der **Schreibtisch** *Substantiv*

Das ist ein Tisch, an dem man **schreiben** und seine Hausaufgaben machen kann.

die **Schreibweise** *Substantiv*

Um ein Wort richtig zu **schreiben**, muss man seine korrekte **Schreibweise** kennen. Das ist die richtige Reihenfolge der Buchstaben.

schreien *Verb*

Die Herzkönigin verbringt ihre Zeit damit, zu **schreien**. Sie **schreit** den ganzen Tag mit lauter Stimme und ihr Gebrüll jagt allen Angst ein.

▶ Schau auch unter **streitsüchtig** nach.

der **Schreiner** *Substantiv*

Meister Kirsche ist **Schreiner**. Er bearbeitet Holz, um daraus Möbelstücke, Türen, Regale oder Spielzeug herzustellen.

der **Schritt** *Substantiv*

Geppetto bringt Pinocchio bei, einen Fuß vor den anderen zu setzen. Pinocchio macht seine ersten **Schritte**. Er lernt laufen.

▶ Schau auf Seite 255 nach.

schrumpfen *Verb*

Alice ist so klein geworden, dass ihr Kopf direkt auf ihren Füßen sitzt. Sie ist schrecklich **geschrumpft**.

die **Schubkarre** *Substantiv*

Der Gärtner transportiert die Zweige und Blätter in einer **Schubkarre**.

schüchtern *Verb*

Alice ist ausnahmsweise **schüchtern**. Sie zieht ihre Schultern hoch und kreuzt ihre Hände und Füße. Am liebsten würde sie sich verstecken.

der **Schuh** *Substantiv*

Schuhe schützen die Füße beim Laufen und halten sie warm. Es gibt zum Beispiel **Sportschuhe**, Stiefel, **Tennisschuhe**, Sandalen und **Halbschuhe**.

das **Schulbuch** *Substantiv*

Schulbücher sind Bücher für Schüler.

die **Schuld** *Substantiv*

Wer ist denn daran **Schuld**? Wie kommt es, dass Alice plötzlich so groß ist?

die **Schulden** *Substantiv*

Wenn du dir bei einem Freund Geld borgst, hast du **Schulden** bei ihm, bis du das Geld zurückzahlst.

schuldig *Adjektiv*

Der Herzbube wird **beschuldigt**, Kuchen gestohlen zu haben. Aber er ist nicht **schuldig**. Er hat nichts gestohlen.

die **Schule** *Substantiv*

Geppetto möchte, dass Pinocchio in die **Schule** geht. Er soll ein kluger Junge werden.

der **Schüler** *Substantiv*

Schüler lernen in der Schule lesen, schreiben und rechnen.

schulisch *Adjektiv*

Noten in der Schule bezeichnet man auch als **schulische** Leistungen.

der **Schulkamerad** *Substantiv*

Pinocchio macht mit seinen **Schulkameraden** einen Ausflug. Er ist mit den Kindern aus seiner Klasse unterwegs.

die **Schulter** *Substantiv*

Die **Schultern** verbinden unsere Arme mit dem Körper. Das **Schultergelenk** ermöglicht uns, sie zu bewegen.
▶ Schau auch unter der Körper auf Seite 239 nach.

die **Schuppe** *Substantiv*

Fische, Schlangen und Krokodile haben **Schuppen**. Das sind kleine, harte Hautplatten.
Manche Menschen haben eine Kopfhaut, die **Schuppen** bildet. Sie lösen sich von der Haut ab.

der **Schuppen** *Substantiv*

In einem **Schuppen** bewahrt man zum Beispiel Maschinen, Werkzeuge oder Gartengeräte auf. Er hat ein Dach und eine Tür, aber nicht immer ein Fenster.

die **Schürze** *Substantiv*

Gretel schüttelt ihre **Schürze** aus, damit die Perlen herunterfallen.

der **Schuster** *Substantiv*

Man bringt Schuhe zum **Schuster**, um sie reparieren zu lassen.

schütteln *Verb*

Die Hexe **schüttelt** das Fläschchen kräftig, um die Gifte gut miteinander zu vermischen.

der **Schutz** *Substantiv*

Man kann vor einer Gefahr **Schutz suchen**, aber auch vor Regen, Schnee und Wind.

der **Schütze** *Substantiv*

Robin kann einen Pfeil in der Luft abfangen. Er ist der beste **Schütze** weit und breit. Niemand kann so gut mit Pfeil und Bogen umgehen wie er.

schwach *Adjektiv*

Aladin hat seit drei Tagen nichts mehr gegessen. Er fühlt sich **schwach**. Er hat keine Kraft mehr.

Wer **schwach** wird, kann nicht widerstehen. Pinocchio isst Schokolade, obwohl Geppetto es ihm nicht erlaubt hat.

Kein Mensch ist perfekt. Alle haben **Stärken** und **Schwächen**.

die **Schwalbe** *Substantiv*

Schwalben sind kleine Zugvögel. Im Sommer ziehen sie in den Norden und im Winter in den Süden. Sie haben einen schwarzen Rücken, einen weißen Bauch und ihre Schwanzfedern gabeln sich.

der **Schwamm** *Substantiv*

Mit einem **Schwamm** wischt man etwas ab, um es zu säubern. In der Schule wischt der Lehrer mit einem **Schwamm** die Tafel.

Echte **Schwämme** sind Tiere, die auf dem Meeresgrund leben. Sie wachsen an Felsen.

der **Schwan** *Substantiv*

Das ist ein großer, weißer Vogel mit einem langen, schlanken Hals. Er gleitet elegant über das Wasser.

schwanger *Adjektiv*

Eine **schwangere** Frau erwartet ein Baby. Sie hat einen dicken Bauch.

schwanken *Verb*

Aschenputtels Schwester hat sehr viele Kleider. Sie kann sich nicht entscheiden, welches sie anziehen soll. Sie **schwankt** zwischen dem pinkfarbenen und dem gelben Kleid.

▶ Schau auf Seite 469 nach.

Wenn jemand beim Gehen **schwankt**, geht er wackelig und unsicher. Betrunkene **schwanken**.

der **Schwanz** *Substantiv*

Der Wolf kommt durch den Kamin. Die drei kleinen Schweinchen sehen seinen langen **Schwanz**. *Weißt du, was sie jetzt machen? Schau auf Seite 127 nach.*

schwarz *Adjektiv*

Wenn etwas ganz dunkel ist, sagt man, es sei **rabenschwarz**, **pechschwarz** oder **schwarz wie die Nacht**.

schweigen *Verb*

Die Kinder sollen **schweigen**, damit sie ihre Großmutter nicht stören. Sie sollen leise sein und nicht mehr sprechen.

die **Schweigepflicht** *Substantiv*

Ärzte stehen unter **Schweigepflicht**. Sie dürfen niemandem erzählen, was sie über ihre Patienten wissen.

das **Schwein** *Substantiv*

Dieses Tier hat einen Ringelschwanz und einen Rüssel. Kleine **Schweine** heißen Ferkel und ihre Eltern Sau und Eber. Schweine grunzen und quieken. ▶ Schlag auch unter **Meerschweinchen** nach.

Es waren einmal drei niedliche kleine **Schweinchen** …

der **Schweißtropfen** *Substantiv*

Aladin ist lange durch die Wüste gegangen. Die Sonne ist sehr heiß. Aladin schwitzt. Die **Schweißtropfen** rinnen ihm von der Stirn.

schwellen *Verb*

Der Esel Pinocchio hat sich wehgetan. Jetzt **schwillt** sein Fußgelenk.

schwer *Adjektiv*

das **Schwert** *Substantiv*

Das ist eine Waffe mit einer scharfen Klinge.

die **Schwester** *Substantiv*

Hänsel hat eine **Schwester**. Sie heißt Gretel.

die **Schwiegermutter** *Substantiv*

Die Großmutter der beiden Kinder ist nicht die Mutter der Prinzessin, sondern die Mutter ihres Mannes. Sie ist die **Schwiegermutter** der Prinzessin.

schwierig *Adjektiv*

Mowgli fällt es nicht leicht, mit Bagheera auf Bäume zu klettern.

schwimmen *Verb*

Pinocchio kann **schwimmen**. Er weiß, wie er seine Arme und Beine bewegen muss, um nicht unterzugehen. Er kann Geppetto retten.

Fische bewegen sich mit ihren **Schwimmflossen** durch das Wasser. Enten und Schwäne haben **Schwimmhäute**.

schwindelig *Adjektiv*

schwinden *Verb*

Der Prinz ist zu erschöpft, um weiter zu schwimmen. Er merkt, wie seine Kräfte **schwinden**. Doch die kleine Meerjungfrau rettet ihn.

schwirren *Verb*

Bienen **schwirren** um Blumen herum und sammeln ihren Blütennektar.

schwitzen *Verb*

Wenn es heiß ist, **schwitzt** du. Es läuft **Schweiß** über deine Haut.

schwören *Verb*

Ein **Schwur** ist ein ganz starkes Versprechen. Wer jemandem etwas **schwört**, zeigt, dass es ihm ernst damit ist.

Aladin verspricht hoch und heilig, dass er mit der Prinzessin wiederkommt. Er leistet einen **Schwur** darauf.

der Science-Fiction-Roman *Substantiv*

Science-Fiction-Romane sind erfundene Geschichten, die in der Zukunft spielen.

der **See** *Substantiv*

Dieser **See** ist ein **Bergsee**. **Seen** sind größer als Teiche. Sie bestehen aus Süßwasser.

der **Seehund** *Substantiv*

Seehunde zählen zu den Robben. Sie leben im Nordmeer, wo es sehr kalt ist. Sie mögen am liebsten Fisch und können extrem lang und tief tauchen.

der **Seeigel** *Substantiv*

Dieses kleine Meerestier hat einen kugelförmigen Körper, der ganz mit Stacheln bedeckt ist.

die **Seele** *Substantiv*

Der Mensch besteht aus Körper, Geist und **Seele**.

Eine **treue Seele** ist ein treuer Freund.

Hier ist keine **Menschenseele**: Es ist niemand da.

der **Seemann** *Substantiv*

Ein **Seemann** arbeitet auf einem Schiff. Er fährt zur See.

die **Seerose** *Substantiv*

Das ist eine Blume, die in Teichen und Seen wächst. Im Garten des Biests gibt es einen Brunnen. Auch dort wachsen schöne **Seerosen**.

▶ Schau auf Seite 301 nach.

das **Segel** *Substantiv*

Der Wind bläst in die **Segel** und die Schiffe kommen gut voran.

Wenn du **segeln** lernst, lernst du, wie man ein **Segelboot** lenkt.

das **Segelohr** *Substantiv*

Segelohren sind abstehende Ohren.

sehen *Verb*

die **Sehenswürdigkeit** *Substantiv*

Sehenswürdigkeiten sind **sehenswerte** Museen, Kirchen, Bauwerke und auch Städte oder Landschaften.

die **Sehnsucht** *Substantiv*

Wenn du jemanden vermisst, hast du **Sehnsucht** nach ihm.

die **Seife** *Substantiv*

Du wäschst dir die Hände mit Wasser und **Seife**.

der **Seiltänzer** *Substantiv*

Das ist ein Artist, der über ein Hochseil läuft und darauf Kunststücke macht.
▶ Schau auf Seite 84 nach.

sein *Verb*

Wer bist du oder wärst du gerne ...?

Wer bist du?	Ich dachte,	Was wärst du gern?	Wo warst du?
Ich bin Alice.	ich sei mutig;	Ich wäre gerne eine Prinzessin.	Ich war im Wald.
Du bist ein Mädchen.	du seist Königin;	Du wärst gerne mitgekommen.	Du warst nicht da.
Er ist ein Junge.	er sei schon groß;	Er wäre gerne reich.	Er war in Bremen.
Wir sind Kinder.	wir seien verabredet;	Wir wären gerne im Urlaub.	Wir waren dort.
Ihr seid Erwachsene.	ihr seiet hungrig;	Ihr wärt gerne Riesen.	Ihr wart nicht da.
Sie sind Tiere.	sie seien müde.	Sie wären gerne geblieben.	Sie waren im Zug.

die **Seite** *Substantiv*

Auf jeder **Seite** der Tür steht ein steinerner Löwe. Einer steht links von der Tür und der andere rechts.
Eine **Seite** in deinem Heft ist ein Blatt. Ein Blatt hat eine **Vorder-** und eine **Rückseite**.

seitwärts *Adverb*

Die Krabbe läuft **seitwärts**. Sie läuft nicht geradeaus nach vorne, sondern schräg zur Seite.

die **Sekretärin** *Substantiv*

Das ist eine Angestellte, die für ihren Chef Briefe schreibt und telefoniert.

die **Sekunde** *Substantiv*

Eine Minute besteht aus sechzig **Sekunden**.
▶ Schau auch unter Wie die Zeit vergeht auf Seite 500 nach.

die **Selbstbedienung** *Substantiv*

In einem **Selbstbedienungsrestaurant** holt man sich selbst an einer Theke, was man essen oder trinken möchte. Dann geht man zur Kasse und bezahlt.

selbstsüchtig *Adjektiv*

Die Schwestern der Schönen denken nur an sich und niemals an andere. Sie sind **selbstsüchtig**.

selbstverliebt *Adjektiv*

„Ich bin die Schönste, die Intelligenteste und die Mächtigste!" Die böse Königin ist eitel. Sie ist so **selbstverliebt**, dass sie außer sich selbst nichts mehr wahrnimmt. Sie bemerkt nicht, dass sie sich mit ihrer **Selbstverliebtheit** überschätzt und lächerlich macht.

selten *Adverb*

Wenn etwas **selten** vorkommt, passiert es nicht oft. Etwas **Seltenes** gibt es nicht häufig.

seltsam *Adjektiv*

„Großmutter ist nicht wie sonst, sie ist **seltsam**", sagt sich Rotkäppchen. Sie benimmt sich anders und ist komisch angezogen.

die **Sendung** *Substantiv*

Das ist ein Programm im Radio oder im Fernsehen.

der **Senf** *Substantiv*

Diese gelbe, scharfe Paste wird aus Senfkörnern gemacht. **Senf** isst man vor allem zu Fleisch oder Wurst.

S

der **September** *Substantiv*

Monat

seufzen *Verb*

Gretel **seufzt**. Sie atmet ganz tief ein und wieder aus. Es ist ein großer **Seufzer** der Erleichterung.

die **Shorts** *Substantiv*

Die Jungen tragen zum Ballspielen **Shorts**. Das sind kurze Hosen.

sicher *Adjektiv*

Pinocchio bringt das Gold in **Sicherheit**. Er versteckt es.

Wenn man sich **sicher** ist, weiß man etwas ganz genau.

die **Sicherheit** *Substantiv*

Das kleine Schweinchen ist in seinem Haus aus Stein in **Sicherheit**. Es ist stabil. Der Wolf kann nicht herein.

sicherlich *Adverb*

Das ist ein anderes Wort für selbstverständlich.

sichern *Verb*

Der Zauberer will sich den Schatz **sichern**. Er will ihn für sich haben und stiehlt deshalb die Wunderlampe.

die **Sicht** *Substantiv*

Die **Sicht** von einem Berggipfel ist bei schönem, klaren Wetter besonders gut. Man kann weit sehen und keine Wolke am Himmel versperrt einem die **Sicht**.

das **Sieb** *Substantiv*

Ein **Sieb** sieht aus wie eine Schüssel mit vielen kleinen Löchern. Wenn man Nudeln aus einem Kochtopf in ein **Sieb** schüttet, fließt das heiße Wasser durch die Löcher ab.

▶ Schau auch unter **Küche** nach.

der **Siebenschläfer** *Substantiv*

Der **Siebenschläfer** ist ein Nagetier, das den ganzen Winter über schläft. In der Geschichte von Alice heißt der **Siebenschläfer** deshalb auch Schlafmaus.

der **Sieger** *Substantiv*

Robin nimmt an einem Wettbewerb im Bogenschießen teil. Er gewinnt. Er ist **Sieger** des Wettbewerbs.

siezen *Verb*

→ duzen

die **Silbe** *Substantiv*

Das Wort Pa-pa hat zwei **Silben**.

Weißt du wie viele Silben dein Name hat?

singen *Verb*

Am Abend **singen** die Meerjungfrauen. Die Seefahrer lassen sich von ihrem **Gesang** verzaubern.

der **Sinn** *Substantiv*

Abrakadabra ist eine Zauberformel. Das Wort selbst bedeutet nichts, es hat keinen **Sinn**. Der **Sinn** eines Wortes ist seine Bedeutung.

der **Sinneseindruck** *Substantiv*

Seite 382

sinnlos *Adjektiv*

der **Sirup** *Substantiv*

Das ist ein süßer, dickflüssiger Fruchtsaft, den man mit Wasser mischt. Er schmeckt zum Beispiel nach Erdbeer, Minze oder Orange.

der **Sitz** *Substantiv*

Schemel, Sessel, Sofa, Stuhl und Bank sind **Sitzmöbel**. Man kann darauf **sitzen**.

Die Regierung hat ihren **Sitz** in der Hauptstadt eines Landes.

die **Sitzreihe** *Substantiv*

Im Zirkus und im Fußballstadion sitzen die Zuschauer auf **Sitzreihen**, die wie Treppenstufen ansteigen.

▶ Schau auf Seite 84 nach.

das **Skelett** *Substantiv*

Einige Gefangene des Sheriffs sind seit langem tot. Von ihnen ist nur noch das **Skelett** übrig. Das sind ihre Knochen.

Ski fahren *Verbverbindung*

Im Winter fahren die Kinder des Prinzen **Ski**. Sie gleiten auf **Skiern** den Berg herunter.

der **Slip** *Substantiv*

Ein **Slip** ist eine Unterhose.

der **Smaragd** *Substantiv*

Ein **Smaragd** ist ein grüner Edelstein.
▶ Schau auf Seite 397 nach.

das **Sofa** *Substantiv*

Auf einem **Sofa** kann man bequem sitzen, liegen, lesen, schlafen oder fernsehen.

sofort *Adverb*

Sofort bedeutet auf der Stelle, ohne Verzögerung.

die **Software** *Substantiv*

So nennt man Computerprogramme und Computerspiele.

der **Sohn** *Substantiv*

Aladin ist der **Sohn** eines Schneiders. Sein Vater war Schneider.

der **Soldat** *Substantiv*

Das ist jemand, der zu einer Armee gehört.

der **Sommer** *Substantiv*

Sommer ist die Jahreszeit, die dem Frühjahr folgt. Im **Sommer** scheint die Sonne und es ist warm.

der **Sonderpreis** *Substantiv*

Am Ende des Sommers wird Sommerkleidung zu **Sonderpreisen** verkauft. Sie ist billiger, denn im Winter kauft sie niemand mehr.

die **Sonne** *Substantiv*

Die **Sonne** ist ein Stern. Sie spendet der Erde Licht und Wärme.
Um sich vor den Strahlen der **Sonne** zu schützen, schmiert man die Haut mit **Sonnenkreme** ein. Man bekommt keinen **Sonnenbrand**.

die **Sonnenblume** *Substantiv*

Das ist eine Pflanze mit großen gelben Blütenblättern, die sich immer zur **Sonne** dreht. **Sonnenblumenkerne** kann man essen. Aus ihnen wird auch **Sonnenblumenöl** hergestellt.

der **Sonnenschirm** *Substantiv*

Die Sonne brennt. Das kleine Schweinchen sitzt unter seinem **Sonnenschirm** im Schatten.
Welchen anderen Schirm gibt es noch? Schau auf Seite 332 nach.

der **Sonntag** *Substantiv*

→ die Wochentage

S

Sinneseindrücke

Was unser Körper fühlt, nennen wir **Sinneseindrücke**.

und Gefühle

Uns ist nicht nur warm oder kalt, wir empfinden noch ganz andere Dinge.

die **Sorgen** *Substantiv*

Die Zwerge machen sich um Schneewittchen **Sorgen**. Sie wissen nicht, ob sie wieder aufwacht.

sorgfältig *Adjektiv*

Aschenputtel wäscht die Sachen ihrer Stiefschwestern. Sie bügelt sie, faltet sie und räumt sie in den Schrank. Aschenputtel macht alles sehr **sorgfältig**. Sie ist sehr gewissenhaft und gründlich. Deshalb sehen ihre Stiefschwestern immer sauber und ordentlich aus.

die **Sorte** *Substantiv*

Schokolade, Erdbeer und Vanille sind verschiedene **Sorten** Eis.

sortieren *Verb*

Aladin **sortiert** seine Edelsteine nach ihrer Farbe. Er legt alle roten, blauen und grünen aufeinander. Er bildet gleichfarbige Gruppen.

der **Spalt** *Substantiv*

Die Tür zum Haus der Bären steht einen **Spalt** weit offen. Goldlöckchen schaut hindurch. Sie sieht, dass niemand zu Hause ist, öffnet die Tür noch weiter und geht hinein.

spalten *Verb*

Meister Kirsche **spaltet** ein Stück Holz mit der Axt. Er zerteilt es der Länge nach.

▶ Schau auf Seite 49 nach.

spannend *Adjektiv*

Ein **spannendes** Buch möchtest du ganz schnell zu Ende lesen. Es erzählt eine faszinierende Geschichte, die dich nicht mehr loslässt. Du möchtest wissen, wie sie ausgeht.

die **Spannung** *Substantiv*

Können Hänsel und Gretel der Hexe entkommen? Die **Spannung** steigt. Man kann das Ende der Geschichte kaum noch erwarten.

das **Sparbuch** *Substantiv*

→ Sparkasse

der **Spargel** *Substantiv*

Man isst den zarten, oberen Teil der **Spargelstangen**. Das sind die langen Triebe dieses Gemüses.

die **Sparkasse** *Substantiv*

Wer sein Geld zur Bank oder zur **Sparkasse** bringt, hat dort ein Konto. Man kann auch ein **Sparbuch** anlegen. Dann leiht man der Bank für eine bestimmte Zeit Geld und bekommt dafür Zinsen.

das **Sparschwein** *Substantiv*

Wenn du Geld **sparst**, gibst du nicht dein ganzes Taschengeld aus, sondern du tust etwas in dein **Spar-schwein**. Das sind deine **Ersparnisse**.

spät *Adjektiv*

↔ früh

der **Spatz** *Substantiv*

Das ist ein kleiner Vogel, den es in der Stadt und auf dem Land gibt. **Spatzen** picken Körner.

spazieren gehen *Verb*

Familie Bär geht im Wald **spazieren**. Sie laufen ein wenig durch den Wald, während ihre Suppe abkühlt.

der **Speck** *Substantiv*

Das ist das Fett zwischen der Haut und dem Fleisch.

Eine **Speckschwarte** ist ein Stück **Speck** mit einem Stück Fleisch.

der **Speichel** *Substantiv*

Das ist die Flüssigkeit im Mund.

die **Speichen** *Substantiv*

Das Rad eines Fahrrads hat **Speichen**. Sie sind aus Metall und verlaufen von der Mitte zum Rand. Sie machen das Rad stabil.

der **Speicher** *Substantiv*

Aschenputtel schläft auf dem **Speicher**. Das ist der Raum unter dem Dach.

das **Spektakel** *Substantiv*

Ein eindrucksvolles Ereignis nennt man **Spektakel**.

die **Sperre** *Substantiv*

Robin hat einen Baumstamm auf den Weg gerollt, um eine **Sperre** zu errichten. An seiner **Straßensperre** kommt niemand vorbei. Er zwingt alle anzuhalten.

die **Spezialität** *Substantiv*

Rotkäppchens Mutter backt sehr leckere Kuchen. Kuchen backen ist ihre **Spezialität**. Sie macht es besonders gerne und gut.

Kellner empfehlen oft die **Spezialität** des Hauses. Das ist ein besonders gutes Gericht in ihrem Restaurant.

die **Sphäre** *Substantiv*

Formen und Figuren

der **Spiegel** *Substantiv*

In einem **Spiegel** kann man sich selbst sehen, man kann sich anschauen.

Schau auf Seite 32 nach, was der Zauberspiegel der bösen Königin antwortet.

das **Spiel** *Substantiv*

Das ist ein Zeitvertreib. Man macht ein **Spiel**, um Spaß zu haben. Domino, Puzzles und Monopoly sind **Spiele**. Kennst du das **Spiel** *Mensch ärgere dich nicht*?

spielen *Verb*

Pinocchio **spielt** am liebsten Verstecken, aber er mag auch andere **Spiele** gern. Deshalb fährt er mit den anderen Kindern ins Spielzeugland.

Auch Sportler **spielen**. Fußballspieler **spielen** Fußball und Tennisspieler **spielen** Tennis.

Ein Gitarrist **spielt** Gitarre.

Im Kino und im Theater **spielen** die Schauspieler Rollen.

der **Spielgefährte** *Substantiv*

Goldlöckchen hätte gern eine **Spielgefährtin**, eine Freundin, mit der sie durch den Wald streifen kann. Dann wäre sie nicht so allein.

das **Spielzimmer** *Substantiv*

Als der Prinz ein Kind war, hatte er im Schloss sein eigenes **Spielzimmer**.

der **Spieß** *Substantiv*

Fleisch, Paprika und Zwiebeln kann man auf einen **Spieß aufspießen** und dann über dem Feuer rösten.

der **Spinat** *Substantiv*

Das ist eine Gemüsepflanze mit großen grünen Blättern. Die Blätter kann man essen, wenn man sie kocht.

die **Spindel** *Substantiv*

Früher wickelte man Wolle zum Spinnen mit einer **Spindel** und einer Spule auf.

das **Spielzeug** *Substantiv*

Im Spielzeugland gibt es eine riesige Auswahl an Spielen und **Spielzeug**. Pinocchio bestaunt all die Puppen, Autos und Bauklötze.

S

die **Spinne** *Substantiv*

Spinnen sind kleine Tiere mit acht Beinen. Sie weben ein Netz, um darin Insekten zu fangen. Mit ihrem Gift töten sie die Insekten, die sich im **Spinnennetz** verfangen.

spinnen *Verb*

Hoch oben im Turm sitzt eine alte Frau und **spinnt** Wolle mit ihrer Spindel. Sie macht aus Schafswolle Garn. *Was wird passieren, wenn Dornröschen den Turm betritt? Schau auf Seite 395 nach.*

Ein **Spinner** ist jemand, der verrückte Ideen hat.

spionieren *Verb*

Wenn man **spioniert**, versucht man heimlich, etwas herauszufinden.

die **Spirale** *Substantiv*

Eine Wendeltreppe hat die Form einer **Spirale**. Auch ein Schneckenhaus hat meist die Form einer **Spirale**.
▶ Schau auch unter Formen und Figuren auf Seite 145 nach.

spitz *Adjektiv*

Im Wald hört man **spitze** Schreie. Es sind hohe, durchdringende Töne, die in den Ohren schmerzen. *Wer schreit so? Schau auf Seite 368 nach.*

Ein **spitzer** Gegenstand wird oben immer schmaler wie eine Nadel. Man kann sich daran verletzen.

Eine **spitze** Bemerkung ist eine boshafte Bemerkung.

der **Spitzbube** *Substantiv*

Der Fuchs und der Kater sind **Spitzbuben**. Sie hauen Pinocchio ständig übers Ohr. Sie betrügen ihn.

die **Spitze** *Substantiv*

Das ist ein ganz leichter Stoff mit schönen Lochmustern.

An der **Spitze** bedeutet ganz vorne. Bei der Parade geht der Hauptmann an der **Spitze** der Soldatengruppe. Bei einem Rennen läuft der schnellste Teilnehmer an der **Spitze**.

Eine Nadel hat eine **Spitze**. Das ist ihr **spitzes** Ende, an dem man sich stechen kann.
▶ Schau dir die Formen und Figuren auf Seite 145 an.

Hänsel schleicht sich aus dem Haus. Er geht auf **Zehenspitzen**, um kein Geräusch zu machen.

der **Spitzname** *Substantiv*

„Rotkäppchen" ist ein **Spitzname**. Alle nennen das kleine Mädchen so, weil es immer eine rote Mütze trägt. Das ist nicht der Name, den seine Eltern ihm gegeben haben, sondern ein zusätzlicher Name, ein **Spitzname**. Auch „Dornröschen" ist nicht der Name, auf den die Königstochter getauft wurde.

sprachbegabt *Adjektiv*

Alice kann alle Vokabeln, die sie lernt, sofort auswendig. Es fällt ihr leicht, Sprachen zu lernen. Sie ist **sprachbegabt**.

die **Sprache** *Substantiv*

Mowgli ist im Dschungel aufgewachsen. Er versteht die **Sprache** der Menschen nicht. Er weiß nicht, was sie sagen.

Fast jedes Land hat eine eigene **Sprache**. In Deutschland spricht man Deutsch, in Frankreich Französisch und in Spanien Spanisch.

sprechen *Verb*

Meister Kirsche ist erstaunt. Das Holzscheit hat **gesprochen**. Er hat die Worte laut und deutlich gehört.

der **Springbrunnen** *Substantiv*

Vor dem Schloss, in dem Dornröschen lebt, steht ein **Springbrunnen**, aus dem Wasser heraussprudelt.

S

springen *Verb*

Mowgli **springt** vom Baum. Er wagt den **Sprung** in die Tiefe.

Pinocchio und seine Freunde haben viel Spaß beim **Bockspringen**. Sie springen über die Rücken ihrer Freunde.

sprudeln *Verb*

Mineralwasser **sprudelt**, wenn es Kohlensäure enthält. Es entstehen kleine Blasen. Sie steigen nach oben und zerplatzen an der Wasseroberfläche. Deshalb nennt man solches Wasser auch **Sprudelwasser**.

das Sprungbrett *Substantiv*

Mowgli hat sich ein **Sprungbrett** gebaut. Wenn er davon abspringt, hat er mehr Schwung und kann höher **springen**.

die Sprungfeder *Substantiv*

Die Kinder hüpfen mit **Sprungfedern** unter den Schuhen.

spucken *Verb*

„Igitt, das schmeckt aber gar nicht gut“, sagt der Fisch und **spuckt** Pinocchios Bücher wieder aus.

spuken *Verb*

Der Prinz trifft einen Bauern, der ihm erzählt, dass es im Schloss von Dornröschen **spukt**. Dort sollen Gespenster ihr Unwesen treiben.
▶ Schau auf Seite 170 nach.

die **Spule** *Substantiv*

Das Garn ist auf eine **Spule** gewickelt.

die **Spüle** *Substantiv*

So nenn man das **Spülbecken** in der Küche.
▶ Schau auch unter **Küche** nach.

spülen *Verb*

Das heißt abwaschen. Man **spült** Geschirr. Du **spülst** dir nach dem Zähneputzen den Mund aus.

der **Spund** *Substantiv*

Einen jungen Mann nennt man scherzhaft auch einen jungen **Spund**.

die **Spur** *Substantiv*

Man sieht **Spuren**, wenn jemand durch den Sand geht. Mowgli erkennt den Fußabdruck eines Elefanten. Das ist die **Spur**, die seine Füße am Boden hinterlassen haben.
Ein Kommissar sucht nach den **Spuren** eines Verbrechens. Das sind Hinweise auf das Verbrechen und den Täter.

spüren *Verb*

Das bedeutet fühlen, empfinden. Wenn dir etwas weh tut, **spürst** du den Schmerz.

der **Staat** *Substantiv*

Dieses Wort bezeichnet ein Land und seine Regierung. Deutschland, Großbritannien, Frankreich, Italien und Spanien sind europäische **Staaten**.

der **Stab** *Substantiv*

Ein **Stab** ist ein kleiner dünner Stock. Feen haben **Zauberstäbe**.

stabil *Adjektiv*

Wenn etwas haltbar ist und nicht schnell kaputtgeht, dann ist es **stabil**. Ein Haus aus Stroh ist nicht **stabil**, denn der Wolf kann es umpusten.

das Stachelschwein *Substantiv*

Das **Stachelschwein** ist ein kleines Tier, dessen Körper mit Stacheln bedeckt ist.

das Stadion *Substantiv*

Große Konzerte, Fußballspiele und andere sportliche Wettkämpfe finden in einem **Stadion** statt.

die Stadt *Substantiv*

Pinocchio wohnt in einer **Stadt**. Dort gibt es viele Häuser, Straßen und Plätze. Eine **Stadt** ist größer als ein Dorf.

städtisch *Adjektiv*

Die Tiere möchten zu den Bremer Stadtmusikanten gehören. Das ist das **städtische** Orchester von Bremen.

der Stahl *Substantiv*

Stahl ist ein hartes, sehr stabiles Metall, das aus Eisen gemacht wird.

der Stall *Substantiv*

Das Pferd wird in den **Pferdestall** gebracht. In seiner Box bekommt es Hafer und Heu zu fressen.

stampfen *Verb*

Die Herzkönigin ist furchtbar wütend. Sie **stampft** vor Wut mit den Füßen auf den Boden. Sie trampelt und tritt so fest sie kann.

der **Stand** *Substantiv*

Auf einem Dorffest gibt es viele **Stände**. Dort kann man etwas kaufen, essen oder verschiedene Spiele spielen.

das **Standesamt** *Substantiv*

Wenn eine Frau und ein Mann heiraten, gehen sie zum **Standesamt** und lassen sich dort trauen. Sie geben sich das Jawort. Ein **Standesbeamter** stellt die Heiratsurkunde aus. Vor einer kirchlichen Hochzeit heiratet man **standesamtlich**.

die **Standuhr** *Substantiv*

Das ist eine große Uhr. Sie besteht aus einem Ziffernblatt, einem Pendel und einem Holzkasten.

die **Stange** *Substantiv*

Das ist ein langer Stab.

stapeln *Verb*

Auf dem Speicher stehen viele Schachteln und Kisten übereinander. Man **stapelt** sie, um sie so zu lagern, dass sie wenig Platz verbrauchen.

der **Star** *Substantiv*

Der Esel Pinocchio ist im Zirkus ein **Star**. Er hat Erfolg bei den Zuschauern und bekommt viel Applaus.

stark *Adjektiv*

Wer oder was ist **stark**?
– Robins Freund, der einen Baumstamm allein hochheben kann, ist **stark**.
▶ Schau unter **Kraft** nach.
– Robin ist **stark** im Bogenschießen. Das kann er besser als alle anderen.
– Kaffee ist **stark**, wenn man viel Kaffeepulver nimmt.
– Geppetto sieht schlecht. Er braucht eine **starke** Brille.

starren *Verb*

Hänsel und Gretel **starren** ungläubig auf all die Schätze, die sie vorfinden. Ihre Augen werden immer größer.

starrsinnig *Adjektiv*

Ein **starrsinniger** Mensch möchte seine Meinung nicht ändern. Er beharrt auf seiner eigenen Ansicht.

starten *Verb*

Das bedeutet beginnen oder losfahren.

das Startsignal *Substantiv*

Der Jagdhund gibt den Tieren ein **Startsignal**. Bei drei geht es los. *Weißt du, was jetzt passiert?* *Schau auf Seite 140 nach.*

die Station *Substantiv*

Der Prinz macht auf seiner Reise an mehreren Orten **Station**. Er unterbricht seine Reise und hält sich dort auf.

Eine **Radio**- oder **Fernsehstation** ist ein Sender.

Wenn Kinder ins Krankenhaus müssen, kommen sie auf die **Kinderstation**.

die Statue *Substantiv*

Die Fee bestraft die beiden Schwestern der Schönen. Sie verwandelt sie in **Statuen** aus Stein. **Statuen** werden normalerweise von Bildhauern gemacht. Man nennt **Statuen** auch Skulpturen.

der **Stau** *Substantiv*

Wenn zu viele Autos auf den Straßen sind oder ein Unfall passiert ist, bildet sich ein **Stau**. Die Autos müssen ganz langsam in einer Schlange fahren und manchmal sogar stehen bleiben.

der **Staub** *Substantiv*

Die Pferde wirbeln mit ihren Hufen viel **Staub** auf. Sie galoppieren davon und es hängen große **Staubwolken** in der Luft.

der **Staubsauger** *Substantiv*

Das ist ein Gerät, mit dem man **Staub** und Krümel vom Boden **aufsaugt**.

der **Staudamm** *Substantiv*

Ein **Staudamm** ist eine hohe Mauer. Sie hält das Wasser eines Flusses auf, damit ein See entsteht.

staunen *Verb*

Wenn man über etwas **staunt**, wundert man sich darüber. Die ganze Familie Bär **staunt**, dass Goldlöckchen im Bett des kleinen Bären liegt.

das **Steak** *Substantiv*

Ein **Steak** ist eine gegrillte oder gebratene Scheibe Rindfleisch.

stechen *Verb*

Wer oder was **sticht**?
– Mücken und Wespen **stechen**. Ihre **Stiche** sind schmerzhaft und jucken. Die Haut schwillt an und wird rot.
– Wenn uns der Arzt eine Spritze gibt, **sticht** er mit der Nadel unter die Haut.
– Am spitzen Ende einer Spindel kann man sich wie an einer Nadel in den Finger **stechen**.

Dornröschen **sticht** sich mit der Spindel in den Finger. Sie wird nicht sterben, aber sie fällt in einen hundertjährigen Schlaf.

stechend *Adjektiv*

Was ist **stechend**?
– Die Luft in den Bergen ist morgens **stechend** kalt. Sie ist so frisch, dass sie auf der Haut beißt.
– Grelle Farben **stechen** ins Auge, weil sie kräftig sind und leuchten.

S

der **Stechginster** *Substantiv*

Die Blätter des **Stechginsters** sind spitz und haben scharfe Kanten. Der Busch trägt rote Beeren. An Weihnachten schmücken viele Menschen ihr Haus mit **Stechginster** und Mistelzweigen. Die Mistel ist auch eine Pflanze, aber sie hat weiße Beeren.

der **Steckbrief** *Substantiv*

Das ist ein Bild oder eine Zeichnung mit einer kurzen Beschreibung einer Person. Im Wilden Westen wurden **Steckbriefe** ausgehängt, um nach Verbrechern zu suchen.

die **Stecknadel** *Substantiv*

Mit einer **Stecknadel** kann man Stoff und Papier zusammenstecken. Besser als **Stecknadeln** halten Sicherheitsnadeln, weil man sie verschließen kann.

stehen *Verb*

Aladins Mutter muss Schlange **stehen**, bevor der Sultan sie empfängt.
▶ Schau auf Seite 358 nach.

stehen auf *Verb*

die **Stehlampe** *Substantiv*

Das ist eine hohe Lampe. Sie **steht** auf einem Fuß oder einem Ständer auf dem Boden.

stehlen *Verb*

Wer **stiehlt**, nimmt etwas, das ihm nicht gehört. Der Herzbube soll Kuchen **gestohlen** haben. Er wird wegen **Diebstahls** angeklagt. *Kennst du das Lied Fuchs, du hast die Gans gestohlen?*

steigern *Verb*

Je dunkler es wird, desto mehr **steigert** sich die Angst bei Hänsel und Gretel. Vor allem Gretels Angst nimmt zu.

der **Stein** *Substantiv*

Das ist ein hartes Material, das man in der Erde findet. Felsen bestehen aus **Stein**. Kiesel sind kleine **Steine**. Granit ist ein sehr harter **Stein**. An diesem Baum hängen keine Früchte. Es sind **Edelsteine**: durchsichtige Diamanten, rote Rubine, grüne Smaragde und blaue Saphire.

das **Steinchen** *Substantiv*

Mowgli lässt flache **Steinchen** über das Wasser hüpfen.

stellen *Verb*

Rotkäppchen **stellt** den Kuchen für die Großmutter auf den Tisch. Wenn man etwas wissen möchte, **stellt** man eine Frage. Geppetto **stellt** sich ans Fenster und sieht hinaus. Er beobachtet gern die Leute auf der Straße.

der **Stempel** *Substantiv*

Briefe bekommen bei der Post einen **Stempel** mit einem Datum. Auf diese Weise kann man erkennen, an welchem Tag sie abgeschickt wurden.

stempeln *Verb*

Wer ein Papier **stempelt,** drückt den **Stempel** mit der Fläche nach unten in ein mit Tinte gefülltes **Stempelkissen** und dann auf das Papier.

S

sterben *Verb*

Die böse Königin verlangt von dem Jäger, Schneewittchen zu töten. Sie möchte, dass Schneewittchen **stirbt**.

der **Stern** *Substantiv*

Das ist ein Himmelskörper wie die Sonne. Wenn viele **Sterne** am Himmel zu sehen sind, sagt man: Es ist **sternenklar**. Mehrere Sterne zusammen bilden **Sternbilder**, zum Beispiel den Großen Wagen.

Ein **Seestern** ist ein kleines Meerestier mit fünf Armen. Die kleine Meerjungfrau steckt sich einen **Seestern** ins Haar.

die **Steuer** *Substantiv*

Die Bürger zahlen **Steuern** an den Staat. Die Regierung nutzt die **Steuergelder**, um Straßen, Schulen und Krankenhäuser zu bauen und öffentliche Einrichtungen zu unterhalten.

sticken *Verb*

Das Kleid der Schönen ist von oben bis unten mit Perlen und bunten Garnen **bestickt**. Die Schneiderin hat den Stoff mit wunderschönen **Stickereien** verziert.

die **Stickerei** *Substantiv*

Die Schöne **stickt** ein Bild. Sie folgt mit Nadel und Faden den Umrissen auf der Leinwand. Sie füllt die Flächen mit **Stickereien** in den passenden Farben.

der **Stiefel** *Substantiv*

Man sagt, in **Siebenmeilenstiefeln** könne man einen Fluss mit einem einzigen Schritt überqueren.

der **Stiel** *Substantiv*

Man hält einen Hammer, einen Besen oder eine Pfanne am **Stiel**.
Die Blüten von Schnittblumen wachsen auf einem **Stiel**. **Rosenstiele** haben Dornen.
Isst du gerne Eis am **Stiel**?

der **Stift** *Substantiv*

Pinocchio hat viele **Stifte** zum Malen und Schreiben. **Bleistifte**, **Filzstifte**, **Buntstifte**, Füllfederhalter und Kugelschreiber sind **Stifte**.

die **Stille** *Substantiv*

Was für eine **Stille** in Dornröschens Schloss herrscht! Es ist kein Geräusch zu hören. Überall ist es **still**. Nur ab und zu hört man ein Schnarchen.

die **Stimme** *Substantiv*

Mit unserer **Stimme** können wir sprechen, singen und schreien.

die **Stimmung** *Substantiv*

Was für eine gute **Stimmung** im Haus der Zwerge! Alle haben gute Laune, lachen und amüsieren sich.

stinken *Verb*

Das bedeutet schlecht riechen.

die **Stirn** *Substantiv*

Das ist der obere Teil des Gesichts zwischen den Augenbrauen und dem Haaransatz.

das **Stirnband** *Substantiv*

Ein **Stirnband** schützt die **Stirn** im Winter vor Kälte. Sportler tragen es, damit ihnen der Schweiß nicht in die Augen läuft.

der **Stock** *Substantiv*

Little John verteidigt sich mit einem **Stock**. Das ist ein langer, dicker Stab aus Holz.

stockdunkel *Adjektiv*

Im Keller ist es **stockdunkel**. Aladin kann nichts sehen. Es gibt kein Licht.

der **Stöckelschuh** *Substantiv*

Aschenputtels Stiefschwestern tragen zu ihren Kleidern passende **Stöckelschuhe**. Sie sind nicht flach, sondern haben erhöhte Absätze. Darin sehen Frauen größer und eleganter aus.

das **Stockwerk** *Substantiv*

Das Schloss des Biests hat zwei **Stockwerke**. Eine Treppe führt vom Erdgeschoss in den ersten und zweiten **Stock**.

der **Stoff** *Substantiv*

Der Zauberer sucht **Stoff** für Aladins Kleidung aus. Er hat eine große Auswahl an **Stoffen**: Baumwolle, Leinen, Seide und Satin.

stolpern *Verb*

Einer der Diener des Prinzen, die Schneewittchens Sarg tragen, **stolpert** über einen Baumstumpf. Er stößt mit dem Fuß daran und verliert das Gleichgewicht. ▶ Schau auf Seite 401 nach.

stolz *Adjektiv*

Das kleine Schweinchen ist **stolz** auf sein Steinhaus. Es freut sich sehr darüber, dass es so schön geworden ist. Das Schweinchen platzt fast vor **Stolz**.

Aschenputtel kann die Hausarbeit nicht allein schaffen. Es ist zuviel. Aber sie ist zu **stolz**, um ihre Stiefschwestern um Hilfe zu bitten.

stopfen *Verb*

Aladin **stopft** seine Taschen mit Steinen in allen Farben voll. Seine Taschen sind bis zum Rand gefüllt.

Wenn du deine Socken **stopfst**, flickst du die Löcher.

stoppen *Verb*

Stopp heißt Halt. Pinocchio hat sich verletzt. Er möchte keinen Ball mehr annehmen.

stören *Verb*

Wenn jemand von der Arbeit abgehalten wird, fühlt er sich **gestört**.

der Storch *Substantiv*

Störche bauen ihr Nest auf den Dächern von Häusern und auf Kirchturmspitzen. Diese großen Vögel haben lange, dünne Beine. Es sind Zugvögel. Sie ziehen im Winter in den Süden, wo es wärmer ist.

der Stoß *Substantiv*

Einer der Träger stolpert über einen Baumstumpf. Dabei bekommt der Sarg einen kräftigen **Stoß** und das Stück des vergifteten Apfels fällt Schneewittchen aus dem Mund. *Weißt du, was jetzt passiert?* *Schau auf Seite 30 nach.*

stoßen *Verb*

Little John ist hingefallen und mit dem Kopf auf einem Stein gelandet. Er hat sich den Kopf **gestoßen**.

der Stoßzahn *Substantiv*

Ein Elefantenbulle hat zwei **Stoßzähne**. Das sind die beiden langen weißen Spitzen, die rechts und links von seinem Rüssel wachsen.

▶ Schau auch unter **Elefant** nach.

stottern *Verb*

Alice ist etwas überrumpelt und fängt an zu **stottern**. Sie hat Mühe beim Sprechen und wiederholt die Silben am Wortanfang.

die Strafarbeit *Substantiv*

Pinocchio ist mehrmals zu spät zur Schule gekommen. Zur **Strafe** gibt der Lehrer ihm eine **Strafarbeit** auf. Er muss drei Seiten aus einem Buch abschreiben.

strahlen *Verb*

Die ganze Stadt ist hell erleuchtet. Überall **strahlen** Lichter. Man sieht sie in der Dunkelheit.

strahlend *Adjektiv*

Bei ihrer Hochzeit mit dem Prinzen hat Aschenputtel ein **strahlendes** Gesicht. Sie lächelt und ihre Augen leuchten vor Glück.

die Strähne *Substantiv*

Aschenputtel bürstet die Haare ihrer Stiefschwester **Strähne** für **Strähne**. Eine **Strähne** ist ein Bündel Haare.

strampeln *Verb*

Strampeln bedeutet, sich pausenlos zu bewegen oder zu zappeln. Alice nimmt ein Baby auf den Arm, das unaufhörlich **strampelt**. *Das ist ein seltsames Baby. Schau auf Seite 183 nach.*

der **Strand** *Substantiv*

Die kleine Meerjungfrau hat den Prinzen vor dem Ertrinken gerettet und an den **Strand** gebracht. Dort liegt er im Sand.

das **Strandgut** *Substantiv*

Das ist alles, was an Land gespült wird.

die **Straße** *Substantiv*

Autos fahren auf **Straßen**. Sie führen durch Städte und Dörfer und sind breiter als Gassen und Wege. **Landstraßen** führen von einem Ort zum anderen. **Schnellstraßen** sind gerade **Straßen**, auf denen Autos schnell fahren dürfen. Wenn man auf einer **Autobahn** fährt, gibt es keinen Gegenverkehr.
▶ Schau auch auf Seite 49 nach.

die **Straßenbahn** *Substantiv*

Straßenbahnen fahren durch die Stadt auf Schienen. Sie transportieren Fahrgäste und werden elektrisch betrieben.

die **Straßenlaterne** *Substantiv*

Straßenlaternen beleuchten nachts die Straßen.

sträuben *Verb*

Wenn Mutter Wolf wütend wird, **sträubt** sich ihr Fell. Ihre Nackenhaare stellen sich auf.

der **Strauß** *Substantiv*

Der **Strauß** ist ein großer Vogel. Er kann sehr schnell laufen, aber nicht fliegen. Auf einem Strauß kann man sogar reiten.

der **Strauß** *Substantiv*

der **Streich** *Substantiv*

Pinocchio hat viele Dummheiten im Kopf. Er spielt Geppetto viele **Streiche**.

streicheln *Verb*

Das Lamm hat so weiches, flauschiges Fell, dass man es **streicheln** möchte. Man berührt das Fell sanft mit den Händen und streicht darüber.

streichen *Verb*

Schneewittchen **streicht** Marmelade auf ihr Brot.

Das dritte Schweinchen **streicht** die Wände seines Hauses mit weißer Farbe.

streifen *Verb*

Der Pfeil **streift** den Sheriff von Nottingham. Er berührt ihn, verletzt ihn aber nicht.

der **Streifen** *Substantiv*

Ein **Zebrastreifen** besteht aus breiten weißen Linien auf der Straße. Ein **Streifen** ist breiter als eine Linie.

Der kleine Bär trägt ein T-Shirt mit weißen und blauen **Streifen**.

streiken *Verb*

Wenn Arbeiter **streiken**, hören sie auf zu arbeiten. Sie sind nicht zufrieden. Sie möchten mehr Geld und bessere Arbeitsbedingungen.

der **Streit** *Substantiv*

Pinocchio und die anderen Jungen sind nicht einer Meinung. Ein **Streit** bricht aus. Die Kinder sagen Schimpfworte zueinander.

streitsüchtig *Adjektiv*

Die Herzkönigin ist **streitsüchtig**. Sie ist nie zufrieden und hat immer etwas zu schimpfen.

streng *Adjektiv*

Pinocchios Lehrer ist **streng** mit seinen Schülern. Wenn sie ihre Hausaufgaben nicht machen, bestraft er sie.

die **Streu** *Substantiv*

Das ist die Schicht aus Stroh, auf der die Tiere im Stall schlafen.

das **Streusalz** *Substantiv*

Wenn es im Winter glatt wird, streuen **Streuwagen Streusalz**, damit die Autos nicht ins Rutschen geraten.

der **Strich** *Substantiv*

Alice macht mit dem Fuß einen **Strich**. Das ist die Startlinie für das Wettrennen.

Katzen mögen es nicht, wenn man sie gegen den **Strich** streichelt.

der **Strick** *Substantiv*

Die beiden Räuber werfen den **Strick** über den Ast. Sie wollen Pinocchio an dem Baum aufhängen. Ein **Strick** wird aus dicken Kordeln gedreht. Ein **Strick** ist dicker als eine Kordel.

stricken *Verb*

Mit Wolle und zwei **Stricknadeln** kann man einen Schal, einen Pullover oder eine Decke **stricken**.

das **Stroh** *Substantiv*

Das erste Schweinchen baut sich ein Haus aus **Stroh**. Das sind lange getrocknete Getreidehalme.

der **Strohhalm** *Substantiv*

Ein **Strohhalm** ist ein hohles Plastikröhrchen, durch das man Flüssigkeiten ansaugen und trinken kann.

der **Strom** *Substantiv*

Strom ist Elektrizität. **Stromkabel** transportieren **Strom**.

In die Steckdose oder an eine Stromleitung darfst du nicht fassen, sonst bekommst du einen **Stromschlag**. So ein **Stromschlag** kann je nach Stärke sehr weh tun oder sogar lebensgefährlich sein.

Ein **Strom** ist ein großer, breiter Fluss, der zum Meer fließt.

der **Strommast** *Substantiv*

Die Katze klettert den **Strommast** hinauf.

die **Strömung** *Substantiv*

Das ist die Kraft, die das Wasser in eine bestimmte Richtung fließen lässt.

die **Strophe** *Substantiv*

→ Lied

der **Strudel** *Substantiv*

Die kleine Meerjungfrau muss durch mehrere **Strudel** schwimmen, um zu der Hexe zu kommen. Es wirbelt sie dabei im Kreis herum.

der **Strumpf** *Substantiv*

Die Zwerge ziehen dicke **Strümpfe** aus Wolle an, bevor sie in ihre Stiefel steigen. So bleiben ihre Füße draußen schön warm.

das **Stück** *Substantiv*

Hänsel und Gretel haben nur noch ein Stück Brot. *In wie viele Stücke schneidet Schneewittchen den Kuchen? Schau auf Seite 176 nach.*

Ein **Stück** nennt man auch eine Geschichte, die in einem Theater aufgeführt wird.

studieren *Verb*

Studieren bedeutet, sich sehr intensiv mit einem Thema zu beschäftigen. **Studenten** gehen zur Universität, um dort zu **studieren**.

das **Studio** *Substantiv*

So nennt man Räume, in denen Film- und Tonaufnahmen für Radio- und Fernsehsendungen gemacht werden. In einem **Tonstudio** wird Musik oder Ton für Filme, Hörspiele, Radiosendungen oder CDs aufgenommen. In einem **Fotostudio** werden Fotos gemacht.

die **Stufe** *Substantiv*

Eine Treppe besteht aus mehreren **Stufen**. Steigt man eine Treppe hinauf oder hinunter, tritt man auf die **Stufen**. *Was ist nach dem Ball auf einer Treppenstufe des Schlosses liegen geblieben? Wenn du es nicht weißt, schau auf Seite 99 nach.*

der **Stuhl** *Substantiv*

Goldlöckchen sitzt auf dem kleinsten der drei **Stühle**. Ein **Stuhl** ist ein Sitzmöbel.

stumm *Adjektiv*

Die Meerhexe hat der kleinen Meerjungfrau die Zunge abgeschnitten. Jetzt kann sie nicht mehr sprechen und singen. Sie ist **stumm**.

die **Stunde** *Substantiv*

Ein Tag hat 24 **Stunden**. Jede **Stunde** dauert 60 Minuten.

Als Pinocchio am Baum hängt, denkt er, sein letztes **Stündlein** habe geschlagen. Er glaubt, dass er sterben muss.

▶ Schau auch unter die Uhrzeiten nach.

S

der **Sturm** *Substantiv*

Es tobt ein **Sturm**: Ein starker Wind bläst, Blitze zucken am Himmel und die Wellen sind haushoch. Sie kippen das Schiff des Prinzen um.

▶ Schau auf Seite 455 nach.

der **Sturz** *Substantiv*

Alice fällt immer tiefer. Was für ein **Sturz**!

stürzen *Verb*

Bagheera **stürzt** sich auf die Affen. Er greift sie an.

die **Stute** *Substantiv*

→ Pferd

stützen *Verb*

Robin und Little John **stützen** Will. Sie halten ihn, damit er nicht hinfällt.

die **Suche** *Substantiv*

Mowgli ist verschwunden! Baloo und Bagheera machen sich auf die **Suche**. Sie durchstreifen den Dschungel, um ihn zu finden.

der **Süden** *Substantiv*

→ Norden

der **Sultan** *Substantiv*

Badrulbudur ist die Tochter des **Sultans**. Ein **Sultan** ist ein Herrscher. Sein Reich bezeichnet man als **Sultanat**.

die **Summe** *Substantiv*

Das ergibt eine **Summe** von fünf Murmeln. Es sind insgesamt fünf.

summen *Verb*

Die Bienen **summen** um den Bienenstock herum. Man kann sie von weitem hören.

Die Zwerge **summen** ein Lied. Sie singen es mit geschlossenem Mund.

der **Sumpf** *Substantiv*

Das ist ein Stück Land, das von flachem Wasser bedeckt ist. Am Rand eines **Sumpfs** wächst oft Schilf. Man kann in einem **Sumpf** versinken. Deshalb muss man sehr vorsichtig sein, wenn man dort spazieren geht.

die **Suppe** *Substantiv*

Mama Bär serviert die **Suppe** mit einer **Suppenkelle**. Sie schöpft sie aus der **Suppenschale**.

surfen *Verb*

Surfer surfen auf **Surfbrettern** über Seen oder auf dem Meer. Sie stehen dabei auf Brettern mit einem Segel. Wenn viel Wind ist, können sie sehr schnell werden.

Surfen heißt auch, mehrere Seiten im Internet besuchen.

die **Synagoge** *Substantiv*

So nennt man das Gebäude, in dem sich Juden versammeln, um zu beten. Es ist ihr Gotteshaus.

Tt

der **Tabak** *Substantiv*

Die **Tabakpflanze** wächst in warmen Ländern. Ihre getrockneten Blätter kann man rauchen.

Geppetto füllt seine Pfeife mit etwas **Tabak** aus seinem **Tabaksbeutel**. Man kann **Tabak** auch als Zigarren oder Zigaretten rauchen. Aber rauchen ist ungesund.

das **Tablett** *Substantiv*

Der Diener des Sultans bringt die Gläser und den Wein auf einem **Tablett** an den Tisch. Mit einem **Tablett** kann man mehrere Gläser und Teller auf einmal tragen. Auch Kellner in Restaurants servieren mit **Tabletts**.

die **Tablette** *Substantiv*

Dieses Medikament schluckt man mit Wasser ganz herunter, ohne es zu zerkauen.

tadellos *Adjektiv*

Das Haus der Zwerge ist in einem **tadellosen** Zustand. Alles ist blitzblank und perfekt aufgeräumt.

die **Tafel** *Substantiv*

In der Schule hängt in jedem Klassenzimmer eine große **Tafel**. Darauf kann man mit Kreide schreiben und malen.
Eine **Tafel** Schokolade wiegt 100 Gramm.

der **Taft** *Substantiv*

Das ist ein glänzender Seidenstoff.

der **Tag** *Substantiv*

Am Morgen geht die Sonne auf. Die Nacht ist vorüber und es wird hell. Ein **Tag** beginnt. Eine Woche hat sieben **Tage**: Montag, Dienstag, Mittwoch, Donnerstag, Freitag, Samstag und Sonntag.
▶ Schau auf Seite 489 nach.
Die **tagtägliche** Arbeit ist das, was man jeden **Tag** macht.

die **Tagesdecke** *Substantiv*

Mama Bär legt eine **Tagesdecke** über das Bett. Sie sieht schön aus und die Bettbezüge werden nicht schmutzig.

die **Tagesmutter** *Substantiv*

Das ist eine Frau, die tagsüber auf kleine Kinder aufpasst, während deren Eltern zur Arbeit gehen.

täglich Adverb

→ Tag

die **Taille** *Substantiv*

→ der Körper

der **Takt** *Substantiv*

Wer ein Musikstück spielt, darf nicht aus dem **Takt** kommen. Er muss im Rhythmus bleiben und darf nicht schneller oder langsamer werden.

das **Tal** *Substantiv*

Die sieben Zwerge wohnen in einem **Tal**. Ihr Haus liegt zwischen mehreren Bergen.

talentiert *Adjektiv*

Die Meerjungfrauen spielen alle ein Instrument und singen. Sie haben musikalisches **Talent**. Besonders die kleine Meerjungfrau ist **talentiert**. Sie singt sehr schön.

das **Tamburin** *Substantiv*

Die Tänzerinnen tanzen im Rhythmus ihrer **Tamburine**.

der **Tank** *Substantiv*

Solange der **Tank** mit Kraftstoff gefüllt ist, fährt ein Auto. Bevor er leer ist, muss man **tanken**.

der **Tanker** *Substantiv*

Das ist ein Schiff, das Öl transportiert.

die **Tankstelle** *Substantiv*

So heißt der Ort, wo man **tankt**. Man kauft dort Kraftstoff für das Auto. Die meisten Autos brauchen Super, Benzin oder Diesel.

die **Tanne** *Substantiv*

Das ist ein immergrüner Nadelbaum mit Zapfen.

die **Tante** *Substantiv*

→ Onkel

tanzen *Verb*

Die Marionetten **tanzen** auf der Bühne des Puppentheaters. **Tänzer** und **Tänzerinnen** führen ebenfalls auf einer Bühne **Tänze** vor. Sie bewegen sich mit **Tanzschritten** im Takt der Musik.

der **Tanzschuh** *Substantiv*

Mit einem Wink ihres Zauberstabs hat die Fee Aschenputtel ein Paar gläserne **Tanzschuhe** an die Füße gezaubert.

tapfer *Adjektiv*

Pinocchio tut alles, um seinen Vater zu retten, auch wenn es schwierig und gefährlich ist. Er ist ein **tapferer** Junge.

die **Tasche** *Substantiv*

Hänsel steckt Kieselsteine in seine **Tasche**.

die **Taschenlampe** *Substantiv*

Das sind kleine **Lampen**, die in eine Hosentasche passen. **Taschenlampen** funktionieren mit Batterien. Man kann sie also überallhin mitnehmen und sich im Dunkeln den Weg leuchten. Es gibt auch **Kopflampen**. Man bindet sie um den Kopf und hat beide Hände frei.

das **Taschenmesser** *Substantiv*

Das ist ein kleines Messer, das man zusammenklappen und in der Hosentasche tragen kann.

die **Tasse** *Substantiv*

Der Hutmacher trinkt eine **Tasse** heißen Tee. Er hält sie am Henkel fest.

die **Tastatur** *Substantiv*

Die **Tastatur** eines Klaviers besteht aus weißen und schwarzen Tasten. Jede Taste erzeugt einen anderen Ton. Auf der **Tastatur** eines Computers gibt es für jeden Buchstaben eine Taste.

die **Tat** *Substantiv*

Geppetto schimpft mit Pinocchio. Er macht ihn für seine **Taten** verantwortlich.

die **Tätigkeit** *Substantiv*

Mit welcher **Tätigkeit** verbringt Aschenputtel die meiste Zeit im Haus? Was tut sie? *Schau auf Seite 194 nach.*

der **Tau** *Substantiv*

Morgens sind das Gras und die Blumen im Garten von kleinen Wassertropfen bedeckt. Das ist **Tau**.

taub *Adjektiv*

Wenn jemand **taub** ist, kann er nichts hören. **Taube** Menschen unterhalten sich in der Gebärdensprache.

die **Taube** *Substantiv*

Die **Taube** ist ein Vogel. Ihren Gesang nennt man Gurren.

Brieftauben können Nachrichten überbringen. Sie fliegen weite Strecken und finden immer wieder zu ihrem **Taubenschlag** zurück.

die **Taufe** *Substantiv*

Die Königin hat ein kleines Mädchen zur Welt gebracht. Die **Taufe** der kleinen Prinzessin ist sehr feierlich. Sie bekommt zwölf Feen als Patentanten. In der christlichen Religion wird das Kind durch die **Taufe** in die Gemeinschaft der Christen aufgenommen.

tauschen *Verb*

„Gib mir die alte Lampe. Du bekommst eine neue dafür", sagt der Zauberer. Er schlägt der Zofe der Prinzessin Badrubuldur vor, die Lampe zu **tauschen**. Die Zofe gibt ihm die Lampe. Sie glaubt, es sei ein guter **Tausch**.

täuschen *Verb*

Der Wolf hat Rotkäppchens Großmutter mit einer List **getäuscht**. Er hat seine Stimme verstellt, damit sie glaubt, er sei das kleine Rotkäppchen. Sie fällt darauf herein und macht ihm die Tür auf. Sich **täuschen** bedeutet auch, sich zu irren.

das **Taxi** *Substantiv*

Ein **Taxi** fährt Menschen von einem Ort zum anderen. Sie bezahlen dafür. Den Chauffeur im **Taxi** nennt man **Taxifahrer**.

die **Technik** *Substantiv*

So bezeichnet man alle Geräte und Hilfsmittel, mit denen Menschen die Umwelt nutzen und gestalten.
Ein guter Sportler hat eine gute **Technik**.

der **Tee** *Substantiv*

Tee ist eine Pflanze. Aus den getrockneten Blättern des **Teestrauchs** kann man in einer **Teekanne** **Tee** zubereiten.

Der Hutmacher besitzt ein schönes **Teeservice**.

der **Teich** *Substantiv*

Der Prinz kommt an einem **Teich** vorbei. Ein **Teich** ist kleiner als ein See und größer als ein Tümpel.

der **Teig** *Substantiv*

Aus Mehl und Wasser macht man **Teig** für Brot. Auch Nudeln und Kuchen bestehen aus **Teig**. **Pfannkuchenteig** besteht aus Milch, Eiern und Mehl.

das **Teil** *Substantiv*

Kopf, Arme und Beine sind **Körperteile**. Morgen, Mittag und Abend sind **Teile** des Tages.

teilen *Verb*

Die alte Frau hat den Apfel in zwei Hälften **geteilt**. Die vergiftete rote Hälfte gibt sie Schneewittchen. Die weiße Hälfte isst sie selbst.
Familie Bär **teilt** sich ein Schlafzimmer. Alle schlafen im gleichen Raum.

teilnehmen *Verb*

Wenn du an einem Spiel **teilnimmst**, machst du mit. Du spielst es zusammen mit anderen.

der **Teint** *Substantiv*

So nennt man die Farbe der Gesichtshaut.

das **Telefonbuch** *Substantiv*

In einem **Telefonbuch** findest du die **Telefonnummern** vieler Menschen aus einer Stadt oder Region.

telefonieren *Verb*

Wenn du einen Freund anrufst, **telefonierst** du mit ihm. Du sprichst in den Hörer des Telefons oder in ein Handy, also in ein Mobiltelefon.

das **Teleskop** *Substantiv*

In Aladins Heimat gibt es Astronomen. Sie beobachten die Sterne durch ein **Teleskop**. Weißt du, ob es so etwas auch bei uns gibt?

der **Teller** *Substantiv*

der **Tellerrand** *Substantiv*

Es ist sehr wichtig, über den eigenen **Tellerrand** zu schauen. Das bedeutet, von anderen Menschen etwas zu lernen.

der **Tempel** *Substantiv*

In der verlassenen Stadt gibt es einen **Tempel**. Dieses Gebäude ist einem Gott oder mehreren Göttern geweiht.

die **Temperatur** *Substantiv*

Bei hohen **Temperaturen** ist es heiß. Wenn es kalt ist, herrschen niedrige **Temperaturen**.

Wer **Temperatur** hat, ist krank. Er hat Fieber.

das **Tennis** *Substantiv*

Bei diesem Spiel schlägt man einen **Tennisball** mit **Tennisschlägern** über ein Netz. **Tennis** wird auf einem **Tennisplatz** gespielt. Um auf dem roten Kies nicht auszurutschen, tragen **Tennisspieler** **Tennisschuhe**.

termingerecht *Adjektiv*

Das bedeutet pünktlich.

die **Terrasse** *Substantiv*

Bei schönem Wetter frühstückt die Schöne draußen auf der **Terrasse** des Schlosses.

das **Territorium** *Substantiv*

Mowgli kennt das **Territorium** der Wölfe gut. Es ist ihr Gebiet, in dem er sich frei bewegen kann. Meist sind es männliche Tiere, die ihr **Territorium** gegen Feinde verteidigen.

Das **Territorium** eines Landes ist das Gebiet innerhalb der Landesgrenzen.

der **Terror** *Substantiv*

Das bedeutet Gewalt und Schrecken.

teuer *Adjektiv*

„Lebensmittel sind **teuer**, sie kosten viel Geld", sagt die Mutter von Hänsel und Gretel oft zu ihrem Mann.

Ein **teurer** Freund ist ein sehr guter Freund.

der **Teufel** *Substantiv*

Der **Teufel** steht für das Böse. Auf Bildern ist er mit Hörnern und einem langen Schwanz dargestellt.

der **Text** *Substantiv*

Die Schwester von Alice liest ein Buch. Sie liest den **Text**, der darin geschrieben steht. Das Buch hat keine Bilder.

das **Theater** *Substantiv*

Wenn sich im **Theater** der Vorhang öffnet, beginnt das **Theaterstück**. Die Zuschauer sitzen im Saal und auf den Emporen. Die Schauspieler führen auf der Bühne das Stück auf.

das **Thema** *Substantiv*

Das **Thema** einer Geschichte, eines Films, eines Buchs oder eines Gesprächs ist das, worum es darin geht.

das **Thermometer** *Substantiv*

Ein **Thermometer** misst die Temperatur.

der **Thron** *Substantiv*

Könige und Königinnen sitzen auf einem **Thron**.

▶ Schau auf Seite 235 nach.

der **Thronfolger** *Substantiv*

die **Tiefe** *Substantiv*

Alice stürzt in die **Tiefe**. Der Fall durch das Kaninchenloch scheint kein Ende zu nehmen. Es kommt ihr vor, als falle sie ins Bodenlose.

Doch Alice kommt unten an und geht durch einen **tiefen** Gang. Ganz hinten sieht Alice eine Tür.

tiefgefroren *Adjektiv*

Tiefgefrorene Lebensmittel liegen bei niedrigen Temperaturen im **Tiefkühlfach** oder in der **Tiefkühltruhe**. So bleiben sie lange haltbar.

das **Tier** *Substantiv*

Tiere sind Lebewesen. Hunde und Katzen sind **Haustiere**. Hühner, Kühe und Esel sind **Nutztiere**. Löwen, Tiger und Füchse sind **wilde Tiere**.

Du kennst sicher Fische, Vögel und Insekten. Aber weißt du auch, was Säugetiere, Reptilien, Wale, Krustentiere und Weichtiere sind? Wenn nicht, dann schau unter diesen Wörtern nach.

der **Tiger** *Substantiv*

Diese wilden Tiere sind große Raubkatzen und stammen aus Asien. Sie haben ein gelbbraunes Fell mit schwarzen Streifen. Shir Kan ist ein **Tiger**.

die **Tinte** *Substantiv*

So nennt man die schwarze, rote, blaue oder grüne Flüssigkeit, die man zum Schreiben verwendet.

der **Tintenfisch** *Substantiv*

Das ist ein Meerestier mit acht langen Armen, die man Fangarme nennt. Ein **Tintenfisch** verspritzt dunkle **Tinte**, um sich zu verteidigen. Seine Angreifer können dann nichts mehr sehen und der Tintenfisch schwimmt schnell weg.

der **Tisch** *Substantiv*

Im Haus des kleinen Bären gibt es drei **Tische**: einen großen für Papa Bär, einen kleineren mit einer **Tischdecke** für Mama Bär und den kleinsten für den kleinen Bären.

das **Tischtennis** *Substantiv*

Beim **Tischtennis** spielt man einen kleinen Ball über ein Netz, das auf einer **Tischtennisplatte** befestigt ist.

das **Tischtuch** *Substantiv*

Das ist ein großes Stück Stoff, das man über einen Tisch legt. Man nennt es auch **Tischdecke**.

der **Titel** *Substantiv*

So nennt man den Namen einer Zeitschrift, eines Films oder eines Buchs.

die **Tomate** *Substantiv*

Alice pflückt reife **Tomaten**. Sie überlegt, ob sie die **Tomaten** roh essen möchte oder ob sie **Tomatensuppe** oder **Tomatensoße** kochen soll.

der **Ton** *Substantiv*

Ton ist weiche Erde, die sich sehr leicht formen lässt. Man kann daraus Gefäße herstellen.

Instrumente erzeugen **Töne**. Wenn ein Feind in der Nähe ist, bläst Robin in sein Horn und erzeugt einen **Ton**. So warnt er seine Freunde.

die **Tonleiter** *Substantiv*

Die Schöne übt die **Tonleiter** auf dem Klavier. Sie spielt alle Töne nacheinander, vom tiefsten bis zum höchsten Ton: C, D, E, F, G, A, H, C.

die **Tonne** *Substantiv*

Tonnen sind große, runde Behälter. Schau unter Messen und Wiegen auf Seite 281 nach.

der **Topf** *Substantiv*

Auf dem Herd stehen zwei **Töpfe**.

der **Töpfer** *Substantiv*

Der **Töpfer** stellt Tonwaren her. Mit seiner **Töpferscheibe** macht er Töpfe, Vasen und andere Gefäße aus Ton.

das **Tor** *Substantiv*

Die Hecke teilt sich und das **Tor** des Schlosses öffnet sich, damit der Prinz hindurchgehen kann.

die **Torte** *Substantiv*

Die Hexe gibt Hänsel und Gretel **Torte** zu essen. Die Kinder bestaunen die mit Kirschen verzierte **Sahnetorte**.

tot *Adjektiv*

Die böse Königin hat den Apfel vergiftet und glaubt, dass Schneewittchen jetzt **tot** ist. Aber Schneewittchen lebt noch, obwohl sich die böse Königen ihren **Tod** so sehr wünscht.

die **Tour** *Substantiv*

Eine **Tour** ist ein Ausflug. Mit dem Fahrrad machst du eine **Fahrradtour**. Einen kurzen Ausflug mit dem Auto nennt man **Spritztour**.

der **Tourist** *Substantiv*

Touristen sind Urlauber. Sie sind aus Spaß unterwegs. Sie möchten etwas besichtigen oder sich erholen. Im Wunderland, wohin Alice reist, gibt es keinen **Tourismus**. Dort gibt es keine Feriengäste, Hotels und Restaurants.

die **Tradition** *Substantiv*

Der König lädt die Feen zur Taufe der Prinzessin ein. Das ist **Tradition**. In seinem Land kommen die Feen seit vielen Jahren zu jeder Taufe.

tragen *Verb*

Der Prinz **trägt** Schneewittchen auf Händen. Er **trägt** sie, weil er sie sehr lieb hat.

Der Prinz **trägt** ein Wams und eine Jagdkappe. Das ist die Kleidung, die er gerade anhat.

die **Tragödie** *Substantiv*

Die Schöne wird ihre Familie verlassen und beim Biest wohnen. Für ihren Vater, der sie sehr lieb hat, ist dies eine **Tragödie**. Er ist untröstlich.

der **Trainer** *Substantiv*

Ein **Trainer** betreut Sportler. Er unterstützt sie und achtet darauf, dass sich ihre Leistungen verbessern. Sie **trainieren** und er gibt ihnen während des **Trainings** Ratschläge, was sie besser machen können.

der **Traktor** *Substantiv*

Der Bauer fährt einen **Traktor**. Damit zieht er den Pflug über das Feld.
▶ Schau auch auf Seite 316 nach.

das **Trampolin** *Substantiv*

Im Spielzeugland gibt es ein **Trampolin**. Darauf können Pinocchio und seine Freunde sehr hoch springen.

die **Träne** *Substantiv*

Alice weint, weil sie sich wehgetan hat. Dicke **Tränen** kullern über ihr Gesicht.
▶Schau auf Seite 477 nach.

der **Trank** *Substantiv*

Die Hexe hat verschiedene Zutaten vermischt und daraus einen **Zaubertrank** gekocht.

transportieren *Verb*

Schau, wie der Zauberer Aladins Palast in das ferne Wunderland **transportiert**. Welch ungewöhnliches **Transportmittel**! Er ist eben ein Zauberer. Güter und Personen werden in Wirklichkeit von Lastwagen, Bussen, Zügen, Schiffen und Flugzeugen **transportiert**.

das **Transportmittel** *Substantiv*

Fahrräder, Autos, Züge und Kutschen sind **Transportmittel**. Sie **transportieren** Personen oder Güter.

das **Trapez** *Substantiv*

Trapezkünstler führen im Zirkus Kunststücke an einer Stange vor, die an zwei Seilen durch die Luft schwingt. Sie turnen am **Trapez**.

die **Traube** *Substantiv*

Weintrauben wachsen in **Trauben** an einer Rebe. Das ist der Weinstock. An einem Stiel wachsen mehrere Beeren. Johannisbeeren wachsen in Rispen.
Eine **Traube** von Menschen ist eine große Gruppe Menschen.

trauern *Verb*

Die Mutter des Königs ist gestorben. Der König, seine Familie und sein ganzer Hofstaat **trauern** um sie. Sie weinen um die tote Königinmutter, weil sie nicht mehr unter den Lebenden weilt. **Trauern** bedeutet sehr **traurig** zu sein.

träumen *Verb*

Alice hat ihre Abenteuer im Wunderland im Schlaf erlebt. Sie hat sie **geträumt**. Das Weiße Kaninchen, der Hutmacher und die Herzogin sind ihr nur im **Traum** begegnet.

traurig *Adjektiv*

Der Vater der Schönen ist sehr **traurig**. Er hat großen Kummer, weil seine Tochter aus dem Haus geht.

Schau auf Seite 439 unter unglücklich nach.

treffen *Verb*

Der Pfeil des Jungen **trifft** die Zielscheibe nicht. Er steckt daneben im Baum. Robin **trifft** sein Ziel jedes Mal.

Robin und seine Freunde **treffen** sich im Wald.

treiben *Verb*

Ein Korken **treibt** auf der Wasseroberfläche, er geht nicht unter. Ein Schäferhund **treibt** die Schafe **zusammen**.

trennen *Verb*

Pinocchio und Romeo kann keiner **trennen**. Die beiden Freunde machen alles zusammen. Sie sind einfach **unzertrennlich**.

Sich zu **trennen**, bedeutet sich zu verabschieden und eigene Wege zu gehen. Die Schöne **trennt** sich von ihrer Familie, um bei dem Biest zu wohnen.

die **Treppe** *Substantiv*

Die böse Königin steigt die **Treppe** zu ihrer geheimen Kammer hinauf. Eine **Treppe** besteht aus mehreren Stufen, die man hinauf- und hinabsteigen kann.

treu *Adjektiv*

Robin hat **treue** Freunde. Sie lassen ihn nicht im Stich. Sie halten zu ihm.

der **Trichter** *Substantiv*

Der Wirt füllt die Flasche mit einem **Trichter**. Er hält ihn über die Flasche, damit der Wein aus dem Fass direkt hineinfließen kann. Er vergießt nichts über den Flaschenrand.

Welche Form hat ein Trichter? Schau auf Seite 145 unter Formen und Figuren nach.

der **Trick** *Substantiv*

Der Zauberer im Zirkus zaubert ein Kaninchen aus seinem Hut. Wie er das wohl macht? Es muss ein **Trick** dabei sein. Aber den verrät er nicht.

das **Trikot** *Substantiv*

Das ist Sportkleidung. Alle Spieler einer Fußballmannschaft tragen das gleiche **Trikot**.

trinken *Verb*

Wer **trinkt**, schluckt eine Flüssigkeit. Wenn man Durst hat, muss man etwas **trinken**.

das **Trinkwasser** *Substantiv*

So nennt man Wasser, das so sauber ist, dass man es trinken kann.

trippeln *Verb*

Das heißt mit kleinen Schritten gehen. Man nennt sie **Trippelschritte**. Frauen die enge Röcke tragen, können nur kleine Schritte machen. Sie **trippeln**.

der **Triumph** *Substantiv*

Das ist ein großer Sieg. Wenn jemand auf einen Sieg oder einen Erfolg sehr stolz ist, dann **triumphiert** er.

trocken *Adjektiv*

Altes Brot wird **trocken** und hart. Es ist nicht mehr frisch

das **Trockentuch** *Substantiv*

Damit **trocknet** man Geschirr **ab**.

trocknen *Verb*

Wenn die Sonne scheint und etwas Wind weht, **trocknet** die Wäsche draußen sehr schnell. Sie bleibt nicht lange nass.

die **Trompete** *Substantiv*

Wer von den Bremer Stadtmusikanten spielt auf der **Trompete**? Es ist natürlich der Jagdhund.

die **Tropen** *Substantiv*

Die **Tropen** sind die Gebiete der Erde, die ein feuchtheißes Klima haben. In **tropischen** Klimazonen wachsen Urwälder und dort kommen auch ganz andere Tiere und Pflanzen vor als in Europa.

der **Tropfen** *Substantiv*

Die Königin sticht sich mit der Nadel in den Finger. Drei **Tropfen** Blut fallen in den Schnee.

trösten *Verb*

Hänsel **tröstet** Gretel. Er ist lieb zu ihr, um sie aufzumuntern.

trüb *Adjektiv*

Wenn etwas **trüb** ist, glänzt es nicht. **Trübes** Wasser ist nicht klar, sondern leicht schmutzig. Bei **trübem** Wetter ist es regnerisch.

der **Trubel** *Substantiv*

Überall auf dem Marktplatz sind Menschen. Es ist viel los. Was für ein **Trubel**!

trüben *Verb*

Alice weint so sehr, dass die Tränen ihr die Sicht **trüben**. Sie kann nicht mehr klar sehen. Alles vor ihren Augen ist verschwommen.

das **Trugbild** *Substantiv*

Wenn man meint, etwas zu sehen, das gar nicht da ist, nennt man das ein **Trugbild**. Eine Fata Morgana in der Wüste ist ein **Trugbild**. Man sieht Wasser, Bäume oder ganze Städte, aber es ist nur eine Luftspiegelung. In Wirklichkeit ist dort nichts.

die **Truhe** *Substantiv*

Eine **Truhe** ist ein Möbelstück aus Holz mit Metallbeschlägen. Sie sieht aus wie eine stabile Kiste mit Deckel und sie lässt sich abschließen. In einer Schatztruhe verwahrt man wertvolle Dinge.

die **Trümmer** *Substantiv*

Das Schiff ist an den Felsen zerschellt. Die **Trümmer** des Schiffs treiben auf dem Wasser. **Trümmer** bleiben übrig, wenn etwas zerbricht.

die **Truppe** *Substantiv*

Eine **Schauspieltruppe** ist eine Gruppe von Schauspielern, die zusammen arbeiten. Das Wort **Truppe** wird auch für eine Gruppe Soldaten benutzt.

der **Truthahn** *Substantiv*

Auf dem Bauernhof lebt der **Truthahn** mit seiner Frau und seinen Jungen im Hühnerstall. Mit ihren Schwanzfedern können Truthähne ein Rad schlagen. Ihr Glucksen nennt man **kollern**.

das **T-Shirt** *Substantiv*

Das ist ein leichtes Kleidungsstück aus Baumwolle, meist mit kurzen Ärmeln.

die **Tube** *Substantiv*

Aus einer **Tube** füllt die Hexe etwas Gift in ein Röhrchen.

Eine **Tube** ist ein langer weicher Behälter mit einem Verschluss. Zahnpasta, Mayonnaise oder Ölfarben sind meist in **Tuben**.

das **Tuch** *Substantiv*

Das ist ein großes Viereck aus Stoff. Man legt es wie einen Schal um den Hals oder bindet es als **Kopftuch** um.

die **Tulpe** *Substantiv*

Aschenputtel stellt einen Strauß gelbe **Tulpen** in die Vase.

der **Tunfisch** *Substantiv*

Das ist ein großer Meeresfisch.
▶ Schau auch unter **Fisch** nach.

tunken *Verb*

Der Zwerg **tunkt** seinen Zwieback in eine Schale mit Milchkaffee.

der **Tunnel** *Substantiv*

Pinocchio und sein Vater tasten sich in einem dunklen **Tunnel** voran. Das ist der Rachen des schrecklichen Haifischs. Ein echter **Tunnel** führt durch einen Berg oder liegt unterhalb der Erde.

die **Tür** *Substantiv*

das **Türschloss** *Substantiv*

der **Turm** *Substantiv*

Eine alte Frau spinnt ganz oben im **Turm** des Schlosses Wolle. Von dem Verbot des Königs hat sie nichts gehört.

Die modernen Hochhäuser in den Innenstädten nennt man manchmal **Bürotürme** und **Wohntürme**.

der **Tusch** *Substantiv*

Eine Gruppe Musiker mit Pauken und Blasinstrumenten spielt im Zirkus einen **Tusch**. Sie kündigen die Artisten in der Manege an.

Uu

die **U-Bahn** *Substantiv*

Das ist die Kurzform für **Untergrundbahn**. **U-Bahnen** fahren durch Tunnel.

überbringen *Verb*

Der Diener **überbringt** der Herzogin einen großen Briefumschlag. *Was wohl in diesem Umschlag ist? Schau auf Seite 102 nach.*

übereinander *Adjektiv*

Die Betten von Hänsel und Gretel stehen **übereinander**. Sie schlafen in einem Doppelbett. Hänsel schläft unten und Gretel oben.

die **Überfahrt** *Substantiv*

Wenn du einen Fluss mit einer Fähre überquerst, ist das eine **Überfahrt**.

überfliegen *Verb*

Aladin und die Prinzessin **überfliegen** die Wüste. Sie befinden sich über der Wüste in der Luft.

Wer einen Text nur **überfliegt**, liest ihn sehr schnell. Es ist nicht sicher, dass er sich noch an alles erinnern kann, was er gelesen hat.

Ein **Überflieger** ist jemand, der in der Schule oder im Beruf außerordentlich schnell vorankommt.

überführen *Verb*

überfüllt *Adjektiv*

Wenn zu viele Autos unterwegs sind, sind die Straßen **überfüllt**. Man kommt nicht mehr schnell voran.

übergeben *Verb*

Der Zauberer **übergibt** Aladin einen Zauberring. Aladin darf den Ring behalten, er gehört jetzt ihm.

überlaufen *Verb*

Vorsicht, die Milch kocht und sie **läuft** auch schon **über**.

Wenn ein Fluss **überläuft**, tritt sein Wasser über die Ufer und überschwemmt die nahe Umgebung.

der Überlebende *Substantiv*

Der Prinz ist der einzige **Überlebende** des Schiffsunglücks. Alle anderen Schiffbrüchigen sind ertrunken. Die kleine Meerjungfrau hat ihn gerettet.

übermorgen *Adverb*

die Wochentage

überqueren *Verb*

Hänsel und Gretel **überqueren** den Fluss auf dem Rücken einer Ente. Sie fliegt mit ihnen ans andere Ufer.

überragen *Verb*

Die Burg steht auf einem Hügel. Sie **überragt** die gesamte Umgebung. Sie ist höher als alles andere und man hat von dort oben eine gute Sicht.

Aschenputtel **überragt** ihre beiden Stiefschwestern. Sie ist eine Handbreit größer.

die Überraschung *Substantiv*

Hänsel und Gretel bringen Perlen und Diamanten mit nach Hause. Sie haben sie bei der Hexe gefunden.

überreden *Verb*

Geppetto will Pinocchio keine Süßigkeiten kaufen, aber Pinocchio gelingt es, ihn zu **überreden**. Er bekommt eine Tafel Schokolade.

übersät *Adjektiv*

Die Lichtung ist mit bunten Blumen in allen Farben **übersät**. Sie wachsen überall.

überschätzen *Verb*

Mowgli **überschätzt** seine Kräfte. Er kann nicht so lange an Lianen klettern wie die Affen. Er wird schneller müde, als er dachte.

überschlafen *Verb*

Wenn du dich nicht entscheiden kannst und bis zum nächsten Tag überlegen möchtest, musst du deine Entscheidung erst noch **überschlafen**.

überschreiben *Verb*

Wenn man jemanden ein Haus oder eine Summe Geld **überschreibt**, schenkt man es ihm oder vererbt es ihm. Es wechselt den Besitzer.

Am Computer kann man bereits Geschriebenes noch einmal **überschreiben**. Man ersetzt es durch einen anderen Text.

u

die **Überschwemmung** *Substantiv*

Es hat so viel geregnet, dass der Fluss über die Ufer getreten ist. Die Wiesen stehen unter Wasser. Was für eine **Überschwemmung**!

übertreffen *Verb*

Alle Meerjungfrauen können gut singen. Aber die kleine Meerjungfrau **übertrifft** alle. Alle sind von ihr bezaubert, denn keine von ihnen hat eine schönere Stimme.

übertreiben *Verb*

Schokolade schmeckt gut, aber man darf nicht zu viel davon essen. Wenn man es **übertreibt**, bekommt man Bauchschmerzen.

überwinden *Verb*

Mit einem einzigen Satz **überwindet** der Hund den Zaun.
▶ Schau auf Seite 495 nach.

überzeugen *Verb*

Aladins Mutter will eigentlich nicht zum Sultan gehen. Doch Aladin kann sie davon **überzeugen**, dass ein Besuch richtig ist.

üblich

Die Schwester der Schönen weiß heute sofort, welchen Schmuck sie anlegen möchte. Das ist nicht **üblich**. Normalerweise kann sie sich nicht entscheiden.

das **Ufer** *Substantiv*

Das ist das Land rund um einen See oder an beiden Seiten eines Flusses.

die **Uhr** *Substantiv*

Das Weiße Kaninchen schaut auf seiner **Uhr**, wie spät es ist.
▶ Schau auch unter die Uhrzeit auf Seite 434 nach.

umarmen *Verb*

Am Ende des Märchens finden Hänsel und Gretel ihren Vater wieder. Er **umarmt** die beiden. Er hält sie in seinen Armen und küsst sie.

die **Umdrehung** *Substantiv*

Wenn ein Rad sich einmal gedreht hat, ist das eine **Umdrehung**. Mit der Zahl der **Umdrehungen** misst man, wie schnell ein Motor läuft.

umfallen *Verb*

Das heißt zu Boden stürzen.

Der Zauberer ist **umgefallen** und liegt auf dem Boden. Er hat den vergifteten Wein getrunken und ist tot.

umfassen *Verb*

Mit ihren Armen **umfasst** die kleine Meerjungfrau die Statue des Prinzen. Sie legt ihre Arme um den Hals der Statue.

die **Umgebung** *Substantiv*

Die **Umgebung** liegt um einen Ort herum, in seiner unmittelbaren Nähe.

umgekehrt *Adjektiv*

Die **umgekehrte** Richtung ist die entgegengesetzte Richtung.

der **Umhang** *Substantiv*

Der Jäger, der Schneewittchen verfolgt, trägt einen **Umhang**. Das ist ein großer Mantel ohne Ärmel, den man sich um die Schultern legt.

umkippen *Verb*

Pinocchio verliert das Gleichgewicht und **kippt um**.

die Uhrzeit

Es ist **7 Uhr** morgens. Der Wecker klingelt.

Fünf Minuten später ist es **5 Minuten nach 7**. Die sieben Zwerge waschen sich.

Um **halb acht** (7 Uhr 30) frühstücken sie.

Um **viertel nach acht** (8 Uhr 15) gehen sie zur Arbeit in die Mine.

Um **fünf Minuten vor neun** (8 Uhr 55) kommen sie an der Mine an.

Um **Punkt neun Uhr** fangen sie an zu arbeiten.

Das ist der Tagesablauf der sieben Zwerge. Schau dir die **Uhr** in jedem Bild an. Der kleine Zeiger gibt die **Stunden** an, der große Zeiger zählt die **Minuten**.

Um **zwölf Uhr** essen sie zu Mittag.

Um **zwei Uhr nachmittags** (14 Uhr) arbeiten sie weiter.

Um **sechs Uhr abends** (18 Uhr) gehen sie nach Hause.

Um **viertel vor acht** (19 Uhr 45) essen sie zu Abend.

Um **zehn Uhr** (22 Uhr) gehen sie zu Bett.

Um **Mitternacht** (24 Uhr) schlafen sie tief und fest.

die **Umkleidekabine** *Substantiv*

Im Schwimmbad zieht man sich in einer **Umkleidekabine** um.

die **Umleitung** *Substantiv*

Wenn auf einer Straße eine Baustelle ist, müssen die Autos sie manchmal auf anderen Straßen umfahren. Damit sie den Weg finden, stellt die Polizei Schilder auf. Darauf steht: **Umleitung**.

der **Umschlag** *Substantiv*

Briefe steckt man in einen **Umschlag**, um sie zu verschicken.

umstoßen *Verb*

Alice **stößt** die Bank **um**. Sie kippt, und alle Tiere fallen herunter.

der **Umweg** *Substantiv*

Robin geht nicht auf direktem Weg zum Schloss. Er macht einen **Umweg**. Er geht einen weiteren Weg, weil er unterwegs noch einen Freund besuchen möchte.

die **Umwelt** *Substantiv*

Unsere **Umwelt** ist das, was uns umgibt: das Wasser, die Luft, die Natur und auch die Menschen.

umziehen *Verb*

Wer **umzieht**, wechselt den Wohnort. Man kann in ein anderes Zimmer, in eine andere Wohnung oder in eine andere Stadt **umziehen**.

unauffindbar *Adjektiv*

Mowgli ist verschwunden! Die Tiere haben überall gesucht, aber er ist **unauffindbar**. *Wo kann er nur sein? Schau auf Seite 100 nach.*

unaufmerksam *Adjektiv*

Ein **unaufmerksamer** Schüler hört dem Lehrer nicht zu und schafft es nicht, ruhig auf seinem Platz sitzen zu bleiben.

unbekannt *Adjektiv*

unbeschädigt *Adjektiv*

Die kleine Meerjungfrau hat auf dem Meeresboden eine **unbeschädigte** Statue gefunden. Sie hat keinen Kratzer und ist nicht zerbrochen.

unbrauchbar *Adjektiv*

Etwas **Unbrauchbares** kann man nicht mehr verwenden, weil es nicht mehr funktioniert. Ein Stuhl ist zum Beispiel **unbrauchbar**, wenn er nur noch drei Beine hat.

undankbar *Adjektiv*

Wer **undankbar** ist, weiß nicht zu schätzen, was jemand für ihn getan hat.

Was hat der Vater der Schönen getan, dass das Biest so mit ihm redet? Schau auf Seite 341 nach.

unehrlich *Adjektiv*

Betrüger sind **unehrliche** Menschen. Sie sagen nicht die Wahrheit.

unendlich *Adverb*

Wenn etwas **unendlich** ist, hat es kein Ende.

Bagheera hat **unendlich** viel Geduld mit Mowgli. Immer wieder ermutigt er ihn, wenn etwas nicht auf Anhieb klappt.

unentschieden *Adjektiv*

Die beiden Mannschaften haben **unentschieden** gespielt. Beide haben zwei Tore geschossen. Am Ende steht es 2:2 und es gibt keinen Sieger und keinen Verlierer.

Du bist **unentschieden**, wenn du dich nicht entscheiden kannst.

unerbittlich *Adjektiv*

Der Zauberer ist **unerbittlich**. Er ist sehr hart zu Aladin und zeigt kein Mitleid.

unerkannt *Adjektiv*

Der Zauberer schafft es, **unerkannt** in den Palast zu gelangen. Niemand erkennt ihn und er sagt niemandem, wer er ist.

unerlässlich *Adjektiv*

unerträglich *Adjektiv*

Aladin war als kleiner Junge für die Erwachsenen **unerträglich**. Er wollte nicht auf sie hören und er schwänzte die Schule. Er war kein braver Junge.

Wenn es **unerträglich** heiß ist, herrschen so hohe Temperaturen, dass man es vor Hitze nicht mehr aushalten kann.

unfähig *Adjektiv*

→ Fähigkeit

unfair *Adjektiv*

Das bedeutet ungerecht oder gegen die Spielregeln.

der Unfall *Substantiv*

Die Kutsche hatte einen **Unfall**, aber zum Glück wurde niemand verletzt. Ein **Unfall** ist ein Unglück, das einem unerwartet passiert.

unfreundlich *Adjektiv*

Aschenputtels Schwestern sind sehr **unfreundlich**. Sie sind immer schlecht gelaunt und geben patzige Antworten.

die Ungeduld *Substantiv*

Die Schöne sieht ständig auf die Uhr. Sie wartet voller **Ungeduld** darauf, dass das Biest nach Hause kommt. Sie zählt die Minuten. Sie wird **ungeduldig**.

ungefähr *Adverb*

Als Vater Wolf Mowgli findet, ist er **ungefähr** ein Jahr alt. Sein genaues Alter ist unbekannt. Vielleicht ist er etwas jünger, vielleicht auch etwas älter.

ungehorsam *Adjektiv*

Pinocchio ist **ungehorsam**. Er hört nicht auf Geppetto und macht, was er will. Wenn er ein echter Junge werden will, muss er lernen, Geppetto zu gehorchen.

ungenau *Adjektiv*

Wie soll Robin die Soldaten mit so einer **ungenauen** Angabe finden? Er möchte **genau** wissen, wo sie sind und wie viele sie sind.

ungerecht *Adjektiv*

Puppenspieler Feuerfresser verlangt sehr viel von seiner Truppe. Aber er ist nicht **ungerecht**. Er ist genauso hart zu sich selbst und er behandelt alle seine Marionetten gleich.

ungeschickt *Adjektiv*

Pinocchio hat sein Glas fallen lassen. Es zerschellt auf dem Boden. Wie **ungeschickt** von ihm!

unglaublich *Adjektiv*

Etwas **Unglaubliches** ist so unvorstellbar, dass man es kaum glauben kann. Es ist wie ein Wunder.

unglücklich *Adjektiv*

Die Zwerge sind **unglücklich**. Sie sind traurig und weinen.
▶ Schau unter **Erschütterung** nach.

unhöflich *Adjektiv*

 höflich

die **Uniform** *Substantiv*

Die beiden Polizisten tragen die gleiche **Uniform**. Es ist ihre Berufskleidung.

das **Universum** *Substantiv*

Das gesamte Weltall mit all seinen Himmelskörpern nennt man **Universum**.

unmöglich *Adjektiv*

die **Unordnung** *Substantiv*

Was für eine **Unordnung**! Alles ist durcheinander. Nichts ist an seinem Platz.

Ein **unordentlicher** Mensch lässt alles herumliegen.

unpünklich *Adjektiv*

Wenn du um drei Uhr verabredet bist, aber erst um vier kommst, bist du **unpünktlich**.

das **Unrecht** *Substantiv*

Wenn jemand **Unrecht** hat, irrt er sich. Er ist nicht im Recht.

unruhig *Adjektiv*

Goldlöckchens Mutter ist **unruhig**, wenn ihre Tochter allein in den Wald geht. Sie stellt sich vor, was passieren könnte und macht sich Sorgen.

unscharf *Adjektiv*

Auf einem **unscharfen** Foto sieht man nichts deutlich. Man sieht alles nur verschwommen.

unschuldig *Adjektiv*

unsichtbar *Adjektiv*

Die Katze wird **unsichtbar**. Dann kann man sie gar nicht mehr sehen.

der **Unsinn** *Substantiv*

Die Falsche Suppenschildkröte erzählt Alice **Unsinn**. Das, was sie sagt, ergibt keinen **Sinn**. Alice kann es überhaupt nicht verstehen.

unsterblich *Adjektiv*

Man erzählt, dass Feen **unsterblich** sind. Sie leben für immer.

unterbrechen *Verb*

Der Esel Pinocchio hat sich im Zirkus verletzt. Die Vorstellung wird **unterbrochen**. Pinocchio muss zuerst verarztet werden, bevor sie weitergeht.

untergehen *Verb*

Wenn es Abend wird, sinkt die Sonne am Horizont. Schließlich **geht** sie ganz **unter** und es wird dunkel. Bei gutem Wetter sieht man einen schönen **Sonnenuntergang**.

Ein Schiff, das **untergeht**, versinkt im Meer.

unterhalten *Verb*

Im Zirkus treten Clowns, Jongleure und Akrobaten auf, um das Publikum zu **unterhalten**. Sie bringen es mit ihren Kunststücken zum Lachen und zum Staunen.

Wenn du dich mit einem Freund **unterhältst**, sprecht ihr miteinander.

unterscheiden *Verb*

Manche Zwillinge sehen sich so ähnlich, dass man sie nicht **unterscheiden** kann. Man kann keine **Unterschiede** feststellen und verwechselt sie.

unterschreiben *Verb*

Man **unterschreibt** etwas, indem man seinen Namen darunter schreibt.

der **Unterstand** *Substantiv*

Mowgli hat sich aus Zweigen und Lehm einen **Unterstand** gebaut. Das ist eine kleine Hütte, die ihn vor Regen und Sonne schützt.

unterstreichen *Verb*

Wenn du etwas in deinem Schulbuch **unterstreichst**, machst du darunter einen Strich.

untersuchen *Verb*

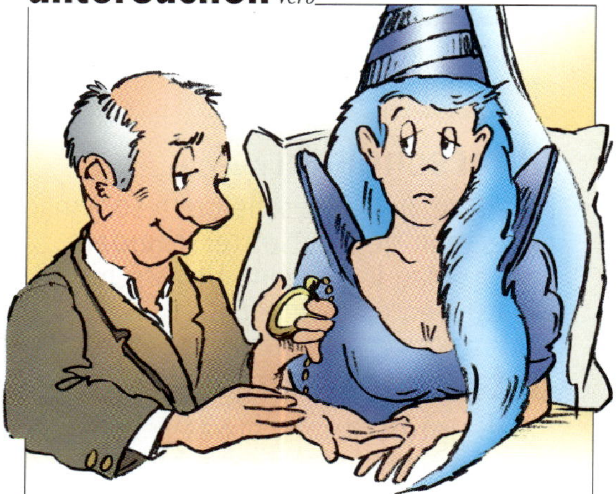

Die Fee ist im Krankenhaus. Ein Arzt **untersucht** sie. Er hört ihren Herzschlag ab, misst ihren Blutdruck und tastet ihren Körper ab, um herauszufinden, ob sie krank ist.

die Untertasse *Substantiv*

Das ist ein kleiner Teller, auf den man eine Tasse stellt.
Eine fliegende **Untertasse** ist ein unbekanntes Flugobjekt am Himmel. Viele Menschen wollen solche UFOs und sogar ihre außerirdischen Piloten gesehen haben, aber wahrscheinlich gibt es keine UFOs.

die Unterwäsche *Substantiv*

Unterhosen, Unterhemden und Büstenhalter sind **Unterwäsche**. Man trägt sie unter der Oberbekleidung.

untröstlich *Adjektiv*

Die Prinzessin Badrulbudur ist verschwunden. Ihr Vater, der Sultan, ist **untröstlich**. Er ist traurig und weint den ganzen Tag. Niemand kann ihn **trösten**.

unverbesserlich *Adjektiv*

Pinocchio ist **unverbesserlich**. Wie sehr Geppetto ihn auch bestraft: Er macht wieder Dummheiten.

unversehrt *Adjektiv*

Mowgli steigt vollkommen **unversehrt** aus der Schlangengrube. Er hat keine Verletzung. Die Schlangen haben ihn nicht gebissen.

unverständlich *Adjektiv*

Einen **unverständlichen** Satz versteht man nicht. Er ist zu schwierig, zu lang oder sprachlich nicht richtig.

unzertrennlich *Adjektiv*

Im Spielzeugland sind Pinocchio und sein Freund Romeo **unzertrennlich**. Sie sind von früh bis spät zusammen.

die Ursache *Substantiv*

Alice fragt sich, was die **Ursache** für ihre Probleme ist. Sie kann sich nicht erklären, warum sie so seltsame Schwierigkeiten hat.

urteilen *Verb*

Die Richter, die bei Gericht arbeiten, müssen darüber **urteilen**, ob ein Angeklagter schuldig ist oder nicht. Sie sprechen das **Urteil**.

▶ Schau auf Seite 167 nach.

Wenn man etwas **beurteilt**, sagt man, wie man es findet. Man bildet sich eine Meinung. Die Fee hat Pinocchios Charakter richtig **beurteilt**. Sie hat immer daran geglaubt, dass er eigentlich ein braver Junge ist.

die Utensilien *Substantiv*

„Was für eine merkwürdige Köchin", denkt Alice. Sie wirft die **Küchenutensilien** quer durch das Zimmer. **Utensilien** nennt man alle Gebrauchsgegenstände. Pfannen, Töpfe, Schneebesen und Suppenkellen sind **Küchenutensilien**.

V v

die **Vanille** *Substantiv*

So heißt die Frucht einer tropischen Pflanze. Sie wird als Gewürz verwendet. Ihren Geschmack kennst du ganz bestimmt vom **Vanilleeis**.

der **Vater** *Substantiv*

der **Vegetarier** *Substantiv*

So nennt man Menschen, die sich nur von Pflanzen ernähren. Sie essen kein Fleisch.

veilchenfarben *Adjektiv*

Der Sultan trägt einen **veilchenfarbenen** Turban. **Veilchen** sind kleine Pflanzen, die im Wald wachsen und gut duften. Ihre Blüten sind **violett**. Botanisch heißen Veilchen **Viola**. Das ist auch ein Mädchenname.

verabreden *Verb*

verachten *Verb*

Die beiden Schwestern **verachten** die Schöne. Sie können sie nicht ausstehen und fühlen sich ihr überlegen.

verändern *Verb*

Wenn Kinder wachsen, **verändert** sich nicht nur ihre Größe. Ihr ganzes Leben **verändert** sich allmählich.

verantwortlich *Adjektiv*

Mama und Papa Wolf haben Mowgli angenommen. Sie sind für ihn **verantwortlich**. Sie passen auf Mowgli auf und sorgen für ihn.

verbergen *Verb*

Verbergen heißt verstecken. Aschenputtel **verbirgt** vor dem Prinzen, wer sie wirklich ist. Sie verheimlicht es ihm.

verbeugen *Verb*

Am Ende der Vorführung **verbeugen** sich die Darsteller vor dem Publikum.

verbeult *Adjektiv*

Der alte Topf ist ganz **verbeult**. Er hat überall Beulen.

verbieten *Verb*

Im ganzen Königreich darf niemand mehr eine Spindel benutzen, um aus Wolle Garn zu spinnen. Der König hat es **verboten**. Eine alte Magd aber hat nichts von diesem **Verbot** gehört. *Was wird passieren? Schau auf Seite 395 nach.*

V

verbinden *Verb*

Robin **verbindet** Wills Knie mit einer **Binde**, einem langen Stoffstreifen. Er macht ihm einen **Verband**.
Eine Brücke **verbindet** das rechte und das linke Flussufer.

verblüffen *Verb*

Wer jemanden **verblüfft**, erstaunt ihn.

das **Verbrechen** *Substantiv*

Wird der Jäger Schneewittchen töten? Wird er dieses **Verbrechen** begehen und zum Mörder werden?
▶ Schau auf Seite 167 nach.

verbringen *Verb*

Robin will seine Zeit mit Marianne **verbringen**. Er möchte sie treffen und mit ihr zusammen sein.

verdächtig *Adjektiv*

Wer hat Schneewittchen vergiftet? Die böse Königin ist **verdächtig**. Es ist am wahrscheinlichsten, dass sie es war.

verdauen *Verb*

Wenn es Pinocchio und dem Tunfisch nicht gelingt, sich aus dem Bauch des schrecklichen Haifischs zu befreien, **verdaut** er sie. Alles, was er gefressen hat, wird dabei im Magen aufgelöst.

verderben *Verb*

Wenn man Obst zu lange liegen lässt, **verdirbt** es.

verdoppeln *Verb*

vereinsamt *Adjektiv*

Am Ende seines Lebens ist Akela ein alter, **vereinsamter** Wolf. Er zieht sich zurück und lebt völlig allein.

verfälschen *Verb*

Die Falsche Suppenschildkröte meint nicht lösen und reiben, sondern lesen und schreiben. Sie verändert eine Silbe und **verfälscht** damit den Sinn des ganzen Wortes.

verfehlen *Verb*

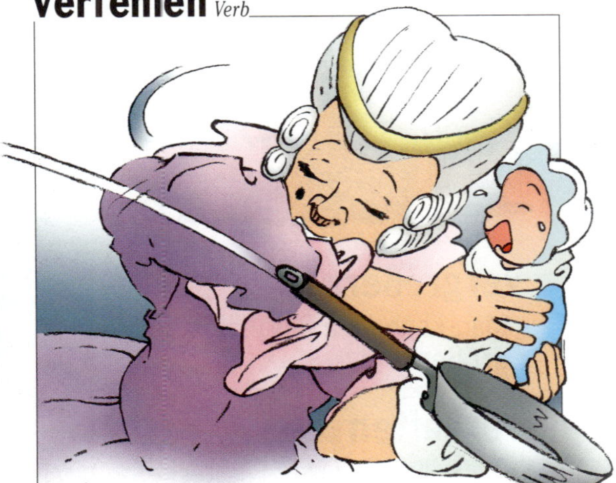

Die Pfanne **verfehlt** die Herzogin. Sie fliegt haarscharf an ihr vorbei, trifft sie aber nicht.

verfolgen *Verb*

Alice **verfolgt** das Weiße Kaninchen. Sie läuft hinter ihm her, um es einzuholen.

die Vergangenheit *Substantiv*

Alice kann sich nicht mehr gut an die **Vergangenheit** erinnern. Sie weiß nicht mehr genau, wie sie aussah und was sie gemacht hat, bevor sie ins Wunderland kam.

vergessen *Verb*

Aladin geht weg und **vergisst**, seine Lampe mitzunehmen. Er lässt sie stehen.

Alice hat so gut wie alles **vergessen**, was sie in der Schule gelernt hat. Sie kann sich nicht mehr daran erinnern.

V

vergeuden *Verb*

Vergeuden heißt, Geld zu verschwenden oder Zeit sinnlos zu verbringen. Mowgli versucht, einen schweren Baumstamm hochzuheben, der zu schwer für ihn ist. Er **vergeudet** seine Kraft.

vergewissern *Verb*

Schneewittchen möchte sich **vergewissern**, ob alle sieben Zwerge da sind. Sie zählt sie. *Sind alle da? Schau auf Seite 129 nach.*

vergiften *Verb*

Die böse Königin will Schneewittchen umbringen. Dazu bereitet sie einen **vergifteten** Apfel vor. Sie füllt ihn mit **Gift**.

das **Vergissmeinnicht** *Substantiv*

Das ist eine zierliche Pflanze mit kleinen blauen Blüten.

vergleichen *Verb*

Rotkäppchen probiert alle Marmeladensorten, um sie zu **vergleichen**. Rotkäppchen möchte wissen, welche am besten schmeckt und welche am süßesten und welche am sauersten ist.

vergnügen *Verb*

Die Fee möchte, dass Aschenputtel auf den Ball geht und sich **vergnügt**. Sie hat dieses **Vergnügen** verdient.

vergoldet *Adjektiv*

Die Bilderrahmen sind **vergoldet**. Außen haben sie eine dünne Schicht **Gold**.
▶ Schau auf Seite 165 nach.

vergöttern *Verb*

Fans **vergöttern** zum Beispiel einen Popstar. Sie verehren ihn fast wie einen Gott.

vergraben *Verb*

Pinocchio **vergräbt** seine Goldstücke. Er buddelt ein Loch und legt sie hinein.

Aber der Fuchs und der Kater haben ihn dabei gesehen. Sie **graben** seinen Schatz wieder aus.

vergrößern *Verb*

Man kann zum Beispiel Fotos **vergrößern**.

verhaften *Verb*

Die Polizei hat den Einbrecher erwischt und **verhaftet** ihn. Sie nimmt ihn fest. Sie nimmt eine **Verhaftung** vor. Jetzt droht ihm eine Gefängnisstrafe.

verhandeln *Verb*

Aladin **verhandelt** mit dem Händler über den Preis für den Silberteller. Die beiden einigen sich auf eine Geldsumme.

verheddern *Verb*

Die Fäden haben sich **verheddert**. Sie sind durcheinander und verknotet. Es wird lange dauern, sie zu entwirren.

verheimlichen *Verb*

Der Zauberer erzählt der Zofe nicht, dass die alte Lampe wertvoll ist. Er **verheimlicht** es ihr absichtlich.

verhexen *Verb*

Die Fee **verhext** die beiden Schwestern der Schönen. *Weißt du, in was sie die beiden verwandelt?* *Schau auf Seite 394 nach.*

verirren *Verb*

Der Vater der Schönen hat sich im Nebel **verirrt**. Er findet den Weg nicht mehr und weiß nicht, wo er ist.

verkaufen *Verb*

der **Verkäufer** *Substantiv*

Die Frauen und Männer, die in einem Geschäft die Kunden bedienen, nennt man **Verkäufer**. Auch Großhändler beschäftigen **Verkäufer**.

der **Verkehr** *Substantiv*

Wenn zu viele Autos auf der Straße fahren, ist viel **Verkehr**. Es kommt zu **Verkehrsstaus**. Davon erfährt man im Radio in den **Verkehrsnachrichten**. Autos, Züge, Busse und Schiffe sind **Verkehrsmittel**. Man kommt mit ihnen von einem Ort zum anderen. Ein Zug **verkehrt** zwischen Berlin und Köln. Das heißt, dass dieser Zug regelmäßig auf dieser Strecke fährt.

der **Verkehrspolizist** *Substantiv*

Verkehrspolizisten regeln den Straßenverkehr und sorgen für die Sicherheit der Autofahrer und Fußgänger. Wenn du dich verläufst, kannst du sie nach dem Weg fragen.

die **Verkehrsverbindung** *Substantiv*

Wege, Straßen, Autobahnen und Schienen sind **Verkehrsverbindungen**.

verklärt *Adjektiv*

Die kleine Meerjungfrau hat eine **verklärte** Vorstellung vom Leben der Menschen. Sie stellt es sich herrlich vor.

verkleiden *Verb*

Die böse Königin **verkleidet** sich als alte Frau, um sich unerkannt auf die Suche nach Schneewittchen zu machen. Sie schminkt sich das Gesicht und zieht die Kleider einer Magd an.
Eine **Verkleidung** ist ein Kostüm.

verknoten *Verb*

Knoten

verknüpfen *Verb*

Das ist ein anderes Wort für verbinden.

verkorken *Verb*

Eine Flasche **verkorken** heißt, sie mit einem **Korken** zu verschließen.

Die Flasche ist **verkorkt**. Um sie zu **entkorken**, zieht Alice den **Korken** heraus.

Nachdem sie getrunken hat, **verkorkt** sie die Flasche wieder.

verkünden *Verb*

Der Prinz **verkündet**, dass er die Frau heiratet, an deren Fuß der Tanzschuh passt. Er sagt es mit lauter Stimme, so dass es alle Anwesenden hören können.

verlangen *Verb*

Die böse Königin **verlangt**, dass alle ihr gehorchen. Sie besteht darauf.

verlängern *Verb*

Pinocchios Nase **verlängert** sich, wenn er lügt. Seine Nase wird länger, wenn er nicht die Wahrheit sagt.
▶ Schau auf Seite 267 nach.

verlangsamen *Verb*

Autofahrer **verlangsamen** in Kurven die Geschwindigkeit. Sie treten auf die Bremse und fahren **langsamer**.

verlassen *Verb*

Mowgli darf nicht länger bei den Tieren im Dschungel bleiben. Er soll jetzt mit den Menschen leben und muss seine Freunde **verlassen**.

verlässlich *Adjektiv*

Der kleine Bär zeigt Goldlöckchen **verlässlich** den Weg. Sie kann sich auf ihn **verlassen**.

verlaufen *Verb*

Hänsel und Gretel **verlaufen** sich im Wald. Sie finden nicht mehr nach Hause.

verletzen *Verb*

Will hat sich am Knie **verletzt**. Seine Wunde blutet. Sich **verletzen** heißt, sich zu verwunden, zu verbrennen, zu schneiden oder sich einen Knochen zu brechen.
Man kann auch **verletzen**, indem man etwas sagt, das jemanden kränkt oder traurig macht.

verlieren *Verb*

Pinocchio hat beim Domino spielen **verloren**. Geppetto hat gewonnen.
Aschenputtel **verliert** ihren Schuh. Er fällt ihr vom Fuß, weil sie so schnell weggelaufen ist. Sie hat nur noch einen Schuh.

V

das **Verlies** *Substantiv*

Das ist ein dunkler Raum im Keller einer Burg. In so einen Kerker sperrt man Gefangene ein.

der **Verlobte** *Substantiv*

Wenn ein Mann und eine Frau sich **verloben**, versprechen sie sich gegenseitig die Ehe. Sie feiern ihre **Verlobung** und schenken sich **Verlobungsringe**.

verlockend *Adjektiv*

die **Verlosung** *Substantiv*

Das ist ein Glücksspiel. Man bekommt einen Zettel mit einer Zahl. Wenn alle Zettel verteilt sind, zieht eine Glücksfee mehrere **Lose** mit Zahlen aus einer Tombola. Wer zufällig dieselben Zahlen hat, bekommt einen Preis.

der **Verlust** *Substantiv*

Schneewittchens Tod wäre ein großer **Verlust** für die sieben Zwerge. Das Gegenteil von **Verlust** heißt Gewinn.

vermählen *Verb*

Der Prinz und Schneewittchen **vermählen** sich. Sie sind Braut und Bräutigam und feiern ihre **Vermählung**. Was für eine schöne Hochzeit!

die **Vermutung** *Substantiv*

verneigen *Verb*

Sich vor jemandem zu **verneigen**, heißt sich zu verbeugen. Dabei **neigt** man den Oberkörper zum Gruß.

vernünftig *Adjektiv*

Vernünftige Menschen tun nichts, was verboten oder gefährlich ist.

der Verräter *Substantiv*

verriegeln *Verb*

Das kleine Schweinchen **verriegelt** die Tür, damit der Wolf sie nicht öffnen kann.

verrücken *Verb*

verrückt *Adjektiv*

Die Katze erklärt Alice, dass sie nicht hier wäre, wenn sie nicht **verrückt** wäre. Ist Alice wirklich wahnsinnig?

Eine **verrückte** Idee ist ungewöhnlich und manchmal auch ein bisschen gefährlich.

versammeln *Verb*

Die Wölfe **versammeln** sich in der Dämmerung. Sie kommen dann alle zusammen und heulen.

verscheuchen *Verb*

Wenn du ein Tier **verscheuchst**, jagst du es weg, indem du es erschreckst.

verschieden *Adjektiv*

Die Schöne und ihre Schwestern sind sehr **verschieden**. Sie haben nicht denselben Charakter. Die Schöne ist lieb und sanftmütig, ihre Schwestern sind böse und gemein.

verschmutzen *Verb*

Verschmutzte Luft oder **verschmutztes** Wasser schaden der Gesundheit. Die Abgase der Autos und Fabriken **verschmutzen** die Luft.

verschönern *Verb*

Während die Zwerge arbeiten, **verschönert** Schneewittchen das Haus. Sie hängt Bilder auf, näht neue Kissen und stellt Vasen mit Blumen auf.

verschwenden *Verb*

Die beiden Schwestern der Schönen **verschwenden** das Geld ihres Vaters. Sie kaufen zu viele Kleider und achten nicht auf den Preis.

verschwiegen *Adjektiv*

Ein **verschwiegener** Mensch spricht nicht viel. Er kann für sich behalten, was man ihm erzählt. Das Gegenteil von **verschwiegen** ist redselig.

verschwinden *Verb*

Wo ist der Palast geblieben? Er ist **verschwunden**. Der Sultan kann es nicht fassen, aber der Palast ist nicht mehr da. *Schau auf Seite 422 nach, wenn du wissen möchtest, was passiert ist.*

versetzen *Verb*

Mit einer einzigen Bewegung ihres Zauberstabs hat die Fee den ganzen Hofstaat in einen tiefen Schlaf **versetzt**. Ein Schüler wird **versetzt**, wenn er in die nächste Klasse kommt.

versichern *Verb*

versinken *Verb*

Draußen hat es geregnet. Der Boden ist matschig. Deine Stiefel **versinken** im Matsch und werden ganz schmutzig.

Wenn ein Schiff **versinkt**, geht es unter. Es **sinkt** auf den Meeresgrund.

versöhnen *Verb*

Manchmal streiten sich Pinocchio und sein Freund, wenn sie miteinander spielen. Kurz darauf mögen sie sich aber wieder und **versöhnen** sich.

versorgen *Verb*

Rotkäppchen **versorgt** seine Großmutter jede Woche mit Lebensmitteln. Es packt alles in einen Korb und bringt ihn der Großmutter, die selbst nicht mehr einkaufen gehen kann.

verspotten *Verb*

Die beiden Stiefschwestern **verspotten** Aschenputtel. Sie machen sich über sie lustig.

versprechen *Verb*

Pinocchio gibt der Fee ein **Versprechen**. Er wird ab jetzt brav sein und keine Dummheiten mehr machen.

die Verstärkung *Substantiv*

verstecken *Verb*

Aladin hätte die Wunderlampe besser **versteckt**, damit keiner sie findet. Ein **Versteck** ist ein Ort, den man nur findet, wenn man ihn kennt.

verstehen *Verb*

Wer ein Wort **versteht**, kennt seine Bedeutung.

die Versuchung *Substantiv*

Schneewittchen möchte den Apfel sehr gerne essen. Er sieht köstlich aus und sie überlegt, wie sie dieser **Versuchung** widerstehen kann.

Jemanden **in Versuchung führen** heißt, ihm etwas anbieten, zu dem er nur sehr schwer nein sagen kann.

verteidigen *Verb*

Baloo und Bagheera **verteidigen** Mowgli. Sie kämpfen für ihn und beschützen ihn vor Feinden.

Verteidiger haben in einer Fußballmannschaft die Aufgabe, zu verhindern, dass der Stürmer der anderen Mannschaft Tore schießt.

verteilen *Verb*

Robin **verteilt** das Geld der Reichen an die Armen. Jeder bekommt etwas davon.

vertragen *Verb*

Die Kinder streiten sich. Wenn sie sich wieder **vertragen**, sind sie einander nicht mehr böse.
Es gibt Leute, die keine Schokolade **vertragen**. Sie sind allergisch und es geht ihnen schlecht, wenn sie trotzdem welche essen.

vertrauen *Verb*

Aladin **vertraut** dem Zauberer. Er glaubt, dass er ein ehrlicher, gutmütiger Mann ist, der niemand etwas zu Leide tut. Aber Aladin ist zu **vertrauensvoll**. Er täuscht sich in dem Zauberer. Er schenkt ihm zu viel **Vertrauen**.

vertrauenswürdig *Adjektiv*

Little John ist **vertrauenswürdig**. Er erzählt nie etwas weiter. Man kann ihm jedes Geheimnis anvertrauen.

vertreiben *Verb*

Vertreiben bedeutet verjagen. Wer **vertrieben** wird, verlässt einen Ort.

vertreten *Verb*

Wenn dein Lehrer krank ist, gibt ein anderer an seiner Stelle den Unterricht. Er **vertritt** ihn. Bis dein Lehrer wieder gesund ist, übernimmt jemand seine **Vertretung**.
Wer einen kurzen Spaziergang macht, **vertritt sich** die Beine. Er braucht ein bisschen frische Luft und Bewegung.

verursachen *Verb*

Das Weiße Kaninchen läuft schnell über die Straße und achtet dabei nicht auf die Autos. Beinahe **verursacht** es einen Unfall.

verurteilt *Adjektiv*

Der Richter hat Pinocchio zu vier Monaten Gefängnis **verurteilt**. Jetzt schmort er in seiner Zelle. Pinocchio hat die Strafe aber nicht verdient. Das **Urteil** ist ungerecht. Pinocchio ist gar nicht der Dieb.

vervollständigen *Verb*

V

die **Verwandlung** *Substantiv*

Das Biest hat sich wieder in einen Prinzen **verwandelt**. Das wird im Schloss groß gefeiert. **Verwandlungen** kommen in Märchen sehr oft vor.
Weißt du, in was die Patin von Aschenputtel den Kürbis, die große Ratte und die Eidechsen verwandelt hat? Schau auf den Seiten 221, 249 und 251 nach.

verwechseln *Verb*

Es gibt Zwillinge, die sich sehr ähnlich sehen. Man kann sie leicht miteinander **verwechseln**.

verwenden *Verb*

Wenn man etwas **verwendet**, benutzt man es zu einem bestimmten Zweck. Robin **verwendet** sein Messer, um Pfeile zu schnitzen.

verwildert *Adjektiv*

Ein **verwildertes** Tier ist ein Haustier, das nicht mehr an Menschen gewöhnt ist. In einem **verwilderten** Garten wächst alles wie in der Natur. Der Rasen ist nicht gemäht und alles wächst **wild** durcheinander.

verwinkelt *Adjektiv*

Das Haus der Hexe ist **verwinkelt**. Es hat überall Ecken, Winkel, Erker, schiefe Wände und Anbauten.

verwirklichen *Verb*

Geppetto **verwirklicht** eine Idee. Er schnitzt eine Holzpuppe. Es hat lange Zeit nur davon gesprochen, weil er nie Zeit hatte, es **wirklich** zu tun. Jetzt hat er es geschafft.

verwirrt *Adjektiv*

Alice ist ganz **verwirrt**. Sie ist völlig durcheinander.

verwöhnen *Verb*

Der Vater der Schönen **verwöhnt** seine Töchter. Er schenkt ihnen alles, was sie haben möchten.

verzaubern *Verb*

verzichten *Verb*

verzeihen *Verb*

verzweifelt *Adjektiv*

Die Zwerge sind völlig **verzweifelt**. Schneewittchen liegt leblos am Boden und es gelingt ihnen nicht, sie wiederzubeleben. Sie wissen nicht, was sie tun sollen.

das **Vieh** *Substantiv*

Vieh nennt man die Tiere, die ein Bauer züchtet, zum Beispiel Rinder, Schweine und Hühner.

die **Viertelstunde** *Substantiv*

Eine **Viertelstunde** sind fünfzehn Minuten.

die **Villa** *Substantiv*

Das ist ein prächtiges Haus mit Garten.

die **Vinaigrette** *Substantiv*

So nennt man eine mit Essig und Öl zubereitete Salatsoße.

die **Violine** *Substantiv*

Wer spielt auf der **Violine**? Ihre Saiten streicht man mit einem Bogen. Es ist natürlich die Katze.

Eine **Violine** ist ein Streichinstrument. *Zu welcher Gruppe gehören das Klavier und das Akkordeon? Schau auch auf Seite 25 und auf Seite 229 nach.*

die **Viper** *Substantiv*

Das ist eine kleine Giftschlange.

vitaminhaltig *Adjektiv*

Obst und frisches Gemüse haben viele **Vitamine**. **Vitaminhaltige** Lebensmittel sind sehr gesund.

die **Vitrine** *Substantiv*

So heißt ein Schrank mit Wänden und Türen aus Glas. Man kann Dinge darin aufstellen, um sie zu betrachten.

der **Vogel** *Substantiv*

Vögel haben Federn. Mit ihren Flügeln können sie durch die Luft fliegen. Sie haben kräftige Brustmuskeln und sehr leichte Knochen. Strauße und Pinguine können allerdings nicht fliegen.
In diesem Buch kannst du dir viele verschiedene Vögel anschauen. Du findest sie bestimmt.

die **Vogelscheuche** *Substantiv*

Aschenputtel hat eine **Vogelscheuche** im Garten aufgestellt. Sie erschreckt die Vögel und verscheucht sie, damit sie nicht das ganze Obst und Gemüse fressen.

die **Vokabel** *Substantiv*

Alice kann sehr gut **Vokabeln** lernen. Sie kann sich die Worte einer fremden Sprache schnell merken.

das **Volk** *Substantiv*

Der Prinz wird eines Tages ein guter König sein. Das **Volk** liebt ihn, weil er so freundlich ist. Als **Volk** bezeichnet man die Menschen, die in einem Königreich oder in einem Land leben.

voll *Adjektiv*

Das Glas der Prinzessin Badrulbudur ist **voll**. Sie hat nichts getrunken. Das Glas des Zauberers ist leer. Er hat alles ausgetrunken. *Was passiert mit ihm? Schau auf Seite 433 nach.*

der **Volleyball** *Substantiv*

Das ist ein Ballspiel. Zwei Mannschaften versuchen, den Ball möglichst über ein hohes Netz in die gegnerische Spielhälfte zu schlagen, und zwar so, dass die Gegenspieler den Ball nicht mehr zurückschlagen können.

Wird dasselbe Spiel am Strand gespielt, heißt es **Strandvolleyball**.

das **Volumen** *Substantiv*

Der Sheriff von Nottingham hat so viele Säcke voller Gold, dass sie fast ein ganzes Zimmer füllen. Das **Volumen** ist die Maßeinheit, mit der man feststellt, wie viel in einen Raum hineinpasst. Man misst das **Volumen** in Kubikzentimetern.

vor *Adverb*

Orte und Richtungen

voran *Adverb*

Mowgli springt mit den Füßen **voran** in den Bach. Seine Füße berühren zuerst das Wasser. Das Wasser ist nicht tief genug, um kopfüber hineinzuspringen.

vorankommen *Verb*

Die Kutsche wird von sechs prächtigen Schimmeln gezogen und **kommt** schnell **voran**.

vorbestellen *Verb*

Viele gute Restaurants sind so gut besucht, dass man einen Tisch **vorbestellen** muss.

vorbeugen *Verb*

Sich **vorbeugen** heißt, sich nach vorne lehnen.

das **Vorbild** *Substantiv*

Ein **Vorbild** ist jemand, den man so sehr bewundert, dass man ihm nacheifert. Es kann eine Freundin, ein Schauspieler oder ein Sänger sein.

das **Vorderrad** *Substantiv*

Die Kutsche ist mit dem **Vorderrad** in den Graben gefahren. Die **Hinterräder** sind nicht vom Weg abgekommen.

die **Vorfahren** *Substantiv*

Unsere **Vorfahren** sind Menschen, die sehr lange Zeit vor uns gelebt haben.

vorgeben *Verb*

Der Zauberer **gibt vor**, Aladins Onkel zu sein. Er behauptet es, aber es stimmt nicht.

vorgeschichtlich *Adjektiv*

Die **vorgeschichtlichen** Menschen lebten in Höhlen. Sie bekleideten sich mit Tierfellen. Sie konnten noch nicht schreiben, aber sie bemalten die Wände ihrer Höhlen. Diese Zeichnungen zeigen uns heute, wie die Menschen in **vorgeschichtlicher** Zeit gelebt haben.

vorhaben *Verb*

der **Vorhang** *Substantiv*

Im Haus des kleinen Bären hängen violette **Vorhänge** vor den Fenstern.
▶ Schau auf Seite 457 nach.

der **Vormittag** *Substantiv*

Schneewittchen verbringt den **Vormittag** damit, das Haus aufzuräumen. Sie fängt damit an, sobald die Zwerge morgens zur Arbeit gehen. Bis zum Mittagessen ist sie fertig. Dann ist auch der **Vormittag** vorbei.
▶ Schau auf Seite 434 und 435 nach.

der **Vorname** *Substantiv*

Carlo Collodi hat die Geschichte von Pinocchio geschrieben. Carlo ist der **Vorname** und Collodi der Nachname des Schriftstellers.

der **Vorort** *Substantiv*

Vororte sind meist Wohngebiete, die eine Großstadt umgeben.

der **Vorrat** *Substantiv*

Die Eichhörnchen haben fleißig Nüsse für den Winter gesammelt. Sie haben einen großen **Vorrat** angelegt, damit sie nicht hungern müssen, wenn es schneit.

der **Vorsatz** *Substantiv*

Pinocchio hat gute **Vorsätze**. Er hat beschlossen, sich zu bessern: Er will brav sein und immer in die Schule gehen. Er nimmt es sich fest vor, denn er hat es Geppetto versprochen.
Wer etwas **vorsätzlich** tut, macht es mit Absicht.

vorschlagen *Verb*

Der Esel **schlägt** dem Jagdhund **vor**, ihn nach Bremen zu begleiten. Das ist ein **Vorschlag**. Der Hund kann entscheiden, ob er ihn annimmt oder ablehnt.

vorsehen *Verb*

vorsichtig *Adjektiv*

Aber leider hört Rotkäppchen nicht auf seine Mutter und befolgt ihren Rat zur **Vorsicht** nicht. Rotkäppchen ist **unvorsichtig**.

vorsichtshalber *Adverb*

Das kleine Schweinchen hat **vorsichtshalber** ein Haus mit stabilen Mauern und Fensterläden gebaut, damit der Wolf nicht hereinkann.

vorsingen *Verb*

Wenn man ein Lied **vorsingt**, **singt** man es **vor** Publikum. Man singt nicht allein, sondern für andere Menschen, zum Beispiel zu Hause, in der Schule oder in einem Chor.

die **Vorstadt** *Substantiv*

So bezeichnet man große Randgebiete großer Städte.

vorstellen *Verb*

Little John **stellt** Robin seinen Freunden **vor**. Er macht sie miteinander bekannt.

vortasten *Verb*

Im Bauch des schrecklichen Haifischs sieht Pinocchio nichts. Es ist dunkel. Er **tastet** sich mit beiden Hände **vor**. So fühlt er alles, was in seinem Weg ist.

vortäuschen *Verb*

Als die Schöne sich verabschiedet, **täuschen** ihre Schwestern ihre Tränen **vor**. Sie weinen nicht wirklich. Sie tun nur so als ob.

der **Vorteil** *Substantiv*

Feen haben im Vergleich zu Menschen viele **Vorteile**. Sie können alles, was sie sich wünschen, mit ihrem Stab herbeizaubern.

der **Vorwand** *Substantiv*

Romeo sagt, er sei krank. Aber das ist nur ein **Vorwand**, weil er nicht zur Schule gehen möchte.

der **Vorwurf** *Substantiv*

Geppetto macht Pinocchio **Vorwürfe**. Er lobt ihn nicht, sondern er schimpft ihn aus. Er **wirft** ihm **vor**, dass er nicht zur Schule geht.

vorzeitig *Adverb*

Wer **vorzeitig** ankommt, ist früher da als geplant.

der **Vulkan** *Substantiv*

Der Zauberer ist viel gereist und hat auch **Vulkane** gesehen. Ein aktiver **Vulkan** spuckt glühend heiße Lava aus. Sie läuft den Berg hinunter und wird fest, wenn sie abkühlt. Lava kommt aus dem Inneren der Erde und wird durch **Vulkankrater** herausgeschleudert.

▶ Schau auch unter **Krater** nach.

Ww

die **Waage** *Substantiv*

Der Händler legt den Silberteller auf die **Waage**, um ihn zu wiegen. Er stellt sein Gewicht fest.
▶ Schau auch unter Messen und Wiegen nach.

waagerecht *Adjektiv*

Wenn man sich hinlegt, befindet man sich in einer **waagerechten** Position. Das Gegenteil von **waagerecht** ist senkrecht.

wachsen *Verb*

Wenn Lebewesen **wachsen**, werden sie größer.

Pinocchios Ohren fangen an zu **wachsen**. Sie hören gar nicht mehr auf. Ihm **wachsen** große Eselsohren. Was passiert? Pinocchio verwandelt sich in einen Esel.

Wie viel?

So stellt man Fragen nach der Menge.

Mowgli hat **viele** Kokosnüsse in seinem Netz. Es sind **zu viele** für ihn allein. Er gibt den Affen welche ab.

Diese beiden Affen haben **nicht viele** Kokosnüsse. Sie haben nur **wenige**.

das **Wachstum** *Substantiv*

Ein Kind ist im **Wachstum**. Es ist noch nicht ausgewachsen. Es wird noch größer.

der **Wächter** *Substantiv*

Das Schloss ist gut **bewacht**. Vor den Toren stehen **Wächter**. Sie passen auf, dass niemand hineingeht.

die **Wade** *Substantiv*

→ der Körper

die **Waffe** *Substantiv*

Der Bogen und der Stock sind die einzigen **Waffen**, die Robin Hoods Männer benutzen. Mit einer **Waffe** kämpft man oder greift jemanden an.

die **Waffel** *Substantiv*

Vor dem Puppentheater werden **Waffeln** verkauft. Das ist leichtes Gebäck mit einem Gittermuster, das man warm isst. Es schmeckt besonders gut mit Kirschen und Sahne.
Waffeln backt man mit einem **Waffeleisen**.

der **Wagen** *Substantiv*

Früher war ein **Wagen** ein Holzkarren mit vier Rädern, der von Pferden, Eseln oder Ochsen gezogen wurde. *Wohin fahren die Kinder? Sieh auf Seite 252 nach.*
Einkaufswagen schiebt man durch den Supermarkt. Am Flughafen lädt man Koffer auf einen **Gepäckwagen**.

wagen *Verb*

Kein Mensch und kein Tier **wagen** es, Shir Khan anzugreifen. Niemand hat den Mut. Niemand möchte ein solches **Wagnis** eingehen.

der **Wagon** *Substantiv*

Die Lokomotive zieht die **Wagons** des Zugs. Güterzüge transportieren Waren in **Wagons**. Ein Personenzug hat Abteile erster und zweiter Klasse.

wählen *Verb*

Aschenputtels Stiefschwester hat die Qual der **Wahl**. Sie besitzt viele Kleider, unter denen sie **wählen** kann.

die **Wahrheit** *Substantiv*

wahrnehmen *Verb*

Der Hahn, der hoch oben auf einem Ast sitzt, **nimmt** in der Ferne ein Licht **wahr**. Er sieht aber noch nicht ganz genau, was sich dort befindet. Etwas **wahrnehmen** heißt auch, es zu bemerken.

wahrsagen *Verb*

Das bedeutet, dass man die Zukunft voraussagen kann. **Wahrsager** glauben, in die Zukunft sehen zu können.

der **Wal** *Substantiv*

Der **Wal** ist ein großes, schweres Tier, das im Ozean lebt. Er ist kein Fisch, sondern gehört zu den Säugetieren. Der **Blauwal** ist das größte bekannte Tier der Erde. Er wird bis zu 27 Meter lang!

die **Walfamilie** *Substantiv*

Es gibt viele verschiedene **Wale**, zum Beispiel **Schnabelwale** und **Finnwale**. Auch Delfine gehören zur Familie der **Wale**. Und wie alle **Wale** säugen auch sie ihre Jungen.

der **Wall** *Substantiv*

Die Burg des Sheriffs von Nottingham ist von einem **Wall** umgeben. Das ist eine hohe Mauer.

die **Walnuss** *Substantiv*

Das ist die Frucht des **Walnussbaums**. Die Nüsse wachsen in einer Schale aus zwei Hälften.

der **Waldrand** *Substantiv*

Am **Waldrand** hört der **Wald** auf. Dort geht der **Wald** in Gebiete mit Äckern, Wiesen und Häusern über. Der Hase hoppelt aus dem **Wald**.

die **Wampe** *Substantiv*

Der Wolf hat eine **Wampe**. Sein Bauch ist sehr dick. Er hat ja auch Rotkäppchen und die Großmutter verschlungen.

die **Wand** *Substantiv*

Die Tafel hängt im Klassenzimmer an der **Wand**.
Im Gebirge kann man an einer steilen **Wand** klettern.

Das kleine Schweinchen hat Bilder an die **Wand** gehängt. *Wer ist auf dem Bild dargestellt, das nicht an der Wand hängt?*

die **Wanderdüne** *Substantiv*

Wanderdünen sind Sanddünen, die sich durch den Wind ganz langsam in eine Richtung bewegen. Sie wandern.

die **Wanderung** *Substantiv*

Das ist ein langer Spaziergang. In den Bergen kann man zum Beispiel schöne **Wanderungen** unternehmen. Da allein **wandern** dort zu gefährlich ist, schließt man sich besser einer **Wandergruppe** mit einem Bergführer an.

die **Wange** *Substantiv*

Aladin reibt sich die **Wange**. Sie ist ganz rot. *Schau auf Seite 303 nach, wenn du den Grund wissen möchtest.*
Ein anderes Wort für Wange ist **Backe**. Wenn jemand über beide **Backen** strahlt, ist er sehr fröhlich.

wanken *Verb*

Der Wolf pustet, so fest er kann, und das Haus des kleinen Schweinchens fängt an zu **wanken**. Das Holz bewegt sich und es knackt ganz laut im Gebälk.

wankelmütig *Adjektiv*

Wenn jemand **wankelmütig** ist, kann man sich nicht darauf verlassen, dass er bei einer Entscheidung bleibt.

wärmen *Verb*

Die Katze ist alt. Sie sitzt lieber am warmen Ofen und **wärmt** sich, als draußen in der Kälte Mäuse zu fangen.

warnen *Verb*

das Warnsignal *Substantiv*

Ein **Warnsignal** warnt vor einer Gefahr oder macht auf ein Risiko aufmerksam, zum Beispiel im Straßenverkehr, wenn ein Auto hupt. Auch die Sirenen eines Krankenwagens sind **Warnsignale**.

warten *Verb*

Aladins Mutter **wartet** darauf, vom Sultan empfangen zu werden. Sie bleibt auf der Bank sitzen, bis der Sultan sie rufen lässt.

Im **Wartesaal** des Bahnhofs warten die Reisenden auf ihren Zug.

Wenn man etwas **erwartet**, ist man davon überzeugt, dass es passieren wird.

das Waschbecken *Substantiv*

Im Badezimmer gibt es ein **Waschbecken**. Dort kann man sich die Hände und das Gesicht waschen.

die **Wäsche** *Substantiv*

Die **Wäsche** der Zwerge trocknet auf der Leine.
Wie viele Paare Strümpfe zählst du?

waschen *Verb*

Goldlöckchen hat mit dem kleinen Bären im Wald gespielt. Ihre Mutter schickt sie ins Badezimmer, um sich die Hände zu **waschen**. Goldlöckchen dreht den Wasserhahn auf, nimmt die Seife und schrubbt ihre Hände.
Kleider kann man in einer **Waschmaschine waschen**.

das **Waschmittel** *Substantiv*

Das ist ein Pulver oder eine Flüssigkeit. Man gibt es ins Waschwasser oder füllt es in ein dafür vorgesehenes Fach in der Waschmaschine.

das **Wasser** *Substantiv*

Mowgli badet im Fluss. Er gleitet durch das **Wasser** und lässt sich von der Strömung treiben. Meerjungfrauen schwimmen im Meer. **Meerwasser** ist salzig. Das Wasser in Flüssen und Seen ist nicht salzig, es ist **Süßwasser**.

der **Wasserfall** *Substantiv*

Mowgli badet am **Wasserfall**. Das Wasser ist klar und kühl, für Mowgli eine erfrischende Dusche.

W

der **Wasserhahn** *Substantiv*

Wenn man einen **Wasserhahn** aufdreht, fließt so lange Wasser heraus, bis man ihn wieder zudreht.

der **Wasserlauf** *Substantiv*

Flüsse, Bäche und Quellen sind **Wasserläufe**.

die **Wassermelone** *Substantiv*

Das ist eine große runde Frucht mit einer dicken grünen Schale. Das Fruchtfleisch ist rot und wässrig und es hat viele kleine schwarze Kerne.

▶ Schau auch unter **Melone** nach.

der **Wasserstrahl** *Substantiv*

Der Gärtner hat den Wasserschlauch an den Wasserhahn angeschlossen und den Hahn aufgedreht. Es kommt ein **Wasserstrahl** aus dem Schlauch.

wasserundurchlässig *Adjektiv*

Ein **wasserundurchlässiger** Stoff lässt kein Wasser durch. Ein Regenmantel ist **wasserundurchlässig**. Wenn in eine Uhr kein Wasser eindringen kann, dann ist sie **wasserdicht**.

watscheln *Verb*

Enten **watscheln**. Wenn sie gehen, bewegt sich ihr ganzer Körper leicht hin und her.

▶ Schau auch auf Seite 109 nach.

wechseln *Verb*

Alice **wechselt** ständig ihre Größe. Sie hat nie lange dieselbe Größe.

Wechseln bedeutet auch, etwas auszutauschen. Wenn die Lampe nicht mehr funktioniert, muss man die Glühbirne **wechseln**.

der **Wecker** *Substantiv*

Das ist eine Uhr, die man so einstellen kann, das sie klingelt, wenn man aufstehen muss. Man stellt die **Weckzeit** ein. Man kann sich auch von einem **Radiowecker** wecken lassen.

wedeln *Verb*

Der Hund **wedelt** mit dem Schwanz. Er bewegt ihn, weil er sich freut.

der **Weg** *Substantiv*

Ein **Weg** ist eine kleine Straße.
Der **Weg** ist auch die Strecke, die man zurücklegt, um von einem Ort zu einem anderen zu kommen. Wer den **Weg** nach Hause nicht mehr wiederfindet, hat sich verlaufen. Auf seinem **Weg** trifft der Esel den Hund, dann die Katze und schließlich den Hahn.

wegnehmen Verb

wegwerfen *Verb*

Pinocchio will das Gehäuse seines Apfels **wegwerfen**. Er will es in die Mülltonne werfen. *Schau auf Seite 160 nach, was Geppetto gesagt hat.*

wehleidig *Adjektiv*

Ein **wehleidiger** Mensch beklagt sich sehr schnell. Er klagt oft über Kummer und Schmerzen.

wehmütig *Adjektiv*

Wenn sich jemand **wehmütig** an eine schöne Zeit erinnert, bedauert er, dass sie schon zu Ende ist.

wehren *Verb*

Pinocchio **wehrt** sich mit aller Kraft. Er will nicht entführt werden. Er schlägt um sich, um sich zu befreien.

wehrlos *Adjektiv*

Wenn jemand wehrlos ist, hat er keine Chance gegen einen Angreifer, zum Beispiel weil er zu klein, zu schwach oder unbewaffnet ist.

das **Weibchen** *Substantiv*

Weibliche Tiere bezeichnet man als Weibchen. Mutter Wolf ist ein **Weibchen**, Vater Wolf ist ein Männchen.

weich *Adjektiv*

Knetmasse ist **weich**. Wenn man mit dem Finger darauf drückt, bleibt ein Loch zurück. Wird die Masse hart, kann man sie nicht mehr formen.

Was ist alles **weich**?
- Watte ist **weich**. Sie fühlt sich ganz flauschig an.
- Das Bett des kleinen Bären ist **weich**. Goldlöckchen möchte am liebsten nicht wieder aufstehen.
- Die Stimme der kleinen Meerjungfrau ist **weich**. Sie hat einen zarten, schönen Klang.

weichen *Verb*

Als der Prinz kommt, **weichen** die Bäume zurück. Sie machen ihm Platz, damit er hindurchgehen kann. *Und was geschieht, nachdem der Prinz vorbeigegangen ist?* *Schau auf Seite 510 nach.*

die **Weichheit** *Substantiv*

→ weich

das **Weichtier** *Substantiv*

Das ist ein Tier mit einem weichen Körper. Manche **Weichtiere** sind von einer harten Schale oder einem stabilen Haus umgeben. Tintenfische, Muscheln, Austern und Schnecken gehören zu den **Weichtieren**.

die **Weide** *Substantiv*

Das ist ein Baum, der auf feuchten Wiesen und am Ufer von Teichen wächst. Wenn die Äste einer **Weide** zum Boden herabhängen, ist es eine **Trauerweide**. Es gibt auch **Kopfweiden**. Sie werden im Herbst bis zum Stamm zurückgeschnitten, damit sie im nächsten Jahr noch dichtere Äste und Zweige bekommen.

weiden *Verb*

Die Tiere **weiden**. Sie fressen auf der Wiese Gras. Ihre **Weide** ist von einem Zaun umgeben.

die **Weidenrute** *Substantiv*

So heißen die biegsamen Zweige der **Weide**. Man kann daraus Körbe flechten.

der **Weiler** *Substantiv*

Ein **Weiler** ist ein winziges Dorf, in dem es nur ganz wenige Häuser gibt.

der **Wein** *Substantiv*

Das ist ein Getränk aus Weintrauben, das Alkohol enthält. Wenn man zu viel davon trinkt, dreht sich einem alles im Kopf.

der **Weinberg** *Substantiv*

An einem **Weinberg** bauen Winzer Trauben an. An sonnigen Hängen wachsen **Weinstöcke** besonders gut. Nach der Lese der Trauben im Herbst machen die Winzer daraus **Wein**.

weinen *Verb*

Alice **weint** so sehr, dass sich eine große Pfütze um sie herum gebildet hat. Sie sitzt in einem Tränensee.

weinerlich *Adjektiv*

Eine **weinerliche** Stimme hört sich sehr kläglich an. Ein **weinerlicher** Mensch beklagt sich ständig und jammert dauernd herum.

das **Weinfass** *Substantiv*

In **Weinkellern** lagern Winzer **Wein** in großen **Weinfässern** aus Holz auf.

die **Weinlese** *Substantiv*

Bei der **Weinlese** ernten die Winzer die reifen **Weintrauben** von den **Weinbergen**.

die **Weintraube** *Substantiv*

Aschenputtel pflückt **Weintrauben**. Diese leckeren Früchte wachsen in Weinbergen an Weinstöcken.

der **Weise** *Substantiv*

Das ist jemand, der sehr viel weiß.

die **Weise** *Substantiv*

Weißt du, auf welche **Weise** Hänsel und Gretel den Weg nach Hause gefunden haben? Weißt du, wie sie es geschafft haben? Schau auf Seite 227 nach.

weisen *Verb*

Ein kleiner Vogel **weist** Hänsel und Gretel den Weg zu einem kleinen Haus im Wald. Er führt sie dorthin.

W

weiß *Adjektiv*

Wenn es im Winter schneit, ist die schneebedeckte Landschaft **weiß**. **Weiß** ist ganz hell, wie Schnee und Milch.

Weißen bedeutet, etwas **weiß** zu machen, zum Beispiel eine Wand mit **weißer** Farbe anzu- streichen.

weit *Adjektiv*

Goldlöckchen trägt einen **weiten** Rock. Er schwingt, wenn sie sich dreht.

der **Weizen** *Substantiv*

Weizen ist eine Getreideart. Aus den Körnern wird Mehl gemahlen.

Viele Jahre lang haben Esel die schweren **Weizensäcke** zur Mühle geschleppt, wo das Getreide gemahlen wurde.

welken *Verb*

Wenn Pflanzen **welken**, altern sie. Ihre Blätter trocknen aus und werden schlaff. Schließlich verändern sie ihre Farbe und fallen ab.

die **Welle** *Substantiv*

Eine riesige **Welle** wirft das Boot um. Geppetto fällt ins Wasser. *Weißt du, wo Pinocchio ihn wiederfindet?* *Schau auf Seite 427 nach.*

die **Welt** *Substantiv*

Das ist die gesamte Erde. Der Zauberer erzählt, dass er die **Welt** auf seinen Reisen umrundet hat.
▶ Schlag auch unter **Universum** nach.

der **Weltraum** *Substantiv*

Das Weltall nennt man auch **Weltraum**. Astronauten reisen mit Raumschiffen durch den **Weltraum** und schauen aus der Ferne auf den Planeten Erde.

die **Wendeltreppe** *Substantiv*

Zum Turm des Schlosses führt eine **Wendeltreppe**.

werben *Verb*

Es gibt viele junge Mädchen, die den Prinzen heiraten möchten. Sie kommen in schönen Kleidern auf seinen Ball und **werben** um ihn.

die **Werbung** *Substantiv*

Durch **Werbung** soll man Lust dazu bekommen, etwas zu kaufen. **Werbung** gibt es fast überall: im Fernsehen, im Radio, in Zeitungen und Zeitschriften, im Internet, an Autos und an Gebäuden.

werden *Verb*

Die kleine Meerjungfrau möchte ein Mensch **werden**. Sie möchte eine Frau sein, Beine haben und an Land leben.

werfen *Verb*

Was tun Pinocchio und Romeo mit den Schulbüchern? Sie **werfen** sie einfach ins Meer.

Die Fische glauben, die Kinder **werfen** ihnen Futter vor. Sie stürzen sich gierig auf die Bücher, um sie zu fressen.

die **Werkbank** *Substantiv*

Geppetto schnitzt das Bein für seine Holzpuppe an der **Werkbank**. Das ist der große Tisch in einer **Werkstatt**, an dem ein Handwerker arbeitet. Die **Werkzeuge** liegen direkt daneben, damit er sie griffbereit hat.

W

das **Werkzeug** *Substantiv*

Das kleine Schweinchen räumt sein **Werkzeug** auf. Das sind die Gegenstände, die es benutzt hat, um sein Haus zu bauen. Auch die Gartengeräte von draußen muss es noch aufräumen. Sie zählen zum **Werkzeug**.

der **Wert** *Substantiv*

Die Edelsteine in Aladins Schatz sind sehr **wertvoll**. Sie haben einen so hohen **Wert**, dass er mit dem Geld, das er für sie bekommt, einen ganzen Palast bauen könnte.

wesentlich *Adjektiv*

Wesentlich ist das, was wirklich wichtig ist. Der König interessiert sich nur für die **wesentlichen** Dinge. Über Einzelheiten will er nichts wissen. Sie lenken ihn vom **Wesentlichen** ab.

der **Werwolf** *Substantiv*

So nennt man Menschen, die sich in Wölfe verwandeln und andere angreifen, aber es gibt sie nicht wirklich.

die **Wespe** *Substantiv*

Wespen sehen ein bisschen aus wie Bienen, sind aber kaum behaart und besitzen keinen Saugrüssel.

die **Weste** *Substantiv*

Die **Weste** ist nicht weit genug. Sie ist zu eng für Aladin. Das Weiße Kaninchen trägt eine **Weste** mit drei Knöpfen.
▶ Schau auf Seite 123 nach.

der **Westen** *Substantiv*

Norden

wetten *Verb*

das **Wetter** *Substantiv*

Seite 482

der **Wetterbericht** *Substantiv*

Im Radio und im Fernsehen erfahren wir aus dem **Wetterbericht**, wie das Wetter am nächsten Tag wird.

der **Wettkampf** *Substantiv*

Bei einem **Wettkampf** versucht jeder, der Beste zu sein. Robin gewinnt jeden **Wettkampf** im Bogenschießen. Einen sportlichen **Wettkampf** nennt man auch Turnier oder **Wettbewerb**.

der **Wettkämpfer** *Substantiv*

Wettkämpfer sind Teilnehmer an einem sportlichen **Wettkampf**. Sie machen zum Beispiel bei einem Turnier oder bei einer Meisterschaft mit und versuchen zu gewinnen.

wickeln *Verb*

Robins Stiefel haben keine Schnürsenkel. Sie werden oben um das Bein **gewickelt**. Jeden Morgen **wickelt** Robin die Stoffstreifen Schicht für Schicht um seine Waden.
▶ Schau auf Seite 178 nach.

widerhallen *Verb*

Echo

widersprechen *Verb*

Pinocchio ärgert Geppetto, weil er ihm immer **widerspricht**. Wenn Geppetto etwas sagt, behauptet Pinocchio, dass es nicht stimmt und sagt das Gegenteil.

das Wetter

Der Prinz schaut jeden Tag auf seinem Barometer nach, wie das **Wetter** wird. Das Thermometer zeigt die Temperaturen an. So sieht man wie warm oder kalt es ist.

Das Wetter ist schön: Die Sonne scheint.

Bei schlechtem Wetter ist es kalt und windig.

Es regnet: Es fallen Regentropfen.

Es schneit: Es fallen Schneeflocken.

Das Schiff gerät in ein Gewitter: Es stürmt und blitzt.

Eben noch Regen, nun scheint die Sonne: Am Himmel entsteht ein Regenbogen.

wiedererkennen *Verb*

Der Sultan **erkennt** Aladins Mutter **wieder**. Er erinnert sich an ihr Gesicht und ihm fällt ein, dass sie bei ihm im Palast war. Sie ist ihm nicht fremd.

wiederfinden *Verb*

Prinzessin Badrulbudur ist unauffindbar. Aladin soll sie suchen und zu ihrem Vater zurückbringen. Der Sultan gibt ihm vierzig Tage Zeit, um sie **wieder-zufinden**.

wiederholen *Verb*

Der Hund und die Katze **wiederholen**, was der Esel sagt. Sie sagen dasselbe noch einmal.

Man **wiederholt** Vokabeln oder eine Übung, um sich etwas zu merken. Wenn man etwas mehrmals **wiederholt**, wird man es so schnell nicht wieder vergessen.

auf Wiederhören *Substantiv*

So verabschiedet man einen Gesprächspartner am Telefon.

wiederkäuen *Verb*

Kühe verdauen ihre Nahrung, indem sie sie zuerst kauen und herunterschlucken und später noch einmal im Mund **wiederkäuen**.

wiederkommen *Verb*

Um wie viel Uhr **kommen** die sieben Zwerge **wieder**? Wann kommen sie von der Arbeit nach Hause? *Schau unter die Uhrzeit auf Seite 434 nach.*

W

wiedersehen *Verb*

Aladins Suche nach der Prinzessin Badrulbudur ist erfolgreich. Er und die Prinzessin **sehen** sich **wieder**. Sie schließen einander in die Arme.

die Wiege *Substantiv*

Die Feen beugen sich über die **Wiege** der kleinen Prinzessin. Babys schlafen meist in einer **Wiege**.

wiegen *Verb*

Der kleine Bär wiegt weniger als Papa Bär. Er ist leichter als sein Vater.

Die Herzogin **wiegt** das Kind in ihren Armen.

wienern *Verb*

Aladins Mutter **wienert** die Lampe mit einem Tuch, um sie zu säubern. *Was wird passieren? Schau auf Seite 117 nach.*

die Wiese *Substantiv*

Mowgli bringt die Tiere auf eine **Wiese**. Dort ist das Gras besonders hoch und saftig.

das **Wild** *Substantiv*

Im Wald von Sherwood gibt es viel **Wild**. So nennt man Tiere, die in der freien Natur leben, zum Beispiel Hirsche, Rehe und ihre Kitze. Aber auch Wildschweine, Fasanen und Kaninchen gehören dazu. Robin und seine Freunde jagen **Wild**, um sich zu ernähren. Sie schleichen sich an und schießen es mit Pfeil und Bogen.

Weißt du, wie die Hirsche miteinander kämpfen? Schau auf Seite 203 unter Hirsch nach.

wild *Adjektiv*

Der Tiger Shir Khan ist das **wildeste** Tier im Dschungel. Er ist ein Raubtier und alle fürchten sich vor ihm.

der **Wilderer** *Substantiv*

Ein **Wilderer** jagt Tiere, obwohl es verboten ist, zum Beispiel, weil er dort, wo sie leben, keine Jagdrechte hat.

das **Wildschwein** *Substantiv*

Diese Schweine leben wild im Wald. Ihr braunes oder schwarzes Fell hat lange Borsten. **Wildschweine** grunzen. Die Jungen der Wildsau und des Ebers heißen Frischlinge.

Früher gab es auf dem Land viele **Wildschweine**. Die Bauern waren nicht sehr gut auf sie zu sprechen.

der **Wille** *Substantiv*

Die kleine Meerjungfrau hat einen starken **Willen**. Sie möchte unbedingt Beine haben. Sie ist bereit, alles zu tun, damit sich ihr Wunsch erfüllt.

willkürlich *Adjektiv*

Wer etwas **willkürlich** entscheidet, überlegt nicht, ob das, was er tut, gerecht ist.

die **Wimper** *Substantiv*

Dornröschen schläft. Man sieht ihre geschlossenen Augenlider mit ihren langen **Wimpern**.

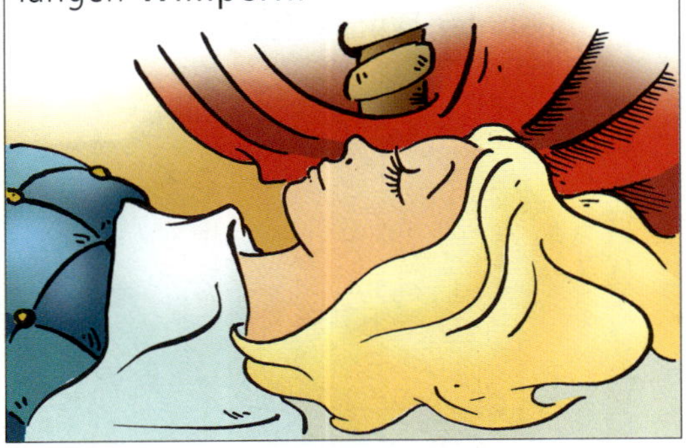

die **Windböe** *Substantiv*

Das sind heftige Windstöße, die bei starkem Wind plötzlich auftreten.

winden *Verb*

Wer sich **windet**, möchte sich zum Beispiel nicht auf eine Zusage festlegen.

windig *Adjektiv*

Wenn es sehr **windig** ist, wackeln die Bäume, ihre Blätter fallen ab, ihre Äste neigen sich, die Fahnen flattern im **Wind** und den Menschen fliegen die Hüte weg.

winseln *Verb*

Der Hund **winselt**. Er weint leise vor sich hin. Der Esel hat sein **Winseln** gehört und kommt, um ihn zu trösten.

der **Winter** *Substantiv*

Winter ist die Jahreszeit, die auf den Herbst folgt. Im **Winter** ist es kalt, es schneit und die Bäume sind kahl.

winzig *Adjektiv*

Alice ist geschrumpft. Jetzt ist sie wirklich **winzig**.

der **Wipfel** *Substantiv*

Der **Wipfel** ist die Spitze eines Baums.

die **Wippe** *Substantiv*

Pinocchio und sein Freund sind auf dem Spielplatz. Beide sitzen auf der **Wippe** an einem Ende des langen Balkens. Sie stoßen sich mit den Füßen vom Boden ab und **wippen** abwechselnd von unten nach oben. Man kann auch auf den Zehenspitzen hin und her **wippen**.

der **Wirbel** *Substantiv*

So heißen die Knochen, aus denen die **Wirbelsäule** in unserem Rücken besteht.

An einem **Wirbel** auf dem Kopf stehen die Haare in alle Richtungen.

Ein **Wirbelsturm** ist ein kräftiger Sturm, bei dem sich der Wind im Kreis dreht.

das **Wirbeltier** *Substantiv*

So nennt man alle Tiere, die eine **Wirbelsäule** haben. Tiere ohne **Wirbelsäule**, wie zum Beispiel Würmer oder Nachtschnecken, bezeichnet man als **Wirbellose**.

wirken *Verb*

Schneewittchen isst ein Stückchen von dem Apfel und das Gift beginnt sofort zu **wirken**.

Wer etwas **bewirkt**, sorgt dafür, dass sich etwas verändert. Robin **bewirkt**, dass es den Armen besser geht.

die **Wirklichkeit** *Substantiv*

Das ist alles, was es gibt, alles was existiert.

wissen *Verb*

wittern *Verb*

Akela **wittert** etwas. Seine Nase nimmt einen Geruch auf. Er hat eine Spürnase. Er kann sogar ganz schwache Gerüche hervorragend erkennen.

der **Witwer** *Substantiv*

Der König der Meere ist **Witwer**, weil seine Frau gestorben ist. Eine Frau, deren Mann gestorben ist, nennt man **Witwe**.

wo *Fragewort*

Mit diesem Wort fragt man nach einem Ort oder einer Richtung.
▶ Schau unter Orte und Richtungen auf Seite 305 nach.

die **Woche** *Substantiv*

Eine **Woche** hat sieben Tage. *Weißt du, wie sie heißen? Schau auf Seite 489 nach.*
Eine **wöchentliche** Sendung im Fernsehen kommt jede Woche einmal.

das **Wochenende** *Substantiv*

Samstag und Sonntag, die beiden letzten Tage einer Woche, sind das **Wochenende**. Angestellte gehen am **Wochenende** normalerweise nicht zur Arbeit.

die **Woge** *Substantiv*

Das Schiff schaukelt auf den **Wogen**. Es schaukelt in den Wellen des Meeres.
Wenn sich nach einem Streit die **Wogen** glätten, verträgt man sich wieder.

wohlfühlen *Adverb*

Goldlöckchen **fühlt** sich im Haus der Familie Bär **wohl**. Sie ist sehr gern dort.

der **Wohltäter** *Substantiv*

Robin Hood ist ein **Wohltäter** der Armen. Er hilft ihnen und beschützt sie. Ein **wohltätiger** Mensch ist sehr großzügig und hat ein gutes Herz.

der **Wolf** *Substantiv*

Mowgli wird von **Wölfen** großgezogen. Mutter Wolf ist eine **Wölfin**. **Wölfe** sehen aus wie große Schäferhunde. Hunde, ob Dackel oder Terrier, stammen alle von Wölfen ab.

die Wochentage

Aschenputtels Stiefschwester hat für jeden Tag der Woche ein Kleid.

Heute ist Donnerstag. Aschenputtels Stiefschwester trägt ihr rosafarbenes Kleid. Wie jeden Mittwoch hat sie **gestern** ihr rotes Kleid getragen. **Morgen** wird sie ihr gelbes Kleid anziehen, denn freitags trägt sie immer gelb.

die **Wolke** *Substantiv*

Schau dir an, wie schön diese **Wolken** aussehen. **Wolken** bestehen aus sehr vielen winzigen Wassertropfen, genauso wie Nebel.

die **Wolle** *Substantiv*

So nennt man das warme, weiche Fell der Schafe. Sie werden geschoren und aus ihrer **Wolle** spinnt man dann Garn. Damit kann man häkeln und stricken.
Baumwolle wird nicht aus dem Fell der Schafe gewonnen. Sie wächst auf Büschen.

das **Wort** *Substantiv*

Zum Sprechen verwendet man **Wörter**. Ein Satz besteht aus mehreren **Wörtern**.
– Man spricht **Begrüßungsworte** und man sagt etwas in wenigen **Worten**.
– Bevor jemand stirbt, spricht er seine **letzten Worte**.
– Wenn du das **Wort** an jemanden richtest, sprichst du mit ihm.
– Wenn du zu **Wort** kommst, darfst du in einer Runde sprechen und alle hören zu.
– Wenn du jemandem dein **Wort** gibst, versprichst du etwas.
– Sein **Wort** halten, heißt tun, was man versprochen hat.
– Wenn dich jemand beim **Wort** nimmt, musst du halten, was du versprichst.
– Mowgli folgt Mutter Wolf aufs **Wort**. Er gehorcht ihr.
– Pinocchio lernt das Gedicht **Wort für Wort** auswendig. Er lernt alle **Wörter** vom Anfang bis zum Ende. Jetzt kann er das Gedicht ohne Buch aufsagen.

wollen *Verb*

Die Stiefschwestern **wollen** nicht mit Aschenputtel zum Ball gehen. Sie sind gemein zu ihr, aber Aschenputtel **will** ihnen nicht böse sein. Sie **will** ihnen verzeihen, weil sie ein gutes Herz hat.

das **Wörterbuch** *Substantiv*

In diesem **Wörterbuch** kannst du nachlesen, was die **Wörter** bedeuten.

das **Wrack** *Substantiv*

Auf dem Meeresgrund liegen viele **Wracks** von Schiffen, die untergegangen sind. Ein **Wrack** ist das, was von Schiffen oder Autos übrig bleibt, wenn sie einen Unfall hatten.

wringen *Verb*

Schneewittchen und der Zwerg **wringen** die Wäsche aus.
Sie drehen das Tuch, damit das Wasser heraustropft.

der **Wunsch** *Substantiv*

Die Fee kann Aschenputtel alle **Wünsche** erfüllen. Aschenputtel bekommt, was sie sich **wünscht**. Ihre **Wünsche** werden wahr.

der **Würfel** *Substantiv*

Pinocchio spielt mit **Würfeln**. Jeder **Würfel** hat sechs Seiten, auf denen die Zahlen 1, 2, 3, 4, 5 und 6 als Punkte markiert sind.

der **Würfelbecher** *Substantiv*

Pinocchio schüttelt seinen **Würfelbecher**, bevor er die Würfel über die Tischplatte rollen lässt. Der Becher hat fast die Form eines Kegels.

der **Wurm** *Substantiv*

Das ist ein kleines, langes Tier ohne Beine mit einem weichen Körper. **Würmer** mögen sehr gerne Salat und Obst. Deshalb findet man sie auch manchmal darin. **Regenwürmer** leben in der Erde.

die **Wurst** *Substantiv*

Wurst kann man in Scheiben oder am Stück kaufen. Es gibt sehr viele verschiedene **Wurstsorten**, die kalt gegessen werden. Man serviert sie auf einer **Wurstplatte**.

die **Wurzel** *Substantiv*

Die **Wurzel** ist der Teil einer Pflanze, der unter der Erde wächst.

die **Wüste** *Substantiv*

In der **Wüste** gibt es sehr wenig Wasser. Dort wachsen fast keine Pflanzen. Nur an wenigen Stellen gibt es Oasen mit einer Wasserquelle.

der **Wutanfall** *Substantiv*

Als der Wolf merkt, dass ihm das kleine Schweinchen entkommen ist, bekommt er einen **Wutanfall**. Er wird sehr **wütend**. Er schreit und tobt herum.

wütend *Adjektiv*

Als die böse Königin erfährt, dass Schneewittchen noch lebt, ist sie sehr **wütend**. Sie ist sehr böse auf den Jäger und schimpft ihn aus.

Xx Yy Zz

Xx

das **Xylofon** *Substantiv*

Es macht viel Spaß, **Xylofon** zu spielen. Wenn man die Stäbe anschlägt, entstehen Töne.

Yy

die **Yacht** *Substantiv*

Eine Yacht ist ein schickes privates Segel- oder Motorboot.

der **Yen** *Substantiv*

So heißt die chinesische Währung.

der **Yeti** *Substantiv*

Das ist ein Schneemensch, der im Himalajagebirge gelebt haben soll.

das **Yoga** *Substantiv*

Beim **Yoga** sitzt man mit gekreuzten Beinen im **Yogasitz**. **Yoga** stammt aus Indien. Die Inder sagen, dass man so ruhiger wird.

die **Yucca** *Substantiv*

Das ist eine Palmlilie, die in heißen Ländern wächst.

Zz

zäh *Adjektiv*

Zähes Fleisch ist sehr hart. Es lässt sich kaum zerkauen und es schmeckt auch nicht gut.

die **Zahl** *Substantiv*

▶ Schau auch unter die Zahlen auf der Seite 496 nach.

zählen *Verb*

Schneewittchen **zählt** die Stühle. In der Stube stehen sieben Stühle, einer für jeden der sieben Zwerge.

Wenn du auf einen Freund **zählen** kannst, ist er immer für dich da. Du kannst dich auf ihn verlassen.

zähmen *Verb*

Wer ein Tier **zähmt**, gewöhnt es an das Leben mit dem Menschen.

der **Zahn** *Substantiv*

Zähne brauchst du zum Kauen, Beißen und Zerkleinern der Nahrung. Wir Menschen haben vorne im Mund vier **Schneidezähne** und rechts und links jeweils einen scharfen **Eckzahn**. Damit können wir etwas abbeißen. Zum Kauen haben wir **Backenzähne**.

Zahnpasta ist zum Zähneputzen da.

Ein **Zahnrad** ist eine Scheibe mit vielen Spitzen. Die Kette an einem Fahrrad läuft über Zahnräder.

die **Zange** *Substantiv*

Mit seiner **Zange** zieht das kleine Schweinchen Nägel aus der Wand. Es gibt verschiedene **Zangen**, zum Beispiel **Rohrzangen** und **Kneifzangen**.

zanken *Verb*

Pinocchios Klassenkameraden **zanken** sich oft. Meist streiten sie wegen Kleinigkeiten.

zappelig *Adjektiv*

Ein **zappeliges** Kind kann nicht still sitzen. Es ist ständig in Bewegung und **zappelt herum**.

zärtlich *Adjektiv*

Mutter Wolf geht mit Mowgli sehr **zärtlich** um. Sie schmust mit ihm genauso viel wie mit ihren eigenen Kindern. Mowgli vermisst keine **Zärtlichkeit**.

der **Zauber** *Substantiv*

Der Prinz bricht den bösen **Zauber**. Er erweckt Dornröschen aus ihrem hundertjährigen Schlaf. Eine böse Fee hatte sie **verzaubert**.

der **Zauberer** *Substantiv*

Ein **Zauberer** ist jemand, der **Zaubertricks** vorführt. Er **zaubert** zum Beispiel ein Kaninchen aus dem Hut und führt Kartentricks vor. Man sagt, dass Hexen und Feen **Zauberkräfte** haben. Sie können Wunderdinge vollbringen.

der **Zauberstab** *Substantiv*

Zauberer verwenden zum **Zaubern** einen **Zauberstab** und meist murmeln sie dabei auch einen **Zauberspruch** oder eine **Zauberformel** wie Abrakadabra oder Simsalabim.

zaudern *Verb*

Wenn jemand **zaudert**, dann braucht er lange, um sich zu entscheiden. Er greift nicht sofort zu, wenn jemand ihm etwas anbietet, sondern zögert.

das **Zaumzeug** *Substantiv*

Das ist ein Geschirr für Kutsch- und Reitpferde. Es besteht aus einem Mundstück, einem Halfter mit Stirnband und den Zügeln.

der **Zaun** *Substantiv*

Der Hund springt über den **Zaun**. Ein Zaun umgibt einen Garten. Man **zäunt** eine Weide ein, damit die Tiere nicht weglaufen können.

Ein Wink mit dem **Zaunpfahl** ist ein deutlicher Hinweis.

der **Zaunkönig** *Substantiv*

Das ist ein kleiner Singvogel mit einem kastanienbraunen Gefieder.

das **Zaziki** *Substantiv*

Das ist ein griechischer Jogurt mit Knoblauch und Gurkenstückchen. Durch den Knoblauch ist er meist sehr scharf.

die Zahlen

Mit den Zahlen können wir zählen.

Ein böser Wolf jagt **drei** kleine Schweinchen.

Die Zwerge sind **sieben** an der Zahl.

Zehn Feen sind schon da.

Aladin hat **vierzig** Sklaven.

Der Sheriff hat **100** Soldaten ...

... und mindestens **1000** Goldstücke.

Pinocchio lernt die **Zahlen**.

Man kann Zahlen als Ziffern oder als Wörter schreiben.

0	null	10	zehn	20	zwanzig	100	hundert
1	eins	11	elf	21	einundzwanzig	101	hunderteins
2	zwei	12	zwölf	22	zweiundzwanzig	200	zweihundert
3	drei	13	dreizehn	30	dreißig	300	dreihundert
4	vier	14	vierzehn	40	vierzig	400	vierhundert
5	fünf	15	fünfzehn	50	fünfzig	500	fünfhundert
6	sechs	16	sechzehn	60	sechzig	600	sechshundert
7	sieben	17	siebzehn	70	siebzig	700	siebenhundert
8	acht	18	achtzehn	80	achtzig	800	achthundert
9	neun	19	neunzehn	90	neunzig	900	neunhundert

Kannst du diese Zahlen lesen?

1 000	eintausend
1 999	eintausendneunhundertneunundneunzig
2 000	zweitausend
2 001	zweitausendeins
10 000	zehntausend
100 000	hunderttausend
1 000 000	eine Million
1 000 000 000	eine Milliarde

Es gibt auch einige Wörter, mit denen man Mengen angeben kann.

ein Paar	Das sind zwei.
ein paar	Das sind mindestens drei.
eine Handvoll	Das ist eine kleine Menge.
ein Dutzend	Das sind zwölf.
eine Hundertschaft	Das sind genau 100 Soldaten oder Polizisten.

das **Zebra** *Substantiv*

Dieses Tier stammt aus Afrika. Ein **Zebra** ähnelt einem Pferd und kann genauso schnell laufen.

der **Zeh** *Substantiv*

Am vorderen Ende des Fußes hat der Mensch fünf **Zehen**.

das **Zeichen** *Substantiv*

Die Schwestern geben der kleinen Meerjungfrau **Zeichen**. Sie soll zurückschwimmen. Sie machen mit den Armen große Bewegungen, damit sie zurückkommt.

Auch Buchstaben und Symbole sind **Zeichen**. Das **Summenzeichen** ist ein mathematisches Symbol. Es zeigt an, dass man Zahlen zusammenzählen soll.

der **Zeichentrickfilm** *Substantiv*

Das ist ein **Film** mit **gezeichneten** Figuren.

zeichnen *Verb*

Pinocchio **zeichnet** ein Haus in seinen Zeichenblock.

Wer etwas **unterzeichnet**, unterschreibt mit seinem Namen.

der **Zeigefinger** *Substantiv*

→ Finger

zeigen *Verb*

Baloo **zeigt** Mowgli, wie man Honig sucht. Er **zeigt** ihm den Bienenstock und erklärt ihm, dass die Bienen dort ihren Honig sammeln.

die **Zeit** *Substantiv*

Die Fee hat Dornröschen und den Hofstaat für eine **Zeit** von hundert Jahren in einen tiefen Schlaf versetzt. Das ist ein ganzes Jahrhundert. Während dieser **Zeit** haben sich einige Dinge geändert.

▶ Schau auch auf Seite 500 nach.

das **Zeitalter** *Substantiv*

Unser **Zeitalter** ist die Gegenwart. Das ist die Zeit, in der wir heute leben.

die **Zeitmaschine** *Substantiv*

Wie gut wäre es, eine **Zeitmaschine** zu haben. So etwas gibt es zwar nicht, aber wir können unsere Fantasie in andere Zeiten wandern lassen. Wenn wir das Spiel **Zeitmaschine** spielen, stellen wir uns zum Beispiel vor, wir lebten im Mittelalter.

die **Zeitung** *Substantiv*

In der **Zeitung** kann man jeden Tag lesen, was in der Welt passiert. Eine **Zeitung** berichtet über wichtige Ereignisse, über berühmte Menschen, über Kultur und über Sport. Viele **Zeitungen** haben einmal in der Woche spezielle Seiten für Kinder. Die meisten **Zeitungen** erscheinen täglich. Deshalb nennt man sie auch **Tageszeitungen**. Es gibt auch **Wochenzeitungen**. **Zeitschriften** erscheinen ein- oder zweimal im Monat.

die **Zelle** *Substantiv*

In einem Gefängnis sind die Häftlinge in **Zellen** eingesperrt. Das sind kleine Zimmer mit vergitterten Fenstern.

das **Zelt** *Substantiv*

Robin und seine Freunde **zelten** im Wald. Sie haben ihre **Zelte** aufgebaut, um darin zu schlafen. Wenn es draußen warm genug ist, kann man im Garten oder auf einem Campingplatz in einem **Zelt** übernachten.

das **Zepter** *Substantiv*

Könige tragen eine Krone auf dem Kopf und ein **Zepter** in der Hand. So stellen sie ihre Macht öffentlich zur Schau. Ein **Zepter** ist ein mit Juwelen geschmückter Stab aus Gold.

▶ Schau auf Seite 235 nach.

die **Zeremonie** *Substantiv*

Alle freuen sich auf die **Hochzeitszeremonie** des Prinzen. Mit einer **Zeremonie** feiert man ein wichtiges Ereignis.

zerknittern *Verb*

Als Aladin von seiner langen Reise nach Hause kommt, sind seine Kleider ganz **zerknittert**. Sie haben viele Falten.

zerquetschen *Verb*

Die Hexe **zerquetscht** die Kröte. Sie drückt sie platt. *Was will sie mit der Kröte machen? Schau auf Seite 174 nach.*

Wie die Zeit vergeht

Dornröschen fällt in einen hundertjährigen Schlaf. Das ist sehr lange. Hundert **Jahre** lang verschläft das Mädchen die **Jahreszeiten**.

Sie verschläft viele **Monate**, **Wochen**, **Tage**, **Stunden**, **Minuten** und **Sekunden**.

So zählt man die Zeit:

Sechzig **Sekunden** sind eine **Minute**.
Sechzig **Minuten** sind eine **Stunde**.
Vierundzwanzig **Stunden** sind ein **Tag**.

Sieben **Tage** sind eine **Woche**.
Vier **Wochen** sind ein **Monat**.
Zwölf **Monate** sind ein **Jahr**.
Hundert **Jahre** sind ein **Jahrhundert**.
Tausend **Jahre** sind ein **Jahrtausend**.

Was passiert wann?

Mit dem Fragewort **wann** fragst du danach, **wann** etwas geschieht.

Rotkäppchen ist es gewohnt, seine Großmutter zu besuchen. Es geht **oft** zu ihr.

Rotkäppchen und der Wolf treffen sich im Wald an einer Wegkreuzung. Sie kommen **gleichzeitig** dort vorbei.

Aber dann nimmt der Wolf eine Abkürzung. Er kommt **vor** Rotkäppchen an. Er ist **früher** dort.

Rotkäppchen kommt **nach** dem Wolf an. Es ist **später** da als der Wolf. Der böse Wolf hat die Großmutter **bereits** gefressen.

„**Jetzt** kann ich das Rotkäppchen fressen. Ich werde es **sofort** verspeisen", freut sich der Wolf.

Der Wolf verschlingt das Rotkäppchen. Es hätte **niemals** mit dem Wolf sprechen dürfen.

zerreißen *Verb*

Goldlöckchen ist an einem Dornenstrauch hängen geblieben. Dabei hat sie sich den Rock **zerrissen**.

zerschellen *Verb*

Das Schiff **zerschellt** an den Felsen. Sie schlagen ein Loch in den Schiffsbauch.

zerstören *Verb*

Der Wolf **zerstört** das Holzhaus des kleinen Schweinchens.

zerzaust *Adjektiv*

Schneewittchen ist so schnell gerannt, dass sich ihre Haarspangen gelöst haben. Jetzt ist ihr Haar ganz **zerzaust**.

der **Zeuge** *Substantiv*

Aber es gibt niemanden, der etwas gesehen hat. Niemand kann **bezeugen**, dass die Kuchen gestohlen wurden.

der **Zickzack** *Substantiv*

Wenn du im **Zickzack** den Berg hinuntergehst, ist es leichter, als wenn du ganz gerade hinabsteigst. Blitze sind **zickzackförmig**.

▶ Schau auch unter Formen und Figuren auf Seite 145 nach.

die **Ziege** *Substantiv*

Diese Tiere haben Hörner und langes Fell. Die **Ziege** gibt Milch, aus der man Käse macht. Das männliche Tier heißt **Ziegenbock** und junge **Ziegen** nennt man **Zicklein** oder **Geißlein**. **Ziegen** hört man meckern.

ziehen *Verb*

Abends ziehen die sieben Zwerge ihre Stiefel aus. Sie müssen sehr fest daran **ziehen**, um sie von den Füßen zu bekommen.

der **Ziegel** *Substantiv*

Das dritte Schweinchen baut sein Haus aus **Ziegeln**. Das sind Steine aus gebranntem Lehm. *Womit baut das erste Schweinchen sein Haus? Schau auf Seite 406 nach.*

das **Ziel** *Substantiv*

Die kleine Meerjungfrau möchte gern ein Mensch werden. Das ist ihr **Ziel**.

der **Zierbrunnen** *Substantiv*

Im Garten des Schlosses gibt es einen schönen **Zierbrunnen**. Aschenputtel holt dort Wasser, um die Rosen zu gießen.

zierlich *Adjektiv*

Goldlöckchen ist klein und schmal. Sie hat einen **zierlichen** Körperbau und ist nicht so kräftig und muskulös wie der kleine Bär.

die **Ziffer** *Substantiv*

Aus den **Zahlen** von null bis neun kann man alle Zahlen zusammensetzen, die es gibt, ebenso wie man mit den Buchstaben des Alphabets alle Wörter bilden kann. 0, 1, 2, 3, 4, 5, 6, 7, 8 und 9 nennt man auch **Ziffern**.
▶ Schau dir auch die Zahlen auf Seite 497 an.

das **Zifferblatt** *Substantiv*

Das Weiße Kaninchen schaut auf das **Zifferblatt** seiner Uhr. Darauf sieht man den Zeiger und die Zahlen.
▶ Schau auch unter **Ziffer** nach.

die **Zimmerdecke** *Substantiv*

Alice ist so groß geworden, dass ihr Kopf an die **Zimmerdecke** stößt.

der **Zirkus** *Substantiv*

Zirkusvorstellungen finden in einem großen, runden **Zirkuszelt** statt. In der Mitte liegt die Manege. Dort treten die Artisten und Tiere auf.
▶ Schau auf Seite 84 nach.

zirpen *Verb*

Grillen sind kleine Insekten. Sie sitzen meist im Gras. Im Sommer hört man sie laut **zirpen**.

die **Zitrone** *Substantiv*

Das ist eine hellgelb leuchtende Frucht. Sie schmeckt sauer. Sie wächst in warmen Ländern auf **Zitronenbäumen**.

die **Zitrusfrucht** *Substantiv*

Apfelsinen, Mandarinen, Klementinen und Pampelmusen sind **Zitrusfrüchte**.

zittern *Verb*

Wenn man große Angst hat oder friert, fängt man an zu **zittern**. Die Hände und der Körper beben. Geppetto hätte einen Mantel benötigt.

die **Zitze** *Substantiv*

Die Wolfsjungen saugen an den **Zitzen** ihrer Mutter.
▶ Schau auf Seite 349 nach.

die **Zofe** *Substantiv*

Die Prinzessin Badrulbudur hat mehrere **Zofen**, die sich um sie kümmern und das Schloss in Ordnung halten. Im Glauben, der Prinzessin einen Gefallen zu tun, tauscht eine von ihnen Aladins Lampe gegen eine neue Lampe ein.
▶ Schau auf Seite 414 nach.

der **Zoo** *Substantiv*

Im **Zoo** leben Tiere aus der ganzen Welt in Käfigen und Gehegen, damit die Menschen sie anschauen können.

der **Zopf** *Substantiv*

Gretel trägt zwei **Zöpfe**. Sie sind geflochten. Beim Flechten legt man drei Strähnen abwechselnd übereinander.

zottelig *Adjektiv*

Wenn Goldlöckchen morgens aufsteht, sind ihre Haare ganz **zottelig**. Ihre Locken stehen in alle Richtungen.

zubeißen *Verb*

Wer gesunde Zähne und viel Appetit hat, kann kräftig **zubeißen**.

zubereiten *Verb*

Mama Bär **bereitet** das Abendessen für die Familie **zu**. Sie bereitet alles vor, kocht und deckt den Tisch.

zublinzeln *Verb*

Wer jemandem **zublinzelt**, zwinkert mit den Augen. Es ist meist wie ein freundlicher Gruß oder ein Scherz gemeint.

die **Zucchini** *Substantiv*

Dieses Gemüse sieht ein bisschen aus wie eine Salatgurke.

züchten *Verb*

Auf einem Bauernhof werden zum Beispiel Kühe oder Schweine **gezüchtet**. Der **Züchter** zieht sie auf und lässt sie Junge bekommen. Diese werden dann meist verkauft.

zücken *Verb*

Der Jäger **zückt** den Dolch. Er zieht ihn aus der Scheide und holt aus, um anzugreifen.

der **Zucker** *Substantiv*

Der Hutmacher tut ein Stück **Zucker** in seine Teetasse. **Zucker** wird in **Zuckerdosen** aufbewahrt. Zum Kuchen backen braucht man oft **Puderzucker**. **Zucker** schmeckt süß und ist in fast allen Süßigkeiten enthalten.
▶ Schau auch unter der Geschmack auf Seite 169 nach.

zuerst *Adjektiv*

Das Weiße Kaninchen läuft viel schneller als Alice. Es kommt **zuerst** am Ziel an.

der **Zufall** *Substantiv*

Vater Wolf hat Mowgli durch **Zufall** entdeckt. Er hat nicht damit gerechnet, ein Menschenkind im Gebüsch zu finden.

zufällig *Adverb*

Rotkäppchen begegnet dem Wolf nicht **zufällig** im Wald. Er hat es verfolgt.

die **Zuflucht** *Substantiv*

Die zwei kleinen Schweinchen suchen im Steinhaus des dritten Schweinchens **Zuflucht**. Sie **fliehen** dorthin, um sich vor dem Wolf in Sicherheit zu bringen.

zufrieden *Adjektiv*

der **Zug** *Substantiv*

→ **Eisenbahn** und **Wagon**

die **Zugbrücke** *Substantiv*

→ **Burg**

zugeben *Verb*

Wenn man etwas **zugibt**, gesteht man, dass man es gemacht hat.

der **Zügel** *Substantiv*

Zügel sind lange Lederriemen, mit denen man Pferde führt und lenkt.

das **Zuhause** *Substantiv*

Die drei kleinen Schweinchen leben auf der Farm. Das ist ihr **Zuhause**. Sie möchten aber gern ihr eigenes Haus haben. Deshalb verlassen sie den Bauernhof.

Goldlöckchen bleibt heute **zu Hause**. Sie geht nicht weg.

der **Zuhörer** *Substantiv*

Die **Zuhörer** klatschen minutenlang Beifall. Sie haben ein Konzert gehört und es hat ihnen gefallen.

zujubeln *Verb*

Die Menge **jubelt** dem Prinzen und der Prinzessin **zu**. Alle applaudieren und rufen dem Brautpaar begeistert ihre Glückwünsche entgegen.

zuknallen *Verb*

Pinocchio läuft wütend aus dem Zimmer und **knallt** die Tür hinter sich **zu**. Der **Knall** hallt durch das ganze Haus.

die **Zukunft** *Substantiv*

Welche **Zukunft** erwartet Aladin, wenn er nicht arbeitet? Was möchte er später einmal werden? Die **Zukunft** ist die Zeit, die noch vor uns liegt.

zukünftig *Adjektiv*

Als Aladin die Prinzessin Badrulbudur zum ersten Mal sieht, denkt er sofort: „Das ist meine **zukünftige** Frau. Sie werde ich später einmal heiraten."

die **Zuneigung** *Substantiv*

Rotkäppchen empfindet **Zuneigung** für seine Großmutter. Es hat seine Großmutter sehr lieb und ist gut zu ihr.

die **Zunge** *Substantiv*

Die Hexe wird der kleinen Meerjungfrau die **Zunge** abschneiden. Die kleine Meerjungfrau wird nie wieder sprechen und singen können. Das ist der Preis dafür, dass sie ihr Beine zaubert.

zurechtkommen *Verb*

Robin und seine Freunde müssen im Wald allein **zurechtkommen**. Sie suchen sich jeden Tag einen Schlafplatz und sie jagen, damit sie etwas zu essen haben. Zum Glück sind sie sehr schlau. Sie schlagen sich durch. Sie **kommen** gut **zurecht**.

zurückgeben *Verb*

Wenn du ein Buch aus der Bibliothek ausleihst, musst du es nach einer bestimmten Zeit wieder **zurückgeben**.

zurückgehen *Verb*

Das heißt, dorthin gehen, woher man gekommen ist.

zurückholen *Verb*

Der Zauberer will sich die Lampe **zurückholen**. Er will sie Aladin wieder wegnehmen.

zurückkehren *Verb*

Morgens gehen cie sieben Zwerge zur Arbeit in der Mine. Abends nach der Arbeit **kehren** sie nach Hause **zurück**. Schneewittchen sieht die Zwerge **zurückkommen**. Sie hat schon den Tisch für das Abendessen gedeckt.

zurücklegen *Verb*

Wer läuft, fährt, schwimmt oder fliegt, bewegt sich dabei von der Stelle. Er **legt** einen Weg **zurück**.

zurückschlagen *Verb*

Robin und seine Freunde **schlagen** die Soldaten **zurück**. Sie verteidigen sich so tapfer, dass die Soldaten zurückweichen müssen.

zurückstellen *Verb*

zurückweichen *Verb*

Der Wolf hat Angst vor dem Feuer. Er **weicht zurück**. Er geht Schritt für Schritt rückwärts zurück.

zurückzahlen *Verb*

Das bedeutet, Geld zurückzugeben, dass man sich geliehen hat. Es kann aber auch bedeuten, sich zu rächen.

zusammen *Adverb*

Aschenputtels Stiefschwestern sind immer **zusammen**. Nie trifft man eine der beiden ohne die andere. Aschenputtel dagegen sitzt immer allein vor dem Kamin.

zusammenbinden *Verb*

Die Räuber haben Pinocchio gefesselt. Sie haben ihm die Hände mit einer Schnur auf dem Rücken **zusammengebunden**.

zusammenbrechen *Verb*

Das Strohhaus des kleinen Schweinchens stürzt ein. Es **bricht zusammen**.

zusammenfassen *Verb*

zusammenfügen *Verb*

Geppetto **fügt** die Holzteile zu einer Puppe **zusammen**. Er setzt alle Teile genau so ein, wie sie zusammen passen.

zusammenkauern *Verb*

Little John **kauert** sich hinter einem Felsen **zusammen**. Er macht sich ganz klein, damit die Soldaten ihn nicht sehen.

zusammenrollen *Verb*

Das Fest im Palast ist zu Ende. Der rote Teppich wird wieder **zusammengerollt**.

zusammenrücken *Verb*

Die Bäume haben den Prinzen durchgelassen. Nun **rücken** sie wieder **zusammen**. Sie stehen wieder dicht nebeneinander.

zusammentreiben *Verb*

Mowgli **treibt** die ganze Herde **zusammen**, bevor er ins Dorf zurückkehrt. Alle Tiere müssen zusammen sein, damit keines von ihnen zurückbleibt.

der **Zuschauer** *Substantiv*

Zuschauer sehen sich zum Beispiel eine Theatervorstellung an.

zuschlagen *Verb*

Gretel **schlägt** die Ofentür mit einem großen Knall hinter der Hexe **zu**. Sie schließt die Tür mit all ihrer Kraft.

der **Zustand** *Substantiv*

Wenn die Achse und das Rad repariert sind, ist die Kutsche wieder in gutem **Zustand**.

zustimmen *Verb*

Die sieben Zwerge **stimmen zu**, als Schneewittchen sie fragt, ob sie bei ihnen leben darf. Sie sind damit einverstanden.

xyz

die **Zutat** *Substantiv*

So heißt jeder Bestandteil eines Rezepts. Mehl, Zucker, Eier, Milch und Backpulver sind die **Zutaten** für einen Kuchenteig. *Welche Zutaten braucht man für Pfannkuchen? Schau auch unter Teig nach.*

zuverlässig *Adjektiv*

Schneewittchen ist **zuverlässig**. Sie hat den Zwergen versprochen, sich um den Haushalt zu kümmern und sie tut es auch.

der **Zweifel** *Substantiv*

Alles ist so seltsam, dass Alice **Zweifel** kommen, ob es mit rechten Dingen zugeht.

Aladins Mutter hat von Anfang an **bezweifelt**, dass der Zauberer wirklich zur Familie gehört. Sie war sich fast sicher, dass er lügt.

der **Zwerg** *Substantiv*

Schneewittchen tanzt mit den **Zwergen**. **Zwerge** sind sehr kleine Wesen. *Wie nennt man ungewöhnlich große Menschen? Schau auf Seite 338 nach.*

der **Zwieback** *Substantiv*

Ein **Zwieback** ist eine Art hartes trockenes Brot aus Weizenmehl und Milch, das zweimal gebacken wurde.

die **Zwiebel** *Substantiv*

Zwiebeln sind Teile von Pflanzen. Es gibt **Blumenzwiebeln** und **Gemüsezwiebeln**. **Zwiebeln** sind scharf und man verwendet sie in der Küche, um dem Essen Würze zu geben. Wenn man sie schneidet, tränen einem die Augen.

die **Zwillinge** *Substantiv*

Zwillinge sind zusammen im Bauch ihrer Mutter herangewachsen und am gleichen Tag geboren. Eineiige **Zwillinge** können zwei Schwestern oder zwei Brüder sein. Ein Bruder und eine Schwester sind zweieiige Zwillinge.

zwingen *Verb*

Die Fee **zwingt** Pinocchio, die Medizin zu schlucken. Sie lässt ihm gar keine andere Wahl.